城市轨道交通
工程结构设计

CHENGSHI GUIDAO JIAOTONG
GONGCHENG JIEGOU SHEJI

赵 林 龚贵清 舒 进 耿 耘 主编

中国·武汉

内 容 简 介

城市轨道交通结构是指城市轨道交通系统中的所有组成部分,科学合理设计城市轨道交通结构是保障城市交通安全与高效的关键。本书分为绪论、城市轨道交通的结构类型、地下车站结构工程、区间隧道工程、高架结构工程、城市轨道交通结构震害与抗震设计、城市轨道交通结构防水与防灾设计、城市轨道交通工程常见质量问题及预防、城市轨道交通新材料与创新技术九章,对城市轨道交通工程结构设计进行阐述,内容扎实全面,可供从事轨道交通结构设计的工作人员参考。

图书在版编目(CIP)数据

城市轨道交通工程结构设计 / 赵林等主编. -- 武汉：华中科技大学出版社,2024.10.
ISBN 978-7-5772-1353-8

Ⅰ. U239.5

中国国家版本馆 CIP 数据核字第 2024FF2897 号

城市轨道交通工程结构设计 赵　林　龚贵清
Chengshi Guidao Jiaotong Gongcheng Jiegou Sheji　舒　进　耿　耘　主编

策划编辑：周永华
责任编辑：王炳伦
封面设计：杨小勤
责任监印：朱　玢

出版发行：华中科技大学出版社(中国·武汉)　电话：(027)81321913
　　　　　武汉市东湖新技术开发区华工科技园　邮编：430223

录　　排：华中科技大学惠友文印中心
印　　刷：武汉科源印刷设计有限公司
开　　本：710mm×1000mm　1/16
印　　张：22.25
字　　数：399 千字
版　　次：2024 年 10 月第 1 版第 1 次印刷
定　　价：98.00 元

本书若有印装质量问题,请向出版社营销中心调换
全国免费服务热线：400-6679-118　竭诚为您服务
版权所有　侵权必究

编 委 会

主　编　赵　林　中国铁路设计集团有限公司
　　　　　龚贵清　中国铁路设计集团有限公司
　　　　　舒　进　深圳市地铁集团有限公司
　　　　　耿　耘　北京市市政工程设计研究总院有限公司

副主编　资利军　广州地铁设计研究院股份有限公司

编　委　赵　磊　北京城建设计发展集团股份有限公司
　　　　　王海霞　广州地铁设计研究院股份有限公司

前　言

城市轨道交通是交通强国建设的重要组成部分,在优化城市空间结构、缓解城市交通拥堵、保护环境方面均具有积极作用,并已经成为我国走新型城镇化道路的重要举措。"十四五"规划期间,我国城市轨道交通发展迅猛。据相关资料,截至2024年4月,我国共有54个城市开通城市轨道交通,运营线路310条。我国已成为世界上城市轨道交通发展最快的国家,城市轨道交通运营里程及客流量多年居全球第一。

2023年11月27日,住房城乡建设部印发《住房城乡建设部关于全面推进城市综合交通体系建设的指导意见》(建城〔2023〕74号),提出到2025年,各地城市综合交通体系进一步健全,设施网络布局更加完善,运行效率、整体效益和集约化、智能化、绿色化水平明显提升;到2035年,各地基本建成人民满意、功能完备、运行高效、智能绿色、安全韧性的现代化城市综合交通体系。城市轨道交通建设要实现由高速度向高质量的转型发展。

城市轨道交通结构是指城市轨道交通系统中的所有组成部分,包括地下车站、地面车站、高架车站、区间隧道、车辆、供电系统、信号系统、通信系统和维护设施等。城市轨道交通结构设计是对各个组成部分的协调整合,以确保整个系统的安全性能和稳定性能。城市轨道交通结构的科学合理设计是保障城市交通安全与运行效率的关键。本书分为绪论、城市轨道交通的结构类型、地下车站结构工程、区间隧道工程、高架结构工程、城市轨道交通结构震害与抗震设计、城市轨道交通结构防水与防灾设计、城市轨道交通工程常见质量问题及预防、城市轨道交通新材料与创新技术九章,对城市轨道交通工程结构设计进行阐述,以期为从事轨道交通结构设计的工作人员提供参考。

本书在编写过程中引用了许多专家、学者在科研、实践中的经验资料,在此一并表示感谢。

限于作者水平,书中难免存在不足之处,恳请读者批评指正。

目 录

第1章 绪论 (1)
　1.1 城市轨道交通的相关概念 (1)
　1.2 城市轨道交通的发展现状 (15)
　1.3 城市轨道交通结构设计的趋势与前景 (24)

第2章 城市轨道交通的结构类型 (28)
　2.1 地下车站结构 (28)
　2.2 地下区间结构 (34)
　2.3 高架结构 (38)

第3章 地下车站结构工程 (48)
　3.1 地铁车站设计概述 (48)
　3.2 地下车站明挖法结构 (58)
　3.3 地下车站暗挖法结构 (101)

第4章 区间隧道工程 (115)
　4.1 区间隧道的断面形式 (115)
　4.2 区间隧道衬砌结构与构造 (116)
　4.3 区间隧道的设计 (135)

第5章 高架结构工程 (137)
　5.1 高架结构设计概述 (137)
　5.2 高架结构设计与计算 (156)

第6章 城市轨道交通结构震害与抗震设计 (162)
　6.1 城市轨道交通地上结构震害 (162)
　6.2 城市轨道交通地下结构震害 (168)
　6.3 列车地震脱轨震害 (188)
　6.4 城市轨道交通结构抗震设计 (196)

第7章 城市轨道交通结构防水与防灾设计 (214)
　7.1 城市轨道交通结构防水设计 (214)
　7.2 地铁防灾设计 (233)

第 8 章 城市轨道交通工程常见质量问题及预防 …………………… (253)
  8.1 车站工程常见质量问题及预防 …………………………………… (253)
  8.2 区间工程常见质量问题及预防 …………………………………… (276)
第 9 章 城市轨道交通新材料与创新技术 ………………………………… (294)
  9.1 城市轨道交通新材料 ……………………………………………… (294)
  9.2 城市轨道交通创新技术 …………………………………………… (299)
参考文献 ………………………………………………………………………… (343)
后记 ……………………………………………………………………………… (347)

第1章 绪 论

1.1 城市轨道交通的相关概念

1.1.1 城市轨道交通的定义、特点

1. 城市轨道交通的定义

"城市轨道交通"是一个比较宽泛的概念,在国际上没有统一的定义。一般而言,广义的城市轨道交通是指以轨道运输方式为主要技术特征,在城市公共客运交通系统中具有中等以上运量的轨道交通系统(有别于道路交通),主要为城市内公共客运服务的一种在城市公共客运交通中起骨干作用的现代化立体交通系统(有别于城际铁路,但可涵盖郊区及城市圈范围)。

《城市公共交通分类标准》(CJJ/T 114—2007)中将城市轨道交通定义为:"采用轨道结构进行承重和导向的车辆运输系统,依据城市交通总体规划的要求,设置全封闭或部分封闭的专用轨道线路,以列车或单车形式,运送相当规模客流量的公共交通方式。"

城市轨道交通是城市公共交通的一个重要组成部分,随着城市的高速发展、城市人口的不断增多,城市轨道交通逐渐成为城市中最主要的公共客运交通工具。

2. 城市轨道交通的特点

随着城市与城市交通的快速发展,城市轨道交通近年来也发展迅速。目前,建设与发展城市轨道交通系统已成为世界各国解决城市交通问题的首选方案,原因在于城市轨道交通具有传统的地面常规交通所没有的特点,具体表现在以下几个方面。

(1) 较大的运输能力。

由于城市轨道交通的高密度运转,列车行车时间间隔短、行车速度快、列车编组辆数多,因此它具有较强的运输能力,单向高峰每小时的运输能力最大可达到6万~8万人次,其中地铁可达到3万~6万人次,甚至可达到8万人次;轻轨可达到1万~3万人次;有轨电车可达到1万人次。可见城市轨道交通的运输能力远远超过公共汽车。根据有关资料,地铁每千米年客运量可达100万人次以上,最高可达1200万人次,如莫斯科地铁、东京地铁、北京地铁等。城市轨道交通也能在短时间内输送较大的客流。据统计,在早高峰时,地铁1小时能通过全日客流的17%~20%,3小时能通过全日客流的31%。

(2) 较高的准时性。

城市轨道交通由于在专用行车道上运行(地下或高架),因此不受其他交通工具干扰,不会产生线路堵塞现象,并且不受气候影响,是全天候的交通工具,尤其是在上下班高峰时段,地面交通拥挤不堪时,城市轨道交通能按运行图运行,具有可信赖的准时性。

(3) 较高的速达性。

由于城市轨道交通采用先进的电动车组动力牵引方式,在专用的行车轨道上运行,具有先进的自动控制系统及可靠的安全保障措施,因此车辆具有较高的运行速度和较高的启、制动加速度;同时多数车站采用高站台,列车停站时间短,上下车方便快捷,而且方便换乘,从而能使乘客较快地到达目的地,缩短了出行时间。目前地铁列车的最高运行速度一般在80 km/h以上,有的甚至能达到120 km/h,旅行速度基本可达30~45 km/h。

(4) 较高的舒适性。

与常规公共交通相比,城市轨道交通由于运行在不受其他交通工具干扰的线路上,因此城市轨道车辆具有较好的运行特性。同时,其车辆、车站内装有空调、引导装置、自动售票等直接为乘客服务的设备,具有较好的乘车条件,且舒适性优于公共电车和公共汽车。

(5) 较高的安全性。

城市轨道交通由于没有平交道口,不受其他交通工具干扰,并且拥有先进的通信信号设备,因此极少发生交通事故。

(6) 占地少,不破坏地面景观。

大城市地面拥挤、土地费用昂贵,而城市轨道交通由于对地下和地上空间进行了充分的开发利用,不占用地面车道,因而能有效缓解因汽车保有量增加而造成的道路拥挤、堵塞现象,有利于城市空间的合理利用,特别是有利于缓解大城市中心区过于拥挤的交通状态,进而提高了土地利用价值,并能改善城市景观。

(7) 低污染。

城市轨道交通采用电气牵引,又具有运量大、速度快的特点,与公共汽车相比,它不会产生废气污染,可以称为"绿色交通"。随着城市轨道交通的发展,公共汽车的数量会逐渐减少,这将进一步减少汽车的尾气污染,符合目前国家提倡的低碳生活。同时,由于线路和车辆上采用了各种降噪措施,因此一般不会对城市环境造成严重的噪声污染。

(8) 低能耗。

由于城市轨道交通是大运量客运系统,且采用了多项高新技术,按每运送一位乘客的能源消耗来看,城市轨道交通是其他任何一种城市交通运输方式所无法比拟的,并且其对能源的适应性也相当强。

但是城市轨道交通也存在一定的局限性,如建设费用高、建设难度大、建设周期长、技术含量高、运营成本高、经济效益有限等,城市轨道交通是一个庞大的系统工程,它涉及土建(装修)、机械、电气、供电、通信等多种技术,具有设备多、范围广、技术含量高、系统性、严密性、联动性要求高等特点。城市轨道交通土建工程量大而多,建设的周期长,涉及的资金投入一般是每千米4亿~6亿元。同时,土建工程一般是永久性结构(地下隧道、高架桥等),建成以后线路走向及路网结构不宜调整,因此对城市轨道交通的线路选择及路网规划要求较高,难度较大。

1.1.2　城市轨道交通的分类

由于城市轨道交通发展迅速,不同地区、国家、城市的发展存在差异,因此城市轨道交通呈现多种类型,且技术指标差异较大。目前,世界各国评价标准不一,尚无统一的分类标准。按照不同评价标准,城市轨道交通可以划分为以下几种不同的类型。

① 按线路架设方式划分,可分为地下铁道、地面铁道和高架铁道。

② 按导向方式划分,可分为轮轨导向和导向轨导向。

③ 按轨道形式划分,可分为重轨铁路、轻轨铁路和独轨铁路。

④ 按小时单向运输能力划分,可分为大运量系统(高峰时单向运输能力达到每小时3万人次以上)、中运量系统(高峰时单向运输能力达到每小时1.5万~3万人次)和小运量系统(高峰时单向运输能力达到每小时0.5万~1.5万人次)。

⑤按路权专用程度划分,可分为线路全封闭型、线路半封闭型和线路不封闭型。

⑥按服务区域划分,可分为市郊铁路、市内铁路和城际快速铁路。

⑦按运能范围、车辆类型及主要技术特征划分,可分为有轨电车、地铁、轻轨、独轨、城市(市郊)铁路、磁悬浮交通、新交通系统等。目前,人们习惯上是按照这种分类方法来划分城市轨道交通的。下文主要介绍有轨电车、地铁、轻轨、独轨、城市铁路、磁悬浮交通和新交通系统。

1. 有轨电车(tram/streetcar)

有轨电车是使用电力牵引、轮轨导向、1～3 辆编组运行在城市路面线路上的低运量轨道交通系统。

有轨电车是最早发展的城市轨道交通之一,一般设在城市中心,具有上下车方便、造价低、建设容易等优点。有轨电车一般采用直流电动机驱动,多与汽车和行人共用街道路权,受路口红绿灯的控制,因此有轨电车受干扰多、速度慢、正点率低、噪声大、安全程度低,极易与地面道路车辆发生冲突而引起道路交通堵塞。很多城市的有轨电车已被取消或改良为轻轨。

2. 地铁(metro/subway/underground railway)

地铁,即地下铁道,泛指轴重相对较重(轴重 60 kg/m 以上)、高峰时单向客运量在每小时 3 万～7 万人次的大容量轨道交通系统。

地铁是城市快速轨道交通的先驱,是由电力牵引、轮轨导向,轴重相对较重,具有一定规模运量,按运行图行车,车辆编组运行在地下隧道内,或根据城市的具体条件,运行在地面或高架线路上的快速轨道交通系统。地铁最高速度可达 120 km/h,旅行速度可达 40 km/h 以上,4～10 节编组,车辆运行最小间隔时间可小于 1.5 min。地铁的驱动方式有直流电动机、交流电动机、直线电动机等。地铁运量大、速度快、安全、准时、节省能源、不污染环境、节省城市用地,但其建设成本高,建设周期长,适用于出行距离较长、客运需求较大的城市中心区域。一般认为,人口超过百万的大城市应该考虑修建地铁。

3. 轻轨(light rail transit)

轻轨是在有轨电车的基础上发展起来的城市轨道交通。轻轨是轨道上的荷载相对于铁路和地铁较轻的一种交通系统。轻轨是个比较宽泛的概念,公共交通国际联会关于轻轨运营系统的解释文件中提到:轻轨是一种使用电力牵引、介于标准有轨电车和快速交通系统(包括地铁和城市铁路)之间的,用于城市旅客运输的轨道交通系统。

轻轨原来的定义是采用轻型轨道的城市交通系统。轻轨最早使用的是轻型钢轨,现在已采用与地铁相同质量的钢轨,所以,目前国内外都以客运量或车辆轴重的大小来区分地铁和轻轨。一般来说,轻轨是指运量或车辆轴重(60 kg/m以下)稍小于地铁的快速轨道交通。我国《城市轨道交通工程项目建设标准》(建标 104—2008)中,把每小时单向客运量为 1 万~3 万人次的轨道交通定义为中运量轨道交通,即轻轨。

4. 独轨(monorail)

独轨交通又称为单轨交通,是指通过单一轨道梁支撑车厢并提供导向作用运行的轨道交通系统。它与传统的钢轮钢轨运输系统完全不同,其最大特点是车体比承载轨道要宽。中国应用独轨的城市有重庆、上海等。

独轨通常分为跨座式独轨和悬挂式独轨。

独轨的车辆采用橡胶轮,由电气牵引,最高速度可达 80 km/h,旅行速度为 30~35 km/h,列车可 4~6 节编组,单向运送能力为每小时 1 万~2.5 万人次。

5. 城市铁路(urban railway)

城市铁路是指建在城市内部或内外结合部,线路设施与干线铁路基本相同,服务对象以城市公共交通客流,即短途、通勤旅客为主的轨道交通系统。城市铁路通常分为城市快速铁路和市郊铁路两部分。

①城市快速铁路。城市快速铁路是指运营在城市中心,包括城市近郊地区的轨道系统,采用电气化线路,与地面交通的衔接大多采用立体交叉。

②市郊铁路。市郊铁路是指建在城市郊区,把市区与郊区,尤其是与远郊联系起来的铁路。市郊铁路一般和干线铁路设有联络线,设施与干线铁路相同,线路大多建在地面,部分建在地下或高架上。其运行特点接近干线铁路,只是服务对象不同。

市郊铁路是城市铁路的主要形式。市郊铁路是伴随着城市规模的扩大、卫星城的建设而发展起来的,通常使用电力牵引,列车编组多为 4~10 节,最高速度可达 100~120 km/h。市郊铁路运能与地铁运能相同,但由于站距较地铁长,运行速度超过地铁,可达 80 km/h 以上。

城市铁路的概念范围仍在不断扩大,包括了城际间直达的高速铁路,如北京至天津的"京津快轨"。

6. 磁悬浮交通（magnetic levitation for transportation）

磁悬浮交通是一种在高速运行时非轮轨黏着传动、用直线电动机驱动列车运行的、悬浮于地面的新型轨道交通系统。它克服了传统列车机械噪声和磨损等问题,不受轮轨黏着速度理论极限的限制,速度可达每小时 500 多千米。当磁悬浮列车低速运行时,车轮会放下来,以车轮行驶,因此磁悬浮列车保留了轨道、道岔和车辆转向架及悬挂等许多传统车辆的特征。磁悬浮列车从悬浮机理上可分为常导吸引型和超导排斥型,是利用常导磁铁或超导磁铁产生的吸力或斥力使车辆浮起,用以上复合技术产生导向力,用直线电动机产生牵引动力的高速、安全、舒适、节能、环保、维护简单、占地少的新一代交通运输工具。

7. 新交通系统（new transport system）

新交通系统是一个模糊的概念,不同国家和城市对其有不同的理解,还没有统一和严格的定义。从广义上说,新交通系统是所有现代化新型公共交通方式的总称。狭义上的新交通系统则定义为由电气牵引,具有特殊导向、操作和转向方式的胶轮车辆单车或数辆编组运行在专用轨道梁上的中小运量轨道运输系统。

在新交通系统中,车辆可实现无人驾驶,在线路上自动运行,车站可实现无人管理,完全由中央控制室的计算机集中控制,自动化水平高。新交通系统与独轨交通系统有许多相同之处,最大的区别在于该系统除有走行钢轨外,还设有导向轨,故新交通系统也称为自动导向轨道交通。新交通系统的导向系统可分为中央导向方式和侧面导向方式,每种方式又可分为单用型和两用型。单用型是指车辆只能在导轨上运行;两用型则指车辆既可在导轨上运行,又可以在一般道路上行驶。

1.1.3 城市轨道交通的组成

1. 车站

车站是城市轨道交通系统最重要的组成部分,既是乘客上下车、换乘的场所,也是列车到发、通过、折返、临时停车的地点,还是各工种分工协作的生产基地。

与国家铁路相比,城市轨道交通车站的行车作业流程相对简单,不进行办理货运和列车编组作业,也很少办理越行和会让作业。但因为城市轨道交通车站设置在城市内部,所以其空间结构设计、施工方法比国家铁路车站更为复杂。

轨道交通车辆一般采用高地板设计,这就要求车站也必须采用高站台形式,以保证乘客水平进出车厢,因而要将车站设置在地铁、轻轨线路的合适位置,并要进行专门设计。不同于城际交通上的铁路,城市轨道交通服务于城市,列车停靠时间短、进出站频率高,乘客候车、滞留车站内的时间也比较短,因此,乘坐地铁、轻轨的乘客都希望进入车站就能很快上车。有别于火车站,城市轨道交通的车站不专设候车区,如巴黎、纽约很多地铁站站台均是直接通过楼梯或自动扶梯连通人行道。

车站一般分为乘客使用空间、车站用房和车站附属建筑,而乘客使用空间又可分为付费区和非付费区。车站相关用房有车站控制室、站长室/站务室、会议室、男/女更衣室、牵引降压混合变电所、降压变电所、蓄电池室、照明配电室、通信设备室(专用、公众、警用通信)、信号设备室、屏蔽门控制室、监控设备室、环控电控室、自动售检票系统(AFC)机房、AFC票务室、环控机房(空调机房、冷冻机房)、备品库/储藏间、盥洗间、气体消防设备室、废水/消防泵房、污水泵房、清扫工具室、茶水间、厕所间等。

车站一般按照其所处位置、埋深、运营性质、断面和站台形式、换乘方式的不同进行分类。

1) 按车站与地面相对位置分类

按照车站与地面相对位置的不同,车站可以分为地下车站、地面车站和高架车站。

2) 按车站埋深分类

按照车站埋深的不同,车站可以分为浅埋车站和深埋车站。

(1) 浅埋车站。

浅埋车站通常采用明挖法、盖挖顺作法、盖挖逆作法、浅埋暗挖法、明挖与盖挖相结合的方法修建,车站顶板覆盖层土体厚度比较小,通常埋深为0.5~1.0 m。

（2）深埋车站。

深埋车站通常采用暗挖法施工，包括矿山法、盾构法、矿山法与盾构法相结合的方法，其埋深通常大于2倍车站结构跨度。

3）按车站运营性质分类

车站按照其运营性质的不同分为中间站、区域站（及折返站）、换乘站、枢纽站、联运站和终点站，如表1.1所示。

表1.1　车站按运营性质分类

序号	名　称	特　征
1	中间站	仅供乘客上、下车之用，功能单一，是地铁最常用的车站
2	区域站（及折返站）	设在两种不同行车密度交界处的车站。站内设有折返线和设备，可根据客流量的大小合理组织列车运行、在两个区域站之间的区段上增加或减少行车密度。区域站兼有中间站功能
3	换乘站	位于两条及两条以上线路交叉点上的车站。换乘站具有中间站的功能，但主要的功能是实现客流从一条线路上通过换乘设施转换到另一条线路上
4	枢纽站	由此站分出另一条线路的车站。枢纽站站可接、送两条以上线路的客流
5	联运站	站内设有两种不同性质的列车线路，是进行联运及客流换乘的车站。联运站有中间站及换乘站的双重功能
6	终点站	设在线路两端的车站。就列车上、下行而言，终点站也是起点站（或称始发站）。终点站设有可供列车全部折返的折返线和设备，也可供列车临时停留检修。如线路远期延长，则此终点站即变为中间站

4）按断面和站台形式分类

（1）岛式车站。

位于上、下行车线路之间的站台称为岛式站台，具有岛式站台的车站称为岛式站台车站（简称岛式车站）。岛式车站是使用最多的一种站台形式。有喇叭口（常用作车站设备用房）的岛式车站在改建、扩建时，很难延长车站。岛式车站具有站台面积利用率高、能灵活调剂客流、乘客使用方便等优点，常用于客流量较大的车站。

(2) 侧式车站。

位于上、下行车线路两侧的站台称为侧式站台,具有侧式站台的车站称为侧式站台车站(简称侧式车站)。侧式车站也是常用的一种车站形式,根据环境条件可以布置成平行相对式、平行错开式、上下重叠式和上下错开式等形式。侧式车站在面积利用率、调剂客流量、站台之间联系等方面不及岛式车站,多用于客流量不大的车站及高架车站。当车站和区间的线间距相同时,侧式车站无须喇叭口,可减少土方工程量,改建、扩建时,延长车站也比较容易。

(3) 岛、侧混合式车站。

岛、侧混合式站台是将岛式站台及侧式站台同设在一个车站内,具有这种站台形式的车站称为岛、侧混合式站台车站(简称岛、侧混合式车站)。西班牙马德里地铁多采用岛、侧混合式车站。岛、侧混合式车站可同时在两侧的站台上、下车,也可适应列车中途折返的要求。岛、侧混合式站台可布置成一岛一侧式或一岛两侧式。

5) 按车站间换乘方式分类

车站间换乘可按乘客换乘方式及车站换乘形式分类。不论采用何种分类方式,均应符合下列换乘的基本要求:尽量缩短换乘间距,做到线路明确、简捷、方便乘客;尽量减少换乘高差,避免高度损失;换乘客流宜与进、出站客流分开,避免相互交叉干扰;换乘设施的设置,应满足换乘客流量的需要,宜留有扩、改建余地;换乘规划时,应周密考虑选择换乘方式及换乘形式,合理确定换乘通道及预留口位置;换乘通道长度不宜超过 100 m,超过 100 m 的换乘通道宜设置自动步道;节约投资。

(1) 按乘客换乘方式分类。

①站台直接换乘。

站台直接换乘有两种方式:一种方式是指两条不同线路分别设在一个站台的两侧,甲线的乘客可直接在同一个站台的另一侧换乘乙线,如香港地铁的太子站和旺角站;另一种方式是指乘客由一个车站的站台通过楼梯或自动扶梯直接换乘到另一个车站的站台,这种换乘方式多用于两个车站相交或上下重叠式的车站。当两个车站位于同一个水平面时,可通过天桥或地道进行换乘。

站台直接换乘的换乘线路最短,换乘高度最小,没有高度损失,因此对乘客来说比较方便,并可节省换乘时间,换乘设施工程量小,比较经济。

换乘楼梯和自动扶梯的总宽度应根据换乘客流量的大小计算确定。其宽度过小,会造成换乘楼梯口部人流聚集,容易发生安全事故,因此宜留有余地。

②站厅换乘。

站厅换乘是指乘客由某层车站站台经楼梯、自动扶梯到达另一个车站站厅的付费区域内,再经楼梯、自动扶梯到达另一线车站站台的换乘方式,这种换乘方式大多用于相交的两个车站。

站厅换乘的换乘路线较长,提升高度较大,有高度损失,需要设自动扶梯。

③通道换乘。

两个车站不直接相交时,相互之间可采用单独设置的换乘通道进行换乘,这种换乘方式称为通道换乘。

通道换乘的换乘线路长,换乘的时间也较长,对老弱妇幼乘客来说不方便。并且由于增加了通道,造价也较高。

换乘通道的位置应尽量设在车站中部,远离站厅出入口,避免干扰换乘客流,使其不必出站即可直接进入另一车站。

(2) 按车站换乘形式分类。

车站间换乘按两个车站平面组合的形式可分为五类,如表1.2和图1.1所示。

表1.2 车站间换乘按两个车站平面组合的形式分类

序号	名称	特征
1	一字形换乘	两个车站上下重叠设置,构成一字形组合;站台上下对应,双层设置,便于布置楼梯、自动扶梯,换乘方便
2	L形换乘	两个车站上下立交,车站端部相互连接,在平面上构成L形组合。相交角度不限;在车站端部连接处一般设站厅或换乘厅;有时也可将两个车站相互拉开一段距离,使其在区间立交,这样可减少两车站间的高差和下层车站的埋深
3	T形换乘	两个车站上下立交,其中一个车站的端部与另一个车站的中部相连接,在平面上构成T形组合。相交的角度不限;可采用站厅换乘或站台直接换乘;两个车站也可相互拉开一段距离,以减少下层车站的埋深
4	十字形换乘	两个车站中部相立交,在平面上构成十字形组合。相交的角度不限;十字形换乘车站采用站台直接换乘的方式
5	工字形换乘	两个车站在同一水平面平行设置时,通过天桥或地道换乘,在平面上构成工字形组合。工字形换乘车站采用站台直接换乘的方式

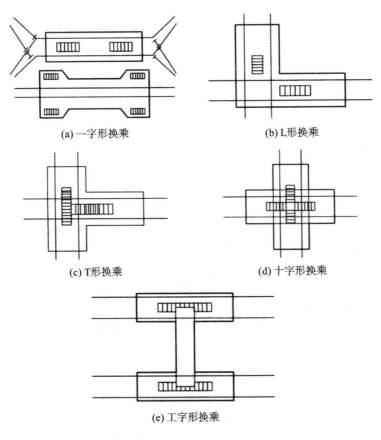

图1.1 车站间换乘按两个车站平面组合的形式分类

6）按车站结构横断面形式分类

车站结构横断面形式主要根据车站埋深、工程地质和水文地质条件、施工方法、建筑艺术效果等因素确定。在选定结构横断面形式时，应考虑结构的合理性、经济性、施工技术和设备条件。车站结构横断面形式主要有矩形断面、拱形断面、圆形断面和其他类型断面四种。不同车站横断面形式均有其各自的特点。

（1）矩形断面。

明挖法施工的车站大多采用矩形结构，而采用最多的是矩形框架结构，有单柱双跨或双柱三跨的形式，在立面上有两层或三层。侧式车站一般采用多跨结构，岛式车站多采用三跨结构。在道路狭窄、地面建筑密集区间，有时采用上、下行重叠式结构，这种结构在北京地铁、广州地铁、深圳地铁应用最广泛。

(2) 拱形断面。

拱形车站一般用于站台宽度较窄的单跨单层或单跨双层车站，如白俄罗斯明斯克地铁，顶盖为变截面的无铰拱；俄罗斯莫斯科地铁，顶板由变截面单跨斜腿刚构和平板组成；我国上海地铁一号线衡山路车站是拱形车站的一种变化方案。

(3) 圆形断面。

圆形断面地铁车站多采用盾构法施工。

(4) 其他类型断面。

其他类型断面主要有马蹄形断面和椭圆形断面等。

本书主要按车站结构横断面形式对车站进行分类。

2. 区间

区间是连接两个相邻车站的行车通道，直接关系到列车的安全运行。区间设计的合理性、经济性对轨道交通总投资的影响很大，对乘客乘车的舒适感和列车运行速度的提高也有影响。通常线路标高在车站站台处是最高的，到区间中部是最低的，这有利于列车在出站时的加速和进站时的减速，从而节约能源。

区间长度在中心商业区多为 400~600 m，而在普通市区则长达 800~1000 m，在市郊区多为 1000~2000 m。通常区间长度超过 600 m 后，需要在区间左右线之间设置联络横通道，以满足防灾的要求。同时，由于区间中间部分位置比较低，因而需要设置泵房汇集区间中的水，一般多将泵房和联络横通道合建。当区间长度超过 1 km 时，考虑到区间通风要求，可根据风机配置进行计算来设置区间风井。

区间通常采用盾构法施工，地质条件较好时可以采用矿山法施工。局部地段岩石强度高，采用盾构法施工效率低时，可以采用竖井加横通道矿山法开挖、初期支护后进行盾构空推。对于盾构法施工区间，泵房和联络横通道一般采用矿山法破管片进行施工。当地质条件比较差时，多采用冻结法施工联络横通道，也可以经地表预加固处理后采用矿山法施工。对于其他地质条件，可以利用先期地表竖井施工泵房和联络横通道，然后进行回填盾构施工。

3. 停车场、车辆段与控制中心

城市轨道交通停车场分为两种，一种是普通停车场，一种是车辆段。普通停车场具有配属车辆，承担车辆的运用管理、整备保养、检查工作，往往只配备停放车辆的股道和一般维修整备设备。当列车需要进行较高级别的检修时，就需要到装备更齐全的车辆段进行相关作业。车辆段是车辆停放、检查、整备、运维和修理的管理中心所在地。若运行线路较长，为了有利于运营和分担车辆的检查清洗工作量，可在线路的另一端设停车场，负责部分车辆的停放、运维、检查和整备工作。若技术经济合理，也可以两条或两条以上线路共设一个车辆段。城市轨道交通除车辆保养基地以外，尚有综合维修中心、材料总库和职工技术培训中心等基地，有条件时，应尽量将它们与车辆段规划在一起。

车辆段的主要业务如下。

（1）列车在段内调车、停放、日常检查、一般故障处理和清扫洗刷。

（2）车辆的技术检查、月修、定修、架修和临修试车等作业。

（3）列车回段折返乘务司机换班。

（4）车辆段内设备和机具的维修及调车机车的日常维修工作。

（5）紧急救援和抢修设备。

随着轨道交通现代化和自动化技术的发展，对运营安全和管理水平的要求不断提高，运营过程中被监控对象之间的关系越来越复杂，监视、控制、操作和管理渐趋集中，安全性、可靠性越来越受到重视，对信息共享提出了更高的要求。为了确保运营和各系统安全可靠地运行，方便操作人员对运营过程实施全面的集中监控和管理，需要建立轨道交通网络运营控制中心（network operations control center，NOCC）。

轨道交通网络运营控制中心的调度人员通过使用信号、电力监控、防灾自动报警、环境与设备监控、自动售检票、通信等中央级系统设备对轨道交通全线的所有运行车辆、区间和车站系统设备运行及乘客的情况进行监视、控制、调度，并对轨道交通运行的全过程进行管理。

轨道交通网络运营控制中心的形式主要有单线路控制中心、多线路控制中心、总的控制中心、总的应急指挥中心、后备控制中心及各种形式混合的控制中心等，其组织架构及管理层次不同导致操作权限、职责、接口界面的划分等也不同。随着网络技术的发展，各系统中央级核心设备与控制中心分离的系统构成模式已经成为一种发展趋势，多条线路的中央级核心系统设备集中布置在控制中心的方式已经不符合安全性的原则。

4. 轨道交通辅助线

轨道交通辅助线路按其使用性质不同可以分为折返线、存车线、渡线、联络线、车辆段(停车场)出入线。辅助线是为保证轨道交通正常运营、合理调度列车而设置的线路,最高运行速度限制在35 km/h。

折返线:供轨道交通列车往返运行时掉头转线。

存车线:供轨道交通列车故障时临时停放及夜间存车。

渡线:用道岔将上下行线及折返线连接起来的线路,有单渡线和交叉渡线两种。

联络线:为连接两条独立运营线而设置的车辆过线通道。

车辆段(停车场)出入线:正线区间与车辆段、停车场间的连接通道。

在线路的起点、终点必须设置折返线供车辆折返,在车辆段、停车场可以设置渡线供车辆折返。当一条线运营的列车对数有变化时,应在变化站点设置区段折返线。如上海地铁二号线连接虹桥、浦东两大机场,全程约60 km,在广兰路站设置了区段折返线,广兰路以西(虹桥机场、市区方向)为8节编组,广兰路以东(浦东机场方向)为4节编组。

为了防止列车因故障而停留在正线上影响运营,每隔5个车站应设置存车线一处,供故障列车临时停放和检修。一般要求起点站、重点站和区段折返线上应有故障列车停放功能。两个区段折返线之间相距5个以上站时,宜在中间设一单渡线。

5. 轨道工程

轨道交通正线及辅助线钢轨均采用60 kg/m的U75V热轧轨,正线全线铺设区间无缝线路,并采用DT Ⅵ$_2$型扣件,轨下采用高弹垫板。采用钢筋混凝土短枕式整体道床结构。道床混凝土强度等级采用C30,短轨枕混凝土强度等级采用C50。正线整体道床每千米铺设短轨枕1680对;辅助线整体道床每千米铺设短轨枕1600对。隧道内整体道床每隔6 m左右设置伸缩缝一处,隧道结构沉降缝处亦应设置道床伸缩缝。伸缩缝应避开短轨枕位置。伸缩缝可用20 mm厚沥青木板填塞。

地下线矩形隧道含车站轨道结构的高度:一般和中等减振地段为560 mm,曲线地段加超高值的一半;高等减振地段为750 mm;特殊减振地段为850 mm。马蹄形隧道轨道结构的高度:一般和中等减振地段为650 mm,线路中心线两侧各1200 mm,范围不小于560 mm;高等减振地段为750 mm,线路中心线两侧各1400 mm,范围不小于700 mm;特殊减振地段为850 mm,线路中心线两侧各1400 mm,范围不小于800 mm。圆形隧道轨道结构的高度:一般和中等减振地段为 740 mm；高等及特殊减振地段为 840 mm。

正线和辅助线采用 60 kg/m 的直线尖轨,9 号单开道岔。道岔直向允许通过速度为 80 km/h、侧向允许通过速度为 30 km/h。铺设道岔的地段采用短轨枕式整体道床,整体道床伸缩缝应尽量避开转辙器、辙叉和护轨部分。道岔整体道床范围(岔心前 15 m、岔心后 19 m 范围内)应尽量避开结构沉降缝,若确实无法避开,应保证道岔转辙器、辙叉部位不应有沉降缝。若短岔枕位于沉降缝,应调整避开,以避免岔枕与沉降缝发生干扰。

正线、辅助线的末端采用液压缓冲滑动式车挡。在曲线半径 $R \leqslant 400$ m 的地段设置钢轨涂油设备。涂油设备为电力驱动,并采用 220 V 电源。

沿线减振地段道床设置要求:一般减振地段采用普通短枕式整体道床;中等减振地段采用压缩型减振扣件;高等减振地段采用道床垫整体道床;特殊减振地段采用钢弹簧浮置板道床。

采用温度应力式无缝线路结构和一次铺设无缝线路工艺。单元轨节长度设置为 1000~1200 m。

地下线路设计锁定轨温为 25 ℃±5 ℃,相邻单元轨节间的锁定轨温差不应大于 5 ℃,同一区间内单元轨节的最高与最低锁定轨温差不应大于 10 ℃。整体道床宜采用轨排法施工,钢弹簧浮置板轨道应严格按照正确的施工工艺施工。

将整体道床底层结构钢筋均匀分布兼作收集网。整体道床纵向钢筋搭接时,必须进行搭接焊。整体道床横向钢筋应电气连续,若有搭接,也应进行搭接焊。浮置板道床采用专用的排杂散电流钢筋(非结构钢筋)作为收集网。

轨距为 1435 mm,区间正线最大坡度为 30‰,辅助线为 35‰;正线最小平面曲线半径为 350 m,联络线和出入线为 250 m,车场线为 150 m;正线最小竖曲线半径为 3000 m,辅助线为 2000 m。曲线外轨最大超高为 120 mm。

1.2 城市轨道交通的发展现状

1.2.1 世界城市轨道交通的发展概况

1. 世界城市轨道交通的产生

城市轨道交通产生的原因主要表现在如下两方面。

(1) 城市交通的运力与运量之间的矛盾日益突出。

(2) 城市出现了交通堵塞、交通事故、环境污染等各种交通问题,严重影响和制约了城市的发展。

世界各国经过长期探索后达成一种共识,即解决城市交通问题的根本途径是建立一个以城市轨道交通为骨干,以公共交通为主体,多种交通方式相互协调的综合交通系统。

城市轨道交通产生的条件主要体现在以下几个方面。

(1) 城市出行需求是城市轨道交通产生的前提条件。

(2) 资金投入是城市轨道交通发展的必要条件。

(3) 科学技术的发展是城市轨道交通产生与发展的有力保障。

2. 世界城市轨道交通的发展历史

1804—1863年(城市轨道交通诞生前),这一时期的两大发明为现代城市轨道交通的诞生打下了基础:1804年,英国人理查德·特雷维塞克设计制造了第一辆蒸汽机车"新城堡号";1832年,约翰·史蒂芬森在美国纽约建立了第一条市区有轨马车线路,由马匹牵引车辆在钢制轨道上滚动行驶。

城市轨道交通的发展经历了一个曲折的过程,大致分为以下几个阶段。

(1) 初步发展阶段(1863—1924年)。

1863年1月10日,采用明挖法施工的世界上第一条地铁"伦敦大都会铁路"在伦敦建成通车(见图1.2),列车用蒸汽机车牵引,线路全长约6.4 km,标志着世界城市轨道交通的诞生。

早期的地铁由蒸汽机车牵引,为了把烟雾排出,车站没有顶棚,虽然当时的地铁设施简陋,而且污染严重,却受到了广大市民的欢迎。

1890年第一条电气化地铁开通,地铁开始进入电力牵引的发展时期,显示出强大的生命力。

1870年,美国第一条在曼哈顿格林尼治大街及第九大道的高架快速轨道交通线开始运营。

1881年,德国西门子公司在柏林近郊铺设了第一条电车轨道。

1890年12月8日,伦敦首次用盾构法施工,建成用电力机车牵引长约5.2 km的另一条线路。

1892年6月6日,芝加哥建成世界上第2条蒸汽驱动地铁;1895年5月6日芝加哥建成世界上第2条电气化地铁。

图 1.2 世界上第一条地铁

1896 年,匈牙利布达佩斯修建了欧洲最早的电气化地铁,这是欧洲大陆上的第一条电气化地铁线路,在整个欧洲仅居英国之后。

1904 年,美国纽约地铁巴尔蒙线开通,被誉为"纽约地铁之父"。美国纽约成为美洲最早建立地铁系统的城市。

1913 年,阿根廷的布宜诺斯艾利斯建成地铁系统,成为拉丁美洲最早建立地铁系统的城市。

(2) 停滞萎缩阶段(1924—1949 年)。

这一阶段,一方面是由于汽车工业的发展和第二次世界大战的爆发;另一方面是由于城市轨道交通的投资大、建设周期长等原因,城市轨道交通的发展呈现出停滞、甚至萎缩的局面。特别是在地面行驶的有轨电车系统,在这一时期被大量拆除并由汽车所取代。

这一时期,仍然有如下国家修建了城市轨道交通系统。

1926 年,澳大利亚悉尼开通了隧道电车。

1927 年,日本东京开通了浅草至涩谷的地下铁道线,这是亚洲最早的地下铁道。

1935 年,俄罗斯莫斯科第一条地铁通车运营。

(3) 再发展阶段(1949—1969 年)。

这一阶段由于汽车的过度增加,城市道路交通速度下降,甚至趋于瘫痪,加之不断增大的石油资源消耗、空气和噪声污染,人们又把解决城市交通问题的注意力放在了占地面积小、污染小、运力大的城市轨道交通上,许多城市又开始兴建城市轨道交通。

在这一阶段,一些新型的城市轨道交通形式相继出现:1959年,美国洛杉矶迪士尼游乐场跨座式单轨开始运营;1961年,单轨铁路在意大利世界博览会开始运营。苏联的圣彼得堡、基辅、巴库、第比利斯,加拿大的多伦多、蒙特利尔,意大利的罗马、米兰,美国的克利夫兰,瑞典的斯德哥尔摩,日本的名古屋,挪威的奥斯陆,葡萄牙的里斯本,德国的法兰克福,荷兰的鹿特丹,墨西哥的墨西哥城,以及中国的北京先后开通了地铁。

(4) 高速发展阶段(1969年至今)。

伴随着世界城市化进程的加快,人们的生活节奏也逐渐加快,对城市交通的要求越来越高,各国政府投入大量的人力、物力和财力来建设城市轨道交通。同时,轨道交通技术不断发展,已成为新型城市轨道交通发展的有力保障。

在这一时期,出现了许多新型城市轨道交通运输方式。1981年,日本建成了自动导向轨道系统,即神户新交通系统;1983年,法国现代化轻轨电车线路在里尔市建成通车,它是世界上第一条无人驾驶的全自动地下铁道;1984年,英国在伯明翰建成低速磁浮铁路并投入使用。

3. 世界城市轨道交通的发展现状

根据《都市快轨交通》2023年2月刊发的《2022年世界城市轨道交通运营统计与分析综述》,全球轨道交通线网规模发展现状如下。

统计结果显示,截至2022年底,全球共有78个国家和地区的545座城市开通城市轨道交通,运营里程超过41386.12 km。60个国家和地区的189座城市开通地铁,总里程达20245.74 km;35个国家和地区的122座城市开通轻轨,总里程达4067.16 km;50个国家和地区的310座城市开通有轨电车,总里程达17078.62 km。

表1.3展示了全球各大洲城市轨道交通总体规模。从总体上看,欧亚大陆依旧是全球城市轨道交通的主要分布地,总运营里程占全球的86.1%。从制式来看,亚洲的地铁里程最长,占全球地铁里程的67.5%;北美洲的轻轨里程最长,占全球轻轨里程的40.4%;欧洲的有轨电车里程最长,占全球有轨电车里程的85.2%。

表1.3　2022年全球各大洲城市轨道交通运营里程汇总　　（单位:km）

大洲	地铁	轻轨	有轨电车	总计
亚洲	13656.34	1117.75	1571.35	16345.44
欧洲	3722.40	1021.85	14551.23	19295.48
南美洲	718.20	118.60	39.90	876.70
非洲	111.60	102.80	211.44	425.84
大洋洲	36.00	59.40	255.40	350.80
北美洲	2001.20	1641.36	449.31	4091.87
总计	20245.74	4061.76	17078.62	41386.12

注:俄罗斯的全部城市划入欧洲计算。

表1.3的数据表明:从运营制式来看,地铁和有轨电车的运营里程远大于轻轨的运营里程,地铁和有轨电车依旧是全球轨道交通的主流制式;从分布区域来看,全球城市轨道交通主要集中在欧亚大陆,其中地铁主要分布在以中国为代表的亚洲国家,轻轨主要分布在以美国为代表的北美洲国家,有轨电车集中分布在以俄罗斯、德国为代表的欧洲国家。

2022年已开通城市轨道交通的国家和地区的线网概况如下。

①总体上看,中国总运营里程达10857.17 km(含港澳台),排名世界第一,占全球总里程的26.2%;德国、俄罗斯、美国、乌克兰分别以3965.77 km、3346.20 km、3127.37 km和1473.80 km的总里程排名第2~5位。

②分制式看,中国的地铁里程排名世界第一,占全球地铁里程的47.9%;美国的轻轨里程达1373.36 km,排名世界第一,占全球轻轨里程的33.8%;德国的有轨电车里程达3562.67 km,排名世界第一,占全球有轨电车里程的20.9%。

③从城市层面来看,截至2022年底,全球共有111座城市开通的轨道交通运营总里程超过100 km,其中中国有28座城市(2022年新增1座);全球共有25座城市开通的轨道交通运营总里程超过300 km,其中中国有10座城市(2022年新增1座);上海、北京、莫斯科、成都、广州、首尔、深圳、杭州、武汉、伦敦10座城市开通的轨道交通运营总里程超过500 km,其中上海以936.16 km的总里程居世界第一。

图1.3列出了各类轨道交通运营里程排名前10名的城市。其中,地铁、轻轨、有轨电车里程排名前10城市的里程之和,占各自总里程的比例分别为29.0%、29.4%、16.4%,可知在世界范围内地铁和轻轨的分布相对集中,有轨电

车的分布相对广泛。

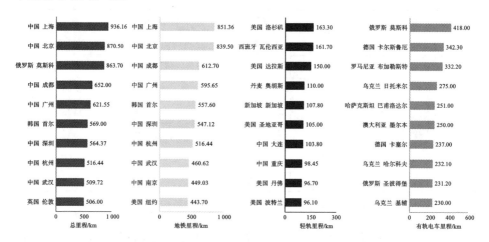

图 1.3　各类轨道交通运营里程排名前 10 的城市

1.2.2　我国城市轨道交通的发展状况

我国城市轨道交通的发展可以划分为早期有轨电车交通时代和现代城市轨道交通时代。

1. 早期有轨电车交通时代

我国的有轨电车起源于 20 世纪初,到 20 世纪 50 年代,我国的有轨电车交通达到了高峰。上海、大连、北京、天津、哈尔滨、长春等诸多城市都建成了多条有轨电车线路。这一时期,有轨电车在我国城市交通中发挥了重要的作用。

由于有轨电车与城市发展之间存在诸多矛盾,我国的有轨电车同国外一样,从 20 世纪 50 年代开始逐步被拆除。

2. 现代城市轨道交通时代

我国现代城市轨道交通是以 1965 年 7 月 1 日开工建设的北京地铁为开端的,发展至今,大致经历了以下 5 个阶段。

1）起始阶段

起始阶段以 1965 年开始建设、1969 年 10 月 1 日建成通车的北京地铁(复兴门站—苹果园站,全长 23.6 km)和 1970 年开始兴建、1976 年建成通车的天津地铁(新华路站—西南角站,全长 5.2 km)为代表。

这一阶段地铁的规划与建设,除实现城市的客运功能之外,更重要的是满足人防战备的需要。

2) 早期建设阶段

早期建设阶段以北京地铁1号线(复八线建设和1号线改造)、上海地铁1号线(上海火车站—莘庄)、广州地铁1号线(西朗站—广州东站)的建成为标志。随着改革开放和经济体制改革的逐步深入,城市交通需求剧增,导致道路交通供给能力严重不足,交通供需矛盾十分突出,这也成为城市经济发展的一个重要制约因素。为适应城市发展的需要,缓解城市交通的紧张状况,从20世纪90年代开始,我国政府加大了对城市交通基础设施的投入,强调轨道交通对解决城市交通问题和引导城市发展的作用。从此,发展大容量轨道交通的理念开始显现。在这一阶段,除地铁建设外,以上海明珠线一期工程为代表的轻轨交通也开始建设。

3) 建设高潮阶段

随着我国经济的发展和城市化进程的加快,我国城市的规模不断扩大,人口不断增加,城市交通问题日益突出。城市交通问题的解决必须依赖公共交通的发展,大城市及特大城市还必须建设一个以轨道交通系统为骨干,以公共交通为主体,多种交通方式相协调的综合交通系统。同时,经济的快速发展也为城市轨道交通的发展奠定了雄厚的物质基础。自20世纪末至21世纪初,我国城市轨道交通进入了快速发展的建设高潮阶段。

在这一阶段,城市轨道交通建设具有以下特点:兴建城市轨道交通的城市迅速增多;轨道交通建设呈现网络化发展;轨道交通类型呈多元化发展;城市轨道交通技术体系的现代化发展。

4) 建设调整阶段

在我国城市轨道交通的发展过程中,值得指出的是,从1995年到1998年,由于地铁建设发展迅猛,有部分城市不顾地方经济实力,盲目开展轨道交通建设项目;还有的城市盲目追求高标准,忽视了是否适合本城市的实际情况等问题,使城市轨道交通建设带有很大的盲目性。针对工程造价高、车辆全部引进、大部分设备大量引进等问题,1995年国务院办公厅60号文通知,除上海地铁2号线项目外,所有地铁建设项目一律暂停审批,并要求地方政府做好发展规划和国产化工作。1995年到1998年的3年时间内国家没有审批任何城市轨道交通项目。2002年10月中旬,国务院冻结了近20个城市的地铁立项,委托中国国际工程咨询有限公司对国内的地铁项目做全面的调查分析,准备出台一系列有关地铁项目审批的新政策,加大地铁项目的宏观调控力度。轨道交通的建设与发展经历了一段曲折的历程。

5)蓬勃发展阶段

我国的城市轨道交通在经历了起始、早期建设、建设高潮、建设调整等曲折过程后,正步入稳步、持续、有序的蓬勃发展阶段。

"十三五"期间,我国城市轨道交通新增运营里程超过4000 km,超过前50年建成线路之和,总运营里程占全球总里程的25%以上;地铁、有轨电车、磁悬浮等多种制式并存的立体化城市轨道交通体系逐步形成、并肩发展。

"十四五"期间,城市轨道交通的工作重点由建设为主逐步转向与运营管理并重的转型发展阶段,相应的发展思路也需要调整。需要因地制宜、一体融合,量力有序、固本开源、管建并重、需求导向、自主突破、智慧赋能,从而实现全行业的协调、持续、高效、创新发展。

交通运输部的统计数据显示,截至2024年4月,31个省(自治区、直辖市)和新疆生产建设兵团共有55个城市开通运营城市轨道交通线路310条,运营里程10273.7 km,实际开行列车338万列次,完成客运量27.6亿人次,进站量16.5亿人次。地铁运营线路总里程位居前十位的城市依次为上海、北京、广州、成都、深圳、武汉、杭州、重庆、南京和青岛。

1.2.3　城市轨道交通系统发展展望

1. 城市轨道交通投资多元化趋势

城市轨道交通发展之初,其投资主体比较单一,有的由私人主体来投资,有的由政府财政直接投资。随着轨道交通的规模越来越大,为了解决资金问题和提高轨道交通的运行效率,很多城市的轨道交通都由政府和社会资本等共同投资。投资主体的多元化已成为世界轨道交通的发展趋势:轨道交通的准公共产品性质要求投资主体多元化;通过多元化投资来解决资金不足的问题;投资多元化可以提高城市轨道交通的运行效率。

上海、北京、广州等城市目前的轨道交通也正朝多元化投资方向发展,但多元化的领域仍不够宽、投资渠道还不够通畅。中国城市要努力创造条件,积极进行投融资体制机制创新,吸引更多的社会资本参与轨道交通的投资、建设和运营。

2. 城市轨道交通经营市场化趋势

在轨道交通的历史发展过程中,有的采取完全的国有垄断经营模式,有的采取市场化经营模式,有的介于这两者之间。现在,很多城市充分发挥市场作用以提高轨道交通的运行效率。在轨道交通运营上引入市场机制已成为一种发展趋势。尽管上海、北京、广州等城市目前轨道交通的经营越来越市场化,但某些可以通过市场化经营的领域还存在垄断经营的情况,总体上市场化程度还不够高。

中国城市要进一步打破垄断,在市场化的经营监管、市场化的经营手段和方法等方面进一步创新,以全面提高经营效率。

3. 城市轨道交通管理法治化趋势

现在,很多城市轨道交通实行全面法治化管理以规范各方行为和维护各方利益,以法治化的管理来保障城市轨道交通持续、稳定和高效地运行。轨道交通的全面法治化管理也是世界轨道交通发展的重要趋势。上海、北京、广州等城市在轨道交通管理方面,还存在一些不合理的人为干预现象,法治化程度不够。中国要着手制定国家法规和地方性法规(如轨道交通法等),在轨道交通的投资、建设、运营、管理等方面实现全面的法治化,全面提高法治化管理水平,以确保各方利益、降低风险、维护公平。

4. 城市轨道交通产业智能化、绿色化、多元化发展趋势

城市轨道交通行业已经成为城市公共交通的重要组成部分,未来城市轨道交通产业将继续朝智能化、绿色化、多元化方向发展,为城市居民提供更加便捷、快速、安全、舒适的出行方式。

(1) 智能化。

城市轨道交通产业将加速智能化发展,通过技术手段提高运营效率和服务质量。例如,利用大数据技术对运营数据进行分析,优化列车运行方案;利用人工智能技术对车站和车辆进行监控,提高安全性能;利用无人驾驶技术实现列车自动驾驶,提高运营效率。

(2) 绿色化。

城市轨道交通产业将加速绿色发展,通过技术手段减少能源消耗和环境污染。例如,利用新能源替代传统能源,如采用电力驱动替代燃油驱动;利用节能技术减少能源消耗,如采用发光二极管(lighting emitting diode,LED)照明替代

传统照明；利用环保技术减少环境污染，如采用空气净化技术净化车站和车辆内部空气。

（3）多元化。

城市轨道交通产业将加速多元化发展，通过技术手段提供更多元化的服务。例如，利用互联网技术提供在线购票、在线查询、在线投诉等服务；利用智能终端设备提供无障碍服务、语音导航服务等；利用文化创意手段提供文化体验、旅游等服务。

1.3　城市轨道交通结构设计的趋势与前景

城市轨道交通的发展要适应和应对内外部形势；适应变局、服务社会、健康发展、支撑未来，建设符合国情的中国特色城市轨道交通；适应国家战略要求；适应"以国内大循环为主、国内国际双循环相互促进"的社会经济新格局。这是新时代对城市轨道交通发展提出的新要求，而在此背景下，城市轨道交通的结构设计可以从以下方面着手，不断创新，不断发展，响应时代发展要求。

（1）高强度材料的应用。

随着我国城市的快速发展，城市的公共交通工具轨道车辆的需求量急速增加。轨道交通工程需要承受高速、寒冷、高热、潮湿、干燥、大气腐蚀等各种恶劣环境，其用材需要考虑车辆的用途、运营环境、结构和安全性能等因素，因此，轨道交通工程的用材逐年向安全性、轻质性、高强度、耐久性、多样性、耐环境腐蚀及老化性等方面发展。

在此背景下，结构设计也越来越多地采用新型高强度材料，如高性能混凝土、钢材和复合材料。这些材料不仅提高了结构的承载能力和耐久性，还有助于实现更轻巧和经济的设计。

（2）抗震和抗灾设计。

几乎所有类型的城市灾害都会对轨道交通造成威胁，对轨道交通危害较大的城市灾害包括传统的火灾、洪涝、地震以及越来越多的非传统的安全威胁，如恐怖袭击（爆炸、毒气等）。近几十年来，随着城市的快速发展，轨道交通在城市中的作用和地位越来越重要，其遭受的灾害风险也越来越高，呈现出多样化、突发性增多、防控难度增大等趋势。地震是导致轨道交通结构破坏的最主要因素之一，它不仅会造成大量地面建筑结构与建筑设施破坏甚至倒塌，还会造成地铁等地下结构与设施的破坏，并且可引起次生灾害，造成人员伤亡，产生巨大的直接与间接的经济损失。

随着对地震和其他自然灾害风险认识的提高,结构设计更加注重抗震性和灾害适应性,包括使用更灵活的结构系统、提高结构的冗余性和韧性、采用先进的隔震和减震技术等。

(3) 可持续和环境友好设计。

为应对全球气候变化,中国向世界承诺:力争实现 2030 年前碳达峰,2060 年前碳中和。随着经济发展,交通运输行业碳排放量在全国碳排放总量中占比持续走高,轨道交通是国家交通运输的重要部分,肩负实现双碳目标的责任。作为国家基础发展设施,从碳足迹的角度出发,轨道交通能够给能源变革带来难以估量的重要影响,供/用能结构改革优化、推动节能降碳减排进程,是推动其可持续发展的重大挑战。

2021 年 9 月 22 日,《中共中央 国务院关于完整准确全面贯彻新发展理念做好碳达峰碳中和工作的意见》文件中提出"优化交通运输结构……加快发展绿色物流,整合运输资源,提高利用效率""推广节能低碳型交通工具""积极引导低碳出行。加快城市轨道交通、公交专用道、快速公交系统等大容量公共交通基础设施建设",并具体指出保障"实施工程建设全过程绿色建造"的要求。推进绿色轨道交通基础设施建设,把环保低碳的思想贯彻到基础设施规划、施工建设、运行养护的全过程,减少整个生命周期的能源消耗和碳排放量。

城市轨道交通的结构设计也应响应双碳建设目标,重视环境影响、努力减少材料使用、优化结构以减少碳排放,并采用可循环和可再生材料,实现可持续和环境友好设计。

(4) 预应力和预制技术的应用。

采用预应力技术可以提高结构组件的性能,同时降低现场施工的复杂性。预制技术允许在工厂环境中生产高质量的结构组件,提高施工效率并减少现场作业。

我国将建筑产业化作为破解当前建筑业困局、实现产业优化升级的重要依托。预制装配式建造技术是实现建筑模式由现场作业向工厂制造转移、由劳动密集型向机械化转变的重要基石。2016 年国务院办公厅出台《国务院办公厅关于大力发展装配式建筑的指导意见》(国办发〔2016〕71 号),住房和城乡建设部也集中出台了一系列针对装配式建筑的政策和标准,推进预制装配技术的发展和应用已成为建筑工程实现产业优化升级和可持续发展的重要举措。

(5) 智能监测和维护系统的应用。

城市轨道交通作为一种速度快、运量大的公共交通系统,为缓解大城市地上交通拥堵、运载能力不足等问题提供了有效的解决方法。地质条件、列车运营、地面建筑物施工、地下隧道结构自身负荷等因素可能会使轨道交通地下结构在运营期内发生过大沉降、变形、裂缝、渗漏水等病害,如未及时发现并采取相应措施,很可能威胁轨道交通地下结构的运营安全,给公众的生命财产安全带来损失。而传统的人工监测方式存在着效率低、工序复杂、人工费贵、不及时、时间难控制等诸多问题。因此,在进行城市轨道交通结构设计时,要结合先进的传感器技术和数据分析,应用智能监测和维护系统,实现对轨道交通结构的实时监测和健康评估。这可以帮助工作人员及时发现问题,预测维护需求,从而延长结构的使用寿命。

(6) 设计的多功能性和灵活性。

轨道交通因其功能定位、服务对象、运能需求、敷设方式的不同,其工程造价也不尽相同。轨道交通的结构设计不仅要考虑当前的需求,也要考虑未来的可扩展性和多功能性,其结构设计要具有多功能性和灵活性。例如,结构设计可以适应不同的使用需求或未来的技术升级。

(7) 集成设计和综合管理。

轨道交通结构工程是一项复杂、庞大、阶段性很强的系统性工程,涉及设计单位、施工单位、业主方和其他相关部门,这就需要多个专业之间和多个参与者之间的密切配合。对于轨道交通结构工程的设计单位来讲,在进行一个具体的轨道交通项目设计时,需要建筑、结构、暖通、电气、通信等20余个专业的设计人员协作才能完成。如何有效组织管理各类设计人员进行项目的协作设计是大部分设计单位面临的重要问题。因此,提高轨道交通设计行业集成设计和综合管理水平,降低协同及资料文档流转成本是轨道交通设计信息化的重点发展方向。

轨道交通的结构设计要与其他专业(如机电、通信等)的设计需要紧密集成,并与整体交通系统相协调。这要求设计团队进行跨专业协作,做好集成设计和综合管理,确保整个项目的顺利实施。

(8) 重视成本效益与经济性。

城市轨道交通项目具有规模大、投资金额大、建设周期长、建设成本高昂、地下空间开发具有不可逆性等特点。因此,要进行合理有效的经济效益估算与评价,选择综合效益更好的建设方案,通过综合开发、合理布局、引导各类资源合理配置,来平衡项目的成本与收益,以期带来更高的经济效益、交通效益和社会效益。

在进行轨道交通的结构设计时,在确保安全和性能的前提下,应追求结构设计的经济性,可采用优化设计来减少材料使用、选择成本效益高的施工技术和材料等方法。

第 2 章 城市轨道交通的结构类型

城市轨道交通线路根据需要可以设在地面、地上和地下。当线路位于地面时,轨道结构铺设于路基之上,与传统的铁路相同;当线路位于地面以上时采用高架结构;当线路位于地面以下时采用地下结构。另外,城市轨道交通线路因在区间和车站的功能不同,所采用的结构形式也不相同。因此,本章先简要介绍地下车站结构、地下区间结构、高架区间结构和高架车站结构,第3~5章再对各结构类型及其设计进行详细介绍。

2.1 地下车站结构

地下车站通常包含站台区、设备区和客流集散区,建筑空间比较大。一般根据不同的施工方法,地下车站可以采用不同的结构形式。例如,以围护结构为临时支护主体的明挖法和盖挖法等施工的地下车站常采用矩形框架结构;以矿山法施工(现代矿山法包括新奥法、浅埋暗挖法等)的地下车站常采用拱形结构(以洞桩法施工的地下车站常采用大跨度或小间距的连拱结构)。地下车站的结构形式与选择的施工方法密切相关。

1. 矩形框架结构

明挖法施工的地下车站主体结构一般为长条形多层、多跨框架结构,地下两层、地下三层单柱或双柱的框架结构形式,当建筑在使用功能上有特殊要求时,车站有时需要局部加宽,采用三柱四跨,甚至四柱五跨的结构形式。

图 2.1 为地下两层双柱三跨车站结构,总跨度为 25.1 m,左侧跨度为 8.9 m,中间跨为 6.8 m,右侧跨度为 9.4 m。

图 2.2 为地下两层单柱双跨结构,两跨跨度都为 10.9 m。

如图 2.3 所示的是站内设置停车线后,车站较宽,为了满足结构受力合理的需要,在车站中心设置四根立柱的四柱五跨结构。

2. 拱形结构

拱形地铁车站一般采用暗挖法施工,也有采用盾构法施工的。拱形地铁车

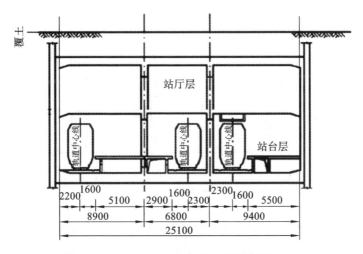

图 2.1 地下两层双柱三跨车站结构(单位:mm)

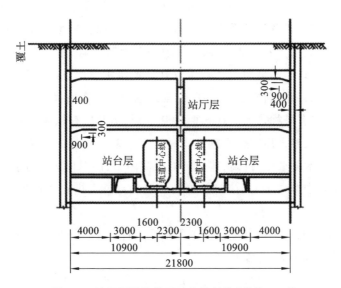

图 2.2 地下两层单柱双跨车站结构(单位:mm)

站根据线路、建筑使用功能、现场的地质条件和施工方法的不同,可以采用地下单层或者两层的结构,其拱形可以采用单拱式、双拱式或者三拱式结构,双拱式或三拱式结构既可以采用连拱的结构形式,也可以采用小间距拱的结构形式。

单拱车站在岩石地层中采用较多。近年来,国外在第四纪地层中也有采用单拱车站的实例,但施工难度大、技术措施复杂,造价也高。

双拱车站有两种基本形式,即双拱塔柱式和双拱立柱式。双拱塔柱式车站

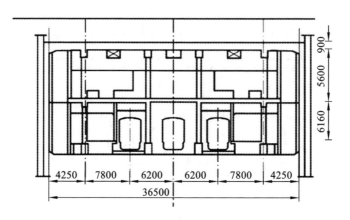

图 2.3 地下两层四柱五跨车站结构(单位:mm)

是在两个单拱主隧道之间间隔一定距离设置横向联络通道的车站形式,双层车站还可在其中布置楼梯间。两个主隧道的净距,一般不小于 1 倍主隧道的开挖宽度。这种结构形式隧道横断面积相对较小,横断面根据地质条件可设计为曲墙或直墙,不仅适用于岩石地层,而且采取一系列辅助施工措施后适用于第四纪地层。双拱立柱式车站早期多在石质较好的地层中采用,因拱圈相交节点处的防水处理较困难,随着新奥法的出现,目前逐渐由单拱车站代替。

三拱车站亦有塔柱式和立柱式两种基本形式,其中三拱塔柱式车站现已很少采用,工程上大多采用三拱立柱式车站。三拱双层立柱式车站由于施工开挖断面大、施工技术复杂、造价高、地面沉降控制困难、拱圈相交处防水处理较困难等,在第四纪地层中一般不宜广泛采用,如确须设计三拱立柱式车站,也以单层车站为宜。

国内外暗挖地铁车站方案根据工程地质条件的不同主要有以下几种类型。

(1) 大跨度双层单拱结构。

此种结构适用于大块状结构完整的花岗岩或侏罗纪砂岩等地层,如北京蒲黄榆地铁站采用了双层单拱结构(见图 2.4)。

(2) 单层双连拱结构。

德国柏林广场地铁站(见图 2.5)、广州地铁 3 号线林河西站(见图 2.6)、北京北新桥地铁站(见图 2.7)、美国纽约地铁站(见图 2.8)等都采用了单层双连拱结构,施工方法均采用浅埋暗挖法。

(3) 单层三连拱结构。

图 2.9 为哈尔滨轨道交通一期工程中某单层三连拱车站结构形式。

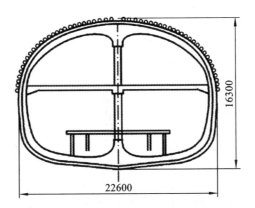

图 2.4 北京蒲黄榆地铁站结构(单位:mm)

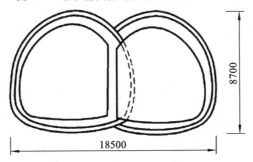

图 2.5 德国柏林广场地铁站结构(单位:mm)

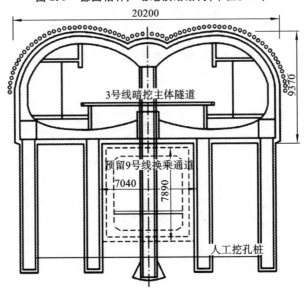

图 2.6 广州地铁 3 号线林河西站结构(单位:mm)

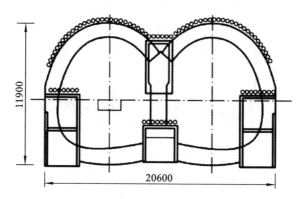

图 2.7 北京北新桥地铁站隧道断面结构（单位：mm）

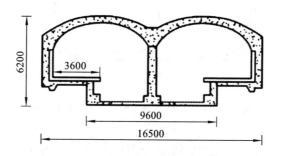

图 2.8 美国纽约地铁站结构（单位：mm）

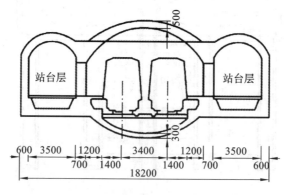

图 2.9 哈尔滨某单层三连拱车站结构（单位：mm）

(4) 双层双连拱结构。

在深圳地铁设计方案中,部分车站采用了如图 2.10 所示的双层双连拱结构,施工方法采用浅埋暗挖法。

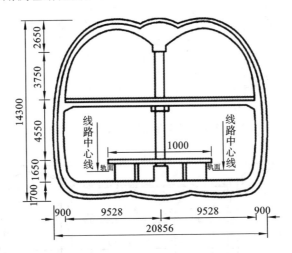

图 2.10　深圳某双层双连拱车站结构(单位:mm)

(5) 双层三连拱结构。

北京地铁 1 号线的西单、天安门、王府井、东单等车站采用的是如图 2.11 所示的双层三连拱结构,采用浅埋暗挖法施工。

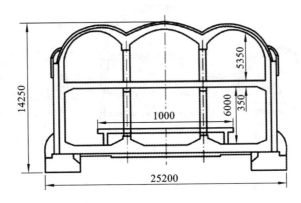

图 2.11　北京地铁 1 号线的双层三连拱车站结构(单位:mm)

(6) 分离式结构。

采用分离式结构建成的地铁车站主要有:广州地铁越秀公园站,南京地铁 1 号线南京站(见图 2.12),北京地铁 10 号线呼家楼站、光华北路站(见图 2.13、图 2.14)等。

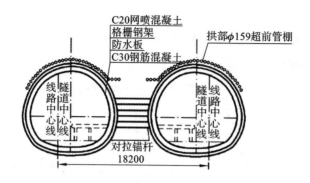

图 2.12　南京地铁 1 号线南京站结构(单位:mm)

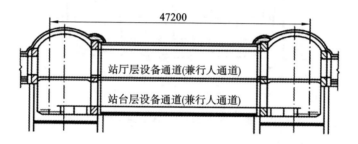

图 2.13　北京地铁 10 号线呼家楼站结构(单位:mm)

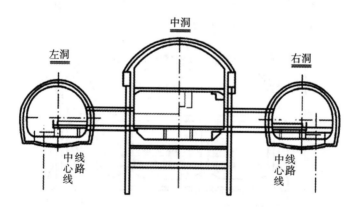

图 2.14　北京地铁 10 号线光华北路站结构

2.2　地下区间结构

地下区间结构为联结两个地下车站之间的建筑物,应根据沿线的工程地质和水文地质条件、埋深、城市规划以及工程投资等具体条件来选择相应的施工方法和结构形式。地下区间一般采用的结构形式有矩形和 U 形(明挖法施工)、拱形(浅埋暗挖法施工)、圆形(盾构法施工)等,下文分别从这三种方法出发,对地下区间结构形式进行阐述。

1. 明挖法

地铁区间隧道明挖法一般用于场地较开阔的地段,要求该地段地面建筑和地下管线少,对道路交通影响小(或道路交通量小、有条件进行交通疏解、结合市政工程的建设进行明挖施工)。

结构形式一般为整体浇筑钢筋混凝土矩形框架结构(见图 2.15),可设中隔墙或根据线路要求采用单跨结构,隧道出地面后为钢筋混凝土 U 形结构(见图 2.16)。顶板上可敷设城市地下管网。

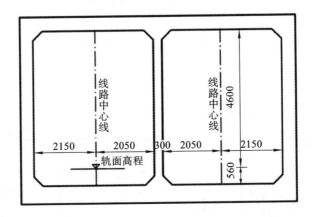

图 2.15　矩形隧道结构(单位:mm)

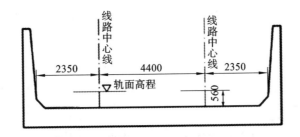

图 2.16　敞开段 U 形结构(单位:mm)

明挖法施工作业相对简单,施工工期短,造价相对较低。但施工对周边环境、地下管线和交通的影响较大。在地质条件较差、隧道埋深较深的情况下,明挖施工时,基坑围护的工程量大,综合造价较高。

2. 浅埋暗挖法

采用浅埋暗挖法修建的区间隧道一般为单跨拱形,图 2.17 为北京地铁复兴门折返线断面形式。当区间隧道存在渡线时,也可以采用连拱隧道,图 2.18 和图 2.19 为渡线范围内浅埋暗挖法区间隧道的平面和剖面形式。

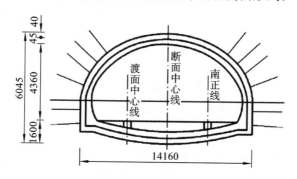

图 2.17 北京地铁复兴门折返线断面形式(单位:mm)

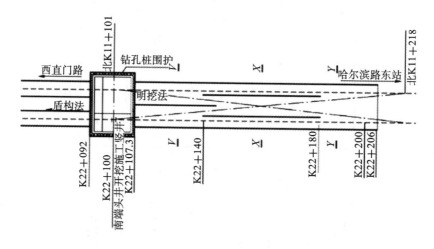

图 2.18 渡线平面

3. 盾构法

盾构法是盾构机在其钢壳体保护下,依靠前部的刀盘或挖掘机开挖地层,并在盾构机壳体内完成出渣、管片拼装、推进等工作的一种隧道挖掘方法。采用盾构法修建的隧道一般为单圆或多圆隧道。目前国内采用较多的是单圆盾构隧道,如上海、广州、南京、深圳等地的地铁区间隧道,如图 2.20 所示。上海轨道交通 8 号线采用了双圆盾构隧道,如图 2.21 所示。

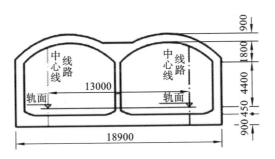

图 2.19 渡线范围隧道横剖面(单位:mm)

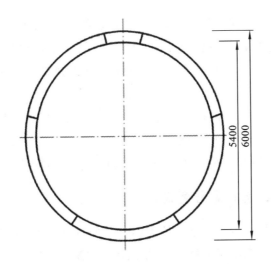

图 2.20 单圆盾构隧道结构(单位:mm)

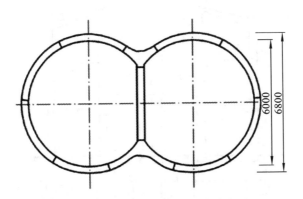

图 2.21 双圆盾构隧道结构(单位:mm)

盾构衬砌类型一般有单层、双层预制装配式衬砌和挤压式混凝土衬砌等。

单层预制装配式衬砌具有施工工艺单一、操作简单、施工周期短、工程投资小、质量容易保证等特点,同时也能满足刚度、变形控制及防水的要求。因此,国内地铁工程施工一般采用钢筋混凝土管片单层预制装配式衬砌。

2.3 高架结构

2.3.1 高架车站结构

高架车站既不是单一的房屋结构,也不是单一的桥梁结构,而是桥梁和房屋融合在一起的结构体系。高架车站一般采用的结构方案包括车站建筑与桥梁分离式结构、车站建筑与桥梁联合式结构两种。车站建筑与桥梁分离式结构是指区间高架桥在车站范围内连续贯通,但与桥台和站厅的梁、板、柱及基础分离,各自形成独立的结构受力体系。车站建筑与桥梁联合式结构是指轨道梁直接搁置或固定在车站横梁上面的一种车站结构形式。车站建筑与桥梁联合式结构又可以分为两种:空间框架式结构和车站建筑与桥梁整体式结构。

1. 车站建筑与桥梁分离式结构

车站建筑与桥梁分离式车站的主体结构分为两个部分,即车站建筑和高架桥。车站建筑设在高架桥之外,高架桥从房屋建筑中穿过,两者在结构上完全分开,受力明确,传力简洁,如图 2.22 所示。

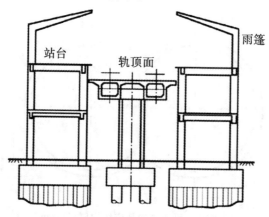

图 2.22 车站建筑与桥梁分离式结构示意

车站建筑和高架桥受力分别自成系统,可防止列车运行对车站建筑的不利影响,解决了基础不均匀沉降和车站建筑振动的问题。高架桥和车站建筑可分别依据现行的国家或行业规范进行独立的结构设计和计算。

2. 空间框架式结构

空间框架式车站的结构形式如图 2.23 所示,轨道区和站台区同时设置在空间框架结构之上,而桥墩作为站房框架结构的一部分。这种结构体系受力合理,结构整体性和稳定性好。此外,框架纵、横梁对桥墩均能起到约束作用,减小了桥墩计算高度,降低了线路高程和建筑高度,可节省工程造价。但空间框架式结构车站设计没有统一的规范和标准可遵循,设计时对不同的构件需要采用不同的规范,结构计算也较复杂。

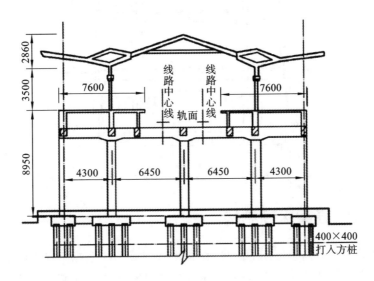

图 2.23 空间框架式车站的结构形式(单位:mm)

高架轨道区所受的荷载和房屋建筑所受的荷载完全不同,轨道区活载占比大,而且受载点不断变化。框架结构受载不均匀易造成基础不均匀沉降,特别是在地质条件不好的地段。一旦发生基础不均匀沉降,将损坏结构,且修复非常困难。

当列车以一定速度通过高架车站时,高架车站产生振动,框架结构的动力稳定性一般比桥梁结构差。因此,高架车站的振动控制已成为空间框架式结构分析和设计的关键问题之一。

3. 车站建筑与桥梁整体式结构

车站建筑与桥梁整体式车站的结构形式如图 2.24 所示,采用这种形式的车站,结构体系的传力途径比较明确,结构的整体性能好。但是,轨道梁与区间的接口不好处理,同时结构施工的难度大,桥道板与其下的结构板不易施工。

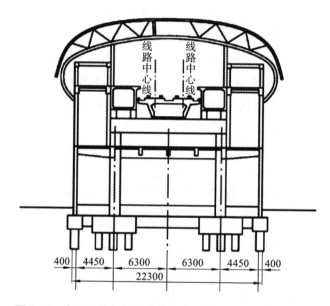

图 2.24 车站建筑与桥梁整体式车站的结构形式(单位:mm)

2.3.2 高架区间结构

城市轨道交通高架区间的跨度、结构形式和梁形的选择不仅影响工程的实施进度和对环境的干扰程度,还直接影响到工程的投资、建成后的使用效果以及城市景观效果,同时还受沿线的区域位置、周边环境、高架区间和地面道路的平面关系等多种因素的制约,因此应综合考虑以上各因素的影响,充分发挥各类结构形式的优点,以达到最佳效果。

1. 一般梁式结构

高架区间结构采用的梁形有箱梁、板梁、T 形梁和槽形梁等形式。

1) 箱梁

箱梁是目前国内外广泛采用的高架结构形式之一,其建筑高度适中,外观线形流畅、美观,具备成熟的设计和施工经验。箱梁动力性能优越,抗扭刚度大,整体性好,适用性强,在区间直线、曲线、折返段及渡线段均可采用。可以选择的断面形式主要有单箱单室、双箱单室和单箱多室三种。

(1) 单箱单室箱梁(双线)。

单箱单室箱梁(双线)横截面形式如图 2.25 所示,标准跨度为 30 m,施工方法常采用现场浇筑,也可以采用整体预制吊装施工,推荐采用后张预应力钢筋混凝土梁。一般梁高 1.8 m,顶宽 8.0 m,底宽 3.3 m(对应 3.7 m 线间距);跨中顶板和底板厚度均为 220 mm,腹板厚度为 400 mm;腹板形式为斜腹板。

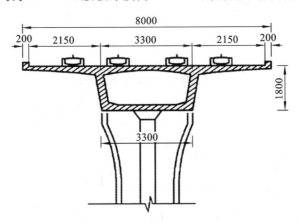

图 2.25 单箱单室箱梁(双线)横截面形式(单位:mm)

(2) 双箱单室箱梁(双线)。

双箱单室箱梁(双线)横截面形式如图 2.26 所示,适用于采用预制拼装施工方法的区段,如位于既有地面道路路中的线路。为方便运输及吊装,一般合理跨度为 25 m。预制箱梁顶宽 4.0 m,底宽 1.8 m(对应 5 m 线间距),梁高 1.7 m,两片箱梁拼装后顶面宽 8.0 m,顶板和底板厚度均为 220 mm,横向拼接现浇段宽 920 mm,两片箱梁间沿桥纵向每隔 5 m 设一道 250 mm 宽的横隔板,以增强梁的整体刚度。

(3) 单箱多室箱梁(双线或多线)。

单箱多室箱梁的整体性好,刚度大,能够充分利用材料的力学性能,且能减轻上部结构的重量,能够改善下部结构的受力状况。单箱多室箱梁常用于折返段、渡线段等桥面较宽区段,尤其是当箱梁位于半径较小的平曲线段上时较适宜。该箱梁可采用后张预应力混凝土或钢筋混凝土结构,施工方法宜采用现浇施工。单箱双室箱梁(双线)横截面形式如图 2.27 所示,箱梁顶宽 8.0 m,底宽 2.4 m,高 1.8 m。

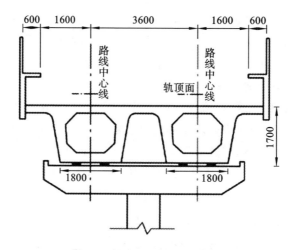

图 2.26 双箱单室箱梁(双线)横截面形式(单位:mm)

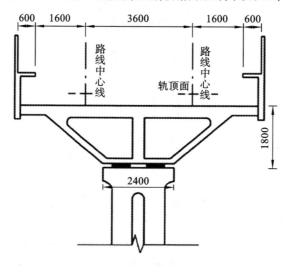

图 2.27 单箱双室箱梁(双线)横截面形式(单位:mm)

2) 板梁

板梁结构建筑高度低,外形简洁,结构简单,便于预制拼装施工。预应力板梁的经济跨度为 16~20 m。板梁主要有空心板梁(见图 2.28)和低高度板梁(见图 2.29)两种形式。空心板梁每跨可根据桥面宽度采用 4~8 片拼装而成,而低高度板梁通常采用两片拼装组成。

3) T 形梁

T 形梁的设计、施工经验已比较成熟,常采用工厂预制、现场吊装的施工方式,其施工速度快,对既有道路交通干扰少。同时,T 形截面又是最经济的桥梁

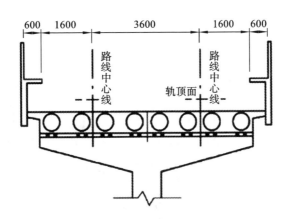

图 2.28 空心板梁横截面形式(单位:mm)

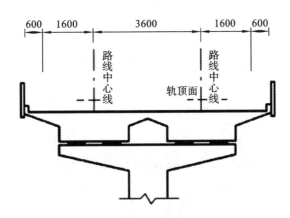

图 2.29 低高度板梁横截面形式(单位:mm)

截面形式,该结构与箱梁相比可以减少 25% 左右的工程量。T 形梁的经济跨度在 20~25 m,T 形梁的横截面形式如图 2.30 所示,其中梁肋尺寸为 0.5 m×1.8 m,翼缘尺寸为 0.5 m×0.2 m。为了提高拼装 T 形梁的整体刚度与稳定性,需在两片 T 形梁间设置一定数量的横隔板。

4) 槽形梁

槽形梁为下承式结构,其建筑高度低,两侧主梁可兼作隔声屏障和电缆支架,截面综合利用率较高。其缺点是结构受力复杂,须布置多向预应力钢筋;截面形式不适宜承受正弯矩的作用,主体结构工程数量指标较高;需要较大的施工及预应力张拉空间,造价比等跨度的单箱单室箱梁约高 30%。槽形梁主要适用于由地下转入高架及建筑高度受限制的地段。图 2.31 为上海轨道交通 4 号线采用的槽形梁结构,整个槽形梁宽为 9.8 m,其中主梁高 1.9 m。

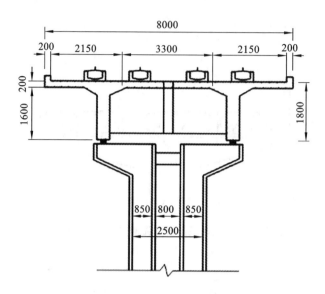

图 2.30 T形梁横截面形式(单位:mm)

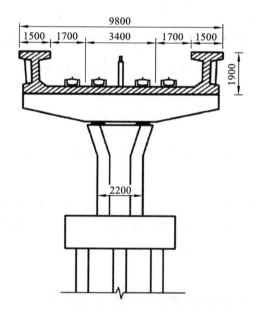

图 2.31 上海轨道交通 4 号线采用的槽形梁结构(单位:mm)

综上所述,城市轨道交通高架区间梁式结构选择的一般原则如下。

(1)对于周边空旷、线路布置在路侧的一般区段,优先选用单箱单室箱梁(双线)。

(2)对于线路位于既有道路路中,为减少施工时对地面交通的影响,优先选用预制拼装的双箱单室箱梁。对于线路位于规划道路路中的情况,将根据规划道路建设情况选择具体的施工方法。

(3) 对于线间距变化且线间距小于 5 m 的路段,可比较选用双箱单室箱梁或单箱多室箱梁。

(4) 对于线间距大于 5 m 的路段,可比较选用单箱多室箱梁或单箱单室单线箱梁。

(5) 对于高档住宅区和学校等对降低噪声要求较高的区域,推荐采用槽形梁。

2. 一体化高架结构

一体化的高架结构是指轨道交通与城市道路高架一体化的高架结构,如图 2.32 所示,中部为轨道交通列车行走结构,上部为高架道路汽车行走结构。上海共和新路高架是国内第一条一体化的高架结构,其中间轨道交通区间架构梁采用单箱单室梁,上部道路高架区间采用 T 形梁。

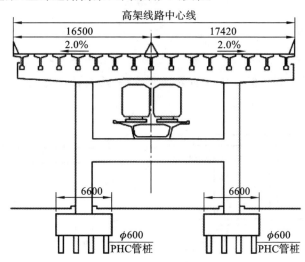

图 2.32 一体化高架结构形式(单位:mm)

注:PHC(prestress high concrete)管桩,即预应力高强度混凝土管桩。

3. 桥墩结构

城市轨道交通高架桥的桥墩,除必须承受上部结构的荷载外,还应考虑美观。适用于城市高架桥的桥墩形式有 T 形墩、双柱墩、V 形墩、Y 形墩及框架墩等。下面主要介绍 T 形墩、双柱墩和 Y 形墩。

1) T形墩

T形墩台既能够减轻墩身重量、节约工程材料、减少占地面积,又较为美观,特别适用于高架桥与地面道路斜交的情况,T形墩结构形式如图2.33所示。墩身截面一般为圆形、圆端形、矩形、六角形等。如将T形墩与区间T形梁、箱形梁、槽形梁等上部结构相结合,则上下结构的轮廓线可平顺过渡,受力合理。

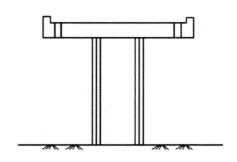

图2.33 T形墩结构形式

2) 双柱墩

双柱墩质量轻、节约工程材料,且承载能力和稳定性均较强,其盖梁的工作条件比T形墩有利。但双柱墩的美观性较差,透视性不好,占地面积大。双柱墩结构形式如图2.34所示。

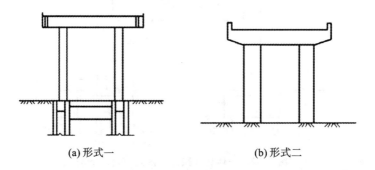

(a) 形式一　　　　　　　　(b) 形式二

图2.34 双柱墩结构形式

3) Y形墩

Y形墩兼有T形墩和双柱墩的优点,质量轻、占地面积少、外表美观简洁、造型轻巧、视野良好,并有利于桥下交通。但其结构相对较复杂,施工也比较麻烦。Y形墩结构形式如图2.35所示。

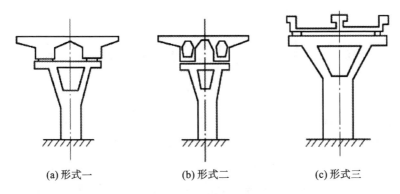

(a) 形式一　　　(b) 形式二　　　(c) 形式三

图 2.35　Y 形墩结构形式

第 3 章　地下车站结构工程

地下车站除提供列车通行外，还要具备集散旅客的功能。地铁车站结构一般应具有较大的跨度以提供站台、疏散、通风和其他服务空间。车站结构应在满足功能要求的前提下，兼顾经济和美观，力图创造出与交通建筑相协调的气氛。在选择过程中应根据地层类别、地面环境、使用目的、车站规模、技术经济指标和施工技术水平等条件选用合理的结构形式和施工方法。

地下车站的结构有多种分类方式，如按照车站的结构形式不同，可将地下车站结构分为矩形框架结构、拱形结构、圆形结构和其他类型结构四大类；按照施工方法不同，可将地下车站结构分为明挖法施工的车站结构、暗挖法施工的车站结构。本章首先对地铁车站设计进行简要概述，然后按照施工方法的类别分别介绍地下车站明挖法结构、地下车站暗挖法结构。

3.1　地铁车站设计概述

3.1.1　车站的组成

1. 乘客使用空间

乘客使用空间是指直接为乘客提供乘降、集散和候车服务的空间，是车站的重点区域之一。乘客使用空间的设计涉及车站总平面布局、车站平面和结构横断面的形式、功能布局、人流路线组织等方面的问题。乘客使用空间可以从不同的角度进行划分。

1) 非付费区和付费区

为了区别乘客的乘车权限，乘客使用空间可分为非付费区和付费区。站厅层的检票闸机以内区域和站台层属于付费区，站厅层的检票闸机以外区域及出入口和通道层属于非付费区。

非付费区是指无乘车权限的区域，用来连接轨道交通外部系统，以检票闸机为界限,乘客通过进站检票闸机之前或通过出站检票闸机后即进入非付费区。车站站厅内会设置一定的空间用来布置售、检票设施。根据需要还可设银行、公用电话、商店等设施。非付费区的最小面积一般可以参照能容纳高峰小时5分钟内可能聚集的客流量进行推算。

付费区是获得乘车权限的区域,连接的是列车和线路。付费区以检票闸机为界,付费区内设置站台、楼梯和自动扶梯,为停车和乘客乘降提供服务。

2) 功能区域

乘客使用空间可以根据服务环节划分为多种功能区域,如出入口区、售票区、检票区、信息服务区、楼梯、通道区和候车区(乘降区)等。其中,售票区、检票区、信息服务区、候车区(乘降区)等提供票务、信息和乘车等客运服务的区域称为服务区域;出入口区、楼梯区和通道区等连接不同厅层和服务区域的区域称为连接区域,也可以称其为步行空间。

2. 车站用房

车站用房是车站管理和运行所需的空间,包括运营管理用房、设备用房和辅助用房三个部分。

运营管理用房是为保证车站具有正常运营条件和乘车秩序而设置的办公场所,由日常工作和管理的部门及人员使用,直接或间接为列车运行和乘客服务,主要包括站长室、行车值班室、广播室、会议室、公安保卫和清扫员室等。

设备用房是为保证列车正常运行,保证车站内具有良好环境条件及突发情况下能够及时排除灾情而不可缺少的办公用房,主要包括环控机室、变电所、控制室、通信机械室、信号室、泵房、票务室、工区用房、附属用房以及设施等。其中,技术设备用房是整个车站的"心脏"所在地,这些设施与乘客无直接联系,一般设在距离乘客较远的地方。

辅助用房是为保证车站内部工作人员正常工作生活而设置的用房,主要包括厕所、盥洗室、更衣室、休息室、茶水间以及储藏室等。

3. 车站附属建筑

车站附属建筑的地面站房、出入口以及风亭均应结合所在地区城市规划进行设计。车站附属建筑地面部分的立面设计要简洁、大方,与周围环境相协调;出入口应考虑兼顾市政过街功能,出入口的数量应根据车站情况按照车站远期预测客流量计算确定,一般不宜少于四个。当车站客流量较小时,可酌情减少,但不能少于两个。车站出入口通道总宽,应以车站远期预测超高峰小时乘降量计算确定,与自动扶梯或楼梯相连的通道宽度必须与其通过能力相匹配。兼作城市过街通道的车站,其宽度应根据过街客流量加宽,同时满足灾害情况下紧急疏散的要求。车站出入口分布要力求合理,最大程度吸引各方向客流,方便乘客乘降和换乘。车站出入口和风亭应尽量与周围建筑相结合,充分考虑城市景观的需求,尽量减小地面的出入口、风亭的体积,其造型力求美观,与周围的建筑风格协调。

3.1.2 车站平面设计

车站总平面设计是在充分调研、分析资料的基础上,对车站的站址、站位、与周边其他公共交通形式的换乘方式、与地下过街道及物业开发建筑的结合或连接方式等进行设计,同时合理布置出入口及通道、车站主体、风道及风亭、其他附属建筑等。设计时应在满足车站客流和功能的前提下,以合理控制总体造价和规模为目标,并尽量减少房屋的拆迁、管线拆移和施工期间对地面建筑物、交通及环境的影响。

地铁车站平面设计必须满足客流需求,保证乘降安全、疏导迅速、布置紧凑、便于管理,并具有良好的通风、照明、卫生、防灾等设施,为乘客提供安全、舒适的乘车环境。地铁车站功能组成示意如图 3.1 所示。

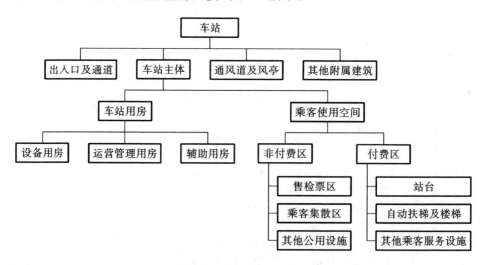

图 3.1 地铁车站功能组成示意

地铁车站一般由公共区和设备管理区组成。公共区主要包括站台、站厅(售检票厅)、通道、楼梯、自动扶梯、出入口等;设备管理区主要包括管理用房、设备用房、风道、紧急疏散口等。图3.2为地铁车站人流路线示意,其中站厅一般是合并连通的,但有时受条件限制也可以是分离的。

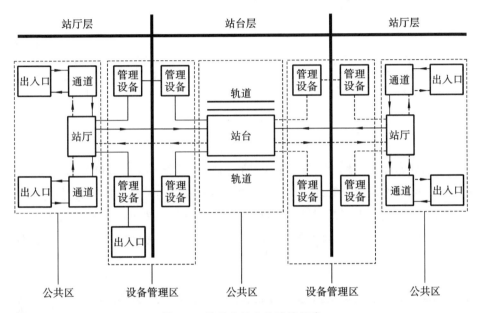

图3.2 地铁车站人流路线示意

车站设计规模应根据远期高峰小时预测客流集散量和车站行车管理、设备用房的需要来确定,要与站厅、站台、出入口通道、楼梯、自动扶梯以及售检票区等部位的通行能力相匹配,同时还要满足事故发生时乘客紧急疏散的需要,人行楼梯及自动扶梯的设计除应满足上、下乘客的需要外,还应满足站台层的事故疏散时间不大于6分钟的要求。超高峰系数根据车站规模及周边用地情况决定的客流性质取1.1～1.4之间的值。对于相连区间有盾构法施工要求的车站,应按功能要求分别满足盾构下井、出井、过站的条件。

1. 站厅层设计

站厅层设计应考虑功能分区,一般中间为公共区、两端为设备及管理用房区,站厅的布置形式有分离式、贯通式、与地下商业街或建筑连通等。

分离式站厅设在车站两端,地下局部一层,中间不连通。车站一般受地下障碍物、地下管线的影响。图3.3为分离式车站站厅层平面,北京地铁10号线呼家楼站,上海地铁1号线漕宝路站、地铁8号线嫩江路站均是这种站厅形式。

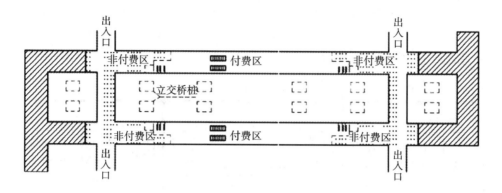

图 3.3　分离式车站站厅层平面

贯通式站厅设在地下一层,两端站厅连通,非付费区有连通和不连通两种形式。考虑到乘客使用及管理的便利,一般车站应采用非付费区连通的形式,而不连通的形式一般用于侧式车站站厅,图 3.4 为贯通式车站站厅层平面,上海地铁 10 号线四川北路站,上海地铁 6 号线博兴路站、灵岩南路站等均是这种站厅形式。

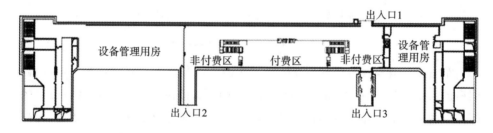

图 3.4　贯通式车站站厅层平面

与地下商业街或建筑连通站厅设在地下一层,站厅非付费区、通道、出入口连通地下商业街、周边建筑或地面,交通方便,四通八达,能很好地组织客流,并带动商业、经济。上海地铁 1 号线徐家汇站、黄陂北路站、人民广场站,上海地铁 10 号线五角场站、江湾体育场站等均是这种站厅形式。

站厅应根据客流流线及管理需要划分为付费区及非付费区。设于站厅两端的非付费区,宜用通道连通。应合理布置通道口、电话亭、售票亭、检票机、栏栅、楼梯、自动扶梯及电梯位置,尽量减少进出站客流流线交叉,使流线短捷而有序。集散厅容量要求:当设计客流较小时,集散厅的长度以满足售检票、楼梯、自动扶梯及电梯布置的基本要求为度;当客流较大时,集散厅容量以容纳高峰小时 6 分钟的双向客流集聚量为度(按 0.5 m^2/人计)。一般情况下非付费区面积大于付费区。楼梯宽度、自动扶梯数量既要满足平时客流集散需要,又要满足事故情况下紧急疏散需要。出入口通道、售票口、检票口、楼扶梯及电梯的通行能力应相互协调匹配。

对于工作人员卫生间,除在平面上满足人员的使用要求外,在竖向上,站台层不能设置有电的房间,防止渗水和发生火灾。

车站备品库、保洁间等设备与管理用房应布置在站厅层另一端,其他设备与管理用房应根据功能要求和具体情况布置。办公自动化(office automation, OA)配线间应放在站厅一端,避免线槽压力。站厅层设备区管理用房处管线较多、错综复杂,为了使管线行走顺畅,顶梁应上翻。

为了避免强弱电互相干扰,强电房间与弱电房间尽可能分别集中布置,强电房间与弱电房间不能相邻布置,如果没有条件,则相邻房间之间应加双墙处理或隔一个备用房间等。

走道的宽度不应小于 1.5 m,并要满足管线的综合要求,而且转弯要少,通道内的设备应嵌入墙体内,外开的门应错开设置,以确保通道的有效宽度不小于 1100 mm,门与门的间距至少保持在 5 m。

出于人性化的考虑,地铁非付费区内一般设置总面积不大于 100 m^2 的商铺(如设于站厅与通道拐角处),单处商铺面积不应大于 30 m^2;两线站厅为不同防火分区的通道换乘车站,每线站厅设置面积不大于 100 m^2 商铺。

2. 站台层设计

站台是地铁车站内供乘客上、下列车的平台。站台层一般中间为站台公共区、两端为设备及管理用房区,因此站台层的长度是根据站台长度和设备管理用房布置的需要来确定的。

站台的计算长度为远期列车编组长度加停车误差,站台两端设备用房可伸入站台计算长度内,但不应超过半节车厢的长度,且不得侵占侧式站台计算宽度,并满足距人行楼梯第一级踏步不少于 8 m、距自动扶梯工作点不小于 12 m 的要求。设备用房的布置应综合平衡站台层两端及站厅层设备用房的布置,使整个车站压缩到合理、经济的长度。

站台层的宽度是根据站台的宽度、站台边缘及侧墙至线路中心线距离确定的。设计时,有效站台边缘、有效站台外站台边缘及侧墙至线路中心线距离应满足建筑限界的要求。站台的宽度设计应考虑车站客流量、列车编组长度及站厅与站台之间楼梯布置等因素,并满足最小站台宽度的要求,可按式(3.1)~式(3.3)的计算方法确定。

岛式站台宽度 B_d：
$$B_d = 2b + n \cdot z + t \quad (3.1)$$

侧式站台宽度 B_c：
$$B_c = b + z + t \quad (3.2)$$

其中：
$$b = \max\left(\frac{Q_{\text{上}} \cdot \rho}{L} + b_a, \frac{Q_{\text{上,下}} \cdot \rho}{L} + M\right) \quad (3.3)$$

式中：b 为侧式站台宽度，m；n 为横向柱数；z 为横向柱宽（含装饰层厚度），m；t 为每组人行楼梯与自动扶梯宽度之和（含与柱间所留空隙），m；$Q_{\text{上}}$ 为远期每列车高峰小时单侧上车设计客流量，换乘车站含换乘客流量（换算成高峰时段发车间隔内的设计客流量），人；$Q_{\text{上,下}}$ 为远期每列车高峰小时单侧上、下车设计客流量，人；ρ 为站台上人流密度，0.5 m²/人；L 为站台计算长度，m；M 为站台边缘至屏蔽门立柱内侧距离，m；b_a 为站台安全防护宽度，取 0.4 m，采用屏蔽门时用 M 替代 b_a 值。

3. 行车管理及设备用房的布置

行车管理及设备用房应在满足工艺和管理要求的基础上尽量紧凑、充分利用空间。主要有人值守的管理用房集中在站厅层一端紧凑布置，在该区域设置消防专用通道直达地面，同时在该区内设站厅至站台层的封闭楼梯间，满足消防要求。根据设备工艺要求预留好各种孔洞，并考虑主要设备至吊装孔的搬运通道。站厅公共区管理及设备用房（通风空调机房、消防泵房除外）靠围护结构侧应设离壁墙。行车管理及设备用房具体设计时须以相关专业技术要求为准。

4. 车站主要设施设计

车站主要设施包括自动扶梯、电梯、楼梯、售票机、检票机和屏蔽门等。

1）自动扶梯

自动扶梯的设置标准：一是满足客流量需要，二是考虑提升高度的需要。原则上从站台至站厅上行均考虑采用自动扶梯，下行采用人行楼梯；高差超过 6 m 时，应设上、下行自动扶梯。车站出入口的提升高度超过 6 m 时，应设上行自动扶梯；超过 12 m 时应设上、下行自动扶梯。自动扶梯的倾角按 30°考虑，有效净宽为 1 m，运输速度宜采用 1 m/s，通过能力按 9600 人/h 计；布置自动扶梯时应考虑吊运空间及吊钩形式。出入口处自动扶梯下端应设集水坑。

2）电梯

每个地下车站应在站厅层至地面及站厅层至站台层之间设置无障碍电梯（兼作工作人员电梯,同时兼顾老、弱、病、残、孕乘客使用）,采用无机房曳引式电梯。车站内站台至站厅的无障碍电梯一般宜设在付费区内,以便为更多的乘客提供服务。特殊情况下因布置电梯影响车站规模和导致客流集散不便时,无障碍电梯也可设置在非付费区内。

3）楼梯

为保证客流需要,除须设置电梯、自动扶梯外,还应在车站付费区内的站厅与站台层之间至少设一座人行楼梯,以便在自动扶梯不能运转时仍能保证站内乘客的疏散;同时应至少设一部供工作人员和消防人员使用的楼梯,该楼梯宜设在工作人员较集中的管理用房区内。楼梯最小净宽不得小于 1.0 m,踏步尺寸建议采用 175 mm×250 mm。站台计算长度外每端设置到车行轨面的人行楼梯,梯宽按两股人流计,不得小于 1.1 m,宜平行轨道方向设置。

楼梯应按使用对象不同以不同的标准进行设计,如楼梯踏步高:乘客使用的应为 150~162 mm,而工作人员使用的应为 162~175 mm;楼梯踏步宽:乘客使用的为 280~320 mm,工作人员使用的为 250~280 mm。

车站内公共区楼梯每个梯段的踏步数应不小于 3 级,不大于 18 级,休息平台宽为 1200~1800 mm。

4）售票机

售票机的数量应满足车站远期超高峰小时客流的需要,售票机应设在客流不交叉,且干扰小的地方。售票机前应留有足够的空间,供乘客排队购票及通行。

车站内售票机宜沿进站客流方向纵向排列,并应结合车站不同的客流方向布置,宜不少于两处。售票机的布置应注意与出入口通道及进站检票机保持适当的缓冲距离,并留有足够的购票及检修空间。

售票处距出入口通道口和进站检票处的距离不宜小于 5 m。

5）检票机

进站检票机应设在售票处至站台的人流流线上。出站检票机应设在站台至出站通道的人流流线上,其数量应能满足车站远期超高峰小时客流的需要,并适当考虑扩容的余地。

检票口是付费区与非付费区的分界线,宜垂直人流方向设置。进出站检票机应合理布置,既要方便管理,又要避免进出站人流的交叉干扰。出站检票机距楼梯口的距离不小于 8 m。

6）屏蔽门

站台屏蔽门按车辆编组长度设置,以有效站台中心线为中心,向站台两端对称纵向布置,结构柱网布置时应尽量使车站立柱不正对屏蔽门开启方向,以方便乘客出行。屏蔽门设备室位于车站站台层,靠近屏蔽门端门,与车站综合控制室位于车站的同一端,并靠近信号设备室。

5. 车站标识及导向系统设计

标识及导向系统是体现地铁车站信息的重要因素之一,大多利用简单的文字、图形、色彩等组成指示标牌。指示标牌应设立在醒目的位置,把最全面、最清晰、最易懂的车站信息提供给乘客,使乘客能够有效、便捷、轻松地阅读信息,从而得到指引。

为了更好提高轨道交通运营效率和服务水平,地铁站内标识及导向系统可以从以下三个方面进行完善。

1）站外导向标识

站外导向标识主要起到指引、确认的作用,一般设置为地铁指示牌、与其他交通方式的衔接换乘指示牌等。建议在车站出入口 500 m 范围内增设连续的导向标志牌,将外部乘客有效地引导至地铁站进行乘车。

2）站内导向标识

站内导向标识主要用于引导乘客上、下车,进、出站等,也是目前标识及导向系统设计较为侧重的方面。站内导向标识要做到连续、间隔均匀、指向明确,信息要少量、简洁、精确、重点突出,使行人在短时间内可以快速判断自己的行进路线,避免拥挤、盲目寻找以及从众行为的发生。

3）站内外导向系统的合理衔接

站内外导向系统的合理衔接是标识及导向系统设计非常容易忽略的地方。乘客在地下空间内方向性比较差,结合人的心理特点,乘客在陌生环境下往往比较紧张。因此,乘客在选择出站路径时最容易发生行走折返、重复询问等现象,如在付费区流线范围外的合理位置及非付费区每个出入口、通道口增设导向信息栏,尽可能全面地反映每个出入口地面周边的道路、建筑物、换乘接驳信息,乘客便可以根据信息选择最合理、最便捷的路径。

人性化的标识及导向系统可以大大方便乘客的出行,能够帮助乘客准确快速地识别并到达目的地,有助于在地铁站内形成良好的客流秩序,同时也是在发生消防灾害情况下乘客安全疏散的重要保证。

6. 无障碍设计

车站的无障碍设计是人性化设计的重要组成部分,是现代社会对弱势群体关爱的体现。城市轨道交通中的无障碍设施主要包括无障碍坡道、无障碍电梯、无障碍卫生间、导盲道、客服中心柜台,以及车厢内的专用座椅和轮椅停放位等。车站内部盲道的设置应保证连续性,并与外部市政盲道系统连接成完整的体系。另外,还应充分考虑车站出入口、楼梯、栏杆、扶手、休息区座椅、站台候车区以及其他配套服务设施等各个部位的细部设计。车站内的无障碍设计不仅要考虑残疾人的使用,还要考虑老年人、儿童、病人、孕妇等弱势群体,以及携带大件行李的乘客的日常使用。

7. 车站内部空间设计

车站室内装修是车站设计的重要组成部分,可结合车站的结构形式、功能定位和周边环境进行设计。由于地下车站内部空间形体比较单一,因此车站内部空间环境设计更多依靠的是装修的设计。在单一空间内,应充分利用有限的空间达到空间转化的目的,或者利用装饰材料的组合展示空间形态的变化。有些车站通过主体结构形式的变化使得内部空间显得有层次,例如,在车站公共区采用中庭将站厅和站台空间有效连通起来,使整个公共区空间更加宽敞,乘客置身其中不会产生压抑感。对于一般形式的车站,车站空间布局确定之后,可结合既有空间布置一些绿化、饰品、灯光、文化墙等,营造人性化的室内微空间,使室内空间更加舒适宜人。例如,一些特殊车站的上部为广场或绿地,可在车站顶板设置天窗,结合周边的景观环境,将阳光、绿化等环境引入车站内部,不仅节能环保,而且还大大改善了车站沉闷、压抑、单调的空间环境,为乘客带来良好的视觉效果。

8. 车站附属建筑设计

1) 车站出入口通道设计

车站出入口通道力求短、直,弯折区域不宜超过三处,弯折角度宜大于 90°,避免阴角形式,方便施工。通道长度超过 60 m 时,其净高要考虑排烟风管的空间。当人防段距出入口敞口段较近时,排烟系统风管可以考虑从主体内敷设;当出入口通道长度超过100 m时,应在合适位置设置安全出口。楼梯宽度至少1.8 m,楼梯踏步高度应相同,防止乘客摔伤。出入口同时设置楼梯及扶梯时,宜采用"两扶夹一楼"形式,防止客流聚积。楼梯的第一节踏步距扶梯上工作点的距离宜不小于2600 mm,防止乘客从扶梯摔至楼梯。

出入口宜与道路红线平行,出入口与道路红线的距离应根据规划、地域的要求确定。独立修建的地面出入口一般应设在规划道路红线以外,在特殊情况下,临时出入口可侵占红线或设于人行道上,但必须征得规划部门的同意。

2) 车站风道设计

风道过风面积应与人防门过风面积相匹配。当采用高风亭时,百叶的过风面积折减后应不小于人防门过风面积。风道内的门应按照"正压内开,负压外开"规则设置,防止门被吹开。

3.2 地下车站明挖法结构

明挖法结构建设是指以桩(墙)锚体系、桩(墙)撑体系及土钉墙作为围护结构,由上向下开挖土体至设计基底高程后,自基底由下向上浇筑主体结构,并在主体结构完成后,进行覆土或恢复地面的一种施工方法。施工时开挖的地坑称为基坑,基坑工程是为保证基坑施工、主体地下结构的安全和周围环境不受损害而采取的支护结构、降水和土方开挖与回填的工程总称,包括勘察、设计、施工、监测等。

在地面交通和环境条件允许的情况下,明挖法施工一般是基坑工程施工的首选方法,尤其是城市地铁车站工程,一般均采用明挖法施工。明挖法的优点是施工技术相对简单、快速、经济,缺点主要表现在基坑开挖实施过程中对地面的交通会带来一定的影响,需要采取临时措施解决相关的地面交通问题等,同时围护结构以及基坑开挖施工过程中的噪声、振动以及土体变形等对环境有一定的影响。

3.2.1 明挖法结构建设及设计流程

1. 明挖法结构建设流程

1) 施工前环境调查

明挖法基坑施工前,应对周边的环境进行详细调查,包括基坑施工影响范围的工程地质、水文地质、管线及地下障碍物核查、地面建筑物及周边交通状况调查,并根据调查情况制订相应的环境保护办法以及相应的应急预案等,对影响范围内的重要保护建(构)筑物必要时应制订专项保护措施,确保基坑施工过程中周围环境和建(构)筑物的安全。

2) 围护结构施工

明挖法施工的基坑围护结构一般采用地下连续墙、钻孔灌注桩(一般外侧采用止水帷幕等措施)、新型水泥土搅拌桩墙(soil mixed wall,SMW)以及重力式搅拌桩墙等。围护桩(墙)施工时,应结合地层条件等因素制订合理的施工措施,并考虑施工过程中对环境及构(建)筑物造成的影响。

3) 地基加固

基坑施工过程中,如果天然地基的强度或变形不能满足环境保护及基坑稳定性要求,可以采取各种方法进行地基加固。地基加固的方法种类较多,随着新工艺、新技术的不断涌现,各类加固技术发展较快。地基加固技术的应用既有较强的针对性,又有一定的灵活性,因此必须因地制宜选取有效而又经济可行的加固措施。

地基加固技术发展迅速,种类也越来越多,各类加固技术相互交叉、渗透。常用地基加固技术主要有:排水固结法、振密挤密法、置换及拌入法、注浆加固法、搅拌桩加固法以及旋喷加固法等。软土地层基坑工程加固一般根据土层特性可选用注浆加固法、搅拌桩加固法及旋喷加固法等。

4) 基坑降水

基坑开挖施工过程中,为避免产生流沙、管涌、坑底突涌、坑壁土体的坍塌等情况,保证施工的安全和减少基坑开挖对周围环境的影响,当基坑开挖深度位于饱和软土或含水层或下部承压水对基坑有影响时,一般在基坑开挖前需要根据工程地质和地下水文情况进行降水处理,使基坑开挖和施工达到无水状态,以保证工程质量和工程的顺利进行。

地下水根据其埋藏条件和赋存形式一般分为包气带水、潜水、承压水、孔隙水、裂隙水以及岩溶水。其中潜水和承压水是基坑开挖施工中降水的主要对象,饱和软土中的孔隙水也是基坑开挖降水的对象之一。

基坑降水的方法有很多,一般分为排水沟排水和井点系统降水两大类。其中设明(暗)沟、集水井排水方法在施工中应用最为广泛、简单、经济,各种井点系统降水主要应用于大面积深基坑降水。井点系统降水一般采用轻型井点及多级轻型井点、喷射井点、电渗井点、管井、砂(砾)渗井等形式。轻型井点一般用于基坑开挖深度相对较小的基坑,对开挖深度较大的基坑一般采用管井(深井)降水。

5) 基坑开挖及支撑的施工

基坑开挖的顺序、方法必须与设计要求相一致,并遵循"开槽支撑,先撑后挖,分层开挖,严禁超挖"的原则,基坑边界周围地面应设排水沟,在坡顶、坡面、坡脚处采取降排水措施。

对开挖深度较小的基坑,应先进行测量定位,抄平放线,定出开挖长度,按放线分块(段)、分层挖土。根据土质和水文情况,采取在四侧或两侧直立开挖或放坡,以保证施工操作安全。

对开挖深度较大的基坑,土方开挖前要详细确定挖土方案和施工组织;要对支护结构、地下水位及周围环境进行必要的监测和保护。

对于深基坑工程的挖土方案,首先要合理选定基坑开挖及支撑的施工工序和施工参数,基坑开挖和支撑施工是决定基坑工程成败的关键工序。在基坑开挖中为了减少施工时土体扰动的范围,保持基坑稳定,并使变形满足要求,合理选定基坑开挖及支撑的施工工序和施工参数是决定性因素。开挖和支撑的施工工序一般是按分层、分步、对称、平衡的原则制订。基坑开挖主要有放坡挖土(无支护结构)、中心岛式(也称墩式)挖土、盆式挖土和逆作法挖土等。基坑开挖过程中应采取有效措施防止深基坑挖土后土体回弹变形过大或边坡失稳等情况。

支撑施工一般结合基坑开挖采取分步快挖快撑和支撑预加轴力的施工工艺。在软土深基坑开挖施工中,每步开挖中围护墙的暴露空间和时间越少,则控制基坑变形的效果越明显。因此加快开挖和支撑速度的施工工艺,是提高软土深基坑工程技术经济效果的重要环节。

6) 内部结构施工

基坑开挖至设计基底高程后,应及时浇筑素混凝土垫层,并依次施工内部结构的墙、板、柱等结构构件。在结构施工过程中根据设计要求分步拆除原临时支撑体系,必要时应设置临时换撑体系,满足内部结构施工期间的基坑安全。

7) 基坑施工监测

基坑施工过程中,由于材料的性质、荷载条件、地质条件和施工环境的复杂性,很难从理论上预测各类工程问题,因此基坑开挖过程的现场施工监测十分重要。

基坑工程监测一方面是对基坑自身的安全监测,另一方面是对环境的监测,同时基坑各类监测数据也为进行信息化反馈工程设计提供各类必要的计算参数。

工程施工监测项目一般可分为坑周土体变形测量、围护结构变形及内力的测量、土压力的监测、支撑轴力的监测、孔隙水压力及地下水水位的测量、坑底隆起测量和相邻建(构)筑物等各类保护对象的测量等方面。

2. 明挖法结构设计流程

明挖法结构设计流程可分为施工期和正常使用期两个阶段。施工期设计主要指基坑工程的设计与计算，一般包括以下内容：环境调查及基坑安全等级的确定、支护结构选型、支护结构设计计算、节点设计、井点降水以及土方开挖方案、临时支撑拆除及监测要求等。正常使用期主要根据结构承受的主要荷载进行结构强度、刚度等计算，以确定主体结构尺寸及耐久性等。

明挖法结构施工期支护结构及正常使用期主体结构的设计流程如图 3.5、图 3.6 所示。

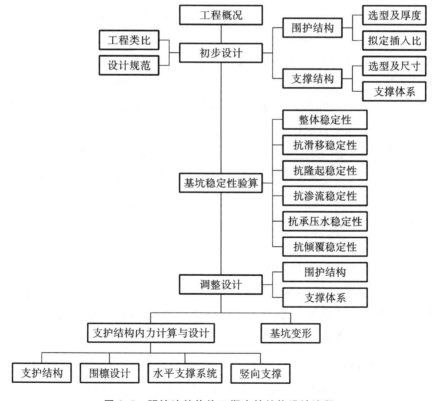

图 3.5　明挖法结构施工期支护结构设计流程

必须注意的是，车站的结构设计必须是在建筑设计完成的基础上进行的，通过建筑设计的总平面设计、平面设计、剖面设计、出入口风井设计、防灾设计、无障碍设计、管线综合设计、装修设计等确定车站的外围尺寸、主要设施布置位置等。

3.2.2 支护结构选型与设计

在明挖法设计施工过程中，首先应综合考虑开挖深度、工程水文地质条件、周边环境等因素合理选用支护结构形式，可以采用放坡法施工。一般认为，支护结构是基坑工程中采用的围护墙、支撑（或土层锚杆）、围檩、防渗帷幕等结构体系的总称，主要包括围护结构和支撑结构体系。

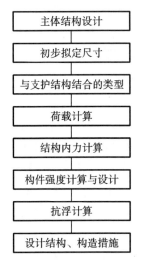

图 3.6 明挖法结构正常使用期主体结构设计流程

支护结构的设计与计算是在支护结构选型的基础上，确定围护结构的插入比（入土段深度与基坑开挖深度之比）、支撑的设置、结构配筋等。主要考虑三方面的内容：稳定性验算、支护结构强度设计和基坑变形计算。稳定性验算主要是指基坑周围土体与支护结构一起保持稳定的能力；支护结构强度设计主要是计算支护结构体系以及各构件的内力，使其满足强度设计的要求；基坑变形计算主要是结合基坑的保护等级以及周边建筑物、管线的保护要求，控制基坑开挖对周边环境的影响。不同类型的支护结构设计与计算内容、方法应根据其自身特点进行适当的调整，同时应考虑开挖及结构施工顺序的影响，如顺作、逆作或半逆作等。

1. 围护结构类型

目前基坑开挖中可采用的围护结构种类较多，其施工方法、工艺和所用的施工机械也各不相同，应根据基坑深度、工程地质和水文地质条件、施工速度、结构防水性能、地面环境条件、工程造价等因素进行选择，特别要考虑城市施工的特点，经综合比较后确定。

1) 地下连续墙

地下连续墙简称地墙，具有挡土、防水抗渗及承重等多种功能，且施工时振动小、噪声低、对邻近建筑物或构筑物影响小等，因此在城市轨道交通中得到了广泛应用。但其造价较高,且存在弃土和废泥浆处理的问题,在粉砂地层易引起槽壁坍塌及渗漏等问题。根据施工方法,地下连续墙可分为现浇和预制两大类。

(1) 现浇地下连续墙。

原位连续成槽浇筑:施工时先在地面上构筑导墙,采用专门的成槽设备,沿着支护或深开挖工程的周边,在特制泥浆护壁条件下,每次开挖一定长度的沟槽至指定深度,清槽后,向槽内吊放钢筋笼,然后用导管法浇筑水下混凝土。混凝土自下而上充满槽内并把泥浆从槽内置换出来,筑成一个单元槽段,并依次逐段进行,这些相互邻接的槽段在地下构筑一道连续的钢筋混凝土墙体,就成为地下连续墙。

槽段形式主要有一字形、L形、T形和Π形等,如图3.7所示。单元槽段之间应设连接接头,根据受力特性可分为柔性接头和刚性接头。刚性接头能够承受弯矩、剪力和水平拉力,柔性接头则不能。工程上常用的接头如下。

①V形钢隔板。优点是安装、拔出钢隔板较容易,垂直度较容易保证;缺点是钢隔板易变形,混凝土易流出。

②锁口管。优点是用钢量少、造价低、便于操作、能满足一般防渗要求;缺点是安装、拔出锁口管困难,垂直度很难保证。

③其他隔板式接头。其优缺点同V形钢隔板。

④接头箱。优点是防渗性能好;缺点是安装、拔出接头箱困难,垂直度很难保证,操作复杂。

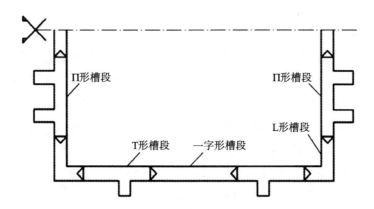

图 3.7 现浇地下连续墙槽段形式示意

(2) 预制地下连续墙。

采用常规施工方法成槽后,在泥浆中先插入预制墙段等预制构件,然后以自凝泥浆或注浆置换成槽用的护壁泥浆,也可直接用自凝泥浆护壁成槽插入预制构件,通过自凝泥浆的凝固体填塞墙后空隙来防止构件间的接缝渗水,从而形成地下连续墙。预制地下连续墙平面示意如图3.8所示。

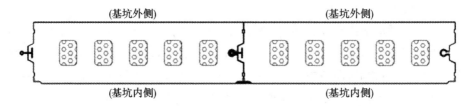

图3.8 预制地下连续墙平面示意

预制地下连续墙不仅可以保证墙体的施工质量,还可以直接作为地下室的建筑内墙,节约成本;与结构梁板、基础底板等连接处位置准确,不会出现钢筋连接器脱落现象等。但由于受到起重和吊装能力的限制,墙段长度也受到了一定限制。

地下连续墙的厚度一般为600 mm、800 mm、1000 mm、1200 mm。幅宽应根据车站基坑平面布置、地质条件、施工机具性能、施工环境、结构布置、起吊能力等确定,一般幅宽为6～8 m,但当地下连续墙邻近有建筑物、重要地下管线时,幅宽宜缩短。

地下连续墙混凝土强度等级不应低于C30,水下浇筑时,混凝土强度等级按相关规范要求提高。墙体和槽段接头应满足抗渗设计要求,混凝土抗渗等级不宜小于S6级。受力钢筋应采用HRB400级和HRB335级钢筋,构造钢筋可采用HPB300级钢筋。

2) 排桩围护体

排桩围护体是利用常规的各种桩体,例如钻孔灌注桩、挖孔桩、预制桩、新型水泥土搅拌桩墙等,按一定间距或连续咬合排列形成的地下挡土结构。常用排桩围护体形式有分离式、相切式、交错式、咬合式、双排式和格栅式,仅咬合式排桩兼具隔水作用,其他形式都没有隔水的功能。当在地下水位高的地区应用除咬合式排桩以外的排桩围护体时,还须另行设置注浆、水泥搅拌桩、旋喷桩等隔水措施。其中最常见的隔水措施是采用水泥土搅拌桩(单轴、双轴或多轴)相互搭接、咬合形成一排或多排连续的水泥土搅拌桩。

排桩围护体与地下连续墙相比,其优点在于施工工艺简单、成本低、平面布置灵活;缺点是抗渗和整体性差,一般适用于中等深度的基坑围护。非打入式的钻孔灌注桩、挖孔桩等围护体与预制式板桩相比,具有无噪声、无挤土等优点。

3) 型钢水泥土搅拌墙

型钢水泥土搅拌墙是一种在连续套接的三轴水泥土搅拌桩内插入型钢形成的复合挡土隔水结构,如图3.9所示。施工时利用多轴钻掘搅拌机在原地层中切削土体,同时钻机前端低压注入水泥浆液,与切碎土体充分搅拌形成隔水性较高的水泥土柱列式挡墙,在水泥土混合体未结硬前插入H型钢等(多数为H型钢,亦有插入拉森式钢板桩、钢管等)。在地下水位较高的软土地区,插入的H型钢使得墙体本身具有较好的隔水效果,一般情况下不需额外施工隔水帷幕。

(a) 型钢密插型　　　　(b) 型钢插二跳一型　　　　(c) 型钢插一跳一型

图3.9　型钢水泥土搅拌墙示意

型钢水泥土搅拌墙围护结构在地下室施工完成后,可以将H型钢从水泥土搅拌桩中拔出,达到回收和再次利用的目的,因此该工法与常规的围护形式相比,不仅具有工期短、施工过程污染小、噪声小等优点,还可以节约资源,避免围护体在地下室施工完毕后永久遗留于地下,成为地下障碍物。

与地下连续墙、排桩围护体相比,型钢水泥土搅拌墙的刚度较低,基坑开挖时常常会产生相对较大的变形,在对周边环境保护要求高的工程中,如基坑紧邻运营中的地铁隧道、历史保护建筑、重要地下管线等,应慎重选用。

4) 钢板桩围护体

钢板桩是一种带锁口或嵌口的热轧(或冷弯)型钢,钢板桩打入后靠锁口或嵌口相互连接咬合,形成连续的钢板桩围护体。常用的钢板桩断面形式有U形、Z形、直线形及组合形等。

钢板桩具有质轻、施工快捷的特点。基坑施工结束后可拔除钢板桩,循环利用,经济性较好。在防水要求不高的工程中,可采用自身防水;防水要求高的工程应设置隔水帷幕。

钢板桩围护体刚度较小,基坑开挖时变形较大,一般适用于开挖深度不大于7 m且邻近无重要建筑物或重要地下管线的砂土、粉土和黏土层的基坑。

5) 钢筋混凝土板桩围护墙

钢筋混凝土板桩围护墙是由钢筋混凝土板桩构件连续成桩后形成的基坑围护结构。板桩截面有矩形、T形和工字形,也可采用圆管形或组合形。

为了增加封闭性,提高防水效果,一般在每根板桩桩身的两侧设有榫槽企口。

钢筋混凝土板桩具有施工简单、现场作业周期短等特点,曾在基坑中广泛使用,但由于钢筋混凝土板桩的施打一般采用锤击方法,振动与噪声大,同时沉桩过程中挤土也较为严重,在城市工程中受到一定限制。此外,其制作一般在工厂完成,再运至工地,成本较灌注桩等略高。但由于其截面形状及配筋受力较为合理并且可根据需要设计,目前已可制作厚度达 500 mm 以上的板桩,并有液压静力沉桩设备,故其在基坑工程中仍是围护板墙的一种使用形式。

6) 水泥土重力式围护墙

水泥土重力式围护墙是以水泥系材料为固化剂,通过搅拌机械采用喷浆施工将固化剂和地基土强行搅拌,形成有一定厚度和嵌固深度的连续搭接的水泥土柱状加固体挡墙。该围护墙是无支撑自立式挡土墙,依靠墙体自重、墙底摩阻力和墙前基坑开挖面以下土体的被动土压力稳定墙体。

基坑周边可结合重力式挡墙的水泥土桩形成封闭隔水帷幕,隔水性能可靠;使用后遗留的水泥土墙体相对比较容易处理。但水泥土重力式围护墙占用空间较大,围护结构变形较大。由于水泥土重力式围护墙采用水泥土搅拌桩或高压喷射注浆成墙,其施工时对邻近环境影响较大。

水泥土重力式围护墙一般在软土层中应用较多,适用于软土地层中开挖深度不超过 7.0 m、周边环境保护要求不高的基坑工程。当周边环境有保护要求时,采用水泥土重力式围护墙的基坑不宜超过 5.0 m。

7) 土钉墙

土钉墙由分布于原位土体中的土钉、黏附于土体表面的钢筋混凝土面层、土钉之间被加固的原位土体及必要的防排水系统组成。土钉墙是具有自稳能力的原位挡土墙,土钉墙的基本形式如图 3.10 所示。土钉墙与各种隔水帷幕、微型桩及预应力锚杆(索)等构件结合起来,又可形成复合土钉墙。

土钉是置放于原位土体中的细长杆件,是土钉墙支护结构中的主要受力构件,常用的土钉类型有钻孔注浆型、直接打入型、打入注浆型等。钻孔注浆型是先用钻机等机械设备在土体中钻孔,成孔后置入杆体(一般采用 HRB335 带肋钢筋制作),然后沿全长注水泥浆。钻孔注浆型几乎适用于各种土层,抗拔能力较强、质量较可靠、造价较低,是最常用的土钉类型。直接打入型是在土体中直接打入钢管、角钢等型钢或是钢筋、毛竹、圆木等,不再注浆。直接打入型由于直径小、钉长受限制,承载力较低,但优点是不需要预先钻孔、对原位土扰动较小、

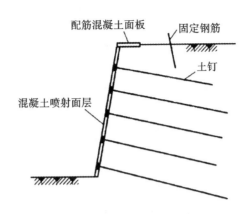

图 3.10 土钉墙的基本形式

施工速度快等。打入注浆型是在钢管中部及尾部设置注浆孔形成钢花管,直接打入土中后压灌水泥浆形成土钉。打入注浆型具有直接打入型的优点且抗拔力较高。

面层不是土钉墙支护结构的主要受力构件,通常采用钢筋混凝土结构,混凝土一般采用喷射工艺,也采用现浇,或用水泥砂浆代替混凝土。面层与土钉间、土钉与土钉间应设置连接件,面层与土钉间的连接方式主要有钉头筋、垫板两种,土钉间的连接一般采用加强筋。

土钉墙具有以下优点:施工设备及工艺简单,对基坑形状适应性强,经济性较好;坑内无支撑体系,可实现敞开式开挖;支护柔度大,有良好的延性;施工所需场地小,支护结构基本不占用场地内的空间等。土钉墙具有以下缺点:土钉长度较长,需要占用坑外地下空间,而且土钉墙施工与土方开挖交叉进行,对现场施工组织要求较高。

土钉墙支护结构适用于地下水位以上或经人工降水后的人工填土、黏性土和弱胶结砂土,一般用于开挖深度不大于 12 m、周边环境保护要求不高的基坑工程。

2. 支撑结构体系

当无法采用自立式挡墙(包括重力式和悬臂式)时,必须采用内支撑或锚杆体系来平衡土压力,以维持围护结构的稳定性。

内支撑具有支撑刚度大、控制基坑变形能力强、不侵入周围地下空间形成障碍物等优点,但相对于锚杆体系而言,其工程造价高、支撑的设置对地下结构的回筑施工等会造成一定程度的影响。

锚杆体系中的锚杆一端与围护墙连接,另一端锚固在稳定地层中,使作用在围护结构上的水土压力通过自由段传递到锚固段,再由锚固段将锚杆拉力传递到稳定土层中。与其他内支撑的支护形式相比,采用锚固支护形式,节省了大量内支撑和竖向支承钢立柱的设置和拆除工作,经济上有较大优势,而且为基坑工程的土方开挖、地下结构施工创造了开阔的空间。但锚固支护会受到地层条件和环境条件的限制,并且锚杆有可能超越用地红线,对红线以外的已建建筑物形成不利影响或者对将来地下空间开发形成障碍等。

1)内支撑结构体系的组成

内支撑结构体系由水平支撑和竖向支承两部分组成。内支撑体系由围檩、水平支撑、钢立柱和立柱桩等构件组成。围檩是协调支撑和围护墙结构间受力与变形的重要受力构件,起到加强围护墙的整体性、将力传递给支撑构件的作用,要求具有较好的自身刚度和较小的垂直位移。水平支撑是平衡围护墙外侧水平作用力的主要构件,要求传力直接、平面刚度好而且分布均匀。钢立柱和立柱桩的作用是保证水平支撑的纵向稳定,加强支撑体系的空间刚度和承受水平支撑传来的竖向荷载。

2)内支撑结构体系的分类

内支撑结构体系可分为单层或多层平面支撑体系和竖向斜撑体系。

平面支撑体系可以直接平衡支撑两端围护墙上所受到的侧压力,其构造简单、受力明确、使用范围广,但当支撑长度较大时,应考虑支撑自身的弹性压缩以及温度应力等因素对基坑围护结构位移的影响。

根据基坑的形状、尺寸、地质条件等,可采用不同的平面支撑布置方式,常用的平面支撑布置方式及其特点如下。

(1)同一水平面的直交式,非同一平面的直交式。在软土地层,环境保护要求高的条件下,这是应用最多的布置方式;安全稳定,有利于控制墙体位移;支撑布置与开挖土方设备和工艺不协调时,土方开挖和主体结构施工较为困难。

(2)井字形集中布置。采用钢筋混凝土支撑时,在环境保护要求高的条件下,将水平直交的支撑集中布置成井字形与角撑结合的支撑体系,以方便土方开挖和主体工程施工;钢筋混凝土支撑使用时可与施工用栈桥平台结合设计。

(3)角撑体系布置。方便土方开挖和主体结构的施工;整体稳定性及变形控制效果不及水平直交式布置及井字形集中式布置。

(4)边桁架。其特点同角撑体系布置。

(5) 圆形环梁布置。方便中间筒体、主楼施工,方便土方开挖;受力条件较好,可节省钢筋混凝土用量;当坑外周荷载不均匀,土性软硬差异较大,部分地层水平基床系数很小时,此布置形式慎用。

(6) 竖向斜撑。节省立柱和支撑材料;有利于开挖面积较大、深度较小的基坑;在软弱地层中,不易控制基坑稳定和变形;斜撑与底板相交处结构施工较困难。

竖向斜撑体系示意如图 3.11 所示,其主要是将围护体所受的水平力通过斜撑传到基坑中部先浇筑好的斜撑基础上。

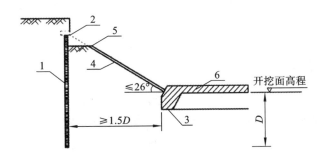

图 3.11　竖向斜撑体系示意
1—围护墙;2—围檩;3—斜撑基础;4—斜撑;5—土堤;6—压杆或底板

此外,可根据需要采用几种支撑方式的组合,如一般的地铁车站基坑为长条形基坑,标准段可设置为短边方向的对撑体系,端头井可设置水平角撑＋对撑体系。

3) 水平支撑材料

水平支撑结构体系从材料上可分为钢支撑体系、钢筋混凝土支撑体系以及钢和混凝土组合支撑体系。

钢支撑体系是在基坑内将钢构件用焊接或螺栓拼接起来的结构体系。目前常用的钢支撑形式有钢管和型钢两种,钢管大多选用 $\phi 609$、$\phi 800$ 两种规格,壁厚为 10 mm、12 mm、14 mm、16 mm;型钢大多选用 H 型钢,常用的规格(单位:mm)有 H700×300、H500×300 等。钢支撑构件的拼接应满足截面强度的要求,常用的连接方式有焊接和螺栓连接。钢支撑架设和拆除的速度快,架设完毕后不需要等待即可直接开挖下层土方,而且可以通过施加和复加预应力控制变形,支撑材料可重复循环使用等,对节省基坑工程造价和加快工期具有显著优势。但由于复杂的钢支撑节点现场施工难度大、施工质量不易控制,以及现可供选择钢支撑类型较少、承载能力有限等限制了其应用范围,其主要适用于开挖深度一般、平面形状规则、狭长形的基坑工程。目前钢支撑体系几乎成为地铁车站基坑工程首选的支撑体系。

钢筋混凝土支撑体系具有刚度大、整体性好的特点,而且可采取灵活的平面布置形式适应基坑工程的各项要求。相对钢支撑而言,钢筋混凝土支撑造价高,需要现场浇筑和养护,而且基坑工程结束后还要进行拆除,因此其经济性和施工周期不及相同条件下的钢支撑。

根据钢支撑和钢筋混凝土支撑的不同特点及应用范围,可在一定条件下的基坑工程中采用钢和混凝土组合支撑。常用如下两种形式:一种为同层支撑平面内的组合,如在长条形基坑中部设置短边方向的钢支撑对撑,基坑两边设置钢筋混凝土角撑;另一种为分层组合,如第一道为钢筋混凝土支撑,第二道及以下为钢支撑。

4）竖向支承系统

基坑内部架设水平支撑的工程,一般需要设置竖向支承系统,用以承受混凝土支撑或者钢支撑杆件的自重等荷载。特别是在开挖宽度较大时,为了缩短横撑的自由长度,防止横撑失稳,并承受横撑倾斜时产生的垂直分力,在建造挡土结构的同时应建造中间桩柱以支承横撑。

基坑的竖向支承系统通常采用钢立柱插入立柱桩桩基的形式。立柱一般可采用角钢格构式钢柱、H 型钢柱或钢管柱;立柱桩常采用钢筋混凝土的钻(挖)孔灌注桩,也可以采用钢管桩。

角钢格构柱由于构造简单、便于加工且承载能力较大,在工程中得到了广泛的应用。最常用的角钢格构柱采用 4 根角钢拼接而成,选用的角钢规格(单位：mm)主要为∟120×12、∟140×14、∟160×16 和∟180×18 等,钢材牌号常为 Q235B 或 Q345B。为保证下部连接的稳定与可靠,钢立柱一般需要插入立柱桩顶以下 3~5 m。

3. 支护结构的稳定性验算

支护结构的稳定性验算通常包括以下内容。

1）整体稳定性验算

防止因围护墙插入深度不够,使基坑边坡沿着墙底地基中某一滑动面产生整体滑动。

2）围护墙抗倾覆稳定验算

防止开挖面以下地基水平抗力不足,使墙体绕前墙趾倾倒。

3) 围护墙底面抗滑移验算

防止墙底面与地基接触面上的抗剪强度不足,使围护墙底面产生滑移。

4) 基坑围护墙前抗隆起验算

防止围护墙底部地基强度不足,产生基坑内涌土。

5) 抗竖向渗流验算

在地下水位较高的地区,在基坑内外水头差或者坑底以下可能存在的承压水头作用下,防止由于地下水竖向渗流使开挖面以下地基土的被动抗力和地基承载力失效。

最终确定的围护墙插入比应同时满足以上各项验算的要求,其中,围护墙抗倾覆稳定验算和围护墙底面抗滑移验算主要针对重力式挡墙。

由于篇幅限制,支护结构的稳定性验算公式具体可参见《建筑基坑支护技术规程》(JGJ 120—2012)。

4. 支护结构的内力计算

支护结构体系以及各构件的内力必须满足强度设计的要求,因此支护结构内力分析是明挖法基坑设计中的重要内容。

1) 挡土结构的内力计算

在计算设有多层支撑挡土结构的内力时,常用的计算方法有荷载结构法、修正的荷载结构法以及有限元法,而有限元法中又以平面弹性地基梁法和杆系有限元法应用最为广泛。

平面弹性地基梁法是假定挡土结构为平面应变问题,取单位宽度的挡土墙作为竖向放置的弹性地基梁,支撑和锚杆简化为弹簧支座,基坑开挖面以下土体采用弹簧模拟,挡土结构外侧作用已知的水压力和土压力。

基坑内支撑点弹性支座的压缩弹簧系数 K_B 应根据支撑体系的布置和支撑构件的材质与轴向刚度等条件,按式(3.4)确定。

$$K_B = \frac{2\alpha EA}{L \times S} \quad (3.4)$$

式中:K_B 为内支撑的压缩弹簧系数,kN/m^2;α 为与支撑松弛有关的折减系数,一般取值 0.5~1.0,当混凝土支撑或钢支撑施加预应力时,取 $\alpha=1.0$;E 为支撑构件材料的弹性模量,kN/m^2;A 为支撑构件的截面积,m^2;L 为支撑构件的计算长度,m;S 为支撑构件的水平间距,m。

基坑开挖面以下,水平弹簧支座和垂直弹簧支座的压缩弹簧刚度 K_H 和

K_V,可分别按式(3.5)、式(3.6)计算。

$$K_H = k_H bh \tag{3.5}$$
$$K_V = k_V bh \tag{3.6}$$

式中:K_H、K_V 分别为水平向和垂直向压缩弹簧刚度,kN/m;k_H 和 k_V 分别为地基土的水平向和垂直向基床系数,kN/m³,开挖面以下一定深度内的水平向基床系数取三角形分布,三角形分布区内的水平向基床系数 $k_H=mz$,m 为水平向基床系数沿深度增大的比例系数,z 为影响深度,一般取开挖面以下 3~5 m,坑底地基土软弱或受扰动较大时取大值,反之取小值;b、h 分别为压缩弹簧的水平向和垂直向计算间距。

计算时,考虑到土体的分层、水平支撑的存在等情况,应沿竖向将弹性地基梁划分为若干单元;同时,应根据基坑开挖、支撑施加顺序等进行支护结构的变形和内力计算。

为考虑施工过程中墙体受力和变形的继承性,一般采用荷载总量法或荷载增量法计算。

荷载总量法是指对每一个施工工况,将主动侧压力全部作用于围护结构上,在支撑处加上设置支撑前该点已产生的围护结构水平位移,从而求得内力和位移的方法。

荷载增量法是将整个施工过程分成若干个工况,前后两个工况的荷载改变值称为荷载增量,由荷载增量引起的位移和内力称为位移增量和内力增量,计算从开始到当前施工阶段各工况的累计位移增量和内力增量,则可得到当前工况的实际位移和实际内力。

2) 水平支撑体系的内力计算

对于十字交叉对称的钢筋混凝土支撑或钢支撑,其内支撑主要受轴力作用,其轴力即为弹性地基梁法计算得到的内支撑点处的弹性支座反力。

对于较复杂的杆系结构的水平支撑系统,可将弹性地基梁法计算得到的内支撑点处的弹性支座反力作用于由水平支撑构件和围檩组成的水平支撑系统上,采用空间杆系模型即可计算得到水平支撑体系的变形和构件内力。计算时应添加适当的约束,一般考虑在结构上施加不交于一点的 3 个约束链杆。

3) 竖向支承系统的内力计算

钢立柱可能的破坏形式有强度破坏、整体失稳破坏和局部失稳破坏等。基坑施工阶段,应根据每一施工工况对立柱进行承载力和稳定性验算。当基坑开挖至坑底、底板尚未浇筑时,最底层一跨钢立柱承受的最不利荷载,是钢立柱的最不利工况。一般截面形式的钢立柱可按照轴心受压构件进行设计计算,在两道支撑之间的钢立柱计算跨度可取上一道支撑杆件中心至下一道支撑杆件中心的距离,最底层一跨钢立柱计算跨度可取上一道支撑杆件中心至钢立柱桩顶高程。

钢立柱在实际施工中存在不同程度水平定位偏差和竖向垂直度偏差等,因此应按照偏心受压构件验算一定施工偏差下钢立柱的承载力,以确保钢立柱拥有足够的安全度。

立柱桩的设计计算方法与主体结构工程桩相同,可按照国家标准或工程所在地区的地方标准执行。立柱桩以桩与土的摩阻力和桩端阻力来承受上部荷载,在基坑施工阶段,立柱桩要承受钢立柱传递下来的支撑结构自重荷载与施工超载。

5. 基坑变形与计算

基坑支护结构的选择不仅要保证城市轨道交通基坑施工过程中本身的安全与稳定,而且要有效控制变形,以满足周边环境保护及施工质量要求。

基坑变形一般指围护墙体变形、坑底隆起变形以及地表变形等。基坑变形计算方法分为理论法、经验算法和数值计算法。下文主要介绍经验算法。

1)围护墙体水平变形

围护墙体的水平变形及变形形状与围护结构形式、刚度、施工方法等均有着密切的关系。一般而言,围护墙体的水平变形形式可分为三类:第一类为悬臂式位移,第二类为抛物线形位移,第三类为上述两种形态的组合(组合位移)。围护墙体水平变形形态如图 3.12 所示。

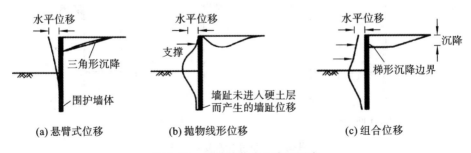

图 3.12 围护墙体水平变形形态

当基坑开挖较浅,还未设支撑时,墙顶位移最大,向基坑方向水平位移,呈悬臂式位移分布。随着开挖深度的增加,刚性墙体继续表现为向基坑内的三角形水平位移或平行刚体位移,而一般柔性墙如果设支撑,则表现为墙顶位移不变或逐渐向基坑外位移,墙体腹部向基坑内突出,即抛物线形位移。理论上有多道内支撑体系的基坑,墙体水平变形为第三类,其围护体的最大变形位置一般都位于开挖面附近。

另外,对于墙趾进入硬化或风化岩层的围护结构,围护结构底部基本没有位移,而对于墙趾位于软土中的围护结构,当插入深度较小时,墙趾出现较大变形,呈现出"踢脚"状态,从而影响整个围护结构的变形及稳定。

基坑施工过程中的围护墙体水平变形可结合内力计算,通过弹性地基梁法计算获得。

2) 围护墙体竖向变形

在实际工程中,墙体的竖向变形测量往往被忽视。事实上,由于基坑开挖土体自重应力的释放使坑底土隆起,致使墙体有所上升,而支撑、中板的重量施加又会使墙体下沉,特别是当围护墙体底面因清孔不净有沉渣时,围护墙体在开挖过程中会出现较大的下沉。围护结构上升或下沉导致的围护结构本身与立柱之间的差异下沉会产生较大的危害,如冠梁拉裂、中板或梁系出现裂缝等,设计和施工时应引起足够的重视。

3) 坑底隆起变形

坑底的隆起变形主要是开挖卸载导致坑内竖向应力降低和围护结构的挤压作用引起的,变形过大会影响底板的施工质量,导致立柱变形,甚至危及工程的安全,其变形形态与大小均与土质、开挖深度、开挖宽度等有关。一般而言,坑底隆起变形形态可分为中间大两边小和两边大中间小两种形态,如图3.13所示。

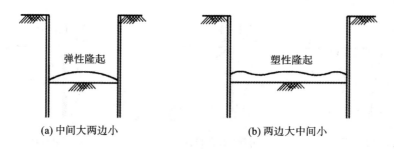

(a) 中间大两边小　　　　(b) 两边大中间小

图3.13　坑底隆起变形形态

中间大两边小的隆起形态一般出现在开挖深度不大、坑底为弹性隆起的状态。当开挖达到一定深度且基坑较宽时,会出现塑性隆起,隆起量也逐渐由中部最大转变为两边大中间小的形式,但对于较窄的基坑或长条形基坑,隆起量仍是中间大两边小的分布。

坑底隆起量的计算经验公式如式(3.7)所示。

$$\delta = -29.17 - 0.167\gamma H' + 12.5\left(\frac{D}{H}\right)^{-0.5} + 5.3\gamma c^{-0.04}(\tan\varphi)^{-0.54} \quad (3.7)$$

其中,H'的计算如式(3.8)所示。

$$H' = H + \frac{p}{\gamma} \quad (3.8)$$

式中:δ 为坑底隆起量,m;H 为基坑开挖深度,m;p 为地面超载,kN/m^2;c 为土的黏聚力,kg/m^2;φ 为内摩擦角,°;γ 为重度,kN/m^3;D 为墙体入土深度,m。

坑底隆起量与入土深度的关系如图3.14所示。

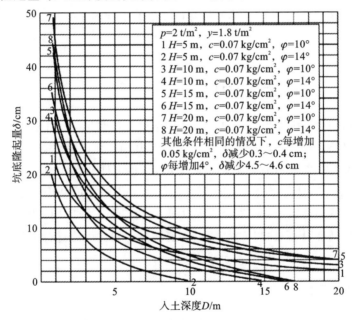

图3.14 坑底隆起量与入土深度的关系

注:y 为地基承载力。

4) 地表变形

对于地表的凹槽形变形,最大沉降值的发生位置一般介于 0.4~0.7 倍的开挖深度,沉降范围一般为 1~4 倍的开挖深度。地表变形如表现为三角形沉降,砂土和硬黏土的沉降影响范围一般在 2 倍开挖深度内,而软土为 2.5~4 倍。地表变形范围的大小取决于地层的性质、开挖深度、墙体入土深度、下卧软弱土层深度、开挖支撑施工方法等。

基坑开挖引起的地表变形可以用经验方法、地层损失法以及有限元法等进行计算。地层损失法是根据围护结构变形的包络面积来推算墙后的地表变形，首先根据杆系有限元法或弹性地基梁法计算围护体的变形（挠曲线）；其次按式（3.9）计算挠曲线与初始轴线之间的面积 S_W；再次选取典型地表沉降曲线（此处以三角形沉降曲线为例），地表沉降的范围 x_0 按式（3.10）计算，并认为地表沉降面积与墙体的侧移面积相等；最后地表沉降最大值 $S_{V\max}$ 按式（3.11）计算。

$$S_W = \sum_{i=1}^{n} \delta_i \Delta H \tag{3.9}$$

式中：n 为发生变形的围护体分段数；δ_i 为 i 段的挠曲线与初始轴线的位移差；ΔH 为 i 段的长度。

$$x_0 = H_g \tan(45° - \varphi/2) \tag{3.10}$$

式中：H_g 为围护墙的高度；φ 为墙体穿越土层的平均内摩擦角。

$$S_{V\max} = \frac{2S_W}{x_0} \tag{3.11}$$

3.2.3　主体结构设计

主体结构设计的主要任务是确定主体结构材料和尺寸。主体结构尺寸的拟定是在满足建筑限界、建筑设计、施工工艺及其他使用要求的基础上，考虑施工误差、测量误差、结构变形及后期沉降等因素，根据地质和水文资料、车站埋深、结构类型、施工方法等条件经过计算确定的。主体结构的截面大小应根据各结构构件按最不利荷载组合进行承载能力极限状态和正常使用极限状态验算，同时进行结构刚度、稳定性和抗浮计算，钢筋混凝土构件尚应进行抗裂和裂缝开展宽度验算。

1. 构造要求

明挖法施工的地下主体结构一般是由底板、侧墙、顶板以及中板、梁、柱等组成的长条形地下多层多跨框架结构。为抵抗水土压力、车辆荷载以及特殊荷载，结构的顶板、底板、边墙往往都较厚，一般为 0.6～1.0 m；顶梁、底梁的截面高度也很大，一般为 1.6～2.2 m；中间中板由于要承受较大的设备荷载、人群荷载及装修荷载，其厚度也比一般的中板厚许多，一般为 0.3～0.5 m。下文具体介绍顶板、中板、底板、侧墙和立柱等的构造要求。

1）顶板和中板

车站的顶板和中板可采用单向板（或梁式板）、井字梁式板、无梁板和密肋板等形式。井字梁式板和无梁板可以形成美观的顶棚和建筑造型,但造价较高,一般只有在板下不走管线时才可考虑采用。

单向板(或梁式板)多将板支承在与车站轴线平行的纵梁和侧墙上,单向受力,纵梁除采用T形梁外,为便于横向穿管或满足相关建筑需要,也可采用十字梁或反梁等形式。单向板方案具有施工简单、省模板、可以利用底板至梁底的空间沿车站纵向布置管线、结构总高度较小等优点。

井字梁式板由纵横两方向高度相等的梁所支承,双向受力,故板厚较薄。为使结构经济合理,两个方向的跨度宜接近相等,一般为6~7 m。由于井字梁式板造价较高,仅在地铁车站中荷载较大的顶、中板或因施工特别需要时才被采用。

无梁板的特点是没有梁系,将板直接支承在立柱和侧墙上,传力简捷,省模板,但板的厚度较大,且用钢量较多。柱帽是无梁板的重要构件,用以提高板的刚度并改善其受力,同时又是车站装饰的组成部分,多为喇叭口形。

密肋板具有重量轻、材料用量较少等优点。肋可以是单向的,也可以是双向正交的,间距在1 m左右,多用于装配式结构的顶板。

2) 底板

底板主要按受力和功能要求设置,几乎都采用以纵梁和侧墙为支承的梁式板结构,因为这有利于整体道床和站台下纵向管道的铺设。

埋置于无地下水的岩石地层中的明挖车站可不设置受力底板,但应满足整体道床的使用要求。

3) 侧墙

侧墙可采用以顶、底板或中板为支承的单向板,当围护结构采用地下连续墙或钻孔灌注桩时,可利用它们作为主体结构侧墙的一部分或全部,该种结构形式在目前的地铁车站结构设计中应用较广泛。

4) 立柱

明挖车站的立柱一般采用钢筋混凝土结构,可采用方形、矩形、圆形或椭圆形等截面。中间竖向临时支撑系统由临时立柱及其基础组成,系统的设置有以下三种方式:①在永久柱的两侧单独设置临时柱;②临时柱与永久柱合一;③临时柱与永久柱合一,同时增设临时柱。由于方式②可以简化施工、加快暗挖法作业进度和降低造价,目前已经成为主流方式。此时车站立柱的纵向间距是一个重要的设计参数,除考虑建筑要求外,还要结合地层条件和工期等要求经综合比较后确定,一般宜控制在6~7 m。当临时柱的荷载很大时可采用方式③,如上海地铁常熟路站为双跨双层结构,柱的设计轴力高达 8000 kN,为此,施工期间在两个永久柱之间增设一根临时柱。当车站与地面建筑合建或为特殊荷载控制设计,柱的设计荷载很大时,可采用钢管混凝土柱或劲性钢筋高强度混凝土柱。

2. 主体结构设计荷载

主体结构的设计荷载分永久荷载、可变荷载和偶然荷载三类,《地铁设计规范》(GB 50157—2013)第 11.2.1 条规定的荷载分类如表 3.1 所示,在决定荷载的数值时,应考虑施工和使用过程中发生的变化,根据现行国家标准《建筑结构荷载规范》(GB 50009—2012)及相关规范规定的可能出现的最不利情况确定不同荷载组合下的组合系数。

表 3.1 荷载分类

荷 载 分 类		荷 载 名 称
永久荷载		结构自重
		地层压力
		结构上部和破坏棱体范围内的设施及建筑物压力
		水压力及浮力
		混凝土收缩及徐变影响
		预加应力
		设备重量
		地基下沉影响
可变荷载	基本可变荷载	地面车辆荷载及其动力作用
		地面车辆荷载引起的侧向土压力
		地铁车辆荷载及其动力作用
		人群荷载
	其他可变荷载	温度变化影响
		施工荷载
偶然荷载		地震作用
		沉船、抛锚或河道疏浚产生的撞击力等灾害性荷载
		人防荷载

主体结构承受的地层压力分为竖向压力、水平向压力、土压力,明挖法结构

一般顶部覆土厚度较薄,顶板承受的竖向压力可按计算截面以上全部土柱重量计算,水平向压力可取为水土合算的静止土压力。

车站站台、中板和楼梯等部位的人群均布荷载的标准值应取 4.0 kPa;设备用房中板的计算荷载应根据设备安装、检修和正常使用的实际情况(包括动力效应)确定,其标准值不得小于 4.0 kPa;在设计换乘站中直接承受地铁车辆荷载的中板等构件时,地铁车辆竖向荷载应按其实际轴重和排列计算,并考虑动力作用的影响,同时尚应按线路通过的重型设备运输车辆的荷载进行验算。

地面超载一般可取 20 kPa,有特殊要求时可适当放大,上部建有建筑物时,应分析计入其荷载。

3. 主体结构内力计算

主体结构内力计算模型有荷载结构模型、连续介质模型、约束-收敛模型等,目前设计中采用较多的是荷载结构模型,即将地层对结构的作用简化为外荷载,如图 3.15 所示。

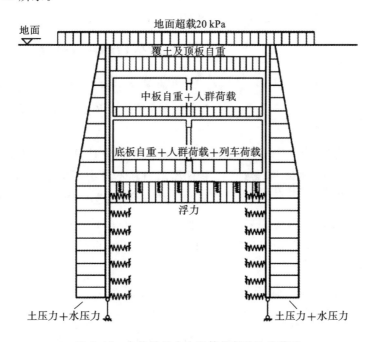

图 3.15　主体结构内力计算的荷载结构模型

根据对主体结构梁、板等的模拟方法不同,主体结构的模拟方法可分别采用空间梁系法、空间板系法、空间梁板系法以及横断面计算法等,前三者可较好地

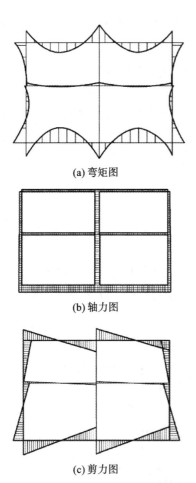

图 3.16 按横向框架计算得到的主体结构内力图

模拟各结构构件受力的实际情况,但计算复杂,因此目前设计中采用较多的是横断面计算法,即沿车站纵向截取单位长度的横断面结构,将墙、板假设成单位长度的梁或板单元,将框架柱按刚度或面积换算成单位长度的厚度,底板与地基间采用弹性假定,用竖向基床系数与底板单元长度的积作为地基弹簧刚度,用荷载结构模型按有限元法进行内力计算,根据不同的荷载组合得到结构的内力包络图;对于纵梁,则是根据常规的板梁柱传力方式(荷载由板传给梁,形成梁的荷载,柱作为梁的支点)进行梁的内力计算。

按横向框架计算得到的主体结构内力图如图 3.16 所示。

4. 主体结构抗浮计算

当地下水丰富时,应对主体结构进行抗浮验算,使抗浮安全系数满足允许值的要求。

抗浮安全系数计算方法有考虑围护结构侧摩阻力和不考虑围护结构侧摩阻力两种。《地铁设计规范》(GB 50157—2013)第 11.6.1 条规定:"抗浮安全系数当不计地层侧摩阻力时不应小于 1.05;当计及地层侧摩阻力时,根据不同地区的地质和水文地质条件,可采用 1.10～1.15 的抗浮安全系数。"

考虑围护结构侧摩阻力的抗浮计算图示如图 3.17 所示。抗浮安全系数 $K_{浮}$ 按式(3.12)计算。

$$K_{浮} = \frac{G_{填土} + G_{结构} + F_{侧摩阻力}}{F_{浮}} \tag{3.12}$$

式中:$G_{填土}$ 为结构上覆填土自重;$G_{结构}$ 为结构自重;$F_{侧摩阻力}$ 为围护结构所受侧摩阻力;$F_{浮}$ 为围护结构所受浮力。

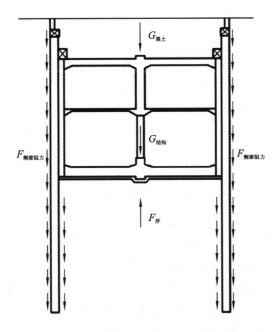

图 3.17 考虑围护结构侧摩阻力的抗浮计算图示

当有抗拔桩时,还应考虑抗拔力对抗浮安全系数的影响。

当车站顶因埋设有较大管线时,必须扣除管线所占的覆土重量,一旦抗浮安全系数不满足,应采用抗浮措施,如使用抗拔桩或在车站底板上设置泄水孔以减少底板浮力,避免结构上浮,待顶板覆土和上部结构施工完成后,再将泄水孔封闭。

3.2.4 支护结构与主体结构相结合的结构设计

1. 支护结构与主体结构相结合的类型

支护结构与主体结构相结合是指临时的支护体作为主体结构的一部分构件(如地下室侧墙),或主体结构体作为临时结构的一部分(如水平梁板、中间支承柱和桩)或全部构件。

从构件相结合的角度,支护结构与主体结构相结合的类型分为侧墙与围护墙相结合、结构水平构件与支护结构相结合、结构竖向构件与支护结构竖向支承系统相结合。

1) 侧墙与围护墙相结合

侧墙与围护墙相结合的方式在地铁车站结构中得到了广泛的应用。围护墙和侧墙组成的结构体系又大体分为单一墙、复合墙和叠合墙体系。单一墙体系是将围护墙直接作为主体结构的侧墙,不另作参与结构受力的内衬结构,此时连续墙槽段之间的接头应有较好的防渗性能,并应满足结构受力要求。复合墙体系是围护墙和内衬结构之间设置的防水隔离层,与结构的顶、底板防水层形成整体密封形式,为了保证防水效果,围护墙与内衬墙之间、围护墙与板之间一般不用钢筋拉接,墙面之间不能传递剪力和弯矩,只能传递法向压力,内衬墙的作用主要是承受使用期间的水压力,并为车站提供光洁的内表面。叠合墙体系是通过结构和施工措施,保证围护墙与内衬墙叠合面的剪力传递,使围护墙与内衬墙组成叠合式结构,将叠合后的两者视为整体,共同承担外部荷载。

2) 结构水平构件与支护结构相结合

结构水平构件与支护结构相结合是利用地下结构的梁、板等内部水平构件兼作基坑工程施工阶段的水平支撑系统的方法,围护结构可采用地下连续墙或临时围护结构,结构中板可采用多种结构体系,如梁板结构体系和无梁楼盖结构体系。采用梁板结构体系时,既可将肋梁楼盖直接作为水平支撑,也可采用在开挖阶段仅浇筑框架梁作为内支撑,基础底板浇筑后再封闭中板结构的方法。前者适用于逆作法施工、结构受力明确的结构施工;后者可减少施工阶段竖向支承的竖向荷载,同时也便于土方开挖,不足之处在于梁板要二次浇筑,存在止水和连接的整体性问题。

3) 结构竖向构件与支护结构竖向支承系统相结合

结构竖向构件与支护结构竖向支承系统相结合是将地下结构的竖向承重构件(立柱或立柱桩)作为逆作法施工过程中结构水平构件的竖向支承构件,其作用是在逆作法施工期间,底板未浇筑之前承受地下和地上各层的结构自重和施工荷载,在底板浇筑后,与底板连成整体作为结构的一部分。地下结构的竖向承重构件常采用"一柱一桩"的形式。

"一柱一桩"指逆作法施工过程中,每根结构柱位置仅设置一根钢立柱和立柱桩,以承受相应区域的荷载。钢立柱设置在主体结构的结构柱位置,待逆作法施工至基底并浇筑基础底板后,再逐层在钢立柱的外围浇筑外包混凝土,与钢立柱一起形成永久性的组合柱。一般情况下,若逆作法施工过程中立柱所承受的荷载不大或者主体结构框架柱下是大直径钻孔灌注桩、钢管桩等具有较高竖向承载能力的工程桩时,应优先采用"一柱一桩"的形式。根据工程经验,一般对于仅承受2~3层结构荷载及相应施工超载的基坑工程,可采用常规角钢拼接格构柱与立柱桩组成的竖向支承系统;若承受的结构荷载不大于6~8层,可采用钢管混凝土柱和具备较高承载力钢立柱所组成的"一柱一桩"形式。

2. 支护结构与主体结构相结合的设计内容与方法

与常规的临时支护方法相比,支护结构与主体结构相结合的方法避免了临时支护浪费的现象,且由于梁板的刚度比临时支撑大,对基坑开挖变形的控制强于临时支撑。当支护结构作为主体结构的一部分时,其受力复杂,不仅要承受使用期荷载,而且要承受施工期的施工荷载等,因此主体结构设计除应满足使用期设计要求外,还应进行各种施工工况条件下的内力、变形等计算,使其满足施工期、竣工期和使用期等各种情况下的承载能力和正常使用状态下的设计要求。

1) 侧墙与围护墙相结合

当围护结构与主体结构的侧墙共同承担使用阶段的外荷载时,应考虑侧墙与围护墙相结合后共同作用的效果。

单一墙体系可直接把墙作为主体结构的侧墙进行内力分析,复合墙和叠合墙目前一般采用简化的计算方法,如复合墙的内外墙内力按刚度分配进行计算;叠合墙按整体墙进行计算,墙体计算厚度取内外墙厚之和。

复合墙和叠合墙的内力计算也可根据荷载的传递特点,在内外墙之间施加不同的传力系统,如复合墙的围护墙与内衬墙间可由两端铰接的链杆模拟,只能传递压力,不能传递弯矩和剪力,水压力由内衬墙承受,土压力由围护墙和内衬墙共同承受;叠合墙体系的围护墙和内衬墙连成整体共同承受水平压力,主体结构板与地下连续墙按刚性节点考虑,但考虑到钢筋连接器难以做到绝对刚接,支座及跨中处设计弯矩要适当进行调幅,跨中截面设计弯矩增加10%左右,必要时也可适当考虑将接头弯矩与跨中弯矩间的内力重分布。

由于地下连续墙作为永久结构的一部分或全部,直接承受使用阶段主体结构的垂直荷载,因此尚应进行地下连续墙的承载力及沉降计算。

2) 结构水平构件与支护结构相结合

结构水平构件除应满足地下结构使用期设计要求外,还应进行各种施工工况条件下的内力、变形等计算。作为施工通道的顶板,应考虑土方工程施工机械的巨大动荷载作用。顶板的受力可采用简化计算方法或平面有限元法进行计算分析。此外,还应考虑混凝土温度应力、干缩变形、临时立柱以及立柱桩与地下结构外墙之间差异沉降等引起的结构次应力影响,并采取必要措施防止有害裂缝的产生。

3) 结构竖向构件与支护结构竖向支承系统相结合

当结构竖向构件与支护结构竖向支承系统相结合时,应分析不同施工阶段立柱的最不利荷载工况,对其竖向承载力、整体稳定性以及局部稳定性等进行计算,立柱桩的承载能力和沉降也均应进行计算。主体结构永久使用阶段,应根据该阶段的最不利荷载工况,对立柱外包混凝土后形成的劲性构件进行计算,兼作立柱桩的主体结构工程桩也应满足相应的承载能力和沉降计算。

立柱桩的竖向承载力计算方法与工程桩相同。基坑开挖施工阶段由于底板尚未形成,立柱桩之间的刚度联系较差,实际尚未形成一定的沉降协调关系,可按单桩沉降计算方法近似估算最大可能沉降值,通过控制最大沉降量以避免桩间出现较大的不均匀沉降。

3. 结构构造要求

1) 侧墙与围护墙相结合

作为永久结构一部分的围护墙还涉及与主体结构构件连接、墙体在正常使用阶段的整体性能、与主体结构的沉降协调等一系列问题,需要采用相关设计构造措施,以满足围护墙正常使用阶段的受力和构造要求。叠合墙体系设计中的先期修建的连续墙与顶、楼、底板等水平构件的连接一般有以下两种构造方案。

(1) 在连续墙内预埋弯起钢筋,将其扳直后与水平构件的内外层主筋搭接(或焊接),浇筑混凝土后水平构件与连续墙连成一体,并通过墙上预留的凹槽传递竖向剪力。为了防止钢筋弯折时脆断,预埋钢筋必须采用韧性较好但强度较低的HPB300级钢筋,且直径不宜太大,间距不能太小(一般选用直径小于22 mm,间距大于150 mm的单排筋)。

(2) 通过事先埋在连续墙内的钢筋连接器(接驳器)与水平构件的主筋连接。接驳器实际上是套管,内腔为锥形,其一端与连续墙内的锚固筋连接,预埋在墙内,另一端加保护帽后露在墙上预先设置的凹槽内,基坑开挖后,打开保护帽即可方便地将头部车有锥螺纹的水平筋旋入接驳器内。由于接驳器能可靠地传递拉力,并通过墙上预留的凹槽共同传递竖向剪力,故此种接头可视为刚接。

2) 结构水平构件与支护结构相结合

当结构水平构件与支护结构相结合时,应考虑结构水平构件与支护结构的连接方式。当结构梁板与可作为永久结构一部分或全部的围护墙连接时,可根据实际情况采用多种连接方式,如可在地下连续墙内预埋钢筋接驳器与梁连接、预埋钢筋与板连接,或在结构中板周边设置边环梁,边环梁通过地下连续墙内的预埋钢筋与地下连续墙连接、结构梁板与边环梁整体浇筑等。当围护体仅作为临时结构时,围护墙和结构外墙分开,此时逆作法施工工艺要求的结构外墙只能顺作;从结构受力、构造要求以及防水的角度出发,结构外墙与相邻结构梁板须整体连接,二者一次浇筑施工,这就要求逆作施工地下各层结构的边跨位置必须内退结构外墙一定的距离,逆作施工结束后,结构外墙与相邻的结构梁板一起浇筑,而临时围护体与内部结构之间必须设置可靠的水平传力支撑体系。

此外,根据施工因素或结构功能的要求,需要在适当的位置预留从地面直通底层的施工孔洞,孔洞尺寸应满足垂直运输能力和进出材料、设备及构件的尺寸要求,如果预留孔在逆作施工结束后要根据结构要求封闭,其孔洞周边应预先留设钢筋或抗剪埋件等结构连接措施,以及膨胀止水条、刚性止水板或预埋注浆管等止水措施,以确保二次浇筑结构的连接整体性及防水可靠性。

3) 结构竖向构件与支护结构竖向支承系统相结合

与主体结构竖向构件相结合的立柱的构造应符合下列规定。

(1) 立柱应根据支护阶段承受的荷载及主体结构设计要求,采用格构式钢立柱、H 型钢立柱或钢管混凝土立柱等形式;立柱桩宜采用灌注桩,并应尽量利用主体结构的基础桩。

(2) 立柱采用角钢格构柱时,其边长不宜小于 420 mm;采用钢管混凝土柱时,钢管直径不宜小于 500 mm。

(3) 需要外包混凝土形成主体结构框架柱的立柱,其形式与截面应与地下结构梁板柱的截面与钢筋配置相协调,其节点构造应保证结构整体受力与节点连接可靠性。立柱应在地下结构底板混凝土浇筑完后,逐层在立柱外侧浇筑混凝土形成地下结构框架柱。

(4) 立柱与水平构件连接节点的抗剪钢筋、栓钉、钢牛腿等抗剪构造应根据计算确定。

(5) 钢管或钢管混凝土立柱与梁受力钢筋的连接一般通过传力钢板连接。

(6) 采用钢管混凝土立柱时,插入立柱桩的钢管的混凝土保护层厚度不应小于 100 mm。

3.2.5 盖挖法施工的车站结构设计

盖挖法施工是先修筑地下结构的顶板或临时路面盖板,然后在其遮护下修建地下结构其他部分的半明挖施工方法。按其主体结构的施工顺序,盖挖法可分为盖挖顺作法、盖挖逆作法、盖挖半逆作法等。

在路面交通不能长期中断的道路下修建车站主体结构时,可考虑采用盖挖顺作法施工,该方法是在现有道路上,按结构所需宽度,在地表面完成基坑围护结构和桩柱后,以定型的预制标准路面覆盖结构(包括纵、横梁和路面板)置于基坑围护结构上维持交通,往下进行开挖和加设横撑,直至结构底板设计高程。然后,由下而上施工主体结构和防水层,最后恢复道路。

当开挖面较大、覆土较浅、周围有临近的建筑物时,为尽量防止因基坑开挖而引起邻近建筑物的变形或沉陷,或需要尽早恢复路面交通,但又缺乏定型的预制标准路面覆盖结构时,常采用盖挖逆作法施工,即利用主体结构顶板作为横撑,在顶板覆盖下自上而下逐层开挖并建造主体结构直至底板。

盖挖半逆作法类似逆作法,其区别仅在于车站顶板完成及恢复路面后,向下挖土至设计高程后先施工底板,再依次向上逐层施工侧墙、中板。在半逆作法施工中,一般都必须设置横撑并施加预应力。

盖挖法施工能够实现的关键是要建造一个稳固、经济的临时路面系统。可重复利用的路面板应既满足强度、刚度和稳定性要求,又满足快速安装、拆卸及经济性要求。

盖挖法施工中的路面板可采用三种形式:型钢路面板、混凝土路面板、钢路面板。混凝土路面板采用外包角钢的单跨预制板,安全可靠,但混凝土路面板自重太大,施工不便,且对纵横梁体系影响较大;钢路面板(2 cm 厚钢板)刚度较小,需按 1 m 间隔设置纵向槽钢作横向次梁,且车行噪声较大;型钢路面板并排焊接 5 根 H 型钢,并且两端用平钢进行加固,不仅可以作为社会交通的路面,也可作为施工工地的栈桥,具有用途广泛的优点,虽一次性投入较高,但可重复利用,综合效益较好。

盖板梁可选用钢支撑或钢筋混凝土支撑,由于钢筋混凝土支撑稳定性好、对控制深基坑变形有利,目前采用较多。某工程军便梁构造示意如图 3.18 所示。

盖板梁与首道支撑有分离设置、结合设置两种处理方法。在地质较好的地区进行盖挖法施工时,往往将盖板梁和首道支撑分离设置,由于土体自立性好,盖板梁不承受水平方向的荷载,仅承受路面的竖向荷载,同时可将该荷载传递给中间立柱。根据施工所需空间要求,第一道支撑一般设置在地表以下 2 m 深处。盖板梁兼作首道支撑时,必须使该构件能同时承受上部传来的竖向荷载及基坑

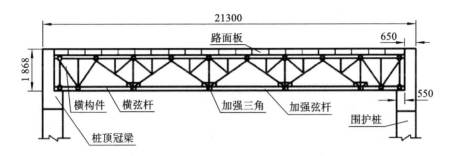

图 3.18　某工程军便梁构造示意(单位:mm)

挡土墙传来的水平荷载,约束挡墙的水平变形,也即该构件必须同时是抗弯构件,和抗压构件。

盖挖法施工要求先做围护结构,与中间立柱、立柱桩共同构成路面系统的竖向支承体系。竖向支承体系不仅会受到基坑开挖土体应力释放的影响,还要承受上部道路荷载作用,在这些荷载作用下,发生沉降与抬升,同时立柱桩承载的不均匀,增加了立柱桩间及立柱桩与地下墙间产生较大差异沉降的可能,若差异沉降过大,将会对路面体系产生较大的附加应力,严重时会影响安全。因此,如何减少中间立柱桩、围护结构的沉降以及差异沉降,是盖挖法施工的要点之一。

盖挖法的结构内力计算应根据施工工况分别进行,但盖挖法是在盖板的保护下进行施工的,所以要考虑作用在盖板上的汽车荷载及冲击荷载。汽车荷载的计算可以参照《公路桥涵设计通用规范》(JTG D60—2015)中的相关条款。

3.2.6　基坑地基加固处理设计

地基加固处理是指为提高地基强度,改善其变形性质或渗透性质而采取的技术措施。基坑外加固的目的主要是止水,有时也可减少围护结构承受的主动土压力。基坑内加固的目的是提高土体的强度和土体的侧向抗力,减少围护结构位移,保护基坑周边建筑物及地下管线,防止坑底土体隆起破坏、渗流破坏,弥补围护墙体插入深度不足等缺陷。

地基加固处理要做到因地制宜,确保工程质量好、经济合理和技术先进。

常规地基加固处理规划程序如图 3.19 所示。

下面介绍几种常见的轨道交通地基加固处理方法。

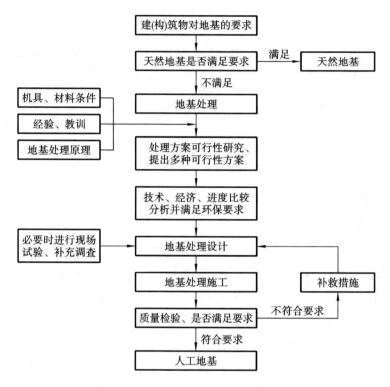

图 3.19 常规地基加固处理规划程序

1. 水泥土搅拌法

1) 概述

水泥土搅拌法是利用水泥等材料作为固化剂,通过特制的搅拌机械,就地将软土和固化剂(浆液或粉体)强制搅拌,使软土硬结成具有整体性、水稳性和一定强度的水泥加固土,从而提高地基土强度、增大其变形模量。水泥土搅拌法分为深层搅拌法(湿法)和粉体(水泥或石灰)喷搅法(干法)。

水泥土搅拌法适用于处理正常固结的淤泥与淤泥质土、粉土、饱和黄土、素填土、黏性土以及无流动地下水的饱和松散砂土等地基。当地基土的天然含水量小于30%、大于70%或地下水的pH值小于4时不宜采用干法。

特点:基本不存在挤土效应,对周围地基扰动小;可根据不同土质和工程设计要求,合理选择固化剂及配方,应用较为灵活;施工无振动,无噪声,污染小,可在市区和建筑物密集地带施工;土体加固后,重力密度基本不变,软弱下卧层不致产生较大附加沉降;结构形式灵活多样,可根据工程需要,选用柱状、壁状、格栅状或块状；在负温下制作的水泥土正温后强度可继续增长且接近标准值，因此只要地温不低于－10 ℃，就可进行深层搅拌法冬季施工。

2）加固机理

（1）水泥的水解和水化反应。

硅酸三钙：在水泥中含量最高（50%），是决定水泥强度的主要因素；硅酸二钙：在水泥中含量较高（25%），主要提供后期强度；铝酸三钙：在水泥中含量为10%左右，水化速度最快，促进早凝；铁铝酸四钙：在水泥中含量为10%，能增强早期强度；硫酸钙：在水泥中含量为3%左右，促进生成"水泥杆菌"状的化合物，能将大量自由水以结晶水形式固定下来，使土中自由水减少。

（2）黏土颗粒与水泥水化物的作用。

离子交换和团粒化作用：黏土颗粒带负电，吸附阳离子，形成胶体分散体系；表面带有钾离子或钠离子，可与水泥水化反应的钙离子进行离子交换，产生凝聚，形成较大的团粒，提高土体强度。

硬凝反应：在碱性环境下，溶液中析出大量的钙离子，与二氧化硅或三氧化二铝产生化学反应，生成不溶于水的铝酸钙等结晶水化物，在水中和空气中逐渐硬化后，可提高水泥强度，使水泥具有足够的水稳定性。

（3）碳酸化作用。

水泥水化物中游离的氢氧化钙吸收水中和空气中的二氧化碳，发生碳酸化作用，生成不溶于水的碳酸钙。

3）影响水泥土力学性质的主要因素

水泥掺入比是指掺入土中的水泥质量与被加固软土的湿质量比值的百分数。水泥土的强度随水泥掺入比的增加呈增大的趋势。水泥土强度随龄期的增长呈增大趋势，龄期超过28 d后仍有明显增长，90 d后强度增长才减缓。水泥土强度随水泥强度等级的提高而增加，水泥强度等级提高一级，水泥土强度增大50%～90%。水泥土的强度随地基含水量增大而降低。

如图3.20所示，水泥掺入比小于20%时，水泥土无侧限抗压强度随土中含水量降低而增加；水泥掺入比大于20%时，水泥土无侧限抗压强度存在一个峰值。天然地基土中的有机质含量可使土具有较大的水容量、塑性、膨胀性及低渗透性，并使土的酸性增加，水泥的水化反应受到抑制。有机质含量小的水泥土强度比有机质含量高的水泥土强度高得多。外加剂对水泥强度有不同的影响。施工时搅拌的均匀程度对水泥土强度的影响很大。在搅拌时间相同的情况下，塑性指数越大,土的黏性越大,越难搅拌均匀;含水量和液性指数过低,易产生抱土现象,影响搅拌效果。

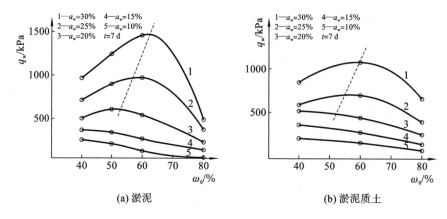

(a) 淤泥　　　　　　　　　(b) 淤泥质土

图 3.20　水泥土无侧限抗压强度与含水量关系曲线

a_w—水泥掺入比;ω_0—含水量;q_w—无侧限抗压强度;t—时间

4) 设计与计算

(1) 固化剂。

宜选用强度等级为 32.5 级以上的普通硅酸盐水泥,水泥掺入量宜为 12%～20%。

(2) 桩长。

宜穿透软弱土层到达承载力相对较高的土层。湿法加固深度宜不大于 20 m,干法加固深度宜不大于 15 m。

(3) 加固范围和平面布置。

水泥搅拌桩既与钢筋混凝土桩不一样,也与散体材料桩不一样,其刚度介于两者之间,因此其加固范围可仅布置在基础范围内,而不必像散体材料桩一样,在基础以外设置保护桩。

桩位的平面布置可采用等边三角形和正方形等。布桩形式应根据地基土性质及上部建筑对变形的要求进行选择,可采用柱状、壁状、格栅状、块状等不同形式。

柱状:每隔一定的距离打设一根搅拌桩,即成为柱状加固形式。适用于处理局部饱和软黏土夹层和表层与桩端土质较好的建筑物地基。

壁状和格栅状:将相邻搅拌桩部分重叠搭接成为壁状加固形式。适用于深基坑开挖时边坡加固以及建筑物长高比较大、刚度较小,对不均匀沉降比较敏感的多层砖混结构房屋条形基础的地基加固。

块状：由纵横两个方向的相邻搅拌桩搭接而成。适用于上部结构单位面积荷载大、不均匀沉降控制严格的建筑物地基。在软土地区开挖深基坑时，为防止基坑隆起或增大坑底土的被动土压力及对基坑进行封底隔渗处理等也常采用块状加固形式。

（4）常用桩径。

常用桩径为 500～700 mm。

（5）单桩承载力特征值。

单桩承载力特征值应通过现场静荷载试验确定。初步设计时可按式（3.13）和式（3.14）估算，桩端端阻力发挥系数可取 0.4～0.6。桩端端阻力特征值，可取桩端土未修正的地基承载力特征值，并满足式（3.15）的要求，使由桩身材料强度确定的单桩承载力不小于由桩周土和桩端土的抗力所提供的单桩承载力。

$$f_{spk} = [1 + m(n-1)]f_{sk} \tag{3.13}$$

式中：f_{spk} 为复合地基承载力特征值；f_{sk} 为处理后桩间土承载力特征值，可按地区经验确定；n 为复合地基桩土应力比，可按地区经验确定；m 为面积置换率，按式（3.14）计算。

$$m = d^2/d_e^2 \tag{3.14}$$

式中：d 为桩身平均直径；d_e 为一根桩分担的处理地基面积的等效圆直径，等边三角形布桩 $d_e=1.05s$，正方形布桩 $d_e=1.13s$，矩形布桩 $d_e=1.13\sqrt{s_1 s_2}$，s、s_1、s_2 分别为桩间距、纵向桩间距和横向桩间距。

$$R_a = \eta f_{cu} A_p \tag{3.15}$$

式中：R_a 为单桩竖向承载力特征值；f_{cu} 为与搅拌桩桩身水泥土配比相同的室内加固土试块（边长为 70.7 mm 的立方体）在标准养护条件下 90 d 龄期的立方体抗压强度平均值；η 为桩身强度折减系数，干法可取 0.20～0.25，湿法可取 0.25；A_p 为桩的截面积。

（6）垫层。

应在基础和桩之间设置 200～300 mm 厚的褥垫层，其材料可选用中砂、粗砂、级配砂石等，最大粒径宜不大于 20 mm。

（7）沉降计算。

水泥土搅拌桩复合地基的变形包括复合土层的平均压缩变形与桩端下未加固土层的压缩变形。水泥土搅拌桩复合地基的变形计算和沉降经验系数应符合《建筑地基处理技术规范》（JGJ 79—2012）第 7.1.7 条和第 7.1.8 条的规定。

2. 夯实水泥土桩法

1）概述

夯实水泥土桩法是将水泥和土按设计的比例搅拌均匀,在孔内夯实至设计要求的密实度进而形成加固体,并与桩间土组成复合地基的一种地基处理方法。夯实水泥土桩主要材料为土,辅助材料为水泥,水泥使用量为土的1/8～1/4,成本低廉。

(1) 夯实水泥土桩与水泥土搅拌桩的区别。

夯实水泥土桩的桩体材料是水泥和土的拌和物,因此,桩体在桩长范围内是基本均匀的,而且桩体强度不受场地土岩性变化的影响。由于夯实水泥土桩是将孔外拌和均匀的水泥土混合料回填桩孔并强力夯实桩体,其强度有一个很大的增量,这一增量既有水泥的胶结强度,又有水泥土密度增加产生的密实强度。夯实水泥土桩选用的土料是工程性质较好的土,而水泥土搅拌桩的原位土体通常是含水量高、强度低的不良工程性质的软土,所以,即使采用相同的水泥掺量,夯实水泥土桩的桩体强度要比水泥土搅拌桩的桩体强度高很多。

(2) 夯实水泥土桩法的适用范围。

夯实水泥土桩法适用于处理地下水位以上的粉土、素填土、杂填土、黏性土等地基。处理深度宜不超过 10 m。当采用洛阳铲成孔工艺时,深度宜不超过 6 m。当有地下水时,适用于渗透系数小于 10^{-5} cm/s 的黏性土以及桩端以上 0.5～1.0 m 范围内有水的地质条件。对于含水量特别高的地基土,不宜采用夯实水泥土桩处理。夯实水泥土桩施工可选择人工成孔和机械成孔,其中机械成孔可采用机械洛阳铲成孔、长螺旋钻机成孔、夯扩机或挤土机成孔。

2）加固机理

(1) 夯实水泥土桩复合地基受力特性。

夯实水泥土桩是一种中等黏结强度桩,形成的复合地基属于半刚性桩复合地基。应设置褥垫层,通过褥垫层调整作用,保证复合地基中桩土共同承担荷载。夯实水泥土桩复合地基主要是通过桩体置换作用来提高地基承载力。当天然地基承载力小于 60 kPa 时,可考虑夯填施工增强桩间土挤密作用。

① 夯实水泥土桩受力特点。

夯实水泥土桩具有一定的强度,在垂直荷载作用下,桩身不会因侧向约束不足发生膨胀破坏,桩顶荷载可以传入较深的土层中,从而充分发挥桩侧摩阻力作用。但由于桩身强度不大,桩身仍可发生较大的压缩变形。由于桩身的可压缩性,桩的承载力发挥要经历桩身逐段压密,侧摩阻力逐渐发挥的阶段,最后才是桩端承载力开始发挥的过程。

②桩土应力比。

随着荷载的增加,桩土应力比增加,曲线呈上凸形,至桩身屈服破坏时,桩土应力比达到峰值,可以认为桩体达到极限荷载。在桩身屈服后,桩土应力比随着荷载的增加而降低,并渐趋于较稳定的数值。说明在夯实水泥土桩复合地基中,夯实水泥土桩体的破坏将引起整个复合地基的破坏。

(2)夯实水泥土桩加固机理。

①夯实水泥土桩化学作用加固机理。

夯实水泥土桩化学作用加固机理包括水泥的水化水解反应、水泥土的离子交换与团粒化作用、水泥土的硬凝反应等。

②夯实水泥土桩物理作用加固机理。

水泥土桩混合料搅拌均匀、填料后,经外力机械分层夯实,桩体进一步密实和均匀。随着夯击次数及夯击能的增加,混合料干密度逐渐增大,强度明显提高。

(3)影响夯实水泥土桩加固强度的因素。

影响夯实水泥土桩加固强度的因素包括桩体材料(水泥、土料与桩间土)、方案设计和施工等。

3)设计与计算

(1)夯实水泥土桩复合地基布桩基本要求。

平面布置:在基础范围内布置,桩边至基础边线距离宜为100~300 mm,基础边线至桩中心线的距离宜为1~1.5倍桩孔直径。夯实水泥土桩参数:设计桩孔直径300~600 mm,常用直径350~400 mm;桩间距为2~4倍桩孔直径;最大桩长宜不超过10 m,最小桩长宜不小于2.5 m;面积置换率为5%~15%,一般采用三角形或正方形布桩;应铺设100~300 mm厚的褥垫层,采用中砂、粗砂或碎石等,最大粒径宜不大于20 mm。

(2)夯实水泥土桩桩体材料的选用。

夯实水泥土桩立方体抗压强度一般可达到3.0~5.0 MPa。

①水泥品种与强度等级:32.5级或42.5级矿渣水泥或普通硅酸盐水泥。水泥强度等级每增加C10级,水泥土标准抗压强度可提高20%~30%。

②水泥掺入比 a_w 按式(3.16)计算。

$$a_w = \frac{掺入水泥的质量}{被加固软土质量} \times 100\% \quad 或 \quad a_w = \frac{掺入水泥的体积}{被加固软土体积} \times 100\%$$

(3.16)

对于一般地基加固,水泥掺入比可取7%~20%。

③外掺剂:由于粉煤灰中含有二氧化硅、氧化铝等活性物质,在水泥土中掺入一定量的粉煤灰,可提高水泥土强度。一般可掺入10%左右的粉煤灰。

(3) 夯实水泥土桩复合地基的设计。

根据《建筑地基处理技术规范》(JGJ 79—2012)的规定,夯实水泥土桩复合地基设计应符合下列要求。

①夯实水泥土桩宜在建筑物基础范围内布置。基础边缘距离最外一排桩中心的距离不宜小于1.0倍桩径。

②桩长的确定:当相对硬土层埋藏较浅时,应按相对硬土层的埋藏深度确定。当相对硬土层的埋藏较深时,可按建筑物地基的变形允许值确定。

③桩孔直径宜为300~600 mm。桩孔宜按等边三角形或方形平面布置,桩间距可为桩孔直径的2~4倍。

④桩孔内的填料应根据工程要求进行配比试验,并应符合《建筑地基处理技术规范》(JGJ 79—2012)第7.1.6条的规定。水泥与土的体积配合比宜为1:5至1:8。

⑤孔内填料应分层回填夯实,填料的平均压实系数 $\bar{\lambda}_c$ 不应低于0.97,压实系数最小值不应低于0.93。

⑥桩顶标高以上应设置厚度为100~300 mm的褥垫层。垫层材料可采用粗砂、中砂或碎石等,垫层材料最大粒径不宜大于20 mm。褥垫层的夯填度不应大于0.9。

⑦复合地基承载力特征值应按《建筑地基处理技术规范》(JGJ 79—2012)第7.1.5条规定确定。初步设计时可按式(3.13)进行估算。桩间土承载力发挥系数 β 可取0.9~1.0。单桩承载力发挥系数 λ 可取1.0。

(4) 夯实水泥土桩复合地基沉降计算。

夯实水泥土桩复合地基的计算沉降量 s 由复合地基加固区范围内土层压缩量 s_1 和下卧层压缩量 s_2 组成。复合地基沉降的计算采用各向同性均质线性变形体理论,可按分层总和法计算加固区和下卧层变形。夯实水泥土桩复合地基的变形计算应符合《建筑地基处理技术规范》(JGJ 79—2012)第 7.1.7 条和第

7.1.8条的规定。

3. 高压喷射注浆法

1) 概述

高压喷射注浆法就是利用工程钻机钻孔至设计处理深度后,用高压泥浆泵等,通过安装在钻杆(喷杆)杆端置于孔底的特殊喷嘴,向周围土体高压喷射能固化的浆液(一般用水泥浆液),同时钻杆(喷杆)以一定的速度边旋转边提升,高压射流使一定范围内的土体结构破坏,并强制与浆液混合,浆液凝固后便在土体中形成具有一定性能和形状的固结体。

高压喷射注浆法是在化学注浆法的基础上,应用高压水射流切割技术发展起来的。它以水泥为主要原料,因而解决了化学注浆法的浆液配方和工艺措施复杂的问题。这种方法加固的土体质量高,可靠性好,具有增加地基强度、提高地基承载力、止水防渗、减少支挡结构物的土压力、防止砂土液化和降低土的含水量等作用。

固结体形状与喷射流的移动方式有关,喷射流的移动方式一般分为旋转喷射(简称"旋喷")、定向喷射(简称"定喷")和摆动喷射(简称"摆喷")。

旋喷时,喷嘴一边喷射一边旋转和提升,固结体呈圆柱状,称为"旋喷桩",主要用于加固地基,提高地基的抗剪强度,改善地基土的变形性能,使其在上部结构荷载作用下,不致发生破坏或产生过大的变形。定喷时,喷嘴一边喷射一边提升,喷射的方向不变,固结体呈壁状。摆喷时,喷嘴以一定的角度摆动,边摆动边提升,形成扇状固结体,其厚度较大。定喷和摆喷常用于地基防渗、改善地基土的水力条件及边坡稳定等。

按喷射介质及喷射管路多少,高压喷射注浆法又分为单管旋喷法、二管旋喷法、三管旋喷法等,可根据工程需要和土质条件选用。

单管旋喷法是通过单根管路,利用高压浆液(压力为20~30 MPa),喷射冲切破坏土体,借助于注浆管的提升和旋转,使浆液和被冲切破坏的土体搅拌混合,固结后在地基中形成圆柱状的固结体,成柱直径为40~50 cm。其加固质量好,施工速度快,成本低,但固结体直径较小。

二管旋喷法是在单管旋喷法基础上加以压缩空气或水,并使用了双通道的二重注浆管。在注浆管的底部侧面有一个同轴双重喷嘴,高压浆液以20 MPa左右的压力从内喷嘴中高速喷出,在射流的外围加以0.7 MPa左右的压缩空气喷出。在高压浆液射流和它外围环绕气流的共同作用下,破坏土体能量显著增大，喷嘴一边喷射一边旋转和提升，最后在土体中形成直径明显增加的柱状固结体，成柱直径为 80～150 cm。

三管旋喷法使用分别输送水、气、浆三种介质的三重注浆管。高压水射流和外围环绕气流同轴喷射冲切破坏土体，在高压水射流的喷嘴周围加上圆筒状的空气射流，进行水、气同轴喷射，可以减少水射流与周围介质的摩擦，避免水射流过早雾化，增强水射流的切割能力。由于使用的高压水压力较高，在高压水射流和压缩空气的共同作用下，喷射流破坏土体的有效射程显著增大。喷嘴边旋转喷射边提升，在地基中形成较大的负压区，同时压入的浆液充填空隙，会在地基中形成直径较大、强度较高的固结体，起到加固地基的作用。

高压喷射注浆法具有成本较低、施工速度较快、固结体强度大、可靠性高等优点，与普通注浆法相比具有以下特点：高压喷射注浆法是利用高速水流强制性地破坏土体形成固结体，在覆盖层中一般不存在可注性问题；由于高速射流被限制在土体破碎范围内，因此浆液不易流失，能保证预期的加固范围和固结体的形状；改变注浆材料和施工方法，可以使土体达到不同强度或抗渗性能的要求；高压喷射注浆法通常采用水泥浆液，不会造成环境和地下水的污染，且耐久性较好；能在钻孔中任何一段内施工，也可以在孔底或中部喷射；可以水平方向喷射和倾斜方向喷射施工；施工噪声较小；单管旋喷法和二管旋喷法施工较简便。

高压喷射注浆加固地基技术主要适用于软弱土层，如第四纪冲积层、残积层及人工填土等，对砂类土、黏性土、黄土和淤泥等也能加固，解决了小颗粒土不易注浆加固的难题。但对砾石直径过大、含量过多的土及有大量纤维质的腐殖土喷射质量稍差，有时甚至不如静压注浆的效果。对地下水流速过大，喷射的浆液无法在注浆管周围凝结，对于无填充物的岩溶地段、永冻土和对水泥有严重腐蚀的地基等情况，均不宜采用高压喷射注浆法。由于高压喷射注浆法能解决其他技术难以解决的疑难问题，加之见效快、固结体稳定性好等优点，其使用范围正在不断扩大。其应用范围主要有以下两方面。

(1) 地基加固工程。

提高建筑物地基的强度，基坑开挖时加强邻近建筑物的防护、桥墩基础的防护，加固盾构法及顶管法的后座，稳定矿山、地铁、隧道及管道沟的开挖面，防止土体滑坡等。

(2) 防渗止漏工程。

治理各种基坑、地下构筑物的渗漏问题，防治砂土液化，减少基础震动，补救地下防渗墙,防止喷沙冒水等。

2) 加固机理

(1) 高压喷射流结构。

单管高压喷射注浆所使用的高压喷射水泥浆流和多管高压喷射注浆所使用的高压喷射流的射流结构可用高速水连续射流在空气中的模式予以说明:假定喷射流不与四周空气混合,喷射流边界各处是大气压力,忽略摩擦力的影响,喷嘴上无外力作用,喷嘴出口处流量是均匀的,则高压喷射流结构可分成初期区域、主要区域、终了区域。高压喷射流结构分区示意如图 3.21 所示。

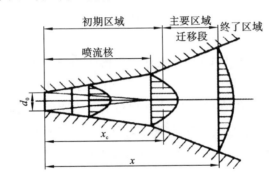

图 3.21　高压喷射流结构分区示意

d_0—喷嘴直径;x_c—初期区域长度;x—高压喷射注浆加固的有效长度

①初期区域。

包括保持喷嘴出口压力的喷流核和迁移段。喷流核轴向动压为常数,速度均匀。在整个喷射流中,速度分布保持均匀的部分称为"喷射核",由于边界气流的渗入,喷射核越来越小乃至消失。在喷射核末端有一过渡阶段,称"迁移段"。此段喷射流的扩散宽度稍有增加,轴向动压有所减小。根据试验资料,在空气中喷射时,初期区域长度 $x_c=(75\sim100)d_0$,在水中喷射时 $x_c=(6\sim6.5)d_0$。在空气中喷射的初期区域长度比在水中约大 10 倍。

②主要区域。

轴向动压陡然减弱,喷射流速度进一步降低,扩散率为常数。扩散宽度和距离的平方根成正比。在土中喷射时,喷射流与土在本区域内搅拌混合。

③终了区域。

轴向动压陡然减弱,喷射流能量处于衰竭状态,喷射流成为断续流,末端呈雾化状并与空气混合在一起,最后消散在大气中。高压喷射注浆加固的有效长度为初期区域和主要区域长度之和(x)。有效长度越长,则搅拌土的距离越大,高压喷射注浆桩的直径也越大。介质不同,有效射程也不同:如在空气中射程远;在水中射流扩散快,动压骤减,有效射程短;在土中射流,由于有地下水和破碎土体混合成的黏度高的泥浆,阻力更大,有效射程更近。当喷射流压力为10～40 MPa时,喷射流在土中的压力衰减规律按式(3.17)计算。

$$h = KHd_0^{0.5}/L^2 \tag{3.17}$$

式中:h 为喷射流中心轴距喷嘴相应距离处的压力;K 为系数;H 为喷嘴出口压力;d_0 为喷嘴直径;L 为喷射流中心轴距喷嘴距离。

(2) 高压喷射流破坏力的计算。

高压喷射流的破坏力按式(3.18)计算。

$$F = \rho A v^2 \tag{3.18}$$

式中:F 为破坏力;ρ 为密度;A 为喷嘴断面面积;v 为喷射流的平均速度。

当 ρ 和 A 不变时,破坏力与喷射流的平均速度的平方成正比,要获得较大的破坏力,形成较大的成桩直径,应增大喷射流的平均速度,即提高喷射压力。但实践表明,在喷嘴断面面积一定的情况下,喷射压力过高,水流雾化现象加剧,破坏力会降低,成桩直径反而减小,即压力和喷嘴断面面积之间有个最佳配合的问题。

3) 加固地基作用

加固地基形成桩、板、墙的机理可通过如下5种作用来说明。

①高压喷射流切割破坏土体作用。喷射流动压以脉冲形式冲击土体,使土体结构破坏,出现空洞。

②混合搅拌作用。钻杆在旋转和提升的过程中,在射流后面形成空隙,在喷射压力作用下,迫使土粒向与喷嘴移动相反的方向(即阻力小的方向)移动,与浆液搅拌混合后形成固结体。

③置换作用。三管旋喷法又称"置换法",高速水射流切割土体的同时,由于通入压缩空气而把一部分切割下的土粒排出注浆孔,土粒排出后空下的体积由注入的浆液补充。

④充填、渗透固结作用。高压浆液充填冲开的和原有的土体空隙,析水固结,高压浆液还可渗入一定厚度的砂层而形成固结体。

⑤压密作用。高压喷射流在切割破碎土体的过程中,在破碎带边缘还有剩余压力,这种压力对土层产生一定的压密作用,使高压喷射注浆桩体边缘部分的抗压强度高于中心部分。

4) 高压喷射注浆的浆液材料

水泥是最便宜的注浆材料,取材也比较容易,也是喷射注浆的基本材料。一般采用 32.5 级或 42.5 级硅酸盐水泥。为提高水泥浆液的流动性和稳定性,改变浆液的凝胶时间,或提高固结体的抗压强度,可在水泥浆液中加入外加剂。根据加入外加剂及注浆目的的不同,水泥浆液可分为以下几类。

(1) 普通型。

一般普通型浆液采用 32.5 级或 42.5 级硅酸盐水泥,不加任何外加剂,水灰比为 0.8~1.5,固结体的抗压强度(28 d)最大可达 20 MPa,对于无特殊要求的工程宜采用普通型浆液。

(2) 速凝早强型。

对地下水位较高或要求早期承担荷载的工程,需要在水泥浆中加入氯化钙、三乙醇胺等速凝早强剂。其用量为水泥用量的 2%~4%,纯水泥浆与土的固结体抗压强度(1 d)为 1.0 MPa,而掺入 2%氯化钙的水泥土固结体抗压强度为 1.6 MPa,掺入 4%氯化钙后则为 2.4 MPa。

(3) 高强型。

喷射固结体的平均抗压强度在 20 MPa 以上的水泥浆液称为"高强型"浆液。若想提高固结体的抗压强度,可以选择高强度等级的水泥,或选择高效能的扩散剂和无机盐组成的复合配方。

5) 高压喷射注浆设计

(1) 喷射范围。

喷射范围(长短尺寸)设计的正确与否,不仅关系到工程的经济效益,而且还关系到工程的成败。在工程实践中,应根据估计的固结体的范围来选用喷射注浆的种类和喷射方式。对于大型或重要的工程,估计范围应在现场通过试验确定。高压喷射注浆固结体的范围大小与土的种类和其密实程度有较密切的关系,不同的喷射种类和喷射方式所形成的固结体大小也不相同。单管旋喷法是以水泥浆液作为喷射流的载能介质,它的稠度和黏滞力较大,形成的固结体直径较小。三管旋喷法是以水作为喷射流的载能介质,水的流动阻力比水泥浆液小,在同样的压力作用下,以水作为喷射流介质对土体的破坏力要大,所以形成的固结体的直径较大。二管旋喷法注浆的固结体直径介于上述二者之间。定喷的喷射能量集中,喷射范围较大;旋喷的喷射能量分散于 360°的圆圈上,喷射范围(直径)相对定喷要小;摆喷随摆喷角度不同而异,其喷射范围介于定喷和旋喷之间。

(2) 单桩承载力。

旋喷固结体强度较高,一般情况下,黏性土固结强度为 0.3~6.0 MPa,无黏性土固结强度为 4~10 MPa。对于重要工程或要求承载力较大的工程,可选用高强度等级硅酸盐水泥,通过室内试验确定浆液的水灰比或需要添加的外加剂。由于高压喷射注浆桩直径不一致,且外表凹凸不平,因此,其具有较大的承载力,固结体直径越大,其承载力越高,但单桩承载力的变化较大,一般必须经过现场试验确定。

(3) 孔位布置。

① 堵水防渗工程。

堵水防渗工程多采用定喷、摆喷,当地层土的粒径较大时,多采用摆喷或旋喷。对于处理深度大于 20 m 的复杂地层,宜按双排或三排布孔,使高压喷射注浆桩形成堵水帷幕。孔距为 1.73R(R 为旋喷固结体半径),排距为 1.5R 时最为经济。一般定喷、摆喷孔距为 1.2~2.5 m,旋喷的孔距为 0.8~1.2 m。高压喷射注浆防渗效果 $K=n\times(10^{-5}\sim10^{-6})$ cm/s,n 为桩数。

② 地基加固。

在上部结构荷载 W、承台及承台上覆土的自重 G 以及单桩承载力设计值 R 已知的情况下,所需桩数 n 按式(3.19)计算。

$$n = (W+G)/R \tag{3.19}$$

当承受偏心荷载作用时,承台下各桩受力不均匀,桩数 n 应适当增加,可按式(3.20)计算。

$$n = \mu(W+G)/R \tag{3.20}$$

式中:μ 为偏心荷载下桩数增加系数,一般取 1.1~1.2。

高压喷射注浆桩的桩距应根据上部结构荷载、单桩承载力及土质情况确定,一般取桩距 $s=(3\sim4)d$(d 为旋喷桩直径),桩的布置方式可选用矩形或梅花形布置。

(4) 浆液用量。

浆液用量有两种计算方法:按固结体体积用浆量需求计算、按旋喷工艺参数计算。取两者计算结果大者作为浆液用量计算值。

① 按固结体体积用浆量需求计算浆液用量 Q,计算式如式(3.21)所示。

$$Q = \pi R_r^2 H \alpha (1+\beta) \tag{3.21}$$

式中:Q 为浆液用量需求;R_r 为旋喷固结体半径;H 为旋喷桩长度;β 为浆液损失系数,根据施工经验取 0.1~0.3;α 为折减系数。

②按旋喷工艺参数计算浆液用量 Q,计算式如式(3.22)所示。

$$Q = \frac{Hq(1+\beta)}{v} \qquad (3.22)$$

式中:v 为注浆管的提升速度;q 为单位时间内的喷浆量。

3.3 地下车站暗挖法结构

3.3.1 矿山法

1. 矿山法概述

暗挖法的起源可追溯到公元前 3000 年的新石器时代,其后来的发展因技术难度较大而比明挖法相对慢一些。现今广为采用的暗挖法有矿山法、盾构法、顶管法等,其中矿山法历史悠久,但对饱和软土地层不适用,其适用的地下车站施工的情形主要有以下几个方面。

①矿山法车站主要适用于施工时不允许干扰地面交通,或因埋深过大、拆迁过多,采用明、盖挖施工非常不经济时。

②在开挖埋深较大、硬质围岩时,矿山法车站有较好的适应性。

③在第四纪的松散地层中用矿山法修建地铁车站时,必须与明、盖挖方案进行全面比较,经过充分论证后采用。

④对饱和软土地层无法疏干地下水,或者即便进行预加固和预处理,开挖后的自稳性仍很差时,可视为不适合采用矿山法施工。

矿山法施工的车站的主要优缺点如下。

①除竖井外,地面作业很少,对地面交通、地下管线、地表建筑物等周围环境影响较小,下穿河底时,不影响通航,也不受气候的影响。随着地铁车站埋深增大,其优点更加突出。

②矿山法车站施工难度大、安全性差、造价高、工期长,而且从使用功能和运营质量方面分析,也远不如明、盖挖车站。

矿山法施工应遵循新奥法原理,即在监控信息的指导下,根据地层的自稳能力适量开挖,及时施加喷射混凝土衬砌,根据需要增加锚杆、钢筋网、钢架、二次衬砌等支护衬砌措施,使衬砌与围岩共同作用,形成支护体系,使洞室保持稳定。为提高开挖地层的自稳能力,或加大一次开挖尺度,且使工作面土体的有一定的自稳时间,足以进行必要的初期支护作业,常常采用辅助工程措施对地层实施预加固,如冻结法、注浆法、深层水泥搅拌桩(或旋喷桩)法、水平水泥搅拌桩(或旋喷桩)法、管棚法等。

矿山法应遵循的一般施工原则是管超前、严注浆、短开挖、强支护、快封闭、早成环、勤测量、二次衬砌紧跟等。当大跨开挖或浅埋暗挖时,为保证施工安全、减少施工对周边环境的影响,更应合理选择施工原则。

矿山法施工方案应根据结构形式、围岩条件、辅助工程措施、环境保护要求、施工工艺等分析一次开挖的尺度及支护结构受力状态,综合评定开挖支护的经济合理性。根据地层的稳定条件和车站隧道断面的大小可以选用全断面法、短台阶法、带临时仰拱的上下台阶法。对于断面较大的隧道,考虑分部开挖、分部支护和封闭成环的需要,选择中隔壁(center diaphragm,CD)法、交叉中隔壁(center cross diaphragm,CRD)法和侧壁导坑法(眼镜法)。对于多跨大断面隧道,中间立柱必须先行开挖施工,形成支承,相应的施工方案有中洞法、柱洞法等。

2. 矿山法车站结构形式

矿山法施工的地下车站,视地层条件、车站功能、远期预测客流量、周围环境状况、施工安全性、工程造价等因素,并参考国内外已建成矿山法车站工程实例,可采用单拱、双拱或三拱式车站,根据需要可采用单层或双层结构。此类车站的开挖断面一般为 150~250 m²,由于断面较大,开挖方法对洞室稳定、地面沉降和支护受力等有重大影响,在第四纪地层中开挖常应采取辅助施工技术措施,其结构形式类型如下。

1) 单拱车站隧道

这种结构形式由于可获得宽敞的空间和宏伟的建筑效果,适用于整体性好的岩石地层且地下水不发育的地区,近年来国外在第四纪地层中也有采用此种隧道的实例,但施工难度大、技术措施复杂、造价高。

(1) 当地下岩石的坚固性系数 $f \geqslant 8$,侧壁无坍塌危险,仅顶部岩石可能有局部脱落时,可采用半衬砌结构。此时为了岩石不被风化,常在侧壁表面喷一层 2~3 cm 厚的水泥砂浆。

(2) 当石质良好,岩石的坚固性系数在 6~7 之间,顶拱的拱脚较厚,边墙较薄时,单拱车站可采用大拱脚、薄边墙衬砌。这时顶拱所受的力可通过拱脚将大部分力传给岩石,充分利用岩石的强度,使边墙所受的力大为减少,从而减少边墙的厚度,节约建筑材料。为了保证边墙稳定性,可在边墙的上端打入锚杆,将边墙和岩石锚固在一起。

(3) 当岩石的坚固性系数 $f \leqslant 2$,松散破碎、易于坍塌时,可采用曲墙的单拱形式。这种衬砌结构的形式很像马蹄,因此也叫马蹄形衬砌,如岩石比较坚硬,又无涌水现象时,底板可做成平面,并与边墙分开。

2) 双拱车站隧道

双拱车站有两种基本形式,即双拱塔柱式车站和双拱立柱式车站。

(1) 双拱塔柱式车站。

双拱塔柱式车站在两个主隧道之间间隔一定距离开有横向联络通道,双层车站还可在其中布置楼梯间。两主隧道的净距一般不小于1倍主隧道的开挖宽度。

这种结构形式隧道横断面面积相对较小,不仅适用于岩石地层,而且在第四纪地层中,采取一系列辅助施工措施的条件下也可采用,横断面根据地质条件可设计为曲墙或直墙。

(2) 双拱立柱式车站。

双拱立柱式车站早期多在石质较好的地层中采用。因拱圈相交节点处的防水处理较困难,随着新奥法的出现,双拱立柱式车站近年来在岩石地层中已逐渐被单拱车站取代。单层双拱立柱式车站是德国一些城市地铁暗挖车站中用得较多的一种结构形式,这些车站大多埋置于软岩或松散土层中,且地下水位较高。

3) 三拱车站隧道

三拱车站有塔柱式车站和立柱式车站两种基本形式,但三拱塔柱式车站现已很少采用,土层中大多采用三拱立柱式车站,如图 3.22 所示。由于此类车站施工开挖断面大、施工技术复杂困难、造价高、地面沉降控制困难、拱圈相交处防水处理较困难,在第四纪地层中不宜广泛采用,如确需设计三拱立柱式车站时,也以单层车站为宜。

3. 矿山法车站结构设计

1) 结构设计的一般要求

(1) 当车站位于较完整的岩石地层且地下水不发育,或位于交通繁忙、施工场地狭窄、不允许中断交通的地段,不宜采用明挖法施工时,方可设计为暗挖法车站结构。

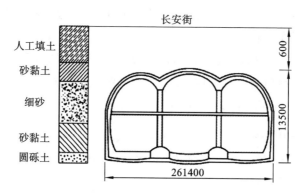

图 3.22 三拱立柱式车站(北京地铁西单站)(单位:mm)

(2) 围岩分级应采用定量和定性相结合的方法确定围岩级别。其定量评定方法和围岩分级可依照《工程岩体分级标准》(GB/T 50218—2014)、《铁路隧道设计规范》(TB 10003—2016)、《岩土锚杆与喷射混凝土支护工程技术规范》(GB 50086—2015)等标准和规范的有关规定执行。

(3) 矿山法车站结构计算时可参考式(3.23)~式(3.25)来确定深、浅埋隧道的分界深度 H_p。

$$H_p = (2 \sim 2.5)h_q \tag{3.23}$$

$$h_q = 0.45 \times 2^{S-1} \omega \tag{3.24}$$

$$\omega = 1 + i(B-5) \tag{3.25}$$

式中:h_q 为深埋隧道垂直荷载计算高度,m;S 为围岩级别,如围岩为Ⅳ级围岩,则 $S=4$;ω 为宽度影响系数;B 为隧道开挖宽度,m;i 为围岩压力增减率,当 $B<5$ m,取 $i=0.2$,当 $B>5$ m 时,取 $i=0.1$。

当隧道埋深小于 H_p 时,隧道属浅埋暗挖隧道。

确定深、浅埋隧道分界深度时候需要注意:①Ⅰ~Ⅲ级围岩取低值,Ⅳ~Ⅵ级围岩取高值;②采用非爆破法开挖或采用锚喷支护时,h_q 可适当减少。③单线隧道取低值,双线隧道取高值。

(4) 车站覆土厚度应根据工程地质及水文地质条件、周围环境状况、车站结构类型及尺寸、线路条件等因素确定,以选定合理的覆跨比。

(5) 隧道横断面内净空尺寸,应在满足建筑限界和车站功能的基础上,考虑施工误差、测量误差、不均匀沉降、结构变形的需要,预留适当的余量。

(6) 隧道衬砌结构类型及尺寸,可根据工程地质及水文地质条件、远期预测客流量、埋置深度、周围环境状况、施工条件等因素,通过工程类比和理论分析法确定。必要时,可通过试验论证。

(7) 车站隧道宜设计为复合式衬砌,其设计参数可采用工程类比法和结构计算确定,并通过现场监控测量予以修正。当地质条件适宜且施工条件许可时,二次衬砌可采用预制装配式衬砌。

(8) 隧道施工引起的地面沉降和隆起,均应控制在环境允许的范围以内。施工时,应依据周围环境、建筑物基础和地下管线对变形的敏感程度,采取可靠的措施。地面沉降量一般控制在 30 mm 以内,隆起量一般控制在 10 mm 以内。

(9) 结构计算模式,应反映施工阶段和运营阶段结构的实际工作条件,并反映结构与周围地层的相互作用。

(10) 车站隧道衬砌结构,应按施工阶段和正常使用阶段进行结构强度计算。必要时,也应进行刚度和稳定性计算。对于混凝土、钢筋混凝土结构应进行抗裂度和裂缝宽度验算,最大裂缝宽度允许值(按荷载的短期效应组合并考虑长期效应组合的影响)为 0.2~0.3 mm。地震力或其他偶然荷载作用时,不验算结构的裂缝宽度。

(11) 复合式衬砌的初期支护和二次衬砌之间一般应设防水层。初期支护可采用锚喷支护、格栅钢架及超前小导管、大管棚、注浆加固等辅助施工措施。二次衬砌采用模筑防水混凝土或钢筋混凝土。

2) 结构设计的具体要求

(1) 对于复合式衬砌,其初期支护计算时,应将支护与围岩视为统一的承载结构,宜采用考虑时间效应的平面有限元进行结构分析。二次衬砌宜按荷载-结构模型计算,其设计荷载除考虑实际可能发生的水压力、地震力、人防荷载等外,对于Ⅲ~Ⅵ级围岩的车站隧道,二次衬砌宜还应考虑 30%~50% 的围岩压力值进行结构设计,其荷载设计值可参考相关规范。

(2) 深埋车站隧道按照新奥法原理进行设计时,应合理地利用围岩自承能力,防止围岩松弛;尽早施工初期支护,并使其具有与围岩特性相适应的柔性;可允许围岩产生一定的变形,二次衬砌应在围岩和初期支护变形基本稳定后施工。达到变形基本稳定的条件如下。

①隧道周边变形速率有明显减缓趋势。

②水平收敛(拱脚附近)速度小于 0.2 mm/d,拱脚下沉速度小于 0.15 mm/d。

③施工二次衬砌前的总变形量,已达预计总变形量的 80% 以上。

④初期支护表面裂缝不再继续发展。

(3) 初期支护设计参数,可参考《铁路隧道设计规范》(TB 10003—2016)选定;二次衬砌可根据结构计算设计为防水混凝土或防水钢筋混凝土。

(4) 浅埋暗挖法车站隧道,应按照浅埋暗挖法原理设计。初期支护要施工及时,且具有较强的支护能力。应按主要承载结构设计,满足强度和刚度的要求。其荷载应为全部覆土重量和其他施工期间所产生的附加荷载。初期支护宜采用喷锚支护加格栅钢架的结构形式,并增设超前锚杆、小导管注浆、大管棚等辅助施工措施。二次衬砌宜采用防水钢筋混凝土,必要时可采用补偿收缩混凝土。

(5) 应根据工程地质、水文地质状况、施工方法、隧道埋深和周围环境等条件,进行隧道应力和稳定性分析,并结合工程经验确定初期支护及二次衬砌的设计参数。采用信息化设计,根据现场地质条件、施工测量反馈信息,及时调整相关设计参数,确保工程安全。

(6) 结构计算应分为施工阶段和使用阶段。施工阶段计算应模拟施工全过程,并按施工开挖顺序进行。根据计算的围岩应力、应变及地面沉降量,参考类似的工程确定施工方法。

(7) 初期支护的设计和施工中,均应根据工程地质及水文地质条件,做好施工组织设计,采取有效工程技术措施,确保施工各阶段支护和围岩的稳定。严格控制地面沉降量,对于浅埋暗挖法隧道应步步为营,及早浇筑仰拱及二次衬砌。

(8) 矿山法施工车站隧道的复合式衬砌,宜在初期支护与二次衬砌之间设置防水层。初期支护施工时,应预留注浆管及时进行初衬背后注浆。当地层渗透系数大或引排水环境所不允许时,注浆不仅要充填初期支护与围岩之间的空隙,还应注入围岩 1~2 m 范围,以最大限度地止水。

(9) 初期支护与二次衬砌之间的防水层设计,可根据地层渗透系数、水文地质条件、周围环境状况等,采用全包或半包形式。当采用全包防水层时,泄水孔仅排泄防水层内侧渗漏水,二次衬砌应承受全部静水压力。当采用半包防水层时,应在边墙脚防水层端部防水层与初期支护之间铺设盲管,以使边墙底部滞留水通过泄水孔排入隧道内侧沟,引入车站排水系统。计算二次衬砌时,其水压力可进行一定的折减,但应考虑长期运营排水系统的堵塞,计算时应留有余地,以策安全。

3.3.2 盾构法

1. 盾构法概述

盾构机是在地层中暗挖隧道的专用机械设备,通常由刀盘(即开挖装置)、盾壳(支撑周围土体装置)、盾尾(拼装管片衬砌装置)、油缸系统(行进装置)以及其他配套设施组成。

盾构法是采用盾构机在岩层中修建隧道的一种施工方法,即一边用刀盘和盾壳控制开挖面及围岩不发生坍塌失稳,一边用刀盘转动进行隧道掘进、用出土器出渣、在盾尾内拼装管片形成衬砌、实施壁后注浆回填盾尾与管片衬砌间的空隙,从而在不影响地面交通的情况下建成隧道的施工方法。盾构法施工示意如图 3.23 所示。

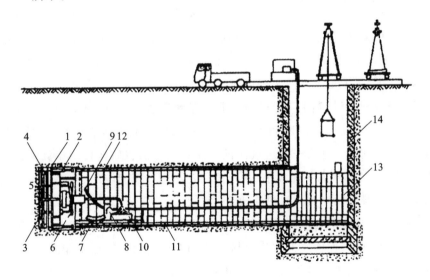

图 3.23 盾构法施工示意

1—盾构;2—盾构千斤顶;3—盾构正面网格;4—出土转盘;5—出土皮带运输机;6—管片拼装机;7—管片;8—压浆泵;9—压浆孔;10—出土机;11—由管片组成的隧道衬砌结构;12—在盾尾空隙中的压浆;13—盾构进洞反力支撑管片;14—竖井

盾构机的"盾"是指保持开挖面稳定性的刀盘和压力舱、支护围岩的盾构钢壳;"构"是指构成隧道衬砌的管片和壁后注浆体。由于盾构法一般适用于土体围岩的隧道工程施工,与岩石围岩不同,土体围岩不具有自立稳定性,所以保持开挖面稳定的系统(盾)就非常重要。

盾构法具有开挖快、优质、安全、经济、有利于环境保护和降低劳动强度的优点,从松散软土、淤泥到硬岩地质都可采用。在相同条件下,盾构法的掘进速度为常规钻爆法的4~10倍。长大隧道工程的工期对经济效益和生态环境等方面有重大影响,而且隧道工程掘进工作面又常常受到很多限制,面对进度、安全、环保、效益等问题,盾构法无疑是最好的选择。

盾构法施工的主要原理就是尽可能在不扰动围岩的前提下完成施工,从而最大限度地减少对地面建筑物及地基内埋设物的影响。为了达到这一目的,除刀盘和盾构钢壳可以被动地产生支护作用以外,压力舱内泥土或泥水压力还可以平衡开挖面上作用的土压力和水压力。壁后注浆能及时充填由开挖产生的盾尾空隙,主动地控制围岩应力释放和变形是盾构技术的关键。

盾构隧道施工技术的特点可以归纳为以下几点。

①对城市的正常功能及周围环境的影响很小。除盾构竖井处需要一定的施工场地以外,隧道沿线不需要施工场地,无须进行拆迁,对城市的商业、交通、居住环境影响很小;在地下穿过各种埋设物和已有隧道而不对其产生不良影响;施工一般不需要采取地下水降水等措施,也无噪声、振动等施工污染。

②盾构机是根据施工隧道的特点和地基情况进行设计、制造或改造的。盾构机必须根据施工隧道的断面大小、埋深条件、地基围岩的基本条件进行设计、制造或改造,所以是适合于某一区间的专用设备。当将盾构机用于其他区段或其他隧道时,必须考虑断面大小、开挖面稳定机理、围岩粒径大小等基本条件是否相同,有差异时要对盾构机进行改造。

③对施工精度的要求高。区别于一般的工程施工,盾构法施工对精度的要求非常。管片的制作精度近似于机械制造的精度。由于断面不能随意调整,对隧道轴线的偏离、管片拼装精度也有很高的要求。

④盾构法施工是不可后退的。盾构法施工一旦开始,盾构机就无法后退。由于管片外径小于盾构外径,如要后退必须拆除已拼装的管片,这是非常危险的。此外,盾构机后退也会引起开挖面失稳、盾尾止水带损坏等一系列的问题。所以,盾构法施工的前期工作是非常重要的,一旦遇到障碍物或刀头磨损等问题只能在实施辅助施工措施后,打开隔板上设置的出入孔进入压力舱进行处理。

⑤盾构法施工的不足主要表现为施工设备费用较高;覆土浅时,地表沉降较

难控制；施工小曲率半径隧道时掘进较困难等。

2. 盾构法车站结构形式

盾构法车站的结构形式与所采用的盾构类型、施工方法和站台形式等关系密切。传统的盾构法车站是采用单圆盾构与矿山法结合修建的。单圆盾构可以两台盾构机平行作业，也可利用一台盾构机在端头井内折返作业。近年来开发的多圆盾构等新型盾构，进一步丰富了盾构法车站的形式。盾构法车站的站台有侧式、岛式及侧式与岛式混用（称为复合型）3种基本类型。将以上情况进行组合，盾构法车站的结构形式的大致分类如下。

1）由2个并列的圆形隧道组成的侧式站台车站

每个隧道内都设有一组轨道和一个站台，两隧道的相对位置主要取决于场地条件和车站的使用要求，一般多设于同一水平线上，乘客从车站两端或车站中部两个圆形隧道之间的竖井（或自动扶梯隧道）进入站台。在两个并列隧道之间可以用横通道连通，两隧道之间的净距应保证并列隧道施工的安全性，并应满足中间竖井（或斜隧道）的净空要求。

车站隧道的内径主要取决于侧式站台宽度、车辆限界及列车牵引受电方式，日本东京地铁盾构隧道的内径与站台宽度的关系见表3.2。

表3.2　日本东京地铁盾构隧道的内径与站台宽度的关系　　（单位：m）

站 台 宽 度	隧 道 内 径
2	6.40
3	7.24
4	7.94
5	9.01
6	10.04

这种形式的盾构法车站有以下特点。

(1) 除横通道外，一般施工较简单。

(2) 工期及造价均优于其他形式的盾构法车站。

(3) 总宽度较窄，可设置在较窄的道路之下。

(4) 适用于客流量较小的车站。

侧式站台车站的技术难点在于横通道的设计与施工。

2) 由 3 个并列的圆形隧道组成的三拱塔柱式车站

柱塔式车站两侧为行车隧道,并在其内设置站台,中间隧道为集散厅,用横通道将 3 个隧道连成一个整体。乘客从中间隧道两端或位于车站中部的竖井进入集散厅。此种形式的车站在苏联的深埋地铁中采用较多。

塔柱式车站有以下特点。

(1) 除横通道外,一般施工较简单。

(2) 总宽度较大,一般为 28~30 m,故在较宽的路段内方可使用。

(3) 复合型站台。在集散厅为岛式站台,集散厅以外部分由于两旁隧道被斜隧道隔开为侧式站台。适用于中等客流量的车站。

(4) 适用于工程地质和水文地质条件较差的地层。

(5) 由于车站被塔柱分为 3 个单独的站厅,建筑艺术效果不如立柱式车站。

3) 立柱式车站

传统立柱型车站为三跨结构,先用单圆盾构开挖两旁侧隧道,然后施工中间站厅部分,将它们连成一体。中间站厅视施工方法的不同,可以采用拱形或平屋顶。两旁侧隧道的拱圈及中间隧道的拱圈(或平顶)在纵梁及立柱上。这种形式的车站也称为眼镜形车站,是一种典型的岛式车站,乘客从车站两端的斜隧道或竖井进入站台。站台宽度应满足客流集散要求,一般不小于 10 m,站台边到立柱外侧的距离不小于 2 m。

图 3.24 为莫斯科地铁三拱立柱式车站的横断面,衬砌采用铸铁管片。中间隧道用半盾构施工,中央拱圈下面的弧形钢支撑不仅作拉杆用,而且在站厅上方形成一个弓形的通风道。顶纵梁为跨度 4.5 m 的双臂式变截面钢梁,其造型是力学、美学和施工工艺三者的巧妙结合。直线形的上翼缘可以保证纵梁与初期衬砌管片的可靠连接;曲线形的下翼缘与车站总体建筑风格保持一致;双腹板工字形焊接断面用以承受拱圈可能产生的不平衡推力,并保证横向必要的稳定性。在拱圈交会处设计了两种异形管片。

传统的立柱式车站施工工序多、工程难度大、造价较高,但它具有总宽度较宽、能满足大客流的优点,总宽度一般控制在 20 m 左右。

针对传统立柱式车站存在的问题,日本开发了多圆形盾构,如图 3.25 所示。这种新型盾构机经组装或拆卸后,既可用于地铁区间隧道,也可用于车站隧道的施工,车站断面一次性开挖成形。

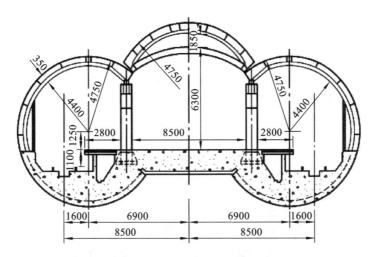

图 3.24 莫斯科地铁三拱立柱式车站(单位:mm)

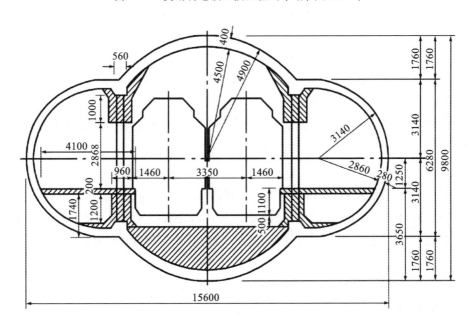

图 3.25 东京地铁 7 号线白金台车站(单位:mm)

3. 盾构法车站衬砌形式及结构设计

1) 盾构法车站衬砌形式

盾构法车站的盾构施工的部分,其承载结构以往均采用由球墨铸铁管片(见

图 3.26)组成的预制装配式衬砌。随着管片生产工艺的提高及高强度等级混凝土的应用,深埋车站的衬砌已被钢筋混凝土管片所代替。但在结构复杂的部位或结构受力较大时,如圆形结构的相交部或在浅埋车站中,目前仍多采用铸铁管片或钢板与钢筋混凝土的复合管片。管片除包括封顶块、邻接块和标准块等常规类型外,在门洞区和梁柱相交节点处有时还会用到异形管片。异形管片的形式和构造与横通道及中央站厅的施工方法、纵梁的结构形式等有关。

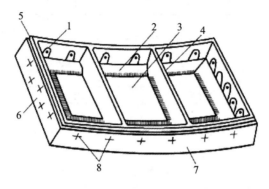

图 3.26　球墨铸铁管片

1—螺栓孔的突出部分;2—管壳加厚部分;3—管片;4—加劲筋;
5—槽口;6—纵向突缘;7—环向突缘;8—螺栓孔

埋置于稳定地层中的盾构法车站使用矿山法施工的部分一般采用现浇钢筋混凝土衬砌,横通道也可采用铸铁管片。

综上所述,盾构法修建的地下车站衬砌形式主要有3种。

(1) 预制装配式衬砌(拼装管片单层衬砌)。

这种衬砌是用工厂预制的构件(或为管片),在盾构尾部拼装而成。管片种类按材料可分为钢筋混凝土管片、钢管片、铸铁管片以及由几种材料组合而成的复合管片。

钢和铸铁管片价格较贵,除在需要开口的衬砌环或预计将承受特殊荷载的地段采用外,一般都采用钢筋混凝土管片。

(2) 预制装配式衬砌和模筑钢筋混凝土整体式衬砌相结合的双层衬砌。

为防止隧道渗水和衬砌腐蚀,修正隧道施工误差,减少噪声和振动以及作为内部装饰,可以在预制装配式衬砌内部再做一层整体式混凝土或钢筋混凝土内衬。根据需要还可在预制装配式衬砌与内层间敷设防水隔离层。国内外在含地下水丰富和含有腐蚀性地下水的软土地层内的隧道,大都选用双层衬砌来解决隧道防水和金属连接件防腐蚀问题,该处理方式也可使隧道内壁光洁,减少空气流动阻力。

(3) 挤压混凝土整体式衬砌。

挤压混凝土整体式衬砌(extrude concrete lining,ECL)是随着盾构向前掘进,用一套衬砌施工设备在盾尾同步灌注的混凝土或钢筋混凝土整体式衬砌。因其灌注后即承受盾构千斤顶推力的挤压作用,故有此名称。

挤压混凝土整体式的衬砌可采用素混凝土衬砌或钢筋混凝土衬砌,但应用最多的是钢纤维混凝土衬砌。

新浇筑的混凝土在活动的端模板和可伸缩的弧形模板作用下,同时承受盾构千斤顶和四周围岩的作用,处于三向受力状态。

2) 盾构法车站衬砌结构设计

(1) 设计原则。

衬砌设计是包括规划、勘测、设计、施工和运营全过程设计的产物,不可能是其中某一个阶段的独立成果,故设计者必须综合考虑使用要求、地质情况和施工条件等诸多因素,才能设计出实用、安全而经济的衬砌结构。

隧道设计者必须了解其使用要求和设计标准,而这些标准应作为设计衬砌的形式和尺寸的最重要的依据。隧道所处位置的地质条件,包括工程地质和水文地质条件,直接影响隧道衬砌形式和尺寸的选择。

隧道可采用不同的盾构形式和不同的辅助施工方法,而施工方法会对衬砌形式和尺寸提出不同的要求。即使设计了同一衬砌形式和尺寸,但采用不同的施工措施,也会得出不同的隧道质量和造价。

总之,衬砌的设计应遵循如下原则。

①按施工工艺及工程水文地质特点确定设计荷载及边界条件,从结构和非结构两方面做出符合技术标准的设计。

②施工工艺及地质条件的变化因素很多,而衬砌形式及施工质量所形成的结构工作条件又是多种多样的,因此衬砌设计很难简单地用一种计算公式和程序取得符合要求的设计结构。因此,除采用比较适当的设计施工依据和设计理论进行设计计算外,还必须与测量分析和经验判断结合起来,以确定衬砌的最终设计。

③在技术经济分析论证中,要全面考虑工程造价、使用年限、长期维修费及运行中的经济效益。

④现阶段结构设计以平面结构计算为主,但应对纵向受力和变形做必要的理论分析和经验判断,以防止在饱和含水松软地层中的隧道因发生一定的不均匀纵向沉降而丧失稳定性或影响使用。

（2）设计方法。

盾构法施工的隧道一般处于软土地层，土质比较均匀，受力比较明确，适宜采用荷载结构模型和地层结构模型，前者用于常规设计，后者用于特殊设计，并用收敛限制来监控设计。

预制装配式衬砌由于接头刚度较小，易做成柔性结构，理论和实践都证明隧道周围土压力比较均匀。由于被动抗力以及孔洞自由位移和土层固结效应等原因，致使水平压力接近垂直压力，故宜采用计及地层弹性抗力的假定抗力法、弹性地基梁法和连续介质法进行设计。当把主动和被动侧压力合在一起，采用加大了的侧压力系数时，则也可采用弹性结构阶段自由变形法进行设计。接头刚度对衬砌刚度的影响较大，故设计方法必须考虑到接头刚度这一因素。

目前，盾构法车站衬砌结构的设计方法主要有5种：自由变形法、弹性抗力法、椭圆变形法、弹性铰接法和收敛限制法。需要注意的是椭圆变形法可用于初步设计，分析各因素的影响程度；弹性铰接法可用于施工图阶段，精确算出内力并配筋；收敛限制法用于施工时监测，以控制设计。

第 4 章 区间隧道工程

地下铁道的线路铺设在隧道中,连接两个地下铁道车站的隧道称为区间隧道。区间隧道的走向和埋深,受工程地质、水文地质条件、地面和地下环境的影响,同时还受到施工方法等因素的制约,其直接关系到工程造价的高低和施工的难易程度。

地下铁道区间隧道按照用途划分,其构造形式包括行车正线隧道、渡线、折返线、地下存车线、联络线以及其他附属建筑物。

区间隧道的设计是在线路平、纵断面设计基础上,根据沿线地形、地貌、水文地质、工程地质、环境要求、工期要求、工程投资、建筑限界及施工方法等因素确定区间路道衬砌结构、构造;再根据衬砌结构所受荷载进行结构设计,或采用以工程类比和现场测量为基础的信息化设计。

4.1 区间隧道的断面形式

区间隧道的断面形式有矩形、拱形、圆形、多圆形和椭圆形等。

1) 矩形断面

矩形断面分单跨、双跨两种,其内轮廓与区间隧道建筑限界接近,内部净空可以得到充分利用,便于在顶板上敷设城市地下管网设施。

2) 拱形断面

拱形断面有单拱、双拱和多跨连拱三种形式。前者多用于单线或双线的区间隧道或联络通道,后两者多用在停车线、折返线或喇叭口岔线上。

3) 圆形断面

圆形断面具有结构受力合理,线路纵向坡度、平面曲线半径变化不会改变断面形状,对内净空利用影响小等特点。其横截面的内轮廓尺寸除要根据建筑限界、施工误差、道床类型、预留变形等条件决定外,还要按线路的最小曲线半径进行验算。

4) 多圆形和椭圆形断面

受城市既有地下构筑物的限制,近年来开发了双圆形、三圆形、椭圆形等多种断面形式。双圆形的断面形式参见前文的图 2.21,可以采用上下、左右任意组合的结构形式,使之与周边条件相协调。

4.2 区间隧道衬砌结构与构造

区间隧道衬砌结构与构造的选择主要取决于隧道的用途、沿线地形、地下埋设的管线、工程地质、水文地质、施工方法、环境要求、维修管理、工期要求以及投资高低等因素。区间隧道的施工方法分为明挖法、暗挖法(矿山法、盾构法)和特殊方法等,以下分述不同施工方法对区间隧道衬砌结构与构造的要求。

4.2.1 明挖法修建的隧道衬砌结构与构造

在地面场地宽阔、地面建筑物少、交通量小及周围环境允许的地区,可优先采用施工进度快、造价较低的明挖法。

1. 隧道衬砌结构类型

明挖法施工的区间隧道结构通常采用矩形断面,一般为现场整体式衬砌或预制装配式衬砌。矩形断面的优点是其内轮廓与地下铁道建筑限界接近,结构刚度大,抗震性能好,内部净空可以得到充分利用,结构受力合理,顶板以上土层方便敷设城市地下管网和其他设施。

1) 整体式衬砌

整体式衬砌指的是现浇模筑混凝土衬砌,分素混凝土衬砌和钢筋混凝土衬砌两种。整体式衬砌采用矩形框架结构,结构断面分单跨、双跨等多种形式。整体式钢筋混凝土衬砌整体性好、防水性能容易得到保证,适用于各种工程地质和水文地质条件,但施工工序较多,速度较慢,而且还需要有一定的养护时间,不能立即承载,对围岩不能做到及时支护。

2) 预制装配式衬砌

预制装配式衬砌的结构形式应根据工业化生产水平、施工方法、起重运输条件、场地条件等因素来选择。目前以单跨和双跨结构断面较为常用。关于预制装配式衬砌各构件之间的接头构造,除要考虑强度、刚度、防水性等方面的要求外,还要求构造简单、施工方便。预制装配式衬砌的接头构造如图 4.1 所示。

预制装配式衬砌整体性较差,防水较困难,对于有特殊要求(如防护、抗震

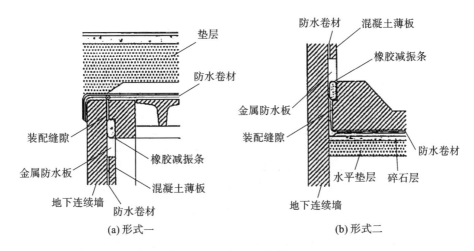

图 4.1 预制装配式衬砌的接头构造

等)的地段要慎重选用。

2. 隧道结构设计

1) 区间喇叭口隧道

在岛式车站两侧行车道与正线双线区间隧道之间需设置过渡段,区间隧道结构随线间距的加大而逐渐变化,形成喇叭口状的衬砌。

喇叭口衬砌根据线路走向可分为对称型和非对称型两种,区间喇叭口衬砌通常都采用整体式钢筋混凝土衬砌。

2) 渡线隧道和折返线隧道

为满足列车折返、调度、换线、停车等作业的需要,区间隧道内需要设置单渡线、交叉渡线,如图4.2和图4.3所示。隧道断面须适应岔线线间距的渐变要求,并对衬砌结构进行特殊设计。

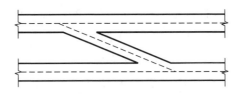

图 4.2 单渡线结构

3) 联络通道及其他区间附属结构物

对国内外地下铁道运营中的灾害事故分析表明,列车有可能遇到在区间隧

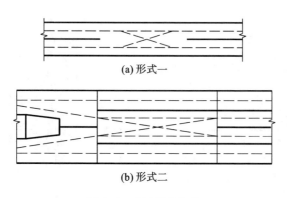

图 4.3 交叉渡线结构

道内发生火灾但又不能牵引到车站的情况,这时乘客必须在区间隧道下车。为了保证乘客的安全疏散,两条单线区间隧道的连贯长度超过 600 m 时,在两隧道之间应设置联络横通道,这样可使乘客通过联络通道从另一条隧道疏散到安全出口。联络通道也可供消防人员和维修养护人员使用,如敷设管线等。为了排除区间隧道的渗漏水等,在线路的最低点应设置排水站。根据通风、环境控制系统的设计,有时还应设置区间风道等附属结构物。

3. 隧道截面尺寸的确定

区间隧道截面尺寸包括内部净空尺寸和结构断面厚度两部分,它是根据结构使用要求、建筑限界、施工方法及工程地质和水文地质条件来确定的。

1) 内部净空尺寸的确定

区间隧道内部净空尺寸根据建筑接近限界、曲线半径、超高、道床、线间安全距离、施工误差、结构变形等影响因素确定,隧道内任何设施及附属建筑都必须设置在建筑接近限界以外。

建筑限界按《地铁设计规范》(GB 50157—2013)的要求确定。内部净空尺寸如图 4.4 所示,可用式(4.1)~式(4.5)求得。

$$A = B_s/2 + b_1 + \alpha \tag{4.1}$$

$$B = B_s/2 + (B_s) + \beta \tag{4.2}$$

$$A' = B_s/2 + b_2 + b/2 + \alpha \tag{4.3}$$

$$B' = B_s/2 + b_1 + \beta \tag{4.4}$$

$$H = H_s + h_1 + h \tag{4.5}$$

式中：B_s 为建筑接近限界宽；b_1 为建筑限界至侧墙的富余量；b_2 为建筑限界至中间柱或墙的富余量；b 为中间柱或墙宽；H_s 为建筑接近限界高；h_1 为建筑限界至顶板下表面的富余量；α 为曲线内侧总加宽量；β 为曲线外侧总加宽量；h 为由曲线引起的超高值；富余量一般包括施工误差、测量误差及结构变形量等；A、B、A'、B'、H 的含义如图 4.4 所示。

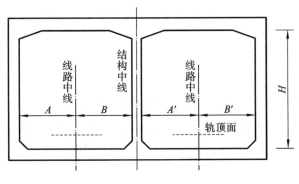

图 4.4 内部净空尺寸

2）结构断面厚度的确定

计算矩形框架结构的内力时，一般是根据设计经验或用工程类比法，先假定框架截面尺寸，然后进行计算。如果发现强度不足或配筋过大，应重新进行断面尺寸拟定和计算。影响车站各结构断面厚度的主要因素有混凝土和钢筋的设计强度，荷载状况，建筑物的高、宽尺寸以及钢筋的配置方式等。

明挖法隧道的结构断面设计假定和明挖法车站基本一致，相关计算参见 3.2.3 节。由于区间隧道很长，其标准断面要进行多方案比较，以达到方便施工和降低工程造价的目的。

4.2.2 矿山法修建的隧道衬砌结构与构造

1. 区间隧道衬砌结构类型与选择

地下铁道区间隧道采用矿山法施工时，一般采用拱形结构，其基本断面形式分为单拱、双拱和多跨连拱。单拱多用于单线或双线的区间隧道或联络通道，双拱和多跨连拱则多用在停车线、折返线或喇叭口岔线上。

区间隧道衬砌结构，可以采用衬砌结构的基本类型及其变化方案。

1）衬砌结构的基本类型——复合式衬砌

复合式衬砌结构由初期支护、防水隔离层和二次衬砌组成。外层为初期支护,其作用为加固围岩、控制围岩变形和防止围岩松动失稳,是衬砌结构中的主要承载单元。一般应在开挖后立即施工,并应与围岩密贴,最适宜采用喷锚支护。

喷锚支护的喷射混凝土有素混凝土和钢纤维混凝土两种。素混凝土因抗拉和抗变形能力低,抗裂性和延展性差,故通常都配合钢筋网一起使用。钢纤维凝土是在混凝土中掺入约占总体积 1% ~ 2% 的短钢纤维,其抗弯、抗裂和韧性比素混凝土高 30% ~ 120%,故一般不再加钢筋网。钢筋网通常用 $\phi 6$ 的 HPB235 钢筋焊接而成,网格尺寸一般为 100 mm × 100 mm 或 150 mm × 150 mm。

钢支撑通常用型钢或旧钢轨加工制成,但目前多用 $\phi 22 \sim \phi 28$ 的螺纹钢筋焊接而成。在松软地层中为了增加初期支护刚度、减少围岩变形,通常都要使用钢支撑,而且一般情况下都将钢支撑埋入喷射的混凝土内。用钢筋焊接而成的钢支撑又称为格栅钢架,一般由 3~4 根钢筋焊成三角形或矩形断面。格栅钢架构造如图 4.5 所示。

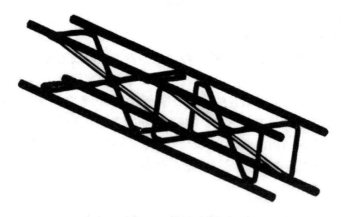

图 4.5 格栅钢架构造

为了防水和减少二次衬砌因混凝土收缩而产生的裂缝,在初期支护和二次衬砌之间一般需要敷设不同类型的防水隔离层。防水隔离层的材料应选用抗渗性能好、化学性能稳定、抗腐蚀及耐久性好并具有足够的柔性、延展性、抗拉和抗剪强度的塑料或橡胶制品。为控制水流并兼作缓冲垫层,可在塑料或橡胶板后加一层无纺布或泡沫塑料。近几年广泛采用复合式防水卷材的防水层。

2) 衬砌结构的变化方案

在干燥无水的坚硬围岩中,如围岩在Ⅰ、Ⅱ级的状况下,区间隧道衬砌亦可采用单层的喷锚支护,不做防水隔离层和二次衬砌,但此时对喷射混凝土的施工工艺和抗风化性能都有较高的要求,衬砌表面要平整,不允许出现大量的开裂。在防水要求不高,围岩具有一定的自稳能力时,区间隧道亦可采用单层的模筑混凝土衬砌,不做初期支护和防水隔离层。施工时如有需要可设置用木料、钢材或锚杆做成的临时支撑,但其不属于受力单元,一般情况下,在浇筑混凝土时应将临时支撑拆除,以供下次使用。单层模筑衬砌又称为整体式衬砌,为适应不同的围岩条件,整体式衬砌可做成等截面直墙式或变截面曲墙式,前者适用于Ⅱ级及以上坚硬围岩,后者适用于Ⅲ级及以下软弱围岩。

2. 区间隧道衬砌内轮廓形状和尺寸确定

用矿山法修建的区间隧道衬砌内轮廓尺寸应符合地下铁道建筑限界要求,还要考虑施工和测量误差,以及结构固有的变形量。预留变形量可根据围岩级别和隧道宽度按工程类比法确定,当无类比资料时可按表 4.1 选用。Ⅰ级围岩变形量很小,设计时可不予考虑。

表 4.1 预留变形量　　　　　　　　　　　　（单位:mm）

围岩级别	小 跨	中 跨	大 跨
Ⅱ	—	0～30	30～50
Ⅲ	10～30	30～50	50～80
Ⅳ	30～50	50～80	80～120
Ⅴ	50～80	80～120	120～170

注:①浅埋、软岩、跨度较大隧道取大值;深埋、硬岩、跨度较小隧道取小值。
②有明显流变、原岩应力较大和膨胀岩(土),应根据量测数据反馈分析确定预留变形量。
③特大跨度隧道,应根据量测数据反馈分析确定预留变形量。

当隧道位于曲线上时,内轮廓还要按要求予以加宽。衬砌内轮廓形状应使结构轴线尽可能与在外荷载作用下所产生的压力线一致。若二线重合,衬砌各截面就只承受轴力而无弯矩,这对混凝土结构而言最为有利。但实际上不易做到,只能使结构轴线接近压力线。此外,在设计衬砌内轮廓形状时,还要考虑衬砌模板制造的难易以及是否便于在曲线地段进行加宽。

当区间隧道衬砌主要承受竖向荷载和不大的水平荷载时,结构轴线宜采用单心圆弧线或三心圆弧线,墙部可采用直线;当衬砌在承受竖向荷载的同时,还承受较大的水平荷载时,结构轴线宜用多段圆弧连接而成,近似圆形,但又比圆形接近建筑限界,以减少土石开挖量。上述各内轮廓线的圆心位置和半径值可通过几何分析求得。

3. 区间隧道衬砌截面尺寸的确定

区间隧道衬砌截面尺寸的确定包括:①确定初期支护的各设计参数,包括锚杆的类型、直径、长度、间距,喷射混凝土的强度等级、厚度,格栅钢架的钢筋直径、间距,钢筋网直径和网格尺寸等。②二次衬砌的各项设计参数,包括混凝土的强度等级、厚度以及是否需要配筋等。

初期支护设计参数的确定可按下列顺序进行。

(1) 采用工程类比法初步选定尺寸,当无类比资料时,可参照表 4.2 和表 4.3 选用。

表 4.2 单线隧道复合式衬砌的设计参数

围岩级别	初期支护							二次衬砌厚度 /cm	
	喷射混凝土厚度 /cm		锚杆			钢筋网尺寸 /mm	钢架		
	拱墙	仰拱	位置	长度 /m	间距 /m			拱墙	仰拱
Ⅱ	5	—	—	—	—	—	—	25	—
Ⅲ	7	—	局部设置	2.0	1.2~1.5	—	—	25	—
Ⅳ	10	10	拱、墙	2.0~2.5	1.0~1.2	250×250	—	30	40
Ⅴ	15~22	15~22	拱、墙	2.5~3.0	0.8~1.0	200×200	必要时设置	35	40
Ⅵ	通过试验确定								

注:采用钢架时,宜选用格栅钢架,间距宜为 0.5~1.5 m,其喷射混凝土保护层厚度不应小于 4 cm。

表4.3　双线隧道复合式衬砌的设计参数

围岩级别	初期支护							二次衬砌厚度/cm	
	喷射混凝土厚度/cm		锚杆			钢筋网尺寸/mm	钢架	拱墙	仰拱
	拱墙	仰拱	位置	长度/m	间距/m				
Ⅱ	5~8	—	局部设置	2.0~2.5	1.5	—	—	30	—
Ⅲ	8~10	10	拱、墙	2.0~2.5	1.2~1.5	250×250	—	35	45
Ⅳ	15~22	15~22	拱、墙	2.5~3.0	1.0~1.2	250×250	必要时设置	40	45
Ⅴ	20~25	20~25	拱、墙	3.0~3.5	0.8~1.0	200×200	拱墙、仰拱	45	45
Ⅵ	通过试验确定								

注：采用钢架时，宜选用格栅钢架，间距宜为0.5~1.5 m，其喷射混凝土保护层厚度不应小于4 cm。

（2）表4.2和表4.3是为铁路隧道制定的，其断面尺寸较地铁区间隧道大，因此要根据地铁区间隧道具体情况综合研究，对初步选定的设计参数进行修正。

（3）对于有异常围岩压力和会产生超常位移，如大变形的围岩，或断面形状特殊的衬砌结构，采用工程类比法有困难时，则可采用解析法或数值法进行内力分析和截面设计，但在进行分析时应对边界条件和围岩参数的选取慎重研究。

（4）由于围岩特性复杂而多变，在隧道开挖前一般很难准确调查清楚，故需要在隧道施工中根据所揭露围岩的变化情况和监控测量得到的围岩动态信息，对初步选定的设计参数进行修改，二次衬砌的强度及厚度则应根据其在隧道结构体系中的作用而定。若二次衬砌是在初期支护变形稳定后施工，对地下铁道单线区间隧道而言，采用20~30 cm厚C30素混凝土即可；若因工期原因需要提早施工，或围岩有明显的流变特性，则应通过力学分析确定二次衬砌的强度和厚度，同时还要考虑二次衬砌是否配筋。

在确定衬砌截面尺寸时，一般要将围岩较差地段的衬砌向围岩较好地段延伸5~10 m。同时还应注意，在明显的软硬地层分界处、区间隧道断面变化处及其与车站隧道接头处，都应设置变形缝或沉降缝，其宽度一般为20~30 mm。

4. 特殊地段的衬砌结构

矿山法亦可用来修建折返线等特殊地段的隧道,图4.6为北京地铁1号线复一八线复兴门折返线线路平面及横断面。该折返线地段采用矿山法施工,隧道衬砌采用复合式衬砌。

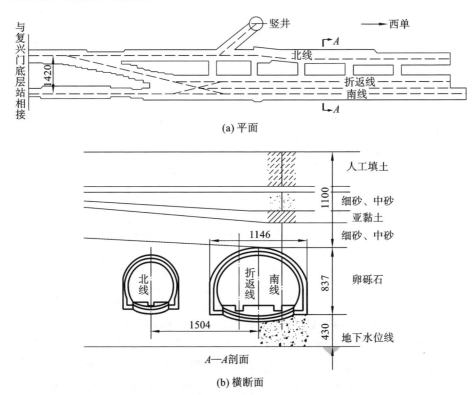

图4.6 北京地铁1号线复一八线复兴门折返线线路平面及横断面(单位:mm)

4.2.3 盾构法修建的隧道衬砌结构与构造

1. 隧道衬砌结构类型与选择

盾构法修建的区间隧道衬砌有预制装配式衬砌、预制装配式衬砌和模筑钢筋混凝土整体式衬砌相结合的双层衬砌及挤压混凝土整体式衬砌3大类,如图4.7所示。

此处具体介绍预制装配式衬砌。

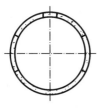 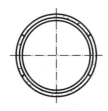 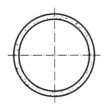

(a) 预制装配式衬砌　　　(b) 双层衬砌　　　(c) 挤压混凝土整体式衬砌

图 4.7　盾构法修建的隧道衬砌结构类型

预制装配式衬砌是用工厂预制的管片(segment)在盾构机尾部拼装而成的。

1) 预制装配式衬砌的管片按材料分类

管片按材料可分为钢筋混凝土管片、钢管片、铸铁管片以及由几种材料组合而成的复合管片。下面主要介绍前三种管片。

(1) 钢筋混凝土管片。

钢筋混凝土管片的耐压性和耐久性都比较好,而且刚度大,由其组成的衬砌具有良好的防水性能。其缺点是重量大、抗拉强度较低,在脱模、运输和拼装过程中容易损坏管片角部。

(2) 钢管片。

钢管片的强度高,具有良好的焊接性,便于加工和维修,重量轻也便于施工。与钢筋混凝土管片相比,其刚度小、易变形,而且钢管片的抗腐蚀性差,在不做二次衬砌时,必须采取防腐蚀的措施。

(3) 铸铁管片。

铸铁管片强度高,防水和防锈蚀性能好,易加工。与钢管片相比,其刚度较大,故在早期的地下铁道区间隧道中得到广泛的应用。但造价高,应慎重采用。

2) 预制装配式衬砌的管片按螺栓手孔成型大小分类

按管片螺栓手孔成型大小,可将管片分为箱形和平板形。

(1) 箱形管片。

箱形管片是指因手孔较大而呈肋板形结构的管片。手孔较大不仅方便了接头螺栓的穿入和拧紧,而且也节省了材料,使单块管片重量减轻,便于运输和拼装。但因截面削弱较多,在盾构千斤顶推力作用下容易开裂,故只有强度较大的金属管片才采用箱形结构。

(2) 平板形管片。

平板形管片是指因螺栓手孔较小或无手孔而呈曲板形结构的管片。由于管片截面削弱少或无削弱,故对盾构千斤顶推力具有较大的抵抗力,对通风的阻力也较小。无手孔的管片也称为砌块。现代的钢筋混凝土管片多采用平板形管片。

3) 衬砌环的连接方式

衬砌环内管片之间以及各衬砌环之间的连接方式,从其力学特性来看,可分为柔性连接和刚性连接。前者允许相邻管片间产生微小的转动和压缩,使衬砌环能按内力分布状态产生相应的变形,以改善衬砌环的受力状态;后者则通过增加连接螺栓的排数,力图在构造上使接缝处的刚度与管片本身相同。实践证明,刚性连接不仅拼装困难、造价高,而且会在衬砌环中产生较大的次应力,进而产生不良后果。因此,目前较为通用的是柔性连接,常用的柔性连接有以下几种形式。

(1) 单排螺栓连接。

按螺栓形状又可分为弯螺栓连接、直螺栓连接和斜螺栓连接,如图 4.8 所示。

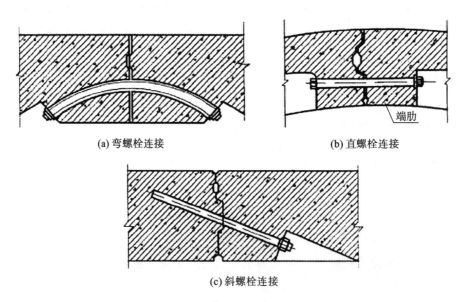

图 4.8 管片柔性连接形式

弯螺栓连接多用于钢筋混凝土管片平行接缝的连接,由于它所需螺栓手孔小,截面削弱少,原以为接缝刚度可以增加,能承受较大的正负弯矩。但实践表明,弯螺栓连接容易变形,且拼装困难,用料又多,近年来有被其他螺栓连接方式取代的倾向。

直螺栓连接是最常见的连接方式。设置单排直螺栓的位置时,要使它与管片端肋的强度相匹配,即在端肋破坏前,螺栓应先屈服,同时又要考虑施工因素的影响。直螺栓一般设在 $h/3$ 处(h 为管片厚度),且螺栓直径不应过小。为了提高管片端肋的强度和缩短直螺栓的长度,在钢筋混凝土管片中也可采用钢板端肋。但其用钢量大、预埋钢盒时精度不易保证,目前只有少数国家还在使用。

斜螺栓连接是近几年发展起来的用于钢筋混凝土管片上的一种连接方式,它所需的螺栓手孔最小,耗钢量最省,能和榫槽式接缝联合使用,管片拼装就位也较方便。

从理论上来看,连接螺栓只在拼装管片时起作用,拼装成环并向衬砌背后注浆后,即可将其卸除。但在实践中大多不拆,其原因之一是拆除螺栓费工费时,其二是为了确保管片衬砌的安全。

(2) 销钉连接。

销钉连接可用于纵向接缝,也可用于横向接缝。

销钉可在管片预制时埋入,也可在拼装时安装。销钉的作用除为了临时稳定管片,保证防水密封垫的压力外,在安装管片时还能起到导向作用,将相邻衬砌环连在一起。采用销钉连接的管片形状简单,截面无削弱,建成的隧道内壁光滑平整。与螺栓连接相比,销钉连接既省力、省时,价格又低廉,连接效果也相当好。

销钉是埋在衬砌内的,不能回收,故通常都是用塑料制成。

(3) 无连接件。

在稳定的不透水地层中,圆形衬砌的径向接缝也可不用任何连接件。因管片沿隧道径向呈楔形体,外缘宽、内缘窄,在外部压力作用下,管片将相互挤紧,而形成一个稳定的结构。

预制装配式衬砌的防水问题一直是盾构法施工中的重要课题。金属管片本身不透水,而且加工精度高,拼装后管片接缝非常密贴,几乎不透水,因此,仅需在隧道内壁用防水材料对接缝进行嵌填,并对螺栓孔和注浆孔进行防水处理。目前,钢筋混凝土管片的制造精度和抗渗性能已经取得了很大提高,单块管片各部尺寸误差均可达±0.1 mm,但管片接缝的密贴程度还不能保证不渗水。故对钢筋混凝土管片应采取特殊的防水措施。

2. 隧道横截面内轮廓和结构尺寸确定

1) 横截面内轮廓尺寸

采用盾构法修建地下铁道区间隧道时,无论是在直线上还是在曲线上,均只能使用同一台盾构机施工,中途无法更换。因此,其横截面的内轮廓尺寸全线是统一的。为此，横截面内轮廓尺寸除要根据建筑限界、施工误差、道床类型、预留变形量等条件确定外，还要按线路的最小曲线半径进行验算，保证列车在最困难条件下也能安全通过。广州、上海地铁的圆形区间隧道内径为 5.5 m，可以保证 3.0 m 的宽体车在曲线半径 $R=300$ m，最大超高 $h_{max}=120$ mm 的曲线上安全通过。

2) 管片厚度

管片的厚度取决于围岩条件、覆盖层厚度、管片材料、隧道用途、施工工艺等条件。

为了充分发挥围岩自身的承载能力，现代隧道工程中都采用柔性衬砌，其厚度相对较薄。根据日本在这方面的经验，单层的钢筋混凝土管片衬砌的管片厚度一般为衬砌环外径的 5.5% 左右。

北京地铁区间隧道钢筋混凝土管片厚度为 300 mm，上海地铁区间隧道钢筋混凝土管片厚度为 350 mm，广州、成都、西安等地铁区间隧道管片厚度为 300 mm，一般为衬砌环外径的 5%～6%。

3) 管片宽度

管片宽度的选择对施工、造价的影响较大。当宽度较小时，虽然搬运、组装以及在曲线上施工方便，但接缝增多，加大了隧道防水的难度，也增加了管片制作成本，而且不利于控制隧道纵向产生的不均匀沉降。管片宽度太大则施工不便，也会使盾尾长度增大而影响盾构的灵活性。因此，管片宽度应根据盾构的灵活性和拼装能力确定，在条件许可的情况下，应尽量加大管片的宽度，以减少接缝的数量。过去单线区间隧道管片的宽度一般控制在 700～1000 mm，但随着铰接盾构的出现，管片宽度进一步提高，目前管片宽度控制在 1000～1400 mm。例如，北京地铁区间隧道管片宽度为 1200 mm，上海地铁区间隧道的管片宽度为 1000 mm，广州地铁区间隧道采用铰接式盾构法施工，故其管片宽度为 1200 mm。

4) 衬砌环的分块

衬砌环的组成方式有两种：第一种是由 4 块标准管片(A)、2 块相邻管片(B)和 1 块封顶管片(K)构成；第二种是由 3 块标准管片(A)、2 块相邻管片(B)和 1 块封顶管片(K)构成。环形管片分块示意如图 4.9 所示。相邻管片一端带坡面，封顶管片则两端或一端带坡面。从方便施工和提高衬砌环防水效果的角度看，第一种方式较好。

K 型管片按照其在一环内的装入方式又可以分为径向装入与纵向装入，如

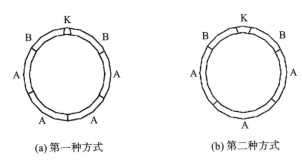

图 4.9　环形管片分块示意

图 4.10 所示。径向装入时,封顶管片的两个径向边必须呈内八字形或者平行,受载后有向下滑动的趋势,对受力不利;纵向装入时,封顶管片不易向内滑动,受力较好。但在拼装封顶管片时,需要加长盾构千斤顶行程。封顶管片位置一般设在拱顶处,也有设在 45°、135°甚至 180°处的,视需要而定。

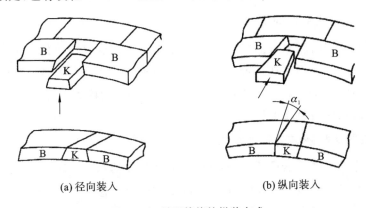

图 4.10　封顶管片的拼装方式

衬砌环的拼装方式有"先纵后环"和"先环后纵"两种。先环后纵是在拼装前缩回所有千斤顶,将管片先拼成圆环,然后再用千斤顶使拼装好的圆环沿纵向已安装好的衬砌推进并连接成洞。这种拼装方法能使衬砌环面平整、纵缝质量好,但可能造成盾构机的后退。先纵后环因拼装时只缩回该管片部分的千斤顶,其他千斤顶则轴对称地支撑或升压,所以可有效地防止盾构机后退。

衬砌环的拼装形式有错缝和通缝两种,如图 4.11 所示。错缝拼装可使接缝分布均匀,减少接缝及整个衬砌环的变形,整体刚度大,是一种较为普遍的拼装形式。但当管片制作精度不够高时,管片在盾构机推进过程中容易被顶裂,甚至顶碎。在某些场合(如需要拆除管片修建旁边通道时)或有某些特殊需要时,衬砌环常采用通缝拼装形式,方便结构处理。

由上述分析可知,从制作成本、防水、拼装速度等方面考虑,衬砌环分块数越

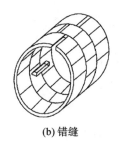

(a) 通缝　　　　　　　　(b) 错缝

图 4.11　衬砌环的拼装形式

少越好；但从运输和拼装方便而言，又希望分块数多些。通常，区间隧道直径 $D \leqslant 6$ m 的地铁区间隧道，衬砌环以分 4～6 块为宜；$D>6$ m 时，可分为 6～8 块。北京、上海、广州、成都地铁区间隧道都是分 6 块，即 3 块标准块、2 块邻接块和 1 块封顶块。

5）螺栓和注浆孔的配置

组装管片用的螺栓分为纵向连接螺栓和环向连接螺栓两种。在柔性连接中，纵、环向的连接螺栓通常都布置 1 排，螺栓孔的设置不得降低管片强度并应方便螺栓紧固作业。采用错缝拼装形式时，为了曲线地段施工方便，一般将纵向连接螺栓沿圆周等距离布置。

6）双圆盾构隧道的管片结构

根据施工方法的不同，双圆形断面隧道的管片结构有两种形式，图 4.12 为横向双连形的多圆形面（multi-circular face，MF）施工法（简称 MF 施工法）的管片结构示意；图 4.13 为竖向双连形的双联圆形隧道（double-tube，DOT）施工法（简称 DOT 施工法）的管片结构示意。

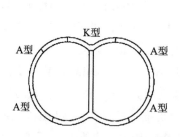
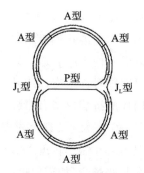

图 4.12　MF 施工法的管片结构示意　　图 4.13　DOT 施工法的管片结构示意

MF 施工法的横向双连形断面隧道的管片，由左右两侧圆弧部分的 A 型管片、中间上下两侧如海鸥形状又略呈 V 形的 K 型管片以及连接上下两侧 K 型管片的钢柱构成。

DOT 施工法有横向双连形和纵向双连形两种断面形式。管片在分块上采用通用的形式，即均由圆弧部分的 A 型管片、中间夹缝处用大小相等的 V 形连接管片（J_L、J_S 型）以及将连接管片连成支柱或底板的格型（P 型）管片组成。

3. 盾构法施工时特殊地段的衬砌

1) 曲线段的衬砌

在竖曲线和水平圆曲线地段上，需要在标准衬砌环之间插入一些楔形衬砌环，以保证隧道向设计的方向逐渐转折。

楔形衬砌环的楔入量 Δ（即楔形衬砌环最大宽度与最小宽度之差）或楔入角 θ（即楔入量与衬砌外径 D_w 之比）除应根据曲线半径、衬砌外径、管片宽度和曲线段使用楔形衬砌环所占的百分比确定外，还要按盾尾间隙量进行校核。

通常一条线路上有很多不同半径的曲线，如按不同的曲线半径来设计楔形环势必造成楔形环类型过多，给制造增加困难，甚至无法制造。因此，常用的方法是，根据线路上的最小曲线半径设计一种楔形环，然后用优选的方法将标准环和楔形环进行排列组合，以拟合不同半径的曲线段，并使线路拟合误差（即隧道推进轴线与设计轴线的偏差）达到最小，一般不大于 10 mm。

在进行排列组合时，楔形衬砌环与标准衬砌环的组合比最好不大于 2∶1。

目前，结合盾构法施工的特点，还研制出了既可在直线段使用又可在曲线段使用的通用管片，使管片环的形式只采用一种，这种通用管片在深圳地铁一期工程和宁波地铁中采用，现正逐步推广。

2) 区间隧道的联络通道和中间泵站的衬砌

采用盾构法修建区间隧道时，地铁的线路纵断面常采用高站位、低区间的布置形式，因此，2 条区间隧道之间的联络通道可设在线路的最低点，接近区间的中点，并和排水泵站合并设置。区间隧道的联络通道和中间泵站的设置示意如图 4.14 所示。

在设置联络通道的地段，2 个区间隧道的内侧均要留出 1 个旁洞，一般宽 250～400 cm。为了承受旁洞顶部和底部拱圈传来的荷载，旁洞上下均应设置过梁以及支承过梁的壁柱，从而在旁洞四周形成一个坚固的封闭框架。由于框架

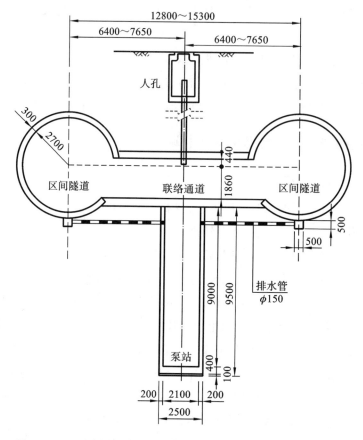

图 4.14 区间隧道的联络通道和中间泵站的设置示意（单位：mm）

受力复杂，加工精度要求高，故通常都是采用钢管片或铸铁管片拼装而成的。框架以外仍采用标准的钢筋混凝土管片，因为在钢过梁上直接设置标准衬砌环的相邻管片，所以构成开口的衬砌环只能通缝拼装。铸铁管片拼装的旁洞框架，因铸铁材料的抗拉强度低，所以铸铁过梁做成拱形，但当在过梁上设置了长度等于1/2 标准管片长的短管片时，开口的衬砌环仍可保持错缝拼装。

旁洞开口部分在盾构机通过时应用临时填充管片堵塞，使衬砌环保持封闭，以改善其受力条件，防止泥沙涌入。联络通道施工前，再将其拆除形成旁洞，此时荷载才得以完全传到框架上。

一般情况下，联络通道和中间泵站均采用矿山法施工，为了加强其防水性能可采用拱形封闭的复合式衬砌。联络通道衬砌的各项设计参数可按计算确定，亦可按工程类比法确定。

4.2.4 特殊地段修建的隧道衬砌结构

1. 沉埋结构

地铁穿越江、河、湖、海时,往往采用预制节段沉埋法施工。这种方法的要点是先在干船坞或船台上分段制作隧道结构,然后放入水中,浮运至设计位置,逐段沉入水底预先开挖好的沟槽内,处理好各节段的接缝,使其连成整体,进而构成贯通的隧道。

沉埋结构横断面有圆形和矩形两大类,断面形状要从空间的充分利用和结构受力合理两方面综合考虑。当隧道位于深水中且深度大于 45 m 时,管段承受较大的水压,其相应的内力也较大,此时采用圆形或接近圆形的断面比矩形断面更有利;当水深在 35 m 之内时,可用矩形断面;水深介于 35～45 m 时,要进行详细的结构计算与分析,然后再确定断面形式。

每节沉管段的长度依据所在水域的地形、地质、航运、航道、施工方法等方面的要求确定,一般为 60～140 m,多数在 100 m 左右,最长的已达到 268 m。断面尺寸根据其使用要求、与其他交通结构合建要求、沉管段埋深、地质条件、施工方法等确定。沉管段结构设计步骤如图 4.15 所示。

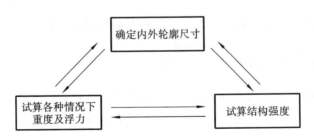

图 4.15 沉管段结构设计步骤

沉管结构混凝土等级一般为 C30～C50,采用较高等级混凝土的原因主要是满足抗剪的需要。

沉管结构中不允许出现通透性的裂缝,非通透裂缝的开裂宽度应控制在 0.15～0.2 mm,因此不宜采用 HRB400 级及以上的钢筋。

当隧道的跨度较大,或者水、土压力较大,一般有 300～400 kPa 时,隧道顶、底板受到的弯矩和剪力很大,此时也可采用预应力结构。预应力沉管隧道结构如图4.16所示。但在一般沉管隧道中,由于不是结构强度要求而是抗浮要求决定结构的厚度,为简化施工,尽量采用普通钢筋混凝土结构。

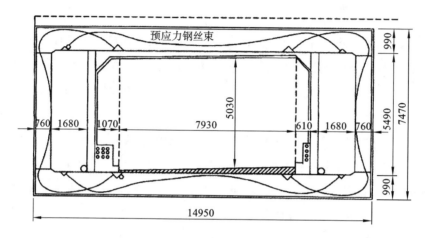

图4.16 预应力沉管隧道结构(单位:mm)

沉管段连接均在水下进行,一般有水中混凝土连接和水压压接两种连接方式。接头形式分为刚性接头和柔性接头。对于地震区的沉管隧道宜采用特殊的柔性接头,这种接头既能适应线位移和角变形,又具有足够的轴向抗拉、抗压、抗剪和抗弯强度。

管段沉放和连接后,应对管底基础进行灌砂或其他处理。

2. 顶进法施工的区间隧道结构

浅埋地铁线路在穿越地面铁路、地下管网群、交通繁忙的城市交通干线、交叉路口及其他不允许挖开地面的区段时,常采用顶进法施工。

顶进法施工一般分为顶入法、中继间法和顶拉法3种。顶进法施工的区间隧道结构形式应根据工程规模、使用要求、工程地质条件、施工方法合理选用,一般选用箱形框架结构。其正常使用阶段的结构强度可参照明挖法框架结构设计,垂直荷载应注意地面动载的影响,对施工阶段的结构强度,要验算千斤顶推力的影响及顶进过程中框架可能受扭的应力变化,在刃角、工作坑、滑板、后背等设计中除使强度、刚度、稳定性满足要求外,还应考虑施工各阶段受力特性及构造措施。

4.3 区间隧道的设计

4.3.1 区间隧道设计的原则

区间隧道设计一般应遵守以下主要原则。

(1) 应能满足城市规划施工、防水和排水及轨道交通运营等要求,既要考虑结构的安全性,又要采取有效措施确保结构的耐久性。结构安全等级为一级,设计使用年限为 100 年。

(2) 区间隧道结构设计应根据工程范围内隧道覆土厚度的变化,工程地质、水文地质的差异,地面建筑物和地下构筑物状况,通过对技术、经济、环境影响和使用效果等进行综合比较,选择合适的结构形式和施工方法。在含水丰富的地层中,应采取可靠的地下水处理和防治措施。区间隧道结构设计应满足线路设计的要求,并考虑施工时和建成后对城市环境的影响及应采取的环保措施。

(3) 结构的净空尺寸应满足地铁建筑限界及各种设备使用功能、施工工艺的要求,并考虑施工误差、测量误差、不均匀沉降、结构变形和位移等因素的影响。结构设计应根据结构类型、使用条件及荷载特点等,选用与其特点相适应的结构设计规范和设计方法。结构的计算模型应符合结构的实际工作条件,并反映结构与周围地层的相互作用,同时应考虑施工中已经形成的支护结构的作用。

(4) 隧道衬砌结构设计应就其施工和正常使用阶段进行结构强度、刚度和稳定性计算,对于混凝土、钢筋混凝土结构,还应进行抗裂验算或裂缝宽度验算。当计入地震等偶然荷载作用时,可不验算结构的裂缝宽度。

(5) 隧道衬砌结构通常只按平面问题进行横断面方向的受力计算,遇下列情况时,还应对其纵向强度和变形进行分析。

①覆土荷载或基底地层沿隧道纵向有较大变化时。

②圆形隧道穿越重要建、构筑物或直接承受较大局部荷载时。

③沿线地层变化显著时。

④地基沿纵向产生不均匀沉降时。

(6) 区间隧道在结构、地基、基础或荷载发生显著变化的部位,或因抗震要求必须设置变形缝时,应采取必要的构造技术措施。同时,应合理选择施工缝、变形缝的位置。结构的施工缝和变形缝应尽量避开可能遭受最不利局部侵蚀环境的部位。一般情况下,明挖法区间现浇框架结构的变形缝在隧道中应每隔 60 m 左右设置一道。

(7) 结构设计在满足强度、刚度及耐久性的前提下,应同时满足防水、防腐蚀、防迷流等要求,以及各设备工种的埋件设置要求。

(8) 隧道施工引起的地面沉降和隆起均应严格控制在环境条件允许的范围内,并根据周围环境、建筑物基础和地下管线对变形的敏感度,采取稳妥可靠的措施。当地铁穿越重要建筑物、地下管线、河流时,应根据实际情况确定允许沉降量,并因地制宜采取有效措施。

4.3.2 区间隧道设计的计算模型

区间隧道位于土体中,从实际状况考虑,应该采用连续介质计算模型模拟隧道的开挖过程,以及隧道结构和土体的相互作用。但是,由于连续介质模型在模拟开挖释放荷载、土体的物理力学性能以及土与结构的接触作用等方面比较复杂,从工程设计实用的角度考虑,大部分的区间隧道设计计算都是采用荷载-结构模型。这种计算模型将隧道结构单独取出,而土体对隧道的作用采用外加荷载模拟或者温克勒(Winkler)弹簧模拟,计算简明方便,且符合工程实际使用要求。

常用的荷载-结构模型有主动荷载模型、主动荷载加地层弹性约束(Winkler 弹簧模拟)模型。

主动荷载模型不考虑结构与地层的相互作用,适用于结构刚度较大,但土层比较软弱、无法对衬砌结构的变形进行限制的地区。

主动荷载加地层弹性约束模型理论认为地层不仅会对衬砌结构施加主动荷载,而且由于衬砌与结构的相互作用,地层还会对衬砌结构施加被动的弹性抗力。这是由于在主动荷载的作用下,衬砌结构两侧将产生朝围岩方向的变形,只要地层有一定的刚度,必然会对衬砌结构的变形产生被动的抵抗力。采用 Winkler 弹簧模拟,并假定地层的被动反力与地层的位移成正比,可用式(4.6)表示。

$$\sigma_i = k_i \delta_i \tag{4.6}$$

式中:σ_i 为地层的被动弹簧抗力;δ_i 为节点的位移;k_i 为节点的弹簧刚度。

Winkler 弹簧模拟虽然与实际情况有一定的差别,但是由于离散的土弹簧刚度与结构内弯矩是 1/4 次方的关系,因此其影响也不大。

第 5 章 高架结构工程

5.1 高架结构设计概述

5.1.1 高架区间桥梁结构

高架区间的桥梁可以分为一般地段的桥梁和主要工程节点的桥梁。一般地段的桥梁虽然结构形式简单,然而工程数量和土建工程造价却占据全线高架桥的大部分份额,对于城市景观和道路交通功能的影响不可轻视。因此,其结构的选择必须慎重,应多方比较。从考虑城市景观和道路交通功能方面来看,宜选用较大的桥梁跨度给人以空透舒适感;从桥梁经济跨度的要求方面来看,当桥跨结构的造价和下部结构(墩台、基础)造价接近时最为经济;从加快施工进度方面来看,宜大量采用预制预应力混凝土梁。实际上,一般地段的桥梁形式选定往往是因地制宜考虑的结果。

跨越主要道路、河流及其他市内交通设施的主要工程节点,可以采用任何一种适用于城市桥梁的大跨度桥梁结构体系,但必须和当地城市景观相协调。工程中采用最多的大跨度桥梁结构体系是连续梁、连续刚构、系杆拱等。

1. 城市轨道交通高架桥的特点和设计要点

1) 城市轨道交通高架桥的特点

城市轨道交通高架桥具有如下特点。

(1) 线路平面:一般沿市政道路两旁绿化带或沿市政道路中间绿化带布置,线路走向服从城市规划。线路立面:桥梁不高,墩高一般为 8 m。

(2) 桥面宽度不大。双线梁桥面宽一般为 9 m,单线梁桥面宽一般为 5 m,梁形选择时要考虑这个特点。

(3) 穿过居民区,甚至有时要穿过对噪声、振动特别敏感区及需要特别保护的名胜古迹等。

(4) 桥梁长度大,工期短。和市政高架桥梁一样,城市轨道交通高架桥的梁长度短则几千米,长则几十千米;而城市轨道交通一般都是政府工程,是迫切需要解决的公共交通问题,工期都很短,从设计到通车往往只有三四年时间。

(5) 除少数情况外,城市轨道交通高架桥一般不跨越大江大河,主要跨越城市道路、市政管线,为陆地桥梁,需要占用紧缺而宝贵的城市土地资源。

(6) 出现大量坡桥、弯桥。城市轨道交通高架桥需要跨越市政道路、高架桥、立交桥,甚至要跨越铁路,因此线路起伏多,会出现大量坡桥。线路要服从城市规划和避让一些城市建筑物,故城市轨道交通高架桥会设计大量弯桥。但城市轨道交通高架桥坡度比市政高架桥要小,最大坡度一般不超过30%;最小半径比市政工程大,一般为250 m。

(7) 景观、环境要求高。人们在享受快捷便利交通的同时,对交通设施的审美期望也逐渐提高,更要求城市轨道交通的结构能够与城市建筑融为一体,以提升城市的整体景观形象,体现了人们在基本满足物质文明需求的基础上,对精神文明的追求。

(8) 设计最高速度小。轨道交通设计最高速度一般为80 km/h,且由于站距一般为1 km,实际平均速度只有30~40 km/h。一般城市高架道路的设计速度也是80 km/h,而铁路设计最高速度已达350 km/h。

(9) 活载较大。地铁高架结构设计应根据结构的特性,按规定的荷载,就其可能出现的最不利组合进行计算。

(10) 要求后期变形非常小。由于采用无砟无缝轨道结构,要求桥梁结构的后期变形、基础后期沉降很小,预应力结构的收缩徐变引起的变形和挠度要求不大于10 mm,设计时考虑离散性控制在7 mm以下。

(11) 受力复杂。无缝轨道对桥梁结构,尤其是对下部结构产生附加力,轨道对桥梁产生挠曲力、伸缩力、断轨力。此外,还要考虑车辆的脱轨荷载、接触网荷载等作用。

2) 城市轨道交通高架桥的设计要点

城市轨道交通高架桥的设计要点如下。

(1) 高架桥的设计应符合城市规划的要求,如因技术经济上的原因需分期实施时,则应保留远期发展的余地。

(2) 高架桥总体设计要反映时代风貌,与周围环境相协调,注意空间比例、节奏、明暗和稳定感,分清主次,局部服从主题。

(3) 高架桥梁设计要因地制宜,积极采用新结构、新工艺,并广泛吸取国内外先进技术。

（4）高架桥应设置照明、通信电缆、交通信号标志、桥面排水、检修、安全等附属设施和有效的安全防护措施。

（5）区间高架结构应构造简洁、力求标准化，并应满足耐久性要求，满足列车安全运行和乘客乘坐舒适度的要求。

（6）高架桥的设计原则是"安全、功能、经济、美观"。

①安全。永久性高架桥结构应保证100年的设计使用年限，在制造、运输、安装和使用过程中应满足力学和规范规定的强度、刚度、稳定性要求，具有与其所处环境条件相匹配的耐久性，具有足够的抗风、抗震和抗偶然作用性能，安全附属措施齐全，结构安全、可靠。

②功能。施工时尽量减小对周围环境的影响，建成后桥上和桥下交通功能满足总体要求，运行顺畅，养护维修方便。结构持久状况下的变形、裂缝、耐久性等满足正常使用极限状态的要求，各项功能满足既定总体目标。

③经济。通过多方案比选，选择结构合理，构造简单，技术先进，施工方便，材料、人工、设备、养护等综合效益最佳的方案，发挥工程效益，降低工程造价，国民经济效益评价合理。

④美观。桥梁建筑不仅是交通工程中的重点建筑物，也是城市环境和景观的重要组成部分。随着城市建设理念的发展，对城市高架桥的景观要求也越来越重视。城市高架桥的线形和外形设计应美观实用，桥梁结构精炼、线条流畅、尺寸纤细轻巧、桥下空间开敞明亮，尽可能使其与城市环境协调一致，给城市增添一道特殊风景。

同时在高架桥的设计中要充分利用成熟的新技术及合理的设计思想，以更好地贯彻安全、经济、功能、美观的原则，提升建设水平。例如，上海在个别路段设计了一体化高架结构，即将城市的地面道路、轨道交通线及高架道路三者组合在一起，这三者合理的结合，很好地解决了城市空间紧张的问题。

2. 高架桥的分类

1）按高架桥的建筑材料分类

高架桥按建筑材料可分为钢筋混凝土桥和钢桥。由于钢结构在列车经过时噪声较大，因此近年来城市轨道交通高架桥多采用混凝土结构，且应尽量采用预应力混凝土结构。为减少施工时对环境的污染和加快施工速度，宜推广采用预制架设的施工方法。一般情况下，任何形式的桥梁都可成为城市轨道交通高架桥,如各种形式的拱桥、拱梁组合体梁。此外,斜拉桥也可作为城市轨道交通中的桥梁。

2) 按高架桥的受力构件分类

城市轨道交通高架桥按受力构件分为拱桥、梁桥和刚性框架桥3种。

(1) 拱桥。

拱桥由一系列拱组成。不同场合采用不同的拱幅,一般情况下,拱幅宽10 m、高7 m,可以用石头或混凝土制作。

拱桥的优点:①跨越能力大,外形美观,构造简单,易于掌握;②能充分做到就地取材,耐久性好,养护维修费用少。

拱桥的缺点:①自重较大,相应的水平推力大;②支架施工多,施工工序多,不便于机械化施工,施工周期长;③多孔拱桥须设单向推力墩;④上承式拱桥建筑高度高。

(2) 梁桥。

梁桥是由安装在一系列混凝土立柱上的一组梁组成,立柱的间隔一般在10 m。经济跨度在30 m左右,但梁桥经济跨度一般与地质情况和规模生产有关,如采用箱梁梁形支架现浇法施工时,上海的经济跨度在30 m左右,而西安则为25 m左右。混凝土梁之间的互相连接形成了一个连续的梁,最终形成高架桥。梁桥的造价较连续刚性框架桥低。

梁桥能够就地取材,工业化施工,耐久性好,适应性强,整体性好且美观,这种桥型在设计理论及施工技术上都发展得比较成熟。但是梁桥结构自重大,约占全部设计荷载的30%~60%,大大限制了其跨越能力。

梁桥按结构体系可分为简支梁桥、连续梁桥和悬臂梁桥。

①简支梁桥是由一根两端分别支撑在一个活动支座和一个铰支座上的梁作为主要承重结构的梁桥,属于静定结构,是应用最早、使用最广泛的一种桥形。其构造简单,架设方便,结构内力不受地基变形、温度改变的影响,制造、运输和架设均很方便,工程质量控制及预制架设也较容易,一般适用于中小跨度、工期短的情况。

②连续梁桥由两跨或两跨以上连续的梁构成,属于超静定结构。连续梁在恒、活载作用下,产生的支点负弯矩对跨中正弯矩有卸载的作用,使其内力状态比较均匀合理,因而梁高可以减小,由此可以增大桥下净空,节省材料,且刚度大,整体性好,超载能力大,安全度大,桥面伸缩缝少,并且因为跨中截面的弯矩减小,使得桥跨可以增大。

③悬臂梁桥的上部结构由锚固孔、悬臂和悬挂孔组成,悬挂孔支撑在悬臂上,用铰支座相连。悬臂梁桥分为单悬臂梁桥(三跨构成,中跨较大以满足通航要求)和双悬臂梁桥(可构成多跨的长大梁桥)。

对城市轨道交通高架桥来说,结构体系宜采用简支体系,一般地段宜采用等跨简支梁式桥跨结构,只有在道岔区、跨越道路且需要较大跨度等特殊情况下采用连续结构,连续梁以不超过 3 跨,长 120 m 左右为宜。

(3)刚性框架桥。

刚性框架桥是由单个建造的梁和立柱构成,彼此相互独立。主要材料为钢筋混凝土,适宜中小跨度,常用于需要较大的桥下净空和建筑高度受限的情况。刚性框架桥具有外形尺寸小,桥下净空大,桥下视野开阔,混凝土用量少等优点,但是其基础造价较高,钢筋的用量较大,且为超静定结构,会产生次内力。

3. 高架桥梁断面形式

高架桥梁断面设计即为梁结构设计,对于高架桥标准区间的梁结构设计,应从受力、经济、施工及美观等方面综合考虑。一方面,要求结构安全、经济、美观,满足桥下交通要求等;另一方面,要结合工程及场地的特点,采用技术成熟的施工方法与结构形式;同时,还应满足无砟、长枕式整体道床及长钢轨结构对高架桥梁结构的特殊要求。目前,比较适合城市轨道交通高架桥的梁断面形式有如下几种。

1) 槽形梁结构

在建筑高度受限制的场合,预应力混凝土槽形梁是一种可以优先选用的方案。槽形梁由车道板、主梁、端横梁三大部分组成,其建筑高度只取决于桥宽而与跨度无关,因此跨度越大越有利。桥宽与单线、双线及桥内是否设检修道或梁上架空线接触网电杆位置有关。槽形梁宽及板厚要求如表 5.1 所示。

表 5.1 槽形梁宽及板厚要求

类型	桥宽/m	车道板厚/m
单线,不设检修道	4.1	0.30
单线,桥内设检修道	4.8~5.0	0.35
双线,接触网电杆在桥中央	9.5	0.55
双线,接触网电杆在两侧,且不设检修道	8.9	0.50

槽形梁的优点:除建筑高度最低外,两侧的主梁还可供隔音屏施工作业,而且预拱度很小,可忽略混凝土收缩、徐变影响。城市轨道交通高架桥 40 m 单线槽形梁桥的预拱度仅为 8.78 mm,40 m 双线槽形梁的预拱度仅为 4.9 mm。施工方法既可以是现浇,也可以是预制拼装。我国 20 世纪 80 年代建成的两座铁路的槽形梁桥均为现浇。日本的中川桥是先建造主梁,然后在主梁线吊挂模板用以浇筑车道板,这种方法适用于保持桥下净空不能安装满堂脚手架的情况。加拿大斯卡勃罗的轻轨高架桥跨度 32 m,梁高 1.65 m,桥宽 8.94 m,双线,采用双槽形梁,如图 5.1 所示。该桥采用预应力混凝土主梁预制架设,车道板利用主梁立模现浇。

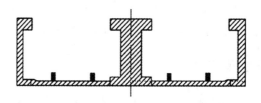

图 5.1　加拿大斯卡勃罗的双槽形梁截面示意

槽形梁桥的缺点是:工程数量较大,现场浇筑和张拉预应力工作量大,施工较复杂,施工进度较慢,预制拼装施工经验不足。事实上,工程数量大是下承式桥梁不可避免的,其经济效益需要结合下部结构在较长一段线路上因降低建筑高度所带来的利益进行综合分析。通常在关键桥孔采用槽形梁能降低很长一段线路的高程,其带来的经济效益是不言而喻的。

双线槽形梁线路中心线与桥梁结构中心线有一定偏移,当轨道车辆单线行驶时,偏载产生的扭矩不利于其受力。如果采用单线线路,将线路中心线与桥梁结构中心线重合,则可减少偏载引起的扭矩。为此,单线槽形梁通常设计成具有流线型外观的 U 形梁。采用单线线路时,将车辆荷载和底板跨度减少一半,底板横向弯矩将显著减少,能有效降低底板厚度并可取消底板横向预应力钢束的设置。U 形梁作为城市轨道交通工程高架桥中的新式梁形结构,国内越来越多的城市轨道交通线路建设采用了这一梁形。

城市轨道交通高架槽形梁的尺寸如表 5.2 所示。其中,单线 10 m、20 m、25 m 三种跨径的车道板无横向预应力,为单向预应力结构,其他均为双向预应力结构,预应力筋采用冷拉 HRB500 级钢筋或直径为 5 mm 的平行钢丝束,设计人员可按材料供应情况自行选择,但预应力筋的工程数量应按其标准强度换算。

表 5.2　城市轨道交通高架槽形梁的尺寸　　　　　　　（单位：m）

项　目	单　线					双　线			
跨度	10	20	25	30	40	20	25	30	40
梁高	1.0	1.5	1.8	2.2	2.9	1.7	2.1	2.2	3.1
车道板厚	0.3	0.33	0.33	0.33	0.33	0.55	0.55	0.55	0.55
桥宽	4.1	4.8	4.8	5.0	5.0	8.9	8.9	8.9	8.9

槽形梁施工装配方案分为纵向分块和横向分块两种,这两种方案各有利弊,应根据施工架设条件及所跨越的下部空间决定。

(1) 横向分块。

每块为一完整的 U 形截面,横向预应力在预制时已经实施完成,在桥头路堤上串联成整体,然后用纵移法移至桥孔,落梁就位。

横向分块的优点:施工制造简单,块件尺寸和质量都可以做得很小,适合长途运输;块件密贴灌注,工地可以设干接缝,用环氧树脂砂浆黏结,然后在工地只需要穿入纵向预应力筋,张拉、锚固、压浆、封端、纵移、落梁,即可架设就位。

横向分块适用于在桥下净空内可以架设临时便梁以便纵移的情况,如立交桥,在桥下不容许中断交通时,临时便梁可以架设得高一些;还可以在桥下行车限界之外设置支架来承托便梁,借以减小便梁跨度,增加其刚度,纵梁下滑道是连续的,设在临时便梁上缘,上滑道应设在一端横梁的下缘。如此槽形梁纵移过程中始终保持两端简支状态,无须顾及预拉区出现裂缝等不良后果。

此外,也可以在槽形梁的前端布置临时的导梁,以便纵移。但这个方法用于简支梁效果不佳,而且预拉区在纵移过程中往往会产生拉应力,这时须在槽形梁的主梁上翼缘设置临时预应力筋。

(2) 纵向分块。

将两侧主梁预制成两大块体,主梁之间的车道板和端横梁可以预制,也可以在主梁架设就位后就地浇筑。预制的车道板、端横梁和两侧主梁的连接必须采用湿连接,施工时要施加横向预应力和纵向预应力。

纵向分块的缺点:一是主梁预制块件质量随跨度加大而增加,可能超过工地现有的架设能力;二是湿连接或就地浇筑车道板、端横梁,势必大大增加了工地上的工作量;三是车道板内的纵向预应力不足。如为了减少工地上的工作量,可以预先把整块车道板和端横梁预制好,并施加纵向预应力,这样在工地上就只需要做湿接头和施加横向预应力。但是大块薄板的预制、运输、吊装及架设都很困难,而且有失稳的危险。

纵向分块的优点:可以利用工地现有的架设机具,将预制主梁直接架设就位,无须设置临时便梁。

2) 预应力混凝土箱梁结构

预应力混凝土箱梁结构是目前比较先进且已被广泛采用的梁截面形式,这种闭合薄壁截面抗扭刚度大,整体受力性能好,对于斜弯桥尤为有利。同时,因其顶板和底板都具有较大的面积,所以能够有效抵抗正负弯矩,并满足配筋要求。箱梁截面具有良好的动力特性,其收缩、变形值小。从经济性来看,箱梁材料用量最小;从美观性来看,箱梁截面外形简洁,箱底面平整,线条流畅,配以造型简洁的圆柱墩或 Y 形墩,非常适用于现代化的城市桥梁。

箱梁结构分上承式和下承式。上承式在箱梁顶板带小悬臂车道板,适用于建筑高度不受限制的场合;下承式是在箱梁底板带大悬臂车道板(见图 5.2),亦称脊梁结构。

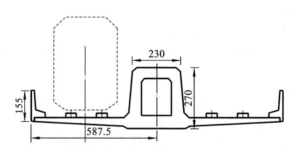

图 5.2 脊梁结构(单位:cm)

(1) 下承式箱梁结构。

下承式箱梁结构主要靠脊梁来承受纵向弯矩,悬臂板作为行车道板,并作为传力结构将荷载传到脊梁上;挡墙主要用于防止噪声和进行车辆倾覆保护,同时也可以作为结构的一部分(边梁)用来改善悬臂板的受力。

下承式箱梁结构具有以下优点。

①建筑高度低。下承式箱梁结构的建筑高度为悬臂板的厚度,脊梁高度的改变对悬臂板的厚度并无影响,即跨度的变化不带来建筑高度的改变,这对于城市高架结构的线形布置和建筑高度降低非常有利。建筑高度降低使路面高程及引桥长度减小,从而减少工程量。

②施工方便,可采用预制构件拼装的方法施工。施工过程通常是先吊装脊梁,然后拼装悬臂翼板,方便城市内施工,速度快,并显著减少对城市交通和环境

③结构上的某些部分能同时满足其他需要。除前述的悬臂板和边梁外,脊梁顶板同样可作为检修通道和发生事故时人员的疏散通道,而且还可提供电杆安装位置。桥下净空大,可充分发挥原有道路的作用。

④脊梁自身就是一个防噪声体系,能够减弱悬臂板左右相向行驶的车辆的噪声干扰;同时,脊梁和两边梁组成的防噪声体系,在一定程度上能够减弱车辆噪声对周围环境的影响。

⑤外形美观。下承式箱梁结构外形独特、美观,有着现代的特征,配以造型简洁的薄壁墩,能够起到美化城市环境的作用。

由于城市布局的复杂性以及交通体系自身的功能要求,使得结构要有较大的适应性。两跨连续梁体系具有制作方便、施工快速、利于跨径布置等特点,是一种较为适合城市高架结构的结构体系。简支梁也是一种广泛采用的结构体系。

下承式箱梁结构的横截面由脊梁、大悬臂翼板和边梁三部分组成。其总宽度为 8.70~9.50 m,梁高 h 随跨度 l 在 1.60~2.70 m 内变化,相应的高跨比(h/l)在 1/20~1/15 之间。由于脊梁的宽度较上承式箱梁小,因此梁高较大。

由于下承式箱梁的行车道在悬臂板上,脊梁部分从工程、实用和美观上都不希望做得太大、太宽,其梁宽通常为 1.6~2.3 m,结构形式往往采用单箱、厚壁,甚至实心、变高度等形式。由于脊梁除提供部分的纵向抗弯刚度外,还提供主要的横向抗扭刚度,车轴位置的较大偏心使得脊梁产生显著的扭转效应,因此脊梁的壁厚一般在 0.25~0.42 m 之间。在支承区域,由于约束扭转的作用,结构的剪应力相当大,通常需要设置一段实体脊梁(见图 5.3)。

下承式箱梁结构的悬臂板的结构形式可采用纵向连续板、空心板或用多根悬臂梁代替。从施工、防震隔振、防噪性能和美观上来看,以实体形式悬臂板为宜。

悬臂板除为上部结构提供空间外,还可以提供纵向刚度(因为它有较大的翼缘面积),但对抗扭性能的提升则不多。悬臂板的主要作用是将车辆的荷载传递到脊梁上,承受横向弯矩和剪力作用。在悬臂板和脊梁相接处的根部,为抵抗外力,必须在悬臂板上施加横向预应力。悬臂板的纵向可以采用预应力体系或者钢筋混凝土体系。悬臂板根部的厚度为 0.35~0.42 m,纵向自由边的厚度为 0.15~0.20 m。

下承式箱梁结构的边梁除结构自身的功能外,还能提供纵向抗弯功能,这对

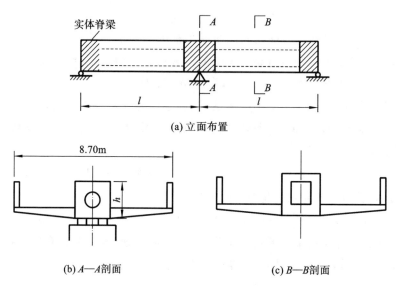

图 5.3 脊梁结构形式示意

改善悬臂板的受力是有利的。从防震隔振的角度考虑,边梁结构形式应为实体挡板,其高度一般与车厢地面高度相等。

下承式箱梁结构为双向预应力混凝土结构。纵横向预应力均采用 24 根 $\phi 5$ 的高强钢丝束,脊梁与翼板的混凝土强度等级为 C50。挡板和桥面轨道系统的混凝土强度等级为 C40。下承式箱梁结构每平方米桥面的混凝土用量及钢筋用量如图 5.4、图 5.5 所示,可供初步设计参考。

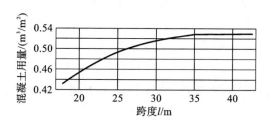

图 5.4 下承式箱梁结构每平方米桥面的混凝土用量

根据图 5.5 可知,随着跨度的变大,普通钢筋用量与预应力钢筋用量也相应增加。另外,由于脊梁承受较大的扭转作用,故纵向钢筋和箍筋用量随跨度的增大而增多。占主要使用面积的悬臂行车道板纵向采用普通钢筋混凝土体系,也使得普通钢筋用量随跨度的增大而增多。

(2) 上承式箱梁结构。

上承式箱梁结构的受力性能比下承式箱梁结构合理,其上翼板位于箱梁的

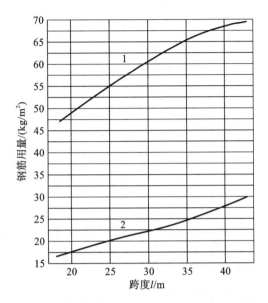

图 5.5　下承式箱梁结构每平方米桥面的钢筋用量
1—普通钢筋；2—预应力钢筋

受压区,悬臂长度比下承式箱梁结构的悬臂板小得多,横向无须施加预应力,是城市轨道交通桥梁常用的结构。如上海市轨道交通明珠一期工程一般地段高架桥、地铁 2 号线北延伸段、莘闵线轻轨,以及加拿大温哥华和泰国曼谷的轻轨等均采用上承式箱梁结构。

上承式箱梁结构的截面有多种形式:单室双箱梁,宜作为标准区间梁使用,适用于景观要求高、施工能力强的城市;单室单箱及双室单箱梁,材料用量少,外形可做成流线型,造型美观,景观效果好,但预制施工较困难。上述两种方案适用于现浇法施工,建议在大跨度桥梁和曲线桥上使用。

3) 预应力混凝土板梁结构

预应力混凝土板梁结构建筑高度小,外形简洁,结构简单,便于吊装施工。预应力混凝土板梁的经济跨度为 16～20 m。板梁截面主要有空心板、低高度板和异形板 3 种类型。空心板梁每跨可根据桥宽采用 4～6 片梁拼装而成,每片梁吊装质量为 40～50 t;而低高度板梁采用两片梁拼装,相对来说吊装质量更大。异形板梁在美观上占有优势,采用单片梁形式,一般为现浇施工,工期长。从受力上来看,板梁的抗扭刚度小,对抵抗列车偏载不利。多片空心板梁也可用在道岔区间及有配线的地段。

4）预应力混凝土 T 形梁结构

预应力混凝土 T 形梁与箱梁同属肋梁式结构，它兼具箱梁刚度大、材料用量省的特点，同时主梁采用工厂或现场预制，可提高产品质量，减薄主梁尺寸，从而降低整个桥梁自重。其每跨梁由多片预制主梁相互连接组成，吊装质量小，构件容易修复或更换，避免了箱梁拆除内模的困难。简支预应力混凝土 T 形梁的经济跨度为 20～50 m。

5）组合箱梁结构

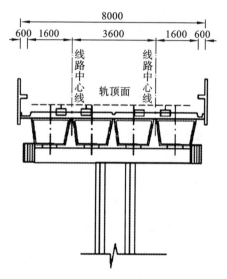

图 5.6　组合箱梁（单位：mm）

预应力混凝土组合箱梁，即在预制厂内用先张法制造槽形梁，架立后，再在其上面现浇钢筋混凝土连续桥面板，将槽形梁连成整体，形成组合式箱梁（见图 5.6）。区间由四片简支梁组成，一般经济跨度为 23 m，吊装质量约为 25 t。从受力上来看，该方案兼具箱梁整体性好、抗扭刚度大的优点，同时采用现浇连续桥面结构克服了简支梁接缝多的缺点，使行车条件得到改善；从施工上来看，组合梁的预制、运输、吊装方便，架桥速度快，对城市干扰少。该方案的缺点是桥面板须现场浇筑，增加现场混凝土施工量，且先张法只能直线预制，不适用弯梁桥，美观上也逊色于其他方案。

综合上述分析，从构件标准化、便于工厂预制和机械化施工等方面考虑，同一条高架线路的桥梁结构类型不宜过多。在预制和现浇施工方案的选择上，因现浇施工模板存在工作量大、施工速度慢等缺点，宜优先选择预制施工方案。另外，钢梁方案由于其造价高、车辆过桥时噪声大、维修工作量大等缺点，一般不宜采用。

5.1.2　高架车站结构

高架车站属于地上高架结构，轨道列车运行于结构的最上层，既非单一的房屋结构，也非单一的桥梁结构，而是桥梁和房屋融合在一起的结构体系。作为一种新的结构形式,在结构设计时,应综合考虑各方面的因素,才能做好结构的选型和设计。

高架车站的结构形式应满足车站功能布置要求,并结合当地的城市规划、地面道路及工程地质条件综合考虑。目前,国内外高架车站多为2~4层,站台层位于结构最上层,与区间高架桥连接,一般采用现浇或预制钢筋混凝土结构,优先采用预应力混凝土结构。

高架车站下部主体结构形式一般为现浇钢筋混凝土结构。墩柱可采用现浇或竖向分段的方式进行预制,盖梁结构可采用现浇钢筋混凝土梁板结构或预制梁结构。高架车站结构根据梁架与上部结构的荷载传递方式可分为车站建筑与桥梁分离式结构、空间框架式结构、车站建筑与桥梁整体式结构三种。

车站建筑与桥梁分离式结构也叫站桥分离或桥建分离结构,即行车部分采用与区间桥梁相似的结构形式,站厅层、站台层及设备管理用房部分采用常规框架结构形式,桥梁与梁架结构和建筑结构相互脱离,完全独立,荷载传递与结构设计较为简单,但是结构整体性较差。

空间框架式结构属桥梁、房建结合方案,也叫站桥结合或桥建结合结构,即将桥梁结构和车站结构结合在一起,形成一个结构体系,共用墩柱及盖梁,轨道梁简支于车站结构的盖梁上,采用简支支座。

车站建筑与桥梁整体式结构也叫站桥合一或桥建合一结构,即全现浇框架结构。这种结构形式更类似于常用的建筑结构形式,优点是车站结构与桥梁结构统一进行设计,有利于车站平面功能与设备管线的布局,车站整体性强,结构设计合理,结构断面尺寸合理,整体刚度好。

上述三种结构体系,从使用功能上看,空间框架式结构体系和车站建筑与桥梁分离式结构体系适用于大中型车站;车站建筑与桥梁整体式结构体系适用于小型车站和中间站。

就大型车站而言,在结构性能对比上,车站建筑与桥梁分离式结构优于空间框架式结构的原因如下。

①车站建筑与桥梁分离式结构体系可解决高架车站最突出的力学问题,即列车动力荷载对车站建筑的不利影响。该结构体系将车站建筑和高架桥分离成两个完全独立的力学系统,受力及传力明确简洁,可解决车站振动控制和基础沉降控制这两个结构设计和施工中的难题。

②车站建筑与桥梁分离式结构体系使高架车站的结构设计大为简化,高架桥和车站建筑可以分别依据现行国家规范进行独立的结构设计和计算。

5.1.3 高架结构墩与基础

在高架结构的总体设计中,下部结构除应有足够的强度和稳定性以避免在荷载作用下产生过大的位移外,其造型亦有严格的要求。但高架结构的造型常受地形、地貌、交通等限制,又与城市建筑及环境密切相关,合理的造型能使上、下结构协调一致,轻巧美观,给行人一种愉快的感觉。高架桥的下部结构的确定应遵循安全耐久、满足交通要求、造价低、维修养护少、预制施工方便、工期短、与城市环境和谐、桥墩位置和形状尽量多透空、少占地等原则。对于全线高架桥,宜减少桥墩类型。

1. 高架桥桥墩形式的选择

适用于城市高架桥的桥墩形式在 2.3 节已有论述。

T 形墩占地面积少,是城市轨道交通高架桥中最常用的桥墩形式。这种桥墩既为桥下交通提供最大的空间,又能减轻墩身质量,节约圬工材料,轻巧美观,特别适用于高架桥和地面道路斜交的情况。T 形墩由基础之上的承台、墩身和盖梁组成。墩身一般为钢筋混凝土结构,形状为圆形、矩形或六边形。大伸臂盖梁承受较大的弯矩和剪力,可采用预应力混凝土结构。墩身高度一般不超过 8 m。

双柱墩在横向形成钢筋混凝土钢架,受力情况清晰,稳定性好,其盖梁的工作条件比 T 形墩的盖梁有利,无须施加预应力,其使用高度一般在 30 m 以内。河中桥墩为了避免因较大的漂流物卡在两柱之间影响桥梁安全,可做成哑铃式。在城市立交桥中,哑铃式桥墩可抵抗更大的侧向撞击力,其在高水位以上或撞击高度以上部分分为两柱,以下部分为实体圆端形墩。上海轨道交通明珠线的双柱墩就是无盖梁结构,上部结构箱梁直接支承在双柱墩上,双柱墩上部设一横系梁,这种构造须在箱梁内设置强大的端横隔板。

Y 形墩结合了 T 形墩和双柱墩的优点,下部呈单柱式,占地面积小,有利于桥下交通,通透性好;而上部则呈双柱式,对盖梁工作条件有利,无须施加预应力,造型轻巧美观,施工虽然比较复杂,但尚无太大困难。

2. 高架桥和车站的基础形式的选择

高架桥和车站的基础形式应根据当地地质资料确定。当地质情况良好时,应尽可能采用扩大基础(适用岩石及持力层较浅的地基);若为软土地基,为了保证基础的承载能力,防止基础沉降,宜采用桩基础。国内外工程实践和理论研究表明,在软土地基上,桩基础是首选的基础形式。桩基础可以将上部荷载有效地传递到压缩性小的深层土层中,以满足上部结构对基础承载力和变形的要求;桩基础还可有效地承受横向水平荷载,其抗震及抗动载性能好。

经验表明,在设计中选择合适的桩基础持力层、桩径、桩长、桩间距等参数,可以使各桩基础的总沉降量大致相等。饱和黏土地基的沉降过程是一个固结沉降过程。各桩基础在总沉降量相等的条件下,它们的沉降时程曲线基本相同。所以,各桩基础在沉降过程中的沉降差可控制在很小的范围内。

5.1.4 桥上附属结构

高架桥的附属结构主要包括支座、桥上轨下基础、伸缩缝、防水排水系统、人行道、接触电网、通信设备等。

1. 支座

支座是设置在桥梁上部结构和下部结构之间的传力和连接装置,其作用是将桥梁上部结构的各种荷载传递到墩台上,并抵消活载、温度变化、混凝土收缩和徐变等因素所产生的位移,从而使结构的实际受力情况与计算的理论情况相符合。

支座按其容许变位方式分为固定支座与活动支座,活动支座又分为单向活动支座和多向活动支座。

支座按制作材料分为钢支座(平板支座、弧形支座、摇轴支座、辊轴支座)、橡胶支座(板式橡胶支座、四氟板式橡胶支座、盆式橡胶支座、球形支座、铅芯橡胶支座)、混凝土支座等。

轨道高架桥的支座宜采用橡胶支座,跨度不大于 30 m 的梁可采用板式橡胶支座(分固定和活动两类),并且应有横向限位装置。橡胶板反力应按现行规范《铁路桥梁橡胶支座》(TB/T 2331—2020)的规定取值。跨度大于 30 m 的梁采用盆式橡胶支座,其反力应按现行规范《铁路桥梁橡胶支座》(TB/T 2331—2020)的规定取值,活动支座(纵向或多向)的纵向位移量可按±50 mm、±100 mm、±150 mm、±200 mm 和±250 mm 来设计;多向活动支座横向位移可按±40 mm 来设计。支座计算应符合现行《铁路桥涵混凝土结构设计规范》(TB 10092—2017)的规定。

2. 桥上轨下基础

城市轨道交通高架混凝土桥上的轨道结构,大多数采用无砟无枕承轨台结构。但国外(如韩国首尔)轨道交通高架桥上也有采用碎石道床的情况,它具有施工简单、降噪效果好、抗爬力大、有利于铺设无缝线路等优点。但养护维修工作量较大,恒载也较大,对桥跨结构不利。上海轨道交通明珠线承轨台轨下基础断面如图5.7所示。

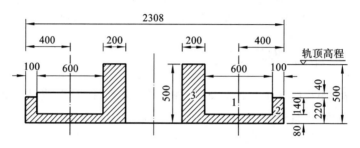

图5.7 上海轨道交通明珠线承轨台轨下基础断面(单位:mm)
1—支承块;2—道床板;3—护轮矮墙

支承块是一块预制的钢筋混凝土块,长600 mm,宽250 mm,高180 mm,上部稍窄(宽210 mm),嵌入桥面后期浇筑的道床中,钢轨垫板及扣件即安置在支承块上。支承块下部预伸出钢筋埋置在道床板中,随同道床一道进行后期浇筑。支承块按每千米1680对设置。

道床板连同护轮矮墙一起就地浇筑,并将支承块嵌固其中,共同构成承轨台轨下基础。为减少梁体混凝土收缩、徐变造成的轨道不平顺,故采用二次浇筑承轨台。上海轨道交通明珠线要求跨度小于80 m的桥梁梁体预应力筋在张拉后90 d浇筑承轨台;跨度大于80 m的桥梁另作专题处理。在预制梁体时,道床板的预埋钢筋伸出梁体,使道床与梁体连接成整体。承轨台分段设置,一般长225 cm,宽90 cm,高22 cm,各段承轨台之间的距离为15 cm,以便排水。为适应不同的梁跨,承轨台长度及间距可进行适当调整。由于桥梁位于曲线地段,因此应根据曲线半径的大小设置外轨承轨台的超高及轨距加宽尺寸。道岔、无缝线路伸缩调节器等特殊地段的承轨台另行设计。

承轨台施工以后的理论最终非弹性变形值,当跨度小于80 m时,该值小于30 mm;跨度大于80 m时,另作专题处理。当梁体施工完成后即应对桥梁进行变形(徐变、沉降)的连续观测和分析,通过综合变形曲线提供预期的最终非弹性变形值,以便在施工承轨台时先进行部分修正并预留适当的轨面调整量。

图 5.8 为上海轨道交通明珠线高架桥上正线及辅助线采用的大调高量、小阻力弹性扣件,其调高量为 40 mm,调距为±10 mm。这种扣件能显著减小车辆振动,降低噪声。

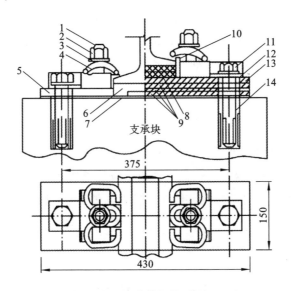

图 5.8 小阻力弹性扣件(单位:mm)

1—T 形螺栓;2—螺母 M24;3—平垫圈;4—弹条;5—铁垫板;6—复合胶垫;7—绝缘缓冲垫板;8—轨下调高垫板;9—铁垫板下调高垫板;10—绝缘块;11—锚固螺栓;12—弹簧垫圈;13—平垫块;14—尼龙套管

高架桥上个别环保要求高的地段宜采用浮置板结构基础,其优点是减振降噪性能良好、上下左右可以调整、结构刚度适当、排水畅通、不易造成电流泄漏、不存在混凝土二次浇筑等;缺点是结构复杂、造价较高、施工精度要求高、施工难度大等。

3. 防水排水系统

轨道高架桥的桥面必须设置性能良好的排水系统,排水设施应便于检查、维修与更换,应防止桥面出现积水。双线桥桥面横向宜采用双侧排水坡,单线桥可设单向排水横坡,坡度不小于 2%。排水管道直径与根数应根据计算确定,且直径不宜小于 150 mm。排水管出水口不得紧贴混凝土构件表面。应设滴水檐防止水从侧面淌入梁板底面。桥面应设防水层,且在梁的封锚及接缝处采用构造上的防水措施,防止雨水渗入。管道压浆材料和压浆工艺应严格控制,有条件时应优先采用真空压浆工艺,确保压浆密实。对于结构有可能产生裂缝的部位,应适当增设普通钢筋防止裂缝的产生。

4. 伸缩缝

伸缩缝是在桥梁因温度变化、混凝土收缩、徐变及荷载等作用产生梁端变位的情况下,为了使车辆能够顺利地在桥面上行驶,同时满足桥面变形的要求,而在梁端和桥台背墙之间、两相邻梁端之间设置的构造措施。伸缩缝除保证梁部能自由伸缩外,还应能有效防止桥面水渗漏。

5. 人行道

人行道设于线路两侧,供养护人员行走用。如设在桥梁建筑限界范围以内,则每隔30 m应设避让台。人行道板的顶面应低于桥枕底面,以方便抽换桥枕。高架结构桥面上的电缆支架、隔声屏障、接触网立柱等附属设施应与主体结构有可靠的连接。

6. 接触电网

轻轨交通的供电系统包括牵引供电系统、动力照明供电系统和高压电源系统。牵引供电系统供给轻轨车辆运行的电能,由牵引变电所和接触网(或接触轨)组成。动力照明供电系统提供车站和区间各类照明、扶梯、风机、水泵等动力机械设备的电源,以及通信、信号、自动化等设备的电源。由降压变电所和动力照明配电线路组成,接触网采用双边馈电或开式馈电。当跨河通信线的杆距大于150 m时,应在桥涵墩台上设置信号通信支架,通信支架从形式上可分为立体桁架、单片桁架。

(1)架空线接触网电杆在高架桥上的布置方式。

①接触网电杆设在桥梁中间。这种方式应增加桥梁断面宽度0.5~0.6 m,桥宽为9.5 m。脊梁式桥的主梁设在中央,为接触网电杆设置在桥中央提供了非常有利的条件。

②接触网电杆设在桥梁两侧,桥宽8.9 m。桥梁断面宽度较小,造价较低,而且对桥下日照影响较小,占用土地宽度也较小。但应树立两排接触网电杆,景观效果稍差,高架桥桥面加宽增加的造价远远超过增加一排电杆的造价。槽形梁桥主梁设在两侧,特别适宜电杆设在桥梁两侧的情况。

(2)接触网电杆高度及工作荷载。

接触网电杆高度及工作荷载取决于接触网悬挂方式及车辆限界。接触网悬挂方式分为简单悬挂方式和链形悬挂方式(见图 5.9),前者由弹性吊索与接触线组成;后者由承力索、接触线及吊弦组成,在电杆悬挂点处,承力索与接触线水平面之间的垂直距离称为结构高度。结构高度取决于最短吊弦长度,设计中结构高度一般取 900~1300 mm。最短吊弦应大于 300 mm。

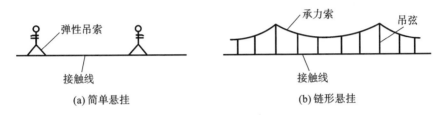

(a) 简单悬挂   (b) 链形悬挂

图 5.9 接触网悬挂方式

(3) 接触线悬挂高度。

接触线悬挂高度是指接触线在电杆悬挂点处与两钢轨顶面连线间的距离。接触线在最大正弛度时的最低高度,由车辆限界高度、接触网带电部分对车辆的绝缘距离、施工误差、工务维修抬道等因素确定。例如,湘潭轻轨电车车辆限界高度为 3820 mm,绝缘距离为 25 mm,列车振动余量 50 mm,施工误差及工务维修抬道考虑 50 mm。合计最低高度为 3945 mm,接触线悬挂高度一般取 5 m。

(4) 接触网支持装置的类型。

接触网支持装置的类型有腕臂柱、软横跨、硬横跨三种。在高架桥上一般选用硬横跨,它具有稳定性好、减少电杆高度及荷载、美观等优点。接触网电杆的侧面限界是指电杆内缘与邻近铁路轨顶连线中心线的水平距离,它必须保证在任何情况下,接触网电杆不得侵入规定的建筑接近限界。以湘潭轻轨电车为例,在直线区段,最小允许侧面限界为 2000 mm;在曲线区段的加宽部分,应由计算确定,设计中尚应考虑一定的施工误差。

(5) 接触网的跨距。

接触网的跨距是指相邻两电杆间的距离,其大小根据悬挂方式、电杆类型、受电弓类型、线路条件及气象条件等因素确定。从经济上考虑,希望增大跨距以节约投资;从技术上考虑,则要求确保安全可靠,受流质量良好。常用的跨距有 20 m、25 m、30 m、35 m、40 m、45 m、50 m 等。电杆一般有钢柱和钢筋混凝土柱两种。

7. 通信设备

通信系统是实现行车指挥和列车运营管理、保证行车安全和提高运营效率的重要手段。轻轨交通的通信系统由以下几部分组成:调度指挥通信系统、无线通信系统、公务通信系统、广播系统、电视监控系统、传输系统等。

5.2 高架结构设计与计算

5.2.1 高架结构设计荷载

作用在高架桥和车站上的一些主要荷载如下。

(1) 恒载。结构自重、上部建筑重力、预加应力、设备重力、混凝土收缩与徐变的影响力和基础沉降影响力。

(2) 活载。车辆荷载(根据车辆选型资料确定荷载图式,双线段按90%活载计)、地铁或轻轨列车的冲击力。曲线地段考虑离心力,离心力作用点在列车的重心位置,距轨顶的高度为1.8 m。区间桥梁应考虑双侧人行道荷载。

(3) 附加力。制动力或牵引力、风力、列车的横向摇摆力,以及超静定结构考虑温度变化的影响力。

(4) 若桥上轨道采用无缝线路,还要考虑因无缝线路产生的对桥墩的水平附加力。

(5) 特殊荷载。地震力[根据工程所处场地条件按《铁路工程抗震设计规范(2009年版)》(GB 50111—2006)计算]、施工荷载以及汽车对道路范围内和接近路边的桥墩的撞击力。

(6) 高架桥结构边缘应考虑30 kN/m的脱轨力。

(7) 区间高架结构的挡板设计,除考虑自重及风荷载外,尚应考虑0.75 kN/m的水平推力。

(8) 车站站台、中板和楼梯部位的人群荷载。

在上述荷载中,有关高架车站建筑的使用荷载可以参照《建筑结构荷载规范》(GB 50009—2012)的有关规定。但站间高架桥的荷载有其特殊性,目前尚未制定统一标准,城市轨道交通桥梁的荷载除车辆荷载外,应参照《铁路桥涵设计规范》(TB 10002—2017)的有关规定执行。

1. 车辆荷载

城市轨道交通车辆选型受到各方面条件的制约,因此车辆荷载难以确定,更不能像铁路列车荷载或公路汽车荷载那样准确制订出具有代表性的标准荷载。一般轻轨车辆荷载的标准图式如图 5.10 所示。

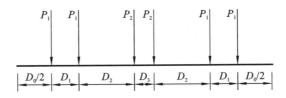

图 5.10　一般轻轨车辆荷载的标准图式(单位:mm)

图 5.10 中轴重 P_1、P_2，轴距 D_1、D_2、D_3 及与挂车辆相邻轴距 D_0 应按所选车型的各项数据采用。设计计算时，可采用 $P_1=100$ kN，$P_2=70$ kN，$D_0=6900$ mm，$D_1=1900$ mm，$D_2=4850$ mm，$D_3=1800$ mm。载重荷载也可以换算为 24 kN/m 的线荷载。表 5.3 所示为国外某些轻轨高架线路的活载取值示例。

表 5.3　国外某些轻轨高架线路的活载取值

国　家	加 拿 大				美 国		
地点	多伦多	金斯顿	斯卡伯勒	温哥华	华盛顿	亚特兰大	迈阿密
建造年份	1962	1979	—	—	1972	1978	1980
活载/(kN/m)	27.25	17.19	16.38	16.38	23.35	23.74	22.47

2. 车辆制动力、牵引力及横向摇摆力

城市轨道交通车辆的制动力或牵引力可按竖向静荷载的 10% 计算，当其与离心力或冲击力同时计算时，可按竖向静荷载的 7% 计算；双线桥梁只计算一线的制动力或牵引力。

车辆的横向摇摆力作用于轨顶处，其值可按 2.5 kN/m 考虑。横向摇摆力不与风力或离心力组合。

3. 长钢轨纵向力

当桥上铺设无缝线路时，长钢轨本身除受温度力作用之外，还受梁、轨相互作用的纵向附加力(即伸缩力和挠曲力)的影响。伸缩力是指梁因温度变化而产生伸缩，但受长钢轨的阻挡而不能实现，因而在长钢轨中引起纵向附加力。挠曲力是指梁在列车荷载作用下产生挠曲，引起梁上缘即钢轨平面的纵向位移，此纵向位移同样不能实现而引起长钢轨中的纵向水平力。然而，伸缩力和挠曲力又

反作用于梁跨(支座)和墩台。此外,如果在桥上发生断轨或者是无缝线路伸缩区设置在梁上时,梁跨(支座)和墩台又将受到断轨力或温度力的作用。总而言之,作用在桥上的长钢轨纵向力包括伸缩力、挠曲力和断轨力三种。

长钢轨纵向力与桥跨结构的跨度、体系、钢轨重力及钢轨本身的温度力有关。作用在桥墩台及固定在支座上的断轨力按一跨简支梁长或连续梁长内的线路纵向阻力之和计算,但断轨力不得超过最大温度拉力。无论单线或双线桥梁,仅计算一线断轨力。

4. 混凝土收缩、徐变作用

混凝土收缩是指构件尺寸随时间的推移而干缩;徐变是指构件尺寸在永久荷载(包括自重、附加恒载、附加力及不均匀沉降)作用下,随时间的推移而压缩。混凝土收缩、徐变作用的直接影响是降低混凝土的变形模量,导致预应力损失,使构件应力增大,变形也随之增大。

其实,这些都不难计算,而令工程师们感到困惑的是构件在预应力作用下预拱度随时间变化越来越大,工程中曾经出现过铁路桥梁的桥上道砟越来越薄、无砟无枕桥梁的轨顶高程无法调节的现象。部分预应力混凝土构件容许构件在最不利荷载作用下出现少许裂缝(但在恒载作用下不容许出现裂缝),从而可以适当降低预应力的大小,既节约材料,又能使构件在永久荷载作用下保持不拱、不挠的状态,从根本上解决了预拱度随时间推移而变化的问题。

设计时,可以在构件中预留 2~3 根备用束,施工时,随时观察梁的状态,通过利用备用束调节预应力的增减来控制梁的上拱或下挠,不一定要求预拱度等于零,只要控制预拱度在毫米级就可以保证混凝土收缩、徐变作用主要是引起构件缩短,而不会产生无法调节的拱度。

5. 荷载组合

荷载组合分为六类,其中基本组合三类,另有撞击力组合、施工组合和地震力组合,现分述如下。

①基本组合Ⅰ:永久荷载的一种或数种(视可能同时出现的情况而定,下同),加基本可变荷载的一种或数种,加其他可变荷载的一种或数种。分别给出承载能力极限状态和正常使用极限状态的分项系数。

②基本组合Ⅱ:永久荷载中的自重、附加恒载和不均匀沉降(根据设计需要参与组合),加基本可变荷载(不计制动力或牵引力),加其他可变荷载中的风荷

载。此类组合只需验算承载能力极限状态。

③基本组合Ⅲ：永久荷载和基本可变荷载同基本组合Ⅱ，加其他可变荷载中的温度作用。此类组合也只需验算承载能力极限状态。

④撞击力组合：除永久荷载的一种或数种及列车活载外，只需考虑船只或车辆的撞击力。

⑤施工组合：除永久荷载的一种或数种加其他可变荷载的一种或数种外，再加上施工荷载。分别给出承载能力极限状态和施工状态的分项系数，施工状态的容许应力限值可参阅相关文献。

⑥地震力组合：除永久荷载的一种或数种加基本可变荷载的一种或数种外，再加上地震力荷载，分别给出承载能力极限状态和正常使用极限状态的分项系数，正常使用极限状态的容许应力限值应依据有关规范适当提高。

5.2.2 高架结构计算

城市轨道交通高架结构，设计时可遵照《铁路桥涵设计规范》(TB 10002—2017)、《铁路桥涵混凝土结构设计规范》(TB 10092—2017)、《地铁设计规范》(GB 50157—2013)、《建筑结构荷载规范》(GB 50009—2012)，并参考其他有关规范按以下原则进行设计。

(1) 结构构件的内力按弹性受力阶段计算。

(2) 预应力混凝土桥梁结构应按《铁路桥涵设计规范》(TB 10002—2017)的规定验算其强度、抗裂性、稳定性、应力及变形。

(3) 计算预应力混凝土连续梁内力时，应考虑温差、基础不均匀沉降以及由于混凝土收缩、徐变和预应力所引起的二次内力。计算二次内力时，尚应考虑体系转换的影响。

(4) 结构应满足《铁路桥涵设计规范》(TB 10002—2017)规定的最小配筋率和最大裂缝宽度的要求。

(5) 箱梁应考虑抗扭计算。

(6) 墩顶允许位移除满足行车安全及桥梁自身的受力外，还应结合轨道结构形式具体分析，保证轨道结构的正常使用。

(7) 计算桥墩内力时，应特别注意考虑无缝线路引起的墩顶水平力。

(8) 墩台身应验算强度、纵向弯曲稳定、墩顶弹性水平位移。

(9) 墩顶弹性水平位移、顶帽尺寸及构造要求，暂且执行《铁路桥涵设计规范》(TB 10002—2017)的规定。

(10) 桩基设计要考虑土的弹性抗力,可按"K 法"或"M 法"计算。

(11) 摩擦桩设计时应按土的摩阻力验算桩的承载力,按材料强度验算混凝土及钢筋应力和桩身开裂宽度。

(12) 基础的允许沉降量应满足列车安全运营和乘客舒适度的要求,并控制在轨道结构允许变形的范围之内。

5.2.3 高架结构设计流程

高架结构的设计流程可按照以下步骤进行。

(1) 收集设计基础资料。

设计基础资料包括项目规划、地理地貌、线路环境、地质、材料及运输、交通、气象、水文等。

(2) 高架结构平、立面布置。

根据轨道交通规划,确定高架体系总体布置、桥长及分跨布置、桥下净空及梁高等。对高架桥应尽量采用等跨等高度梁。桥梁跨度的选择应结合周围环境及工程地质条件,从景观、经济和施工等方面综合考虑确定。

(3) 确定设计依据、设计标准及规范。

包括荷载等技术标准及设计参考规范。

(4) 拟定横断面形式、尺寸布置及桥面宽度。

结合结构受力、经济、美观和施工等因素综合考虑,确定高架梁横断面形式。高架梁横断面形式一般包括预应力混凝土箱梁、预应力混凝土板梁、预应力混凝土 T 形梁和预应力混凝土槽形梁。

区间标准横断面尺寸及桥面宽度根据高架桥的限界及设备安装位置而定。

(5) 荷载内力计算及内力组合。

内力计算包括恒载内力计算、活载内力计算及施工荷载内力计算,进而根据设计规范确定荷载内力组合。

(6) 根据设计原则进行截面配筋设计及强度、刚度验算。

根据结构设计原理确定结构断面在最不利荷载组合内力作用下,满足结构强度、刚度或抗裂性要求的配筋量及配筋布置(包括普通钢筋和预应力钢筋)。另外,为了保证施工安全,还要按照施工步骤对每一施工阶段进行安全性验算。如果配筋设计及强度、刚度验算不能满足相应要求,则应进行截面结构尺寸的重新拟定,进而重新进行设计验算。

(7) 高架结构墩、台、基础等下部结构的设计。

根据地质及施工条件确定高架结构的基础形式,从城市景观及环境方面确定高架结构墩、台的形式,同时保证墩、台的强度及稳定性。基础的容许沉降量应满足列车安全运营及乘客舒适度要求,并控制在轨道结构允许变形的范围之内。

(8) 其他附属设施的设计。

其他附属设施的设计包括降噪、防污、遮光、防辐射等措施的选择,电力、栏杆、管道及养护等设施的设计。

(9) 施工方法的选择。

施工方法的选择包括施工程序的设计、施工设备的选择、施工组织设计及综合概算等。施工方法在拟定设计方案时应基本选定,因为结构的内力计算及验算与施工方法有关。

(10) 工程施工图绘制。

工程施工图是设计者根据设计资料、设计依据、设计规范进行系统细致地规划、分析、设计绘制而成的,其应准确表达结构外形轮廓、大小尺寸、结构构造、所选材料等。高架桥梁工程施工图应包括:桥梁基础,承台、桥墩、桥台等下部结构,主梁、栏杆、伸缩缝,桥头引道工程、附属设施、结构概貌、施工方法等的说明书。

第6章 城市轨道交通结构震害与抗震设计

6.1 城市轨道交通地上结构震害

相关调查资料显示,强烈地震经常会造成轨道交通结构的严重破坏。典型的震害形式有:地上车站房屋结构损毁,高架区间梁体破坏、落梁,支座及连接装置破坏,盖梁、墩顶压碎或墩底断裂屈服,基础沉塌,轨道形变过大而失效等。

1976年7月28日,我国河北省唐山市发生里氏7.8级地震。此次地震破坏可谓空前,城市内的民用建筑物及工业厂房损毁严重,数十万人在此灾难中丧生,数十万人失去亲人、流离失所,直接经济损失达数百万人民币。此次地震严重地破坏了唐山市区及周边的公共交通系统,铁路系统震害严重。据统计,仅沈北线路段就有超过一半的桥梁破坏等级达到严重,多数桥梁出现固定支座螺栓剪断,部分桥梁主梁位移过大甚至落梁,桥台、墩顶压碎情况也很多,桥梁结构的破坏造成生命线路的不通畅,阻碍了抗震救灾组的及时进驻及伤重人员的转移。

2008年5月12日,我国四川省汶川县发生里氏8.0级地震。大片地区在地震中遭受了巨大的破坏,经济损失难以估量。四川省内多条铁路线路遭到破坏。广岳铁路线穿心店大桥在地震中出现了主梁纵向位移过大,产生了巨大的梁缝;部分区段活动支座出现滑脱,主梁失去平衡。阳安铁路桥梁横隔板出现保护层脱落、掉块、露筋,部分横隔板铁件锈蚀开焊,导致两片梁体不能再继续共同工作。

由于墩梁相对位移过大(或搁置长度不足)导致落梁的情况更为多见,地震中上部结构之间可能发生碰撞破坏及桥梁上部结构碰撞的震害情况。

桥梁支座是桥梁相对较薄弱的部位,极易发生震害。常见的破坏形式是竖向压力过大导致的钢盆断裂、锚固螺栓拔出或剪断、活动支座拉脱、支座本体构造的破坏、垫石压碎等。神户高铁东西线的生田桥在阪神地震中遭受了支座破坏,其支座形式在固定点采用铰轴固定支座,可动点采用铰轴滑动支座,中间钢桥墩底采用转动支座。桥墩上固定支座锚固螺栓被剪断,主梁最大横向位移达

100 mm。

1995年1月17日,日本阪神发生里氏7.3级地震,受灾区域轨道交通线路发达,受灾线路包括山阳新干线、阪急电铁、阪神电铁、神户港岛(Port Island)线等。在这次地震影响范围内,高架结构占比较大,由于地震震级较高,桥梁破坏情况不容乐观,如从新大阪站到六甲隧道入口就有5座高架桥严重破坏。墩柱大多为剪切破坏,但很少出现墩底完全屈服,伴随有墩顶压碎的情况,主梁磕碰严重。

2011年,日本东北、关东等区域内的轨道交通线路遭到严重的地震破坏,影响范围涵盖新干线、三陆铁道、仙台市营地下铁线路等。中曾根第一高架桥位于日本岩手县北上市,是一座9联3跨或4跨框架中间简支挂梁组成的单层高架桥,其桥墩高为7.5 m,墩柱尺寸为0.85 m×0.85 m,桩基础。该框架式高架桥损伤部位都集中在桥墩上端,出现了保护层剥落、钢筋暴露、核心区混凝土压碎、纵向钢筋屈曲等情况,其中支承挂梁的墩柱,即每联框架的边墩的破坏最为严重。

汶川地震中,宝成铁路线清江7号大桥位于四川省江油市雁门镇,建于1995年,采用[32+(53+2×88+53)+6×32] m桥跨布置,主桥为预制混凝土(precast concrete,PC)连续梁,桥高50 m。连续梁部分的主桥墩采用钢筋混凝土圆形空心墩,墩身为C30钢筋混凝土。汶川地震中,引桥矩形实体墩出现了贯通水平裂缝(剪断型)。现场调查表明,墩身开裂主要表现为环向裂纹,出现在墩底附近的施工缝位置。墩身开裂较集中地出现在墩高为20~30 m的矩形实体上,其中清江7号大桥连续梁附近的简支梁矩形桥墩最为严重,空心高墩、圆形墩出现开裂的情况很少。

1. 震害分析

半个世纪以来,全球的几次破坏性较大的地震都对城市基础设施造成了严重损害,这些地震灾害都造成了大量的城市高架桥梁、铁路、地下隧道的毁坏,中断了通往震区的交通生命线。

1) 桥梁结构震害分类

从过往地震桥梁震害来看,以震害发生部位来分,桥梁结构震害可以分为以下几类。

(1) 上部结构的震害。

包括上部结构自身的震害,如阪神地震中一座桥梁的钢箱梁底板和侧壁发生屈曲破坏,这类震害在桥梁震害中比较少见;上部结构的移位,此类震害在地震中比较常见,严重者会出现落梁,还可能出现主梁扭曲移位;上部结构的碰撞,主要体现为主梁之间的碰撞或主梁与盖梁挡块之间的碰撞。上部结构的震害除自身承载力不足所致外,大部分都是由于支座破坏或者下部结构发生过大移位所致。

(2) 支座及连接部位的震害。

主要表现为支座移位,锚固螺栓拔出、剪断,活动支座脱落,以及支座本身构造上的破坏、伸缩缝连接破坏、抗震棒销或挡块受主梁碰撞致坏等。支座震害在历次地震中比较常见,在阪神地震中,支座震害占统计桥梁总数的27%,支座及其他连接支挡构造属于桥梁抗震设计中比较薄弱的环节,加上现有桥梁对这些部位的日常维护的不足,就更易导致支座震害。

(3) 墩台结构震害。

主要表现为桥墩弯曲破坏,此类破坏属于延性破坏,表现为墩身开裂、保护层混凝土脱落、钢筋裸露、较大塑性变形等;桥墩剪切破坏,此类破坏为脆性破坏,由墩身强度和刚度急剧下降所致,主要原因是桥墩的延性设计不足,导致上部结构倒塌;桥墩基脚破坏,表现为桥墩与基础连接处开裂、扯断等,主要是由于钢筋搭接构造处理不当造成;桥台的破坏,主要表现为砂土液化导致的桥台移位以及桥台与主梁的碰撞等,此类震害较为少见。

(4) 地基及基础震害。

地基震害表现为:砂土液化,地基失效,地面产生大变形,地层发生水平滑移、下沉和断裂等。基础自身的破坏则较少发现,其震害的主要形式表现为基础沉降、滑移、桩基折断和屈曲失稳等,可能是由于地基失效或上部结构震害传递所致。

2) 桥梁震害原因

从桥梁内部来看,造成震害的主要原因如下。

(1) 支承连接部位失效。

包括支座失效、抗震挡块或棒销震坏。支座是连接上部结构与墩台的部件,支座一旦发生破坏,上部结构与下部结构将产生相对位移,容易造成主梁与墩台或主梁的碰撞,严重者甚至会落梁;抗震挡块或棒销是保护主梁不发生较大移位的装置,一旦震坏,极有可能发生落梁。

(2) 墩身设计及构造缺陷。

包括墩身抗剪设计及延性设计不足。主要是约束钢筋不足,造成脆性的剪切破坏的发生先于延性的弯曲破坏;节点搭接钢筋构造不当,如墩柱基脚主筋与承台或基础钢筋搭接不合理、桩基础中钢筋伸入承台的构造措施不当等。

(3) 地基失效。

地基失效是造成严重震害的主要因素,地震波可通过地基传递到结构本身,地震过程中地基的累积传递作用不容忽视。地基砂土液化导致的地基失效产生的破坏最大、最普遍,它在高烈度区和较低的烈度区都可能发生,主要取决于地基土的性质。

2. 桥梁震害等级的划分

根据桥梁结构震害程度的不同,桥梁震害可以分为五个等级:基本完好、轻微破坏、中等破坏、严重破坏、毁坏。各等级定义如下。

①基本完好:基本没有震害,结构完好;或非承重构件受较轻微损伤,车辆可正常通行。

②轻微破坏:非承载构件有微破损,承重构件完好或基本完好。桥面伸缩缝有变化,梁轻微移动,腹拱柱有微裂缝,拱身微裂,拱肋与拱波联系处松脱,墩台轻微变位,台背填土下沉,可照常使用,支座和基础只有轻微损坏。

③中等破坏:主要承重结构遭受损伤或局部损坏,附属结构破坏严重,墩台轻微倾斜及变位,桩顶、桩与横系梁连接处、桥墩变截面处、主拱圈等部位出现小裂缝,活动支座倾斜位移、固定支座损坏,主梁的纵、横向变位,拱上出现较大裂缝,桥头引道下沉、锥坡严重破坏,承载能力降低,经修复后可正常使用,但需要限速限载通车。

④严重破坏:主要承重构件破坏或断裂,如梁出现裂缝,梁与支座的连接螺栓大部分被剪断,拱身开裂或破碎,墩台滑移、断裂、严重倾斜,跨度变化明显或承载力大大降低,基础破坏较严重。大修或改建后才能通车。

⑤毁坏:桥梁的主要承重构件严重破坏或毁坏,如落梁、拱倒塌、墩台折断等,桥梁不能再使用。

3. 桥梁的抗震设计

随着城市化的迅猛发展,城市高架桥的建设及完善要求也要提高。桥梁的抗震性及安全性对城市安全、交通秩序、经济社会活动等的意义非常重大。地震发生时,确保高架桥梁系统的结构和行车安全已成为城市交通系统建设的首要任务。

高架桥梁的结构形式、力学方面的特征和普通的桥梁结构有较大的差别,它对地震破坏的形式和抗震性能要求也比较高,因此要对其进行抗震研究。根据桥梁功能不同和所处地质条件的不同进行有针对性的设计,提高桥梁工程的抗震能力。技术人员在桥梁抗震设计中不考虑地面运动和桥梁结构的特定作用力,并假定其在地震作用力下是静止的,桥梁仅以地震惯性力作为桥梁的地震荷载。桥梁工程抗震设计中较为重要的设计原则包括桥梁整体性能的设计,设计人员需考虑桥梁的抗震强度设计和桥梁位移延展性能的设计。桥梁结构构件和混凝土浇筑体都应有良好的延展性,避免地震作用下桥梁因位移造成垮塌。提高桥梁隔震层和隔震带对地震能量的阻隔性能,可以减少地震力对桥梁的破坏。

1) 基础抗震设计

(1) 规范规定的设计方法。

当前各国的高架桥梁抗震设计都依照能力保护的原则作为抗震设计的基础。在日本的高架桥梁抗震规范中,其在强烈地震作用下允许相应的非线性状态基础进入,运用塑性率反应、构件的损伤程度及位移量的反应来对基础的稳定水平进行判定。在欧洲的高架桥梁抗震规范中评价基础的抗震性能则运用强度指标,依据墩柱抗震性能预期效果,运用不同的方法对基础进行验算。如果墩柱的设计为有限延性,那么对地震预期的结果的强度直接进行验算;如果墩柱的设计为延性,那么则依照能力保护的原则进行基础设计;如果墩柱的设计为保持弹性,预计的塑性则发生在桩基上,就要对桩的非线性效应进行考虑,运用性能系数对地震力削弱进行有效的验算。

(2) 相互作用的桩-土模拟方式。

桩基础是城市高架桥梁中运用的主要基础形式,相互作用的桩-土模拟在基础抗震设计中起到核心作用。目前已有很多关于相互作用的桩-土结构的研究,运用不同的精度模拟在地震作用下基础、地基的系统变化。在设计过程中由于对计算效率的要求通常都较高,因此运用恰当的简化模型不但能够确保设计精度,而且还能提高工作效率。

(3) 选取合理方案建立抗震模型。

桥梁的方案设计阶段应选取抗震性能较好、整体性强的结构体系。建立桥梁结构的空间动力计算模型进行抗震分析,计算模型应反映实际桥梁结构的动力特性。计算模型应能正确反应桥梁上部结构、下部结构、支座和地基的刚度、质量分布及阻尼特性。通常主梁和墩柱采用空间杆系单元模拟,单元质量采用集中质量模拟。

(4) 重视桥梁抗震构造措施。

在桥梁的方案设计阶段,应选取对抗震有利的桥梁形式。上部结构连续的桥梁,各桥墩高度最好相近。若因地形限制导致相邻桥墩高差较大,设计时可采取不同的桥墩断面构造方式来调整桥墩的抗推刚度。加强结构塑性铰区域、结点区域等薄弱部位的构造措施,以保证结构的强度和延性。对于抗震设防烈度为7度以上的桥梁,应严格遵守相关规范中的抗震设防措施,确保桥梁抗震构造安全。

2) 地震作用下的行车安全问题

(1) 抗震设计中模拟车辆荷载。

由于行车的密度较大,因此在地震反应分析中要充分考虑车辆荷载。设计时以列车的横桥向惯性地震力作为指标,来衡量地震作用下车辆对桥梁的作用。我国的抗震规范规定,对运量较大的车辆,要考虑其活载引起的横桥向水平地震力,并且低车架弹簧对横桥向振动的消能作用也考虑在内,但横桥向的振动方向并不是主要的,因此地震力要按列车活载的50%计算,双线桥按单线活载计算。顺桥方向由于车轮作用,其加速度不易传递到列车上,因此顺桥向所产生的水平地震力不计活载。

(2) 行车中的安全控制。

高架桥梁要对地震作用下的行车安全进行保证,在梁刚度对行车安全有保证的前提下,桥墩横向刚度也要重点研究。为确保城市高架桥梁在地震作用下的行车安全,要整体化地对交通车辆和系统进行地震反应分析,并与国内外设计标准及科学研究成果相结合,对轨道横向加速度限值有所重视。地震本身的随机性导致震灾防御技术对其准确预测较为困难,所以很难准确地预测高架桥梁结构抗震性的承受能力,合适的抗震设计就显得尤为重要。

3) 抗震理论研究与设计相结合

日本学者大房森吉提出结构抗震计算的静力法后,各个国家对结构抗震分析和设计方法的研究也在不断加快。结构地震反应分析和抗震设计水平因此也不断提高。然而由于地震反应分析和抗震设计对理论的严谨性和成熟性的要求比较高,所采用的经验参数和方法比较保守,所以在精度达到要求下,理论简明、计算效率高的方法被广泛地采用。世界各国抗震设计大多采用了研究成果较为成熟的部分,在规范编制过程中,综合考虑了设计特点和相关因素,故其保守性较大。与轨道交通高架桥梁抗震设计相关的研究,需要在深入、细致的情况下,简明地提出与设计特点相结合的办法,且要易于实施,有利于设计人员正确运用。

6.2 城市轨道交通地下结构震害

随着社会经济的迅速发展和城市人口的增加,城市基础建设的步伐也在进一步加快。除地面建设外,城市地下空间的开发也逐渐成为当前建设工作的重点。以地下结构为载体的地下交通系统、地下管线系统以及地下商业街等的出现不仅缓解了地面交通拥堵问题,还改善了生态环境,也优化了城市空间结构,提高了城市韧性。与此同时,地下结构的地震安全性越来越受到重视。一般情况下,地下结构由于受到周围土体的约束作用,有良好的抗震性能,但多次地震灾害表明地下结构同样有可能遭受严重破坏,而它们一旦发生严重破坏,修复时间长、成本高,修复过程也更加困难,会造成巨大的经济损失。1977年以前,美国就有大量矿井巷道在地震中遭受破坏。1995年日本阪神地震中,出现了地铁车站以及地铁隧道等地下结构的大面积破坏,其中大开地铁站和上泽地铁站发生了垮塌。1999年我国台湾集集地震对49座山区隧道造成了不同程度的损伤;2008年汶川地震对四川、陕西、甘肃境内的57座隧道造成了不同程度的损伤。这些震害引起了学术界和工程界对地下结构抗震性能的重新认识,从而催生出一系列针对地下结构抗震设计的理论及试验方法,各国也纷纷制定或修改了相应的抗震设计规范。

虽然地下结构抗震理论与抗震设计研究已经取得了很大进展,但其震害预测研究工作仍处于初始阶段。本节首先简述地下结构基本分类,然后介绍地下结构震害破坏形式及震害机理,最后总结目前国内外所采用的有关地下结构震害预测的研究方法,探讨其优缺点,分析地下结构震害预测的发展方向。

6.2.1 地下结构基本分类

地下结构形式多样,分类方法也很多。考虑到工程结构形式、地震响应、地震破坏等特点和抗震能力分析方法的不同,地下结构可大致归纳为细长型地下隧道类结构、空间分布型地下框架类结构以及地下壳体类结构。当然，根据功能需求还有一些异形结构。

1. 细长型地下隧道类结构

地下隧道按地质条件可分为土质隧道和石质隧道；按埋深可以分为浅埋隧道和深埋隧道；按所处位置可分为山岭隧道和城市隧道；按施工方法可分为明挖隧道和暗挖隧道（含盾构隧道）；按断面形状可分为圆形隧道、矩形隧道、马蹄形隧道等；按隧道功能可以分为公路隧道、铁路隧道以及地铁隧道。尽管隧道的形式多样，但其主体结构主要是由洞身衬砌和洞门构造物这两大部分构成，而且隧道的纵向长度相对于横向尺寸大得多，也称为线形结构。

2. 空间分布型地下框架类结构

地下框架结构通常是指在地下空间修建的框架-剪力墙结构。框架-剪力墙结构的侧向刚度比框架结构大，大部分水平力由剪力墙承担，而竖向荷载主要由框架承受。此类结构具有较大的空间，外墙基本都是钢筋混凝土剪力墙，与土体连接，而内部根据需求有时只在部分位置设有剪力墙，保持了框架结构易于分割空间、立面易于变化等特点。这类结构在对地下空间的开发与利用过程中充分发挥了框架-剪力墙结构的优点。目前通常采用地下框架结构的有地铁车站、地下停车场、地下商场以及新型综合管廊等。

3. 地下壳体类结构

地下壳体类结构是指修建在地下的薄壳结构。薄壳结构不仅有合理的空间曲面，能够将其所承受的外荷载转换成沿壳体表面的径向压力，从而具备良好的传力性能，而且结构本身的厚度较小，相较于一般的梁板式结构能够形成较大的空间跨度。因此在实际工程建设中，薄壳结构以其承载能力强、空间可用度高、节省材料等优点大量应用于有高承载能力以及大跨空间的需求的工程，在地下空间建筑中也应用广泛，如地下石油燃气储罐、地下仓储室以及核电站等。

目前关于地下结构震害的记录主要集中在地下隧道类结构以及地下框架类结构上，而对于地下壳体类结构的震害资料较少，因此本节主要针对前两类地下结构震害的破坏形式进行介绍。

6.2.2 地下结构地震破坏形式及震害机理

1. 地下隧道结构的震害特点

1）隧道的震害特征

盾构隧道和明挖隧道的震害特征基本一致,主要包括衬砌开裂、衬砌剪切破坏、边坡破坏造成的隧道坍塌、洞门裂损、渗漏水、边墙变形和底拱损坏等。

（1）衬砌开裂。

衬砌开裂是最常发生的隧道震害,主要包括衬砌的纵向裂损、横向裂损、斜向裂损、斜向裂损进一步发展所致的环向裂损、底板隆起,以及沿着孔口如电缆槽、避车洞或避人洞发生的裂损。

2008年5月12日的汶川地震中,都汶公路上11座隧道中有8座隧道出现了不同程度的衬砌开裂。友谊隧道施工缝几乎全部开裂,缝宽最大达30 mm。整个隧道路面开裂严重,裂缝纵横交错;从映秀端洞口起480 m范围内,仰拱大幅隆起,致使路面呈倒V字形,左右幅路面之间缝宽达20 cm以上,两侧电缆沟盖板大幅向外倾斜。整个隧道二次衬砌几乎无完好地段,破坏部位主要在两侧拱腰与拱顶。总的来说,隧道两端洞口段破坏较轻、洞身段破坏较重,最严重破坏地段位于映秀端进口180～380 m之间,严重破坏地段长约140 m,表现为拱墙环向钢筋弯曲外凸、混凝土压溃脱落、局部垮塌、二次衬砌结构完整性遭到彻底破坏,完全丧失承载能力。中等破坏地段长约400 m,表现为拱墙混凝土保护层脱落、钢筋外露、个别钢筋有轻微压屈现象,二次衬砌结构的完整性遭到重创,承载能力大大减弱,隧道两端洞口段破坏较轻,主要表现为混凝土表面龟裂状结构性裂缝,缝宽一般小于2 mm,除结构性裂缝纵横交错地段外,其他地段对二次衬砌的承载能力影响不大,尤其是孤立的离散性裂缝处理起来较为简单。

酒家垭隧道出现二次衬砌施工缝错位及开裂渗水,二次衬砌错段、严重掉块,多段出现大面积破损垮塌(集中于拱顶和拱腰位置)。在素混凝土垮塌区域,破坏形式表现为二次衬砌混凝土大块垮塌,防水板外露且局部被撕裂;在钢筋混凝土垮塌区域,破坏形式表现为二次衬砌内钢筋严重扭曲变形;仰拱及仰拱回填多处开裂、错台、隆起,个别地方与衬砌裂缝形成环向贯通,裂缝宽度2～20 mm;掌子面附近的初期支护喷混凝土破坏掉落、钢支撑扭曲变形,围岩坍塌。

1923年9月1日的关东大地震中,南无谷隧道穿过褶曲破坏的玄武岩,衬砌裂缝遍及全洞,包括大量的横向、斜向和纵向裂缝。

1999年9月21日的我国台湾集集地震中,统计的44条盾构隧道中有34条衬砌开裂严重,其余隧道除两条无衬砌隧道出现落石外,也都有轻微裂缝产生。

(2) 衬砌剪切破坏。

对于衬砌剪切破坏,软土地区的盾构隧道主要表现为裂缝、错台,山岭隧道主要表现为衬砌受剪后的断裂、混凝土剥落、钢筋裸露拉脱等。

1906年4月18日美国旧金山地震中,两座隧道由于横穿圣安德列斯断裂带而遭到严重剪切破坏。圣安德列斯水坝集水隧道的部分隧道向北移动2.4 m;圣克鲁斯山上的长1890 m的铁路隧道也发生类似的变形;埋深214 m的莱特1号隧道是木衬砌,其洞顶及两侧坍塌、木料折断、轨道隆起、枕木断裂、断层处水平错位1.37 m;埋深207 m的莱特1号隧道没有穿越断层,也发生了洞顶塌陷、木料折断。

1930年11月26日日本北伊豆地震,施工中的丹那隧道在穿越惠那断层处发生水平错位2.39 m,竖向错位0.6 m,主隧道边墙数处产生裂缝。

1971年2月9日美国圣费尔南多地震,圣费尔南多隧道邻近希尔玛(Sylmar)断层处衬砌损坏和错位,一处竖向错位达2.29 m,产生挠曲裂缝。

1978年1月4日日本伊豆尾岛地震中的稻取隧道,由于地震时出现一条横贯隧道的断层,衬砌横断面变形,宽度缩短约0.5 m,底鼓约0.8 m。近隧道西洞门处钢轨受压翘曲,轨道和轨枕发生错位。隧道两侧发生0.62 m的水平位移,导致围岩膨胀、断面变形、混凝土挤出。

2008年5月12日汶川地震中,龙溪隧道因地层的直接错动而造成隧道上下相对位移达1 m左右的错动变形和衬砌拱部塌落而丧失功能。白云顶隧道二次衬砌错台近40 cm,环向钢筋完全外凸,混凝土局部垮塌,二次衬砌结构完整性遭到彻底破坏,基底发生沉降,路面裂缝密布,错台达20 cm以上,损坏段落近30 m,严重影响行车安全。

(3) 边坡破坏造成的隧道坍塌。

这种震害多发生于山岭隧道。地震中临近边坡面的隧道可能会由于边坡失稳破坏而坍塌。

1999年9月21日我国台湾集集地震中的台8线42K+573和149甲线清水隧道即为边坡破坏造成隧道坍塌的典型案例。

(4) 洞门裂损。

洞门裂损主要发生在端墙式和柱墙式洞门结构中。

1906年4月18日美国旧金山地震中的圣安地列斯水坝集水隧道砖衬砌洞门损坏长达8.5 m,圣克鲁斯山上的铁路隧道也发生类似变形。

2008年5月12日汶川地震中,桃关隧道圆弧形端墙出现开裂与松脱,最大裂缝达50 cm。

1999年9月21日我国台湾集集地震中统计的44条隧道中有11条出现洞门裂损。

(5) 渗漏水。

大部分地下结构震害都伴随渗漏水现象的发生。砂土地区盾构隧道多表现为地下水渗流、隧道内涌入泥沙等现象。

1999年9月21日我国台湾集集地震中观音2号线、3号线、旧谷关隧道均发生渗漏水现象。

(6) 边墙变形和底拱损坏。

对于地下结构的破坏,当侧压比小于1时,破坏主要发生在边墙;当侧压比大于1时,破坏主要发生在拱部、底部;当侧压比等于1时,洞周都有可能发生破坏,高跨比很小的情况例外。边墙变形和底鼓损坏示意如图6.1所示。

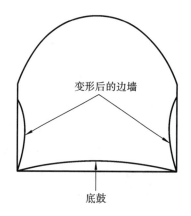

图6.1 边墙变形和底鼓损坏示意

1906年4月18日美国旧金山地震中的莱特1号隧道,在地震中发生洞顶及两侧坍塌。

1923年9月1日日本关东大地震中的南无谷隧道,衬砌变形严重,底板基本上均出现上鼓,最大达1 m左右,断面收缩最大达50 cm。

1952年7月21日美国克恩郡地震中的3号隧道,边墙混凝土被压碎,一处边墙上跳并将扭曲变形的钢轨压在其下。

1971年2月9日美国圣费尔南多地震中有一地下水库也发生严重的边墙变形,顶板沉陷,墙板结构角隅处及立柱两端混凝土破碎,钢筋弯曲。

2004年10月23日日本中越地震,新干线隧道最大的混凝土落块约2 m^3(重5 t)。

其他震坏包括隧道直径缩小、路基混凝土抛出、隧道内部裂缝、衬砌剥落、钢筋裸露等。

2）隧道的破坏机制

隧道的破坏机制主要分为如下四类：断层错动、结构震动、场地永久变形和场地条件劣化。

（1）断层错动。

通过断层的隧道在地震过程中，受到断层错动的强制力作用，在地盘产生上下或水平的相对位移后，拱效应的降低或将瞬间失去岩压自持力，使得隧道的线形构造发生剪断变形。活动断层的蠕变量可以达到每年几毫米，隧道衬砌承受剪力，很可能产生剪切破坏，一般为斜裂纹，并有错台。这种剪切变形通常被限制在活动断层周围一个狭小的范围内，但这种突然的变位方式引起的隧道破坏是灾难性的，往往会导致隧道整体坍塌破坏。最好的处理办法是在选线阶段予以避开。在无法避开的情况下，一般需要查明发生断层错动的可能性和可能发生的位移，在设计中予以特殊考虑，并提出检修的办法。

1952年7月21日美国克恩县地震中，3号、4号、5号、6号隧道皆横穿白狼断层，衬砌发生严重剪切破坏。

1971年2月9日美国圣费尔南多地震中，邻近希尔玛断层的圣费尔南多隧道由于断层错动，衬砌严重损坏和错位，一处竖向错位达2.29 m，并产生挠曲裂缝。

（2）结构震动。

结构震动是结构在地震惯性力作用下而产生的破坏。对于同一程度的大地摇动而言，如果仅考虑结构的惯性力，地下结构要比地面结构安全得多。因为地下结构处于周围地层的约束之中，并与地层一起运动，因而地下结构在地震过程中，仅仅按照其相对于地层的质量密度和刚度分担一部分地震变形和荷载，而不像地面结构那样，承担全部惯性力。但对于处于地层约束较弱的洞口及浅埋地段，破坏发生的概率一般较高。洞身结构之所以有惯性力破坏的现象发生，主要是由于地下结构与地层之间出现了较大的空隙而削弱了地层的约束作用，因而相当于提高了衬砌结构的相对质量密度，造成其分担的地震惯性力超过了极限。

（3）场地永久变形。

场地永久变形包括围岩变形、洞口滑坡、崩塌等。地震中的围岩变形会对地下结构产生外力，导致隧道衬砌开裂、洞门裂损、边墙变形底拱损坏等；洞口滑坡或崩塌可能导致洞口垮塌或隧道整体坍塌等。

（4）场地条件劣化。

场地条件劣化主要指地震中出现的场地液化、地基沉降等。场地条件劣化是造成隧道渗漏水的主要原因,同时还可能造成隧道上浮、不均匀沉降,从而引起进一步破坏。

3) 震后修复

隧道的震后修复,需要综合考虑地震烈度调整、隧道破坏程度及工程实施难度等因素,应遵守"分类整治、适度冗余、安全快速"的原则。隧道Ⅴ级破坏段拆除重建,Ⅳ级与局部Ⅲ级破坏段采用套衬加固或局部修复。隧道修复方案包括洞身临时加固与永久加固两个方面,其中永久加固又需要根据地震引起的隧道破坏程度区别对待。

为确保施工安全,首先应对灾害严重、危及作业安全,如拱部二次衬砌坍塌、边墙垮塌等地段先行临时加固,洞身临时加固方式主要为搭设临时钢架与隧道径向注浆。洞身临时钢架支护采用 H175 型钢作为龙骨(尽量贴近衬砌内轮廓设置),拱部 140°范围铺挂双绞六边形柔性网片。隧道洞身径向注浆加固范围为内轮廓线外 6~9 m,横纵向间距按 1 m×2 m 实施。注浆材料为水泥,注浆工艺为挤密注浆。

Ⅴ级破坏段落属于震损极严重区域,应拆除重建。修复的基本原则为"预留空间、优化断面、减震消能、节段设计"。其中,"减震消能"是指在初期支护与二次衬砌之间铺设减震消能材料;"节段设计"是指在衬砌过程中每隔一定长度(如 6 m 左右)设置宽 2~3 cm 的变形缝。"大刚度环形衬砌+预留空间+减震消能层"的节段结构体系可以在断层错动时,将发生破坏区域集中在连接部位或结构局部,有效减小结构的整体破坏。

隧道的Ⅳ级破坏区段,以及Ⅲ级破坏区段为衬砌开裂较严重地段,主要采用套衬加强方案,即新建格栅钢架混凝土套衬进行加固。套衬材料采用模筑聚丙烯纤维混凝土。

隧道地震破坏等级Ⅲ级(中等)及以下的结构裂缝、轨道上拱等震害地段,应采用裂缝封闭、基底注浆等措施进行修补。

对于盾构隧道,若存在严重损伤的混凝土扇形管片,可在损坏部位的内侧安装特制钢环管片来加固修复,但这种做法会使隧道内径变小,为管理和维护留下隐患。隧道一旦投入使用后,维护会变得非常困难,即使没有在地震中被损坏,防水橡胶的老化和管片内钢筋及螺栓的腐蚀等现象对其正常使用也产生很大的影响。所以需要对管片接头和防水橡胶层抗震性能进行研究,此外,制定日常的检修和维护管理制度也非常重要。

1952 年 7 月 21 日美国克恩郡地震中破坏的 3 号、4 号、5 号、6 号隧道,震后局部或全部改为明堑。

2. 地下框架结构的震害特点

1）框架结构的震害特征

在地下结构的框架结构震害中,混凝土中柱破坏现象最为突出。虽然各车站震害程度不同,但混凝土中柱损坏程度一般比其他构件更为严重。因此,对于箱形地铁车站结构,混凝土中柱是结构薄弱环节,其设计方法应高度重视。中柱的破坏包括弯曲破坏、剪切破坏及弯剪联合破坏。

（1）弯曲破坏。

造成中柱弯曲破坏的一个主要因素是其弯曲延性不足。日本神户市内的大开、止泽等地铁车站建设年代较早,虽然设计抗弯强度安全系数很高,但仍低于弹性设计理论中遭遇到预期地震烈度所需的强度。延性的不足意味着混凝土中柱在反复循环荷载作用下,经过几个周期变形后,强度明显下降,塑性铰区域内的混凝土压应力大于其无侧限抗压能力,造成混凝土保护层剥落,进而对搭接的箍筋失去约束作用,无法控制核心混凝土的横向变形,导致压碎区向核心区域扩展,纵向钢筋屈曲,强度迅速降低,最后中柱因无法承载而破坏。图6.2展示了中柱弯曲破坏的过程。

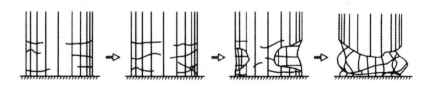

图 6.2　中柱弯曲破坏的过程

（2）剪切破坏。

中柱剪切破坏受多种复杂因素影响,混凝土的剪力传递、沿弯曲-剪切斜裂缝处骨料的咬合程度、箍筋水平连接产生的桁架机制等都会影响混凝土中柱截面的抗剪强度。如果产生桁架机制的箍筋发生屈服,弯曲-剪切裂缝宽度和数量将迅速扩展,由骨料咬合作用产生的混凝土抗剪机理强度也随之折减,造成混凝土剥落,纵向钢筋受剪而弯曲,最终导致中柱发生脆性剪切破坏。中柱剪切破坏的过程如图6.3所示。多数中柱出现剪切破坏的直接原因是结构设计时,中柱是作为铰约束进行分析的,但实际上,轴向钢筋深固于纵梁内部而形成刚性约束,导致弯矩和剪切力大于设计值;另外,为承受较大轴力,纵向钢筋配筋率较高,使中柱弯曲刚度增大,抗剪强度相对降低。

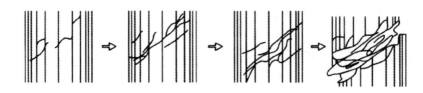

图 6.3 中柱剪切破坏的过程

1995年1月17日日本阪神地震中,上泽站西侧立柱由于受到交变剪力的作用,破坏严重,如图 6.4 所示。新长田站东部受灾严重,大部分中柱由于剪切破坏出现裂缝,有的中柱混凝土脱落露出钢筋。上层为混凝土柱,有 9 根发生中等程度破坏,6 根出现轻度的剪断裂缝;下层为钢构柱,在大厅端部钢构柱向混凝土柱过渡部分处的中柱出现剪切裂缝。新长田站东侧震害情况如图 6.5 所示。西代站东侧一层破坏较严重,间隔 5 m、高 3.65 m、断面为 250 cm×40 cm 的中柱有 17 根,其中 16 根发生剪切破坏,混凝土脱落,钢筋外露。在上、下中板两侧靠近突出平台处有垂直裂缝。西侧为二层四跨结构,所有的中柱均出现剪切裂缝。下层是一个停车场,仅在其四周房间内的柱子上有剪切裂缝,破坏程度轻于上层。上层共有 8 根中柱和 14 根侧柱,其中有 4 根中柱和 2 根侧柱发生剪切破坏。底层停车场南北侧各有 14 根柱,其中北侧 1 根和南侧 8 根发生剪切破坏。

(3) 弯剪联合破坏。

在强烈地震作用下,由于中柱纵向钢筋过早被剪断,抗弯强度降低,在离中柱固定端一定位置处形成塑性铰区域。在此区域内,弯曲-剪切裂缝宽度的增加使骨料间通过咬合所传递的抗剪力丧失,从而发生弯曲-剪切破坏。

1995年1月17日日本阪神地震中,高速长田站在靠近大开站方向的 120 m 区域内,连续 16 根中柱发生弯曲和剪切龟裂等破坏。上行线路侧壁的直角部位出现剪切破坏,剪切破坏面从北向南逐渐向下倾斜,一层两跨的侧式站台中柱受损。车站 41 根中柱中与大开站相连的部分有 5 根因钢筋变形而发生剪切破坏,并且有 11 根中柱出现剪切裂缝和混凝土剥离。二层四跨的上层中央大厅钢结构柱下的轨道层混凝土底板亦有受损。大开站地表面 100 m 长、30 m 宽的范围内,发生了顶板坍塌破坏和上覆土沉降,最大沉降量约 3 m。沿地铁线路地表面其他地方出现了连续几十米长的裂缝。大开站 35 根钢筋混凝土柱中有 30 根完全破坏,钢筋被压弯和外露,许多箍筋也被完全破坏。

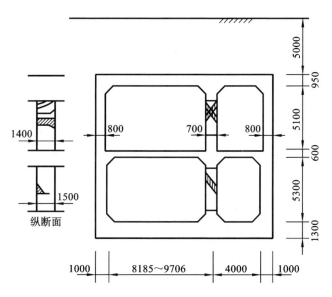

图 6.4 上泽站震害情况(单位:mm)

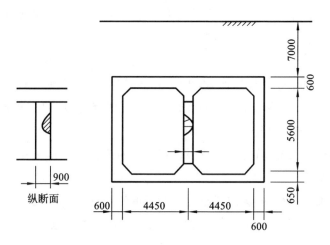

图 6.5 新长田站东侧震害情况(单位:mm)

2) 框架结构的破坏机制

(1) 结构振动。

结构振动是地下框架结构受地震作用发生破坏的主要原因之一。地震使地下结构受惯性力,达到承载力极限状态时破坏。

1995年1月17日日本阪神地震中的三宫站,由于结构振动,在其中心附近区段,地下一层的钢筋混凝土柱大多遭受震害。重者钢筋和混凝土分离,轴向钢筋压屈；轻者表面混凝土剥落、钢筋外露。受垂直于线路方向的剪力作用，顶底板间发生了朝向地层的较大的相对位移。在42根较大直径的顶层中柱中有33根出现剪切裂缝，其中26根柱子的钢筋剪切变形量超过其直径，为Ⅰ级和Ⅱ级破坏。

（2）场地条件劣化。

场地条件劣化会导致地下结构渗漏水、涌砂等现象的发生，由于场地液化引起的地基不均匀沉降也会使地下结构产生裂缝、框架结构柱受偏心荷载而破坏等。

3) 震后修复

1995年1月17日日本阪神地震中框架结构的地铁车站混凝土中柱受损严重，受灾数量巨大，对其进行修复加固工作是震后修复的主要内容，一般采用如下方法进行修复。

（1）对于轻微裂缝，注入环氧树脂进行加固。

（2）若外表混凝土层脱落，但内部核心混凝土完好，箍筋和纵向钢筋没有弯曲损坏，先除去外表被破坏的混凝土，用厚6 mm的钢板围护，然后焊接竖直接缝，钢板与中柱混凝土间留有空隙，向内填充无收缩水泥砂浆。

（3）部分中柱破坏较为严重，混凝土层剥落，钢筋弯曲外凸。对于这种破坏，先除去破碎的混凝土，向钢筋笼内填加H型钢，然后用钢板围护，用上述"（2）"所述方法进行修复。

（4）对箍筋脱落、纵向钢筋断裂、丧失承载能力的中柱，采用钢管混凝土复合中柱替代原有中柱。

由于修复工期较短，无法进行全面精确的地震响应分析，修复工作只能根据一般抗震设计计算结果和经验性地加大安全系数的方法进行。总体原则如下：为避免中柱发生脆性坍塌，修复后的中柱应比原中柱有更好的延性和抗剪强度，以确保其在今后地震时保持完好。虽然多数车站的中板和侧壁有裂缝出现，但并没有发展到使结构发生破坏的程度，故对其主要采用注入环氧树脂的方式进行修复加固。震害最为严重的大开站，其修复步骤如下：首先，建造柱列式地下连续墙作为基坑围护结构；其次，移去覆土，拆除顶板、中柱和侧墙等严重损坏的构件，在未毁坏的底板上进行底层的重建工作，使列车能尽早通过；最后，进行顶层部分和地面出入口的修建，重建时加大了结构构件的抗剪强度和抗弯构件的设计工作。

3. 地下结构震害机理

根据国内外学者对以往震害案例的分析,以及理论计算、数值模拟和模型试验的结果,目前地震工程界学者普遍形成的共识:地下结构的破坏形式以及破坏程度受到多种因素的影响,包含地震动、场地条件、结构几何特性、结构埋深、施工方式等。地下结构受周围围岩包裹,地震作用下其自振特性往往反映不出来,随围岩一起运动,随围岩变形而变形,因此结构-围岩耦合作用下产生的形变对地下结构的破坏起主导作用。

围岩在地震动作用下会发生往复运动,且当地震强度较大时,这种往复运动会诱发诸如场地液化、边坡失稳以及断层滑移之类的失稳破坏,从而使结构在围岩作用下产生大变形,致使其功能丧失甚至破坏。这种破坏多数发生在场地岩性变化较大、结构穿越断层破碎带、结构处于浅埋地段或结构刚度远大于地层刚度的围岩。

6.2.3 地下结构震害预测

1. 地下结构震害预测的研究方法

地下结构的震害预测可用来评估在未来某种强度的地震作用下,地下结构是否会发生破坏或可能发生何种程度的破坏。目前常用的震害预测方法有震害调查统计方法、数值模拟方法、振动台试验方法以及概率分析方法,下文对这些预测方法进行详细介绍。

1) 震害调查统计方法

地下结构震害预测研究初期,由于相关的研究理论较少,所以基本的研究方式是进行现场震害调查以及收集历史震害资料,并运用数理统计的办法将收集到的资料进行初步分析,以此来探究地下结构震害的各种影响因素以及破坏规律。

地下结构的震害记录最早开始于国外。1964 年日本记录到了羽田隧道的震害反应,并且收集到有关土体和地下结构相互作用反应的数据。1974 年美国土木工程师学会(American Society of Civil Engineers,ASCE)对 1971 年圣费尔南多(San Fernando)地震中洛杉矶地区的地下结构震害进行了调查整理。1977 年 Sevens 等对已有的地下结构震害资料做了大量的研究,研究结果显示当矿山或隧道等地下结构穿越断层时,在地震中更有可能遭受严重的破坏。1978年Dowding等将71座岩石隧道的震害调查结果与计算的地表峰值加速度进行对比,简要确定了隧道的震害损伤指标以及损伤模式。1978年日本土木工程师学会(Japan Society of Civil Engineering,JSCE)对包括沉管隧道在内的几种地下结构震害进行了收集报道。1991年Sharma等收集了192份,来自全球85次地震的地下结构反应数据,不仅将已有的地下结构震害数据库进一步扩大,同时还通过回归分析获得了地表峰值加速度、覆盖层厚度和结构震害损伤程度的关系。此后Power等继续扩增了从1991年到1998年的震害报告,将已有的数据库更新至217篇。1996年Lida等对1995年日本阪神地震中大开车站的破坏情况进行了详细描述,并且指出地铁车站产生主要破坏的原因是地震中车站顶底板之间的相对错动以及车站顶板上覆土层的惯性力。

与此同时,中国学者们也积极开展对地下结构震害的调查研究工作。1976年唐山大地震时就有学者进行了煤矿坑道的地震破坏调查。1999年郑永来等主要对地下管道、地下铁道及隧道这类城市地下线形结构的震害进行调查分析,通过结构破坏规律得出地下线形结构的震害随结构口径的增大和埋深的增加而减轻的结论。2008年诸多学者对汶川地震后山岭隧道的震害进行了现场调查和资料收集,其中李天斌的分析结果显示:导致山岭隧道产生破坏的主要原因有地震波沿隧道的轴向或斜向传播、隧道周边场地的断层运动以及隧道洞口周围岩性的突变等。2009年高波等调查了都汶高速公路段18座隧道的震害情况,认为除了地震动引起的结构惯性力会对公路隧道造成破坏,地震动引起的坡面失稳以及断层错动也是造成公路隧道破坏的主要因素。2015年田志敏等对国内外地下结构的震害资料进行了调查收集与汇总分析,统计结果表明:地下结构的地震破坏不仅与区域地震构造环境、场区地质条件有关,而且还受到诸如震级大小、震中距离、结构埋深和结构特性、地震动运动特性及地震波入射方向等多因素的影响。

根据以上学者对震害资料的收集与分析结果可知,运用经验统计方法可以快速评估出地下结构的地震破坏规律,并且可以对地下结构在未来可能发生的破坏情况做出大致的判断,同时也为后来学者留下了弥足珍贵的资料。但是这种震害预测方式仍然存在如下不足:①收集震害资料困难,经验统计分析的前提是对资料的大量收集,而历史地下结构震害资料相对较少;②只能通过已有震害现象来解释地下结构的破坏情况,无法通过地下结构本身的构造以及结构周围土层或岩体的性质来分析地下结构的震害机理;③无法主动控制对地下结构震害可能产生影响的因素,这在很大程度上增加了结构震害预测工作的难度;④预测结果都是针对地下结构在地震后出现的损坏状况,不能反映出结构在地震中的动态破坏过程。

2) 数值模拟方法

通常情况下地下结构的震害调查和统计资料少于地面结构,同时仅依赖于传统数据的统计分析方式已经不能满足当前地下结构震害预测的精确性与准确性要求。随着计算机的普及和应用,及以理论分析为基础的数值计算分析软件不断发展,数值模拟方法以其计算速度快、模拟精度高等优点被越来越多的学者及工程师使用。现阶段利用数值模拟方法对地下结构进行震害预测一般是围绕结构地震反应及其各种影响因素展开的,因此本节将这部分研究内容主要归纳为以下三个方面:地下结构动力反应及损伤过程;场地条件对地下结构的影响;地震波输入对地下结构的影响。

(1) 地下结构动力反应及损伤过程。

为了更加清楚地了解地下结构在地震中的动力反应状态以及地震损伤过程,许多学者采用数值模拟的方法进行了大量的研究。Amorosi 等针对黏性土地基中圆形隧道的横向动力反应进行了二维弹塑性有限元分析,分析结果表明地震会导致隧道衬砌环向应力和弯矩的永久增加。Nguyen 等通过建立三维有限元模型研究了大开地铁车站的倒塌机理,以双线性模型来模拟结构中的钢筋和混凝土,并采用非线性滞回模型来模拟结构周围土体。模拟结果准确地再现了车站结构地震破坏的过程:裂缝最开始出现在隧道外壁,然后出现在中柱上,随着地震动强度增大,中柱纵向、剪切裂缝快速增加,导致其轴向承载力损失较大,最终导致了结构垮塌和地表沉陷。庄海洋等基于土-结构动力相互作用理论对大开车站进行了二维有限元数值模拟分析,以 Jeeholee 等提出的塑性损伤模型作为混凝土材料的非线性动力本构,并基于岩土广义塑性力学建立了简单的土体记忆型黏塑性嵌套面动力本构。分析结果表明:在地震作用下,车站结构顶板与侧墙交叉部位以及中柱顶底端最先发生弯曲破坏,顶板破坏后传来的上覆土重力和地震动在中柱中引起的压应力共同作用致使中柱倒塌,进而导致车站顶板塌陷。刘如山等使用纤维单元模型来模拟钢筋和混凝土材料的非线性,并采用场地土一维地震反应时的等效阻尼比和等效剪切模量来考虑土体的动力非线性,建立了大开地铁车站土-结构二维有限元分析模型。分析结果表明:中柱为整个地下结构最薄弱的部位,在地震中主要发生受弯破坏,且中柱在地震中承受的剪力在某些时刻超过了设计抗剪承载力,这也会对中柱的破坏造成了一定影响。刘晶波等利用Pushover分析方法(一种简化的结构弹塑性分析方法)对考虑土结相互作用的地下结构模型进行了数值推覆分析。结构部分用纤维梁单元来模拟,土体采用平面应变单元来模拟,结构与土体相黏结且不发生脱开、滑移。分析结果表明:在土结相互作用下,地下结构弹性层间位移角极限值变小,而且周围土层的剪切变形约束作用使得地下结构的延性降低。范益等基于考虑剪切变形的铁木辛柯(Timoshenko)纤维梁单元建立了大开地铁车站的二维有限元非线性地震响应模型。分析结果表明:大开地铁车站结构的整体破坏是由于其部分承重构件在水平地震动作用下丧失了抗剪承载力,且构件连接处形成了明显的塑性铰区域,外加高轴压的作用,最终导致了结构整体垮塌。

(2) 场地条件对地下结构的影响。

历史震害表明场地条件对地下结构的地震响应有重大影响,特别是当结构处在可液化场地土中、位于不利埋深或穿越断层破碎带时更容易发生破坏。Azadi等分析了液化场地土中浅埋隧道的地震响应,分析结果表明:当隧道埋深较小时,地震动加载频率的降低以及加速度峰值的增加均会导致场地土孔隙压力的增大,同时加剧场地土的液化使隧道产生上浮现象。Gomes等对双层地基中的浅埋圆形隧道进行了二维有限元地震响应分析,分析结果表明:分层地基对衬砌地震力有重要影响,当隧道完全嵌入不同地层时衬砌地震力会发生显著变化;在隧道同时穿越不同地层的情况下,如果下方地层的刚度相对较大,隧道衬砌的最大受力将会加剧。何川等对跨断层破碎带隧道进行了地震响应数值模拟,分析结果表明:隧道断层带段的围岩有较大的加速度响应特性,而且这种响应在断层接触段不连续,此外,断层带隧道的错动破坏主要是由于该处隧道围岩刚度差异使得位移不同步,从而产生了位移差值。邹炎等对饱和砂土中带中柱箱形隧道进行了动力响应数值数值分析,分析结果表明:饱和砂土中箱形隧道的地震附加内力仍受周围土体的相对位移控制,且震后隧道可能会产生侧移和上浮的永久位移,并存在超静孔隙水压力引起的残余内力。任永忠等以西北黄土地区的兰州一号线地铁车站为背景,建立了车站结构的非线性地震响应计算模型,分析结果表明:车站结构中柱和侧墙的水平向位移均随埋深的增加而减小,且车站结构周围的地表土体发生了不同程度的沉降。王建宁等对不同埋深、不同厚度软土层地基中的不规则矩形地铁车站结构进行了地震数值响应分析,分析结果表明:异跨车站结构两侧或下方一定范围内存在软土层时将会降低结构的加速度响应,而当车站底板以下20 m深处存在软土层时,结构的加速度响应则被大幅放大,且车站结构的侧向位移沿高度方向具有明显的"阶梯效应"。

(3) 地震波输入对地下结构的影响。

地震波输入对地下结构震害预测的数值模拟有重要影响,不同的地震波输入方式会导致地下结构产生不同的地震响应。何伟等为研究竖向地震动分量对地下结构动力响应的影响,对某一软弱土层地铁区间隧道进行了非线性地震反应分析,分析结果表明:地震波竖向分量对隧道顶底部的水平相对位移、隧道结构的动应力以及隧道底部的竖向加速度均有较大影响。陶连金等研究了 Y 形柱地铁车站结构分别在仅输入水平向地震动和同时输入水平向与竖向地震动情况下的地震响应特性,分析结果表明:与仅输入水平向地震动相比,双向地震动的耦合作用会使车站各测点的峰值加速度和应力值增大,相对水平位移减小,而且同一工况下 Y 形柱叉支处各测点的竖向位移也有明显增大。谷音等针对某大型地铁车站建立了考虑土-结构动力相互作用的三维有限元整体计算模型,分析了地铁车站结构在 SV 波及 P 波地震波作用下的反应,分析结果表明:SV 波输入时对车站结构最不利,结构刚度突变位置的构件内力也存在突变,而 P 波对结构的轴力影响较大。

数值模拟方法不仅花费较少,而且计算效率高,可以在短时间内分析出地下结构可能发生的地震反应及损伤情况,弥补了由于地下结构震害实测资料的不足而无法对处于更加复杂场地的地下结构进行震害预测的缺点。但是数值模拟方法也存在如下需要注意的问题:①目前数值模拟在材料本构模型选择上仍然没有统一标准,对同一个地下结构进行震害预测分析时,采用不同的材料本构模型将会产生不同的地震响应结果;②地下结构在地震中存在材料的非线性、几何的非线性以及场地土与地下结构接触的非线性问题,如果在模拟中对这些问题全部没有考虑或者仅仅部分考虑,将会导致模拟结果的失真;③大多数的数值模拟过程对于地震波的输入采用的是一致激励的方式,没有充分考虑地震波在地下空间中传播的干涉效应以及衰减效应;④如何正确设置人工边界也是数值模拟分析中需要着重考虑的,如果不能解决地震波在土体边界传播时发生的反射问题,将会对数值分析结果的精度产生一定影响。

3) 振动台试验方法

振动台试验方法主要通过建立与实际地下结构以及场地条件相似的试验模型,并使用振动台来模拟真实的地震场景,实现地下结构在地震中一系列复杂的动力反应以及损伤情况的还原,以此来预测未来地震中地下结构可能发生破坏的状态以及破坏程度。

国外研究中,Tamari 等对液化地基中的矩形柔性地下结构进行了振动台试验,试验结果表明:场地土与地下结构的自振周期以及地震中回填土的膨胀特性会对土-结构相互作用产生显著影响。Ohtomo 等为确定在强烈地面运动下地下钢筋混凝土(reinforced concrete,RC)结构的塑性变形性能进行了模型振动台试验,试验结果发现地下结构在地震时的变形主要由周围土体的变形所控制,且结构顶板的剪应力在结构变形中起主要作用。Che 等为研究日本 1995 年兵库县—南部县地震对地铁车站结构的动力响应和破坏机理开展了模型振动台试验,试验结果表明:作用在结构上较强的地震水平力使车站结构中柱失去了竖向承载力并最终导致地铁车站结构倒塌。Moss 等对软土地基中刚性隧道的地震响应进行了振动台试验。该试验以旧金山的湾区快线地下隧道为原型制作了十分之一大小的地铁断面模型,使用柔性壁场地土容器来实现地基土在地震作用下的剪切下变形,通过比较振动台试验与数值分析结果发现,目前的简化设计方法如自由场变形法可能高估了软土中刚性结构的变形。

国内研究中,徐志英等较早开展了研究土-结构相互作用的振动台试验,试验采用铁粉混参乳胶材料制成的方形截面管道作为地下结构。但是该试验较为简单,研究结果只是对地下结构内的动应力以及沙与地下结构接触面上的动土压力及加速度做了初步分析。随后周林聪等通过振动台试验研究了埋深对地下单层三跨结构动力响应特性的影响,试验结果表明在浅埋情况下结构的各种反应状况均大于深埋情况,而且随着激励量级的增加,结构顶部和底部的相对位移也在增加,这将会增大结构内部中柱发生剪力破坏的风险。陶连金等对北京地区黏质粉土场地条件下的两层两跨地铁车站结构进行了振动台试验,试验结果获得了不同地震波下车站结构内各构件的内力变化、结构整体和模型土的加速度响应以及土与结构间的接触压力反应等。陈国兴等对含有可液化土层的深厚软弱场地上的双洞单轨地铁区间隧道结构进行了振动台试验,试验结果分析了模型土体的边界模拟效果、模型地基和隧道结构的加速度以及应力-应变反应规律,同时对试验中模型土的液化现象、地震裂缝和地下结构上浮等震害现象进行了描述。左熹等针对软弱粉质黏土场地条件的三跨三层地铁车站结构进行了振动台试验,试验结果表明:在强震作用下地基土开始发生软化,随着地震动量级的增大,地表震陷的程度也在加大,但车站与土体的竖向滑动相对较小。景立平等对地下三层三跨地铁车站结构进行了振动台试验,试验结果表明:车站结构的震害主要由位移控制的,而且多层地下结构的顶层破坏最为严重,有多个柱子产生了不同程度的裂缝,甚至有的柱子即将发生压溃破坏。安海军等针对地下可液化地层中盾构扩挖地铁车站结构的破坏机制展开了振动台试验,试验结果表明:在近远场地震波作用下地基土发生侧向剪切变形,而且震后出现了喷水冒沙现象;车站结构中柱率先发生剪压破坏,同时隧道开口与拱肩部位产生破坏,随后侧墙与顶板的连接部位出现受拉破坏,最终导致结构整体倒塌。谷音等对粉质黏土地基条件的地铁车站进行了振动台试验,利用三台阵振动台系统对车站模型施加非一致地震动。试验通过分析地震波先后到达不同横截面的动力反应差异、同一横截面各构件的动力反应差异以及地铁车站结构与土体的动力反应差异,获得了纵向非一致地震动激励下地铁车站结构的动力反应规律。庄海洋等开展了微倾斜场地中地铁车站与隧道联结结构地震反应振动台试验,试验结果表明:在地震中微倾斜场地会使车站结构两侧的地基产生非对称的液化特征,而且坡体下方土层相较于坡体上方土层更易液化,同时地基液化也使车站与隧道发生不同程度的上浮,从而产生了联结部位应力集中的现象。

振动台试验方法虽然费用相对较高,但能够更加真实、直观地展示地下结构的地震反应和损伤过程,而且可对相同条件下数值模拟结果的准确性起到验证作用。不过试验结果的真实性取决于振动台性能、场地土模型箱设计、场地土以及地下结构的原型模拟这几方面的准备工作,且要着重考虑如下问题:①在模型试验方案设计初期需要充分了解振动台的台面尺寸、功能以及最大承受重量,从而消除试验条件所造成的限制;②场地土模型箱的设计不仅要能够反映多维地震动输入时土体的剪切变形特性,同时箱体边界也应具备吸收地震动反射波的能力;③对于土-结构相互作用体系模型来说,模型合理的相似比设计是反映试验结果真实、可靠性的保障,而且模型材料的强度特性、阻尼特征等也要尽量与结构原型材料相似;④应充分考虑地震动输入的局限性,包括多维输入和多点输入问题。

4) 概率分析方法

实际地下结构由于在结构类型、结构材料、场地条件、地震动特性等方面存在不确定性,而目前学术界对于这些不确定性因素仍然不能做出精确的评价,如果不加以考虑很可能对地下结构震害预测的准确度产生较大影响。因此以这些不确定性因素的离散性为前提条件,出现了以应用分布函数为主的概率分析方法,以此来获得地下结构的震害破坏概率以及可靠度。通常情况下这种概率分析的结果是以结构的易损性曲线来展示的,即确定地下结构在给定地震参数下达到或超越某一破坏状态的超越概率。

概率分析方法是以前述三种方法的分析为基础,对地下结构进行地震破坏不确定性分析的数学方法。这种方法既可以对单体结构进行个别明确条件下的不确定性预测分析,也可以用于某一类结构的群体震害预测。鉴于震害预测本身就是对未来地震发生后结构破坏的不确定性分析,因此在这里对此概率分析方法进行特别说明。

美国联邦应急管理局(Federal Emergency Management Agency,FEMA)和国家建筑科学研究所(National Institute of Building Sciences,NIBS)于1997年联合开发了 HAZUS 97 多灾害风险损失评估软件,并逐渐发展到当前的 HAZUS-MH5.0 版本,其中包含隧道的震害损失概率评估方法。HAZUS 将隧道的震害损伤划分为完好、轻微、中等、严重、毁坏五个等级,且隧道的损伤函数满足对数正态分布,与之对应的脆弱性曲线则描述了隧道在给定的地面峰值加速度(peak ground acceleration,PGA)或永久地面位移(permanent ground deformation,PGD)下达到或超过不同损伤状态的概率。Argyroudis 等对冲积层浅埋隧道进行了地震概率易损性分析:首先将场地一维地震反应分析后的结果引入隧道结构的准静态数值响应分析中,然后通过考虑损伤结构损伤状态定义的不确定性以及隧道的需求和能力等因素,推导出不同损伤状态下以地面峰值加速度为地震参数的隧道易损性曲线。Jamshidi Avanaki 等同样采用类似 Argyroudis 所提出的基于隧道断面非线性拟静力地震分析的易损性分析方法,研究了钢纤维混凝土(steel fiber reinforced concrete,SFRC)复合材料作为隧道衬砌材料对隧道地震易损性的影响。姚群凤等依据区间隧道的震害现象,基于泊松(Possion)分布(一种统计与概率学里常见的离散概率分布)给出了区间隧道整体震害失效概率的定量预测方法,并假定断面处于平面应变状态的隧道破坏概率来对隧道进行震害预测是一种比较理想的极限状态。颜峻给出了地铁隧道结构在地震水平荷载作用下的破坏程度及概率:首先采用 Pushover 方法对地铁隧道进行静力弹塑性分析,然后建立地铁隧道的能力曲线以及需求曲线来获取结构的性能点,最后依照 HAZUS 中针对一般隧道地震破坏的等级划分方法建立了地铁隧道结构的地震脆弱性曲线。李吉从构件的破坏过程、破坏准则以及破坏等级入手,建立构件破坏概率与车站整体破坏概率之间的联系,给出了地铁车站结构整体各等级破坏概率的计算方法。钟紫蓝等将基于增量动力分析(incremental dynamic analysis,IDA)方法的结构地震易损性分析方法引入地下结构中,并将地面峰值加速度作为浅埋地下结构的地震动强度指标,建立了浅埋地铁车站结构的地震易损性曲线,得到结构在不同地震强度下的失效概率。

目前地下结构震害的概率预测方法相较于其他方法来说仍处于探索阶段。

概率分析方法虽然在量化地下结构在地震时可能发生的破坏程度中发挥了很大作用,采用概率分析需要满足一系列不确定性以及独立性假设,而实际地震中对地下结构可能造成破坏的各种因素并不是相互独立的,因此采用概率分析方法进行后期研究时需要着重研究这些因素的相关性,从而提高概率分析的精度。

5) 各方法特点比较

前文分别对地下结构震害预测的四种方法进行了详细的介绍。为了更加直观地比较各个方法的特点,将四种方法的优缺点进行汇总,并列于表6.1。

表6.1 各类震害预测方法特点比较

方　　法	优　　点	缺　　点
震害调查统计方法	真实反映了结构破坏后的现象;统计分析操作简单;可以对结构震害规律做出快速判断	震害资料少,收集困难;震害影响因素不可控;无法预测新型和复杂结构的震害
数值模拟方法	可以综合考虑各种震害影响因素;能够对复杂场地条件及结构进行分析;能够模拟结构动态破坏过程	计算量大;计算过程复杂;预测结果依赖本构模型的准确性;有条件的地震动输入
振动台试验方法	可以还原真实的地震动;能够展示真实的结构动态破坏过程;可以验证数值分析方法的正确性和合理性	试验花费较高;通常无法进行原型结构试验,土体原位特性难以实现;受模型尺寸和模型边界条件制约,真实模拟原型结构有难度
概率分析方法	能够综合表达地震震害的不确定性;能够对结构整体的破坏程度和可能性做出综合评估	需考虑震害因素之间的相关性;只能对条件类似的结构进行震害估计

2. 地下结构震害预测的发展方向

地下结构震害预测对于完善现代城市防震减灾体系、推进韧性城乡建设、保障人民生命财产的地震安全有重大意义。本节综合国内外研究资料,总结了震害调查统计、数值模拟、振动台试验以及概率分析这四种常用的地下结构震害预测方法的研究成果,并分析了各方法的适用性及存在的问题。地下结构震害预测在今后的发展中仍要不断改进当前研究方法中的不足,并将各种方法的优势充分结合起来,建立起完整的震害预测体系,从而实现地下结构震害可预测性这一目标。地下结构震害预测研究的发展方向和发展趋势应着重于以下几个方面。

(1) 为了提升预测的精度,地下结构数值模拟应开发结构和围岩介质的更精确的非线性本构关系模型、土结相互作用模型,而结构振动台试验则需要更加关注模型的缩尺效应以及结构体系的相似度匹配问题。

(2) 无论是数值模拟还是振动台试验,应充分考虑地震动在空间中传播的多维性以及衰减性,并采取合理的方法来表达真实的地震动情况,从而准确地预测出地下结构可能产生的动力响应以及损伤状态。

(3) 未来将会建设越来越多的大型复杂的地下结构工程,如地面及地下结构在交叉建设中出现了如地铁车站与上盖建筑的联结、隧道之间相互穿越等结构互相影响的情况。在遇到地震时,这种地下结构的地震响应往往会变得更加复杂。所以可以针对该类型的震害情况展开相应的预测研究。

(4) 应结合地下结构工程的特殊性,考虑其与地上建筑的差异性,对地下结构可能产生的各种破坏以及破坏程度做出具体的评定等级和评定指标,并制定相应的规范。结合震害特征分析、理论模拟、动力试验方法和数学概率分析量化这些指标,建立统一的评定方法。

(5) 不断积累国内外震害实例数据,丰富数据库;增加地下结构实时地震响应监测数据,并将现阶段的理论分析、试验模拟成果结合起来,采用合理的算法模型,通过人工智能、机器学习、震害大数据相结合的方式建立更精确、更快速的地下结构单体和群体震害预测方法。

(6) 地下结构的震害预测应实现多元化结果展示,不仅要考虑结构的物理损伤及经济损失,还要重视结构的功能损失,综合不同角度来满足城市地下结构防震减灾各部门对于预测结果的需求。

6.3 列车地震脱轨震害

地震中,轨道变形过大会引起车辆脱轨,进而造成人员伤亡和设备损坏。2004年日本新潟地震,造成上越新干线列车脱轨。脱轨发生时,325号新干线列车已处于停电状态,紧急制动装置也已启动,但仍在脱轨情况下行驶了1.4 km才完全停止下来。

2010年我国台湾省高雄甲仙地震,台中以南有6辆列车停在高铁路线上。北上的"110次"列车疑似转向架脱离轨道,"403次"列车集电弓掉落。地震造成当时行驶的高铁列车失去平衡,偏向轨道左侧。2011年东日本大地震时,东北新干线一辆正在试运行的列车在仙台站附近发生脱轨。2016年日本熊本地震，九州新干线列车发生脱轨事故，24根车轴中有22根脱轨，与以往震害不同的是此次脱轨为两侧脱轨，车辆和铁轨的一部分受到了损害。2022年，日本福岛7.4级地震中，在东北新干线上，从东京到仙台的"山彦223"在福岛站和白石藏王站之间，17节车厢中有16节脱轨；普通铁路常磐线的线路约有100处轨道出现扭曲变形；有4人受伤。

在一些地震中虽然没有出现列车脱轨的现象，但轨道系统严重变形也会对列车行驶带来隐患，如汶川大地震中，广岳铁路震后约30%的钢轨发生严重扭曲变形，导致约50%的钢轨不可恢复，需要更换。K52+459 m柿子坪大桥全长180 m，地震后桥面轨道扭曲严重（见图6.6）。第一孔梁的双片Ⅱ形梁间的盖板完全掉落，致使道砟下泄，轨枕悬空。2011年东日本大地震，东北新干线花京院跨线桥板式承轨台轨道系统出现横向错位。

图6.6 柿子坪大桥轨道扭曲情况

6.3.1 地震环境下高速列车脱轨机理

肖新标在高速列车动态脱轨机理研究模型的基础上，重新推导地震环境下的高速车辆/轨道耦合动力学模型，采用最小二乘复频域法数值积分法对El-Centro地震波加速度时间历程数据进行积分得到地震波速度和位移，以此作为系统地震激励，计算分析了横向、竖向和横-竖向地震波作用下高速车辆/轨道耦合系统的动态响应和车辆脱轨安全性，比较分析了地震环境下脱轨临界工况和脱轨发生工况的车辆脱轨行为，调查分析了地震波频谱特性、地震波强度、横-竖向地震波比值和行车速度等关键因素的影响规律，构建和分析了地震环境下高速列车的脱轨安全域。通过数值分析，得到在地震环境下高速列车脱轨机理如下。

（1）地震对高速列车运行安全影响很大,横向地震波是引起列车脱轨的主要因素,竖向地震波主要造成车轮竖向弹跳而产生轮对减载现象；横、竖向地震波同时作用下高速列车脱轨危险性较横向或竖向地震波单独作用时显著增加,其横、竖向地震波同时对列车的作用结果与单方向地震波作用结果类似。

（2）地震波频谱特性、地震波强度、横竖向地震波强度比值和列车速度均对地震情况下高速车辆的脱轨安全性有重要的影响。地震波频谱特性对高速车辆的脱轨安全性影响极大,由于车辆系统的固有频率在 5 Hz 以下,低频地震波更易激发车辆系统的固有振动特性而导致列车脱轨；地震波强度越大,轮轨相互作用越激烈,各脱轨指标随地震加速度峰值的增加而线性增大；各脱轨指标对列车速度相对不敏感。

（3）严重的地震作用会使车辆系统动态响应非常显著,轮对发生大幅度横移运动,左、右车轮发生显著的交替轮缘贴靠和车轮抬升。横向地震波作用下车辆系统主要发生爬轨脱轨,而横-竖向地震波作用下,车辆系统脱轨特征更接近于跳轨脱轨。脱轨点大概在地震波激励峰值附近。

（4）在不考虑轨道几何随机不平顺及地震引起轨道结构破坏影响前提下,对横向地震波,由列车速度和地震波强度构建的高速列车脱轨安全域,其警告边界由轮轴横向力限值准则确定,与Ⅷ级地震烈度最相近,具有最大安全裕量,而轮轨接触点横向坐标准则最靠近脱轨边界,与Ⅹ级地震烈度最相近,具有最小安全裕量。

（5）在不考虑轨道几何随机不平顺及地震引起轨道结构破坏影响前提下,对横-竖向地震波,由列车速度和地震波强度构建的高速列车脱轨安全域,其警告边界由轮重减载率限值准则确定,与Ⅵ级和Ⅶ级地震烈度最相近,具有最大安全裕量,而车轮抬升量准则最靠近脱轨边界,与Ⅹ级地震烈度最相近,具有最小安全裕量。

（6）在不考虑轨道几何随机不平顺及地震引起轨道结构破坏影响前提下,对横-竖向地震波,构建了地震环境下由列车速度、横竖向地震波强度比值和地震强度等关键影响因素确定的三维高速列车脱轨安全域,整体而言,车辆系统脱轨安全性对列车速度和横竖向地震波强度比值均较敏感。

6.3.2 轨道交通地震监测及预警系统与防脱轨措施

制定防脱轨措施对预防地震时列车脱轨、确保旅客安全等具有重要的意义。

1. 轨道交通地震监测及预警系统

1) 国际上的轨道交通地震监测及预警系统

轨道交通监测及预警系统是保证高速列车安全运行的必要条件之一,其中预防自然灾害在高速铁路的安全监控系统中占有重要的位置。铁路技术发达国家,如法国、德国、日本等,根据各自不同的地理、气象及运营条件,采用适当的报警与监控系统,以保障其轨道交通的运行安全。

近年来,大震预警系统和地震快速反应系统在国际上也得到了迅速发展。部分国家已有较成熟的使用地震监测方法监测地铁或类似轨道交通的做法,并取得了一定的经济和社会效益。

日本早期的国家铁路系统安装了为切断列车电源而设计的地震开关系统。该系统已发展成一个地震预警台网系统 TRTA(Teito rapid transit authority),该系统可根据震中距离发出预警信号,并在发生强地震时停止日本东京地铁的运转。

日本在铁路沿线每隔一定间距安装一个地震监测预警站(以新干线为例,共在沿线安装了 400 个监测站),每个预警站均连线至列车、区域控制中心、控制中心总部、铁路技术研究所及日本气象厅。当有任一预警站水平地面峰值加速度(PGA)超过特定门槛值时,该站前后共 20 km(新干线)的铁路会自动切断列车电源。同时控制中心总部人员将依据预警站所监测的 PGA 及日本气象厅所估计铁路附近的震度再决定停驶铁路总长度、要检视铁路之路段及如何控制临近路段的列车。目前该系统已从新干线推广至一般铁路。

日本目前最新型的预警系统为紧急地震探测报警系统(urgent earthquake detection and alarm system,UrEDAS),该系统利用 P 波和 S 波的传播时间差来实现地震预警。该系统在多次地震中成功使快速运行列车减速停车,避免了事故的发生。2003 年 5 月,8 级地震袭击了东京东北部地区,这套系统让两列火车停止驶向一座高架桥,而该桥在地震中有 23 个桥柱发生断裂,从而避免了巨大灾难的发生。2004 年 10 月 23 日,新潟地震发生时,UrEDAS 系统也正常作用,由于该地震为震源较浅的直下型地震,系统响应时间极短,列车发生了脱轨,但由于系统及时响应,列车减速及时,避免了列车倾覆和人员伤亡。新潟地震发生后,日本科研部门将高速行驶的新干线列车如何应对震源较浅的直下型地震作为之后研究的重要课题。

美国旧金山的湾区快线安装了地震开关系统,该系统在记录到 0.1g(g 为重力加速度)加速度值时,系统发出声音报警并通过无线方式传输到营运中心。在 1989 年旧金山 6.9 级地震中该系统发挥了一定作用。

洛杉矶地铁和波多黎各铁路客运均安装了地震监测及警报系统,该系可记录地面加速度并将多级警告信号发送到营运中心。洛杉矶地铁在隧道内安装了数字加速度仪,系统具备两级报警功能:低加速度水平警告(0.1g)将发出报警信号,通过人工干涉引导地铁降速并停靠在下一地铁站;高加速度水平报警(0.2g)将在人工干涉引导的同时,启动大型隧道换气扇。波多黎各铁路客运安装了数字地震报警仪,分别安装在地面和地下。低加速度水平(0.06g)警告将提示营运中心地震已发生,并警示工作人员进行相关操作,高加速度水平(0.12g)系统报警将自动停止列车的运行。

加拿大温哥华的轻轨系统安装的地震传感器可提供两种可调节的触发报警水平模式,低水平模式向操作人员报警并由操作人员处理应急程序,高水平模式将自动启动计算机的应急处理程序并由计算机实现超控。

1999 年 9 月 7 日希腊雅典发生 5.9 级地震,安装在地铁和地表的加速度仪发挥了重要作用,它们记录下了地面和地下地铁站的地震动数据,这些数据对于分析地铁地下结构的地震响应具有重要的价值。

综上所述,目前国外部分发达国家(如美国、日本等)已经在轨道交通系统的地震监测和预警系统上进行了卓有成效的建设,特别是日本的 UrEDAS 系统已被多次实践证明不仅能实现轨道交通系统的应急处理,还能在一定程度上成功地实现地震震动到达前的地震预警及列车停驶,以保障轨道交通系统的安全有效运行。

2)中国轨道交通地震预警系统

随着我国地震监测系统的建设发展,我国的地震强震动监测技术也得到了快速发展。在京津、京沪、哈大高速铁路等工程建设的同时,中国研发了高速铁路地震监测报警系统,但该系统仅具有阈值报警功能,各条线路的地震监测报警系统独立且不能互联互通,报警信息无法共享,没有与国家地震台网相连,报警和处置时效长,不能完全达到高速铁路预警的最终目的。为实现地震预警功能,中国高速铁路在建设初期曾考虑引进其他国家和地区的高铁地震预警系统,但由于中国地震断裂带分布范围大,高铁线路已经成网,高速铁路装备技术与日本、法国等国家的接触网过分相技术、列车运行控制系统、轨道电路制式等不同,因此无法满足国内高速铁路地震预警的需求,研发满足中国高速铁路实际要求的新一代地震预警系统迫在眉睫。

从 2013 年 7 月至今,我国地震预警技术进行了一系列室内试验,在高速铁路福厦线、成灌线、大西线等线路上进行室外试验与测试,并已进行了多次现场模拟试验和天然地震验证试验,在大西高铁上实施了示范线工程。

高铁地震预警系统试验分为 2 个阶段:第 1 阶段包括室内试验、福厦线和成灌线现场试验,重点针对预警系统的各项功能和性能进行优化比选,为后续开展全系统控车试验奠定基础;第 2 阶段安排在大西高铁试验段进行,系统开展高铁地震预警系统及车载应急处置实车试验验证,为完善系统及相关技术标准提供支持。

中国高铁地震预警系统及处置流程如图 6.7 所示,中国高铁地震预警系统接口框图如图 6.8 所示。

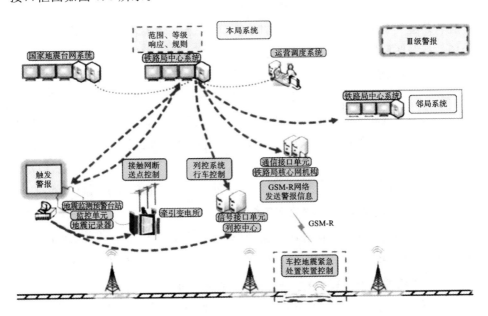

图 6.7　中国高铁地震预警系统及处置流程

注:GSM-R(global system for mobile communications-railway)是一项用于铁路通信及应用的国际无线通信标准。

2. 列车地震时防脱轨及偏离轨道的技术及装置

为避免地震时列车碰撞后发生脱轨事故、减少二次碰撞造成的损失和人员伤亡,设计列车碰撞防脱轨装置是一种有效尝试。现有的 4 种安装在轨道上的

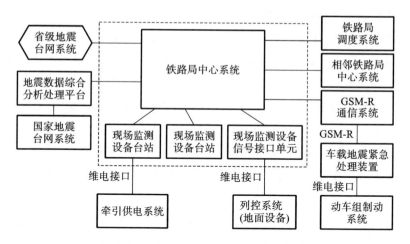

图 6.8 中国高铁地震预警系统接口框图

防脱轨装置类型如下:类型一是将防脱轨装置安装在轨道轨距内,脱轨列车的车轮脱轨后与防脱轨装置直接接触,起到阻挡列车脱离轨道的作用;类型二类似于类型一,但防脱轨装置安装在轨道外侧,列车脱轨后车轮与防脱轨装置直接接触;类型三防脱轨装置安装在轨道外,类似于类型二,不同地方在于类型三中列车主要以轴箱或转向架与防脱轨装置接触来阻挡列车大幅度偏离轨道;类型四是类型一和类型二的组合,在轨道内、外侧均安装防脱轨装置。在轨道上安装防脱轨装置,会使施工量及成本增加。

接下来,将介绍日本新干线开发的防止列车地震时脱轨及偏离轨道的技术。

1) 防脱轨保护装置及防偏离限制器

为防止新干线列车在地震中脱轨,日本参考现有常规线路上安装的防爬轨脱轨保护装置,开发了新型防脱轨保护装置(见图 6.9)。在发生地震时,该装置可通过与车轮的内侧面接触来限制轮对的横向移动。为应对地震时产生的巨大荷载,研发人员进一步加强了该装置的强度。此外,该装置具有特殊的构造,可通过铰链折叠在钢轨内侧,从而减小对轨道日常维护作业的影响。目前,该技术已在东海道及九州新干线中得到了应用。

防偏离限制器安装在车辆的转向架下部(见图 6.9),如果车辆轮对越过防脱轨保护装置发生脱轨,防偏离限制器会通过与防脱轨保护装置内侧接触,阻止车辆进一步偏离轨道。

2) 防偏离导向装置及防轨道倾覆装置

防偏离导向装置呈 L 形,设置于轮对轴箱下端,在轮对脱轨后,车轮侧面或

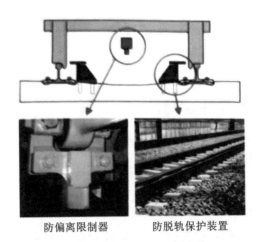

图 6.9　防脱轨保护装置及防偏离限制器

防偏离导向装置会与轨道接触、摩擦，从而阻止轮对及车辆大幅度偏离轨道。为防止轮对在脱轨后与钢轨产生碰撞，导致轨道连接装置损坏，从而造成轨道倾覆，研发人员开发了安装于钢轨下方的防轨道倾覆装置。这两种装置已在东北/北海道新干线及上越/北陆新干线中使用。实践证明，在 2011 年东北地区太平洋海域地震中，新干线列车脱轨时，防偏离导向装置发挥了阻止列车大幅度偏离轨道的作用。

3）防偏离保护装置

防偏离保护装置安装在两根钢轨之间，用于防止列车脱轨后进一步偏离轨道（见图 6.10）。该装置与两根钢轨之间均保持足够的距离，以避免列车在脱轨后与对面列车和隧道壁等发生碰撞；由于两者之间的距离较大，因此不会影响轨道维护作业。本技术已应用在山阳新干线。

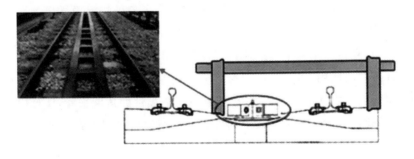

图 6.10　防偏离保护装置

6.4 城市轨道交通结构抗震设计

6.4.1 建模与计算方法

过去几十年,结构动力学、地震工程学理论得到了很大的发展和完善;与此同时,结构分析有限元法的快速进步与更新的计算机硬件和软件技术相结合,使得工程结构分析的数值计算技术得到了巨大的发展。以此为基础,根据结构地震反应分析所要达到的具体目标的不同,可以建立不同精细程度的力学分析模型。这使得工程结构地震反应的计算可以统一在一套系统和完整的规则之下,工程抗震设计的计算方法也随之得到规范化,减少了经验建模的成分。从当前计算机的性能来看,一般的抗震计算已经可以无困难地完成,但对于超大规模的建模与计算,特别是考虑地基-结构动力相互作用以及需要考虑强非线性的情况,计算量很大,相关的计算技术(如多尺度分析建模方法和并行计算技术等)正在发展之中。

土与结构的相互作用是抗震建模和计算中的一个重要问题,对于城市轨道交通结构尤其如此。该问题的描述如下:土体可以看成是半无限的,抗震计算只能取出很小的局部土体与结构一起作为分析的对象,这样就形成虚拟的计算边界。为了保持在虚拟计算边界处动力学状态的正确性,一方面要建立虚拟计算边界处的力学模型,另一方面要给出虚拟计算边界处正确的地震动输入。早期是将虚拟计算边界看作远置边界,即将虚拟计算边界设置得离结构足够远,以至于其对所关心结构反应的影响可以忽略不计。但这可能导致计算时间过长。为此,在过去 30 多年的时间里,学者们研究和发展了各种边界力学模型以及与之配合的地震动输入,其中有代表性的是黏弹性边界力学模型。

当然,建立在对结构地震反应特征深刻认识基础上的各种简化方法仍然在工程设计中广泛使用,以寻求在理论精确-实际可达精度、计算消耗-经济性等多种相互制约因素之间的平衡。也就是说,从工程设计的角度来看,计算模型并非在理论上越精确越好,还必须认识到抗震计算模型化过程中存在的众多不确定性因素。

城市轨道交通结构包括地上结构和地下结构,抗震建模与计算方法需要根据不同情况进行选择。从地震工程理论来看,抗震建模与计算方法可以总体上划分为静力法、拟静力法和动力法三类。静力法包括等效惯性力法(主要应用于振动效应不显著的对象,如挡土结构等)、静力有限元方法(主要应用于地下结构)等;拟静力法主要包括弹性反应谱方法和非弹性反应谱方法;动力法指时间历程分析方法(时程分析法)。

对于地上结构,弹性反应谱方法是应用较多的方法,其基本理论、计算方法等都较成熟,并且经过数十年的应用检验,是一种简单且可靠的方法,并被工程师所熟悉和掌握。弹塑性反应谱方法是弹性反应谱方法的拓展,可以考虑结构弹塑性效应,但结构进入弹塑性状态后,力学行为不满足叠加原理,因此弹塑性反应谱方法仅适用于地震反应受第一振型控制的振动特性简单的结构。尽管如此,因弹塑性反应谱方法简单且具有统计意义,在其适用的场合仍然是一种有效的抗震计算方法,日本的铁路结构设计规范(抗震设计篇)将其作为可以选择的抗震设计方法之一。

考虑到地下结构的地震反应特点,以及建模和计算量等方面的原因,地下结构抗震计算较多采用静力有限元方法,如反应位移法和反应加速度法。日本学者提出并发展了静力有限元方法,川岛一彦和小泉淳对这两种方法进行了系统的总结。

近年来,为了配合基于性能的抗震设计理论和设计规范的发展,国内外研究人员一直在努力研究相适应的地震反应建模和计算方法。作为一种结构地震反应的近似计算方法,静力推覆分析得到了较多的研究与讨论。静力推覆分析的用处有两个:①用来获得结构与某种加载模式对应的力-位移曲线,用于抗震分析和设计;②用来近似计算结构的地震反应。从目前已有的研究成果来看,将静力推覆分析用于计算结构的地震反应存在很大的疑问,还不能被认为是可以接受的工程抗震计算的方法。另外一个得到深入研究和讨论的是增量动力分析方法。增量动力分析方法是将时程分析法与基本的概率统计相结合,概念简单、易于理解和实现。从计算技术和计算能力来看,应用增量动力分析方法已无实质性困难,它是一种比较有实用前景的方法。

6.4.2 抗震措施与技术

对于一个工程场地而言,未来遭受地震具有很大的不确定性,因此抗震设计所依据的地震动参数也存在很大的不确定性,仅依赖计算分析并不能完全有效地控制结构的抗震性能,而且结构物复杂的震害现象也不是现有地震工程理论所能完全解释的。因此,结构的抗震安全在很大程度上还依赖于以往震害经验的总结以及抗震设计经验的积累。在这个过程中,形成了很多有效的抗震措施,发展了很多有效的抗震技术,对提高结构的抗震性能起到了很大的作用。

钢筋混凝土和钢构件在历次强烈地震中都受到了很多破坏。基于震害调查和模型试验,学者们从概念设计和构造细节等方面对结构体系都进行了大量的研究,成果已经被工程师广泛接受,并写入抗震设计规范之中。

从以往的震害看,桥梁支座、连接装置等约束连接系统是桥梁结构体系中抗震性能比较薄弱的环节。支座在强震作用下失效,不仅仅意味着其基本的荷载传递、位移适应及缓冲耗能功能的丧失,更意味着结构边界条件发生了变化。震害中的主梁移位、梁间碰撞、落梁乃至垮塌等都与支座破坏的状态紧密相关。桥梁的约束连接系统一般包括支座、支挡限位装置、缓冲耗能装置、连梁装置、伸缩装置保护器、防落差垫石以及满足梁端搁置长度的平台等。支座、伸缩装置及梁端搁置平台是保障桥梁正常使用所必需的组成部分,而其他装置则可根据抗震设计需要进行选取设置。对于城市轨道交通高架区间而言,则还应将安装在主梁上的轨道系统(由钢轨、扣件、轨枕、道床等组成)考虑进来;城市轨道交通大多采用无砟轨道、无缝线路、整体道床,轨道约束对高架区间的抗震性能的影响不容忽视。

工程结构抗震前沿的减隔震理论试图利用一些合理的构造措施来达到预定的抗震目的。为了减轻强震对桥梁的破坏,减隔震、防落梁技术得到了迅速发展。利用支座等装置改变结构振动频率或通过减震耗能装置耗散部分地震能量,以隔离或减弱输入结构的地震能量(即便是普通支座也具有某些抗震附加功能);而限制上部结构的过大位移,防止落梁的发生则是防落梁约束连接装置的主要任务。2008年我国汶川地震后,许多桥梁进行了抗震加固,减隔震、防落梁系统往往成为方案首选。中国土木工程学会城市轨道交通分会也在相关调研的基础上提出加强防落梁构造措施的建议。

与地上建筑不同,地下结构在地震作用下主要是追随周围土体而运动,而自身的振动特性表现不明显,周围土层的变形大小和主体结构变形能力是决定地下结构抗震安全性的关键,因此通过延长结构周期来减小地震反应的途径是行不通的。同时,结构本身整体覆盖在场地之下,各种减震方法的实现比较困难。目前主要有三种途径满足地下减震的目的:第一种途径是通过地基加固等手段减小周围地基变形;第二种途径是通过改变地下结构自身的性能来减小作用在结构上的内力;第三种途径是在岩土体与结构之间设置一定厚度的减震层,利用减震材料吸收或削弱传递到结构上的变形。

1. 地基加固

因为地下结构的地震响应主要与周围土体有关,所以通过提高地下结构周围岩土体的弹性模量,能够减小周围土体传递到结构上的变形。工程上常用注浆加固来提高周围岩土体的弹性模量,通过注浆加固,恢复混凝土结构及其他建筑物的整体性,同时还能起到防渗堵漏、降低渗透性、减少渗透流量、提高抗渗能力等作用。

2. 改变结构性能

主要措施包括以下几个方面。

1)减轻结构的整体质量

由于轻骨料混凝土的重度、弹性模量比一般混凝土低,而地震产生的荷载与结构的自重成正比,所以地下结构可以选用轻骨料混凝土来提高其抗震能力,这样不仅可以降低地震产生的荷载,地下结构自振周期也将变长,变形能力也会增强,地下结构破坏时将消耗更多的变形能量。

2)加大结构的强度和阻尼

常见纤维混凝土与一般混凝土相比,其冲击抗压韧性可提高2~7倍,冲击抗弯、抗拉等韧性可提高几倍到几十倍,由其组成的结构具有较好的延性,同时还能使地下结构在地震过程中大量吸收能量和耗散能量,减小地震响应;而高分子聚合物混凝土能够提高结构的弹性和阻尼,从而吸收和消耗大量传递到地下结构上的地震荷载,减小地震响应;采用较大阻尼的材料(丁基、溴化丁基、氯化丁基橡胶等)对地下结构也能起到良好的减震效果。

3. 设置隔震系统

常用于地上结构中的隔震系统主要包括橡胶支座系统、摩擦滑移系统与摩擦摆系统等,这些隔震系统性能稳定可靠,具有较好的隔震效果。然而这些技术在地下结构中非常难以实现,因为地下主体结构受周围土体约束,它既是结构本身的震源,也是结构的荷载,受力情况也比较复杂。理论和试验研究表明:在结构与岩土体周围设置一定厚度的减震层,能够有效地利用减震层材料的特性,吸收和消耗岩土体所传递的能量,使结构在地震荷载作用下能够避免发生过大变形或损坏,这种方法多用在军事领域的地下抗爆工程。

目前常用于地下结构的隔震方法主要有：设置隔震地板、整体隔震和多级隔震等，其原理都是在主体结构上设置不同的隔震系统，它们的系统可以是各自独立的构件，也可以是同时几种构件组成的体系。例如，多级隔震系统就是在设置的整个隔震系统的内部增加隔震地板，通过多级隔震把输入的振动控制在安全标准的范围内。

目前国内外对地下结构的隔震还处于初期研究阶段，地下结构隔震主要理论和隔震技术还不够完善，大部分的隔震方案设计还不够充分，再加上现场施工比较困难，所以隔震效果不明显，因此需要我们继续进行研究。

在设计地下结构时，应当尽可能吸取和采用以前总结得出的行之有效的实践做法，采用一定的抗震构造措施和抗震控制技术，使设计的地下结构具有明确的计算简图和合理的地震作用传递途径，必要的承载力、良好的变形能力和耗能能力，以及合理的刚度和承载力分布，避免因局部削弱或突变形成薄弱部位，对可能出现的薄弱部位采取有效措施以提高抗震能力。

6.4.3　抗震设计原则与方案

在进行城市轨道交通结构设计时，需要遵循国家标准《城市轨道交通结构抗震设计规范》(GB 50909—2014)的要求，以确保轨道交通系统在发生地震时能保持稳定和安全的运行，减少地震灾害对城市轨道交通系统的影响。

1. 抗震设计原则

抗震设计要遵循以下基本原则。

1) 抗震强度

城市轨道交通结构抗震强度要符合国家标准《建筑抗震设计标准》(GB/T 50011—2010)的有关规定，具体要求可根据地震区域划分、场地类型、设防烈度等进行确定。

2) 动力特性

城市轨道交通结构的自振周期应与地震波周期相匹配，以确保结构具有良好的抗震性能。此外，结构应具有良好的耗能能力，能够吸收一定地震能量并减小震害。

3) 韧性设计

设计时应考虑结构发生破坏的后果，鼓励采用具有良好韧性的设计方案，以保证结构在地震作用下具有一定的位移和变形能力。

2. 抗震设计方案

抗震设计方案要包含以下重点。

1）设计地震参数

根据所在地区的抗震设防烈度和设计基本地震加速度等参数，确定轨道交通结构的抗震设计要求。

2）结构抗震能力

《城市轨道交通结构抗震设计规范》(GB 50909—2014)要求结构在地震作用下具有足够的强度和刚度，能够抵抗地震力的作用，并保持结构的稳定性。城市轨道交通结构常采用钢筋混凝土框架结构、钢结构、钢管混凝土结构等类型。在选择结构类型时，应考虑结构的强度、刚度、耗能能力等因素，并结合工程实际情况进行选择。城市轨道交通结构应合理布置，尽量减少整个系统的共振现象，避免地震时结构受力集中情况的发生。同时，在设计中应考虑线路跨越建筑物时对建筑的保护。

3）结构抗震措施

根据设计地震参数和结构抗震能力要求，制订相应的抗震设计方案，包括结构的减震、耗能、加固和隔震等技术措施。

4）地基处理

城市轨道交通结构的地基处理是抗震设计中的重要环节，要保证地基的稳定性和承载力，可通过地基加固措施提高结构的抗震能力。

5）抗震设备

城市轨道交通结构的抗震装置包括抗震支承、减震器隔震装置等，通过使用这些装置可以有效减小地震对轨道交通结构的影响。

6）抗震监测

在城市轨道交通结构建设完毕后，需要进行抗震监测以及时发现结构的异常和地震的影响，并采取相应的维修和加固措施，保证结构的安全性。

城市轨道交通系统是城市公共交通的重要组成部分，抗震设计是城市轨道交通安全运行的重要保证。设计人员在设计抗震方案时，应按照相关规范进行设计和施工，遵守相应抗震设计原则和规定，根据地震区域、场地类型、设防烈度等情况进行选择，采用具有良好韧性的结构布局和防震措施，并配备相应的防震设备，以确保城市轨道交通系统在地震时具有良好的安全性和可靠性。

6.4.4 地下结构抗震计算方法

目前，轨道交通工程中常用的抗震计算方法有反应位移法、反应加速度法和时程分析法，下面介绍这三种方法的基本原理和适用场景。

1. 反应位移法

20世纪70年代，日本学者从地震观测入手，提出了地下线状结构抗震设计的反应位移法。其原理是用弹性地基梁来模拟地下线状结构物，把地震时地基的位移作为已知条件作用在弹性地基上，以求解在梁上产生的应力和变形，从而计算地下结构地震反应，公式可以简化为拟静力计算公式。

反应位移法认为地下结构在地震时的反应主要取决于周围土层的变形，而惯性力的影响相对较小。在计算模型中引入地基弹簧来反映结构周围土层对结构的约束作用，同时定量表示两者间的相互影响。将土层在地震作用下产生的变形通过地基弹簧以静荷载的形式作用在结构上，同时考虑结构周围剪力以及结构自身的惯性力，采用静力方法计算结构的地震反应。

反应位移法计算模型如图6.11所示，结构周围土体采用地基弹簧模拟，包括压缩弹簧和剪切弹簧；结构一般采用梁单元进行建模，根据需要也可采用其他单元类型。反应位移法适用于土层比较均匀，埋深一般不大于30 m的地下结构抗震设计分析。

1) 适用性

一般而言，地下结构的视密度（包括结构物和内净空断面的平均密度）比周围土体小得多，因此地下结构的惯性力小，自身难起振。另外，地下结构受周围土体约束，能量耗散较快，衰减较大。相同高程处，地下结构及周围地层的加速度响应，与地面结构的地震响应差别较大。

2) 基本原理

反应位移法是将周围土体的反应位移等效为外部荷载施加到结构上，并假设地下结构地震反应计算可简化为平面应变问题，其在地震时的反应加速度、速度及位移等与周围地层保持一致。因天然地层在不同深度上反应位移不同，地下结构在不同深度上会产生位移差。将该位移差以强制位移形式施加在地下结

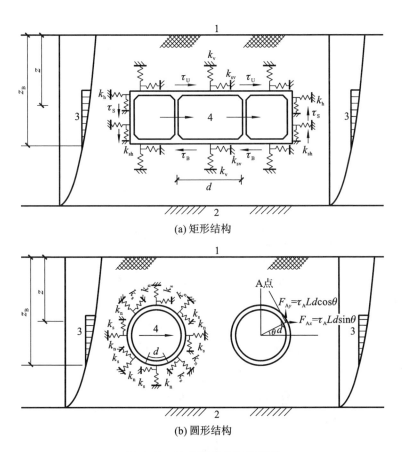

图 6.11 反应位移法计算模型

1—地面；2—设计地震作用基准面；3—土层位移；4—惯性力；k_v—结构顶底板压缩地基弹簧刚度；k_{sv}—结构顶底板剪切地基弹簧刚度；k_h—结构侧壁压缩地基弹簧刚度；k_{sh}—结构侧壁剪切地基弹簧刚度；τ_U—结构顶板单位面积上作用的剪力；τ_B—结构底板单位面积上作用的剪力；τ_S—结构侧壁单位面积上作用的剪力；k_n—圆形结构侧壁压缩地基弹簧刚度；k_s—圆形结构侧壁剪切地基弹簧刚度；τ_A—点 A 处的剪应力；F_{Ax}—作用于 A 点水平向的节点力；F_{Ay}—作用于 A 点竖直向的节点力；θ—土与结构的界面 A 点处法向与水平向的夹角；d—地基弹簧影响长度；z—深度；z_B—结构底部深度；L—垂直于结构横向的计算长度

构上，并将其与其他工况的荷载进行组合，则可按静力问题计算，得到结构在地震作用下的响应。

采用反应位移法时，可将周围土体作为支撑结构的地基弹簧，结构可采用梁单元进行建模。反应位移法应考虑土层相对位移、结构惯性力和结构与周围土层剪力作用。土层相对位移、结构惯性力和结构与周围土层剪力可由一维土层

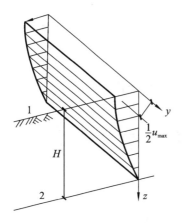

图 6.12　反应位移法计算简图
1—地表面；2—设计地震作用基准面；u_{max}—场地地表最大位移；H—设计地震作用基准面的深度；z、y—坐标方向

地震反应分析得到,也可根据《城市轨道交通结构抗震设计规范》(GB 50909—2014)中相关公式进行计算。反应位移法计算简图如图 6.12 所示。

3) 计算流程

根据《城市轨道交通结构抗震设计规范》(GB 50909—2014),反应位移法具体计算过程如下。

(1) 土层相对位移可按式(6.1)计算,土层地震反应位移应取地下结构顶底板位置处自由土层发生最大相对位移时刻的土层位移分布。

$$u'(z) = u(z) - u(z_B) \qquad (6.1)$$

式中:$u'(z)$ 为深度 z 处相对于结构底部的自由土层相对位移,m;$u(z)$ 为深度 z 处自由土层地震反应位移,m;$u(z_B)$ 为结构底部深度 z_B 处的自由土层地震反应位移,m。

(2) 埋于土层中的隧道和地下车站沿土层深度方向土层位移同一时刻的值可按式(6.2)计算。

$$u(z) = \frac{1}{2}u_{max} \cdot \cos\frac{\pi z}{2H} \qquad (6.2)$$

(3) 结构惯性力可按式(6.3)计算。

$$f_i = m_i \ddot{u}_i \qquad (6.3)$$

式中:f_i 为结构 i 单元上作用的惯性力;m_i 为结构 i 单元的质量(各层板自重包括梁、上下一半柱的自重);$\ddot{u}_i$ 为地下结构顶底板位置处自由土层发生最大相对位移时刻,自由土层对应于结构 i 单元位置处的加速度,m/s²。

(4) 结构上下表面的土层剪力可由自由场土层地震反应分析来获得,等于地震作用下结构上下表面处自由土层的剪力;也可以采用反应谱法计算土层位移,通过土层位移微分确定土层应变,最终通过物理关系计算土层剪力。

因此,顶底板处土层应变 γ 可采用式(6.4)计算。

$$\gamma = \frac{\partial u(z)}{\partial z} = -\frac{\pi}{2H} \cdot \frac{1}{2} \cdot u_{max} \cdot \sin\frac{\pi z}{2H} \qquad (6.4)$$

矩形结构侧壁剪力作用可按式(6.5)计算。

$$\tau_S = (\tau_U + \tau_B)/2 \tag{6.5}$$

(5) 地基弹簧刚度可按式(6.6)计算。

$$k = KLd \tag{6.6}$$

式中：k 为压缩或剪切地基弹簧刚度，N/m；K 为基床系数，N/m³；L 为垂直于结构横向的计算长度，m；d 为土层沿隧道与地下车站纵向的计算长度，m。

基床系数按地质勘察资料取值；L 按计算模型中杆件实际长度取值；d 取 1 m。

计算软件可采用 SAP2000 等有限元分析软件，具体计算过程总结如下。

第一步，根据上述公式，分别计算得到不同场地条件和不同地震作用下的反应位移、结构惯性力、侧壁剪力三部分荷载(位移)，并将其作为实际地震作用(偶然荷载)等效输入所建模型中。

第二步，结合工程详勘资料计算得到地基弹簧刚度，作为边界条件输入所建模型中。

第三步，根据相关荷载规范，在软件中完成相应荷载组合系数的设置。

第四步，根据工程场地的土层参数及结构设计参数，将计算得到的恒载及活载输入模型中。

第五步，进行计算分析，得到相应的内力图、位移图等。

2. 反应加速度法

1) 基本原理

反应加速度法是一种拟静力法，按照各土层和地下结构的所在位置施加相应的水平有效惯性加速度，进而实现在整个土与结构系统中施加水平惯性体积力。通过反应谱理论将地震对结构的作用以等效荷载的方法来表示，用静力分析验算结构抗震承载力和变形(见图 6.13)。

反应加速度法需要知晓土层沿深度变化的地震加速度，结构加速度等于相应深度土层处加速度。当土层均匀单一时，施加的水平有效惯性加速度为地下结构顶底板位置处土层发生最大相对位移时刻的水平加速度；当土层复杂时，土层和地下结构宜根据其所在位置施加相应的水平有效惯性加速度，通过土单元水平方向受力分析得到各土层的水平有效惯性加速度。结构部分仅按照其位置施加水平有效惯性加速度，复杂断面结构也可采用该方法(见图 6.14)。

2) 计算关键点及方法特点

计算关键点如下。

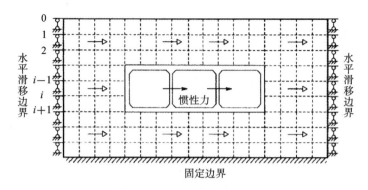

图 6.13　反应加速度法计算模型

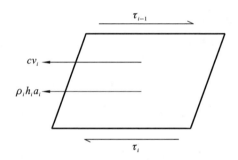

图 6.14　水平有效惯性加速度求解方法

c—土层液化影响折减系数；v_i—第 i 层土的剪切波速；ρ_i—第 i 层土单元的质量密度；h_i—第 i 层土单元的厚度；a_i—第 i 层土单元水平有效惯性加速度；τ_i、τ_{i-1}—地下结构顶底板位置处土层发生最大相对位移时刻第 i 层土单元底部与顶部的剪应力

(1) 设计地震基准面的选取。
(2) 空间加速度为结构顶底板发生最大相对位移对应的时刻的加速度。
(3) 土体等效剪切模量的选取，需要进行一维场地分析得到。

方法特点如下。
(1) 土体参数易选取。
(2) 不需要添加弹簧边界，简单、高效，尤其对于复杂断面样式计算效率较高。
(3) 加速度信息基于实际场地信息得出，加速度时程曲线更精确。

3. 时程分析法

时程分析法是直接从运动微分方程出发，用数值方法逐步积分，可获得结构在整个地震作用中的运动状态变化情况，又称直接动力法，在数学上称步步积分法,抗震设计中也称为"动态设计"。由结构基本运动方程输入地面加速度记录进行积分求解,以求得整个时间历程的地震反应。时程分析法输入与结构所在场地相应的地震波作为地震作用,由初始状态开始,逐步积分,直至地震作用结束。

1) 运动平衡方程

时程分析是对工程的基本运动方程,输入对应于工程场地的若干条地震加速度时程曲线或人工加速度时程曲线,通过积分运算求得在地面加速度随时间变化期间结构的内力和变形状态随时间变化的全过程,并以此进行结构构件的截面抗震承载力验算和变形验算。

根据达朗贝尔原理,在地震作用下,土与结构有限元体系的运动平衡方程如式(6.7)所示。

$$\boldsymbol{M}\ddot{\boldsymbol{x}}(t) + \boldsymbol{C}\dot{\boldsymbol{x}}(t) + \boldsymbol{K}\boldsymbol{x}(t) = u(t) \tag{6.7}$$

其中,$u(t)$指代式(6.8)。

$$u(t) = -\boldsymbol{M} \cdot \ddot{\boldsymbol{x}_g}(t) \tag{6.8}$$

式中:$\boldsymbol{M}$、$\boldsymbol{C}$、$\boldsymbol{K}$分别为土与车站结构系统的质量、阻尼和刚度矩阵;$\boldsymbol{x}(t)$、$\dot{\boldsymbol{x}}(t)$、$\ddot{\boldsymbol{x}}(t)$分别为土与车站结构系统的节点相对于基岩表面的位移、速度和加速度向量;$\ddot{\boldsymbol{x}_g}(t)$为输入地基的地震波加速度。

基于运动平衡方程,有如下情况。

(1) 自由振动:动力方程中 $u(t)=0$ 的情况。$u(t)$不为零时的振动为强迫振动。

(2) 无阻尼振动:$\boldsymbol{C}=0$的情况。

(3) 无阻尼自由振动:$\boldsymbol{C}=0$ 且 $u(t)=0$ 的情况。无阻尼自由振动方程就是特征值分析方程。

(4) 简谐荷载:$u(t)$可用简谐函数表示,简谐荷载作用下的振动为简谐振动。

(5) 非简谐周期荷载:$u(t)$为周期性荷载,但是无法用简谐函数表示,如动水压力。

(6) 任意荷载:$u(t)$为随机荷载(无规律),如地震作用。随机荷载作用下的振动为随机振动。

(7) 冲击荷载:$u(t)$在短时间内急剧加大或减小,冲击后结构将处于自由振动状态。

地面振动加速度是复杂的随机函数,不可能求出解析解,需要采用数值分析方法求解，故常将其转变为增量方程式的形式，如式(6.9)所示。

$$\bm{M}\ddot{\bm{x}}(\Delta t)+\bm{C}\dot{\bm{x}}(\Delta t)+\bm{K}\bm{x}(\Delta t)=\bm{u}(\Delta t) \tag{6.9}$$

式中：$x(\Delta t)$、$\dot{x}(\Delta t)$、$\ddot{x}(\Delta t)$分别为土与车站结构系统的节点在 Δt 时间内相对于基岩表面的位移、速度和加速度向量的增量；$u(\Delta t)$为在 Δt 时间内的增量。

再对增量方程逐步积分求解，即将时间 T 转化为一系列微小的时间段 Δt；在 Δt 时间内假设在各微小时间段 $t\sim(t+\Delta t)$内，体系是线性变化的，从而能对增量方程直接积分得出地震反应增量，将该步 $t+\Delta t$ 的终态值作为下一时间段的初始态。如此逐步积分，得到体系在整个地震过程中各时刻的运动状态及其变化情况。

2) 阻尼刚度

阻尼是研究动力反应问题的一个重要方面。阻尼按成因可分为内阻尼与外阻尼。材料内部或结构构件连接之间的摩擦作用产生内阻尼，导致能量损耗而使振动衰减，内阻尼又分为材料阻尼和结构阻尼。结构体系与外部环境介质相互作用则产生外阻尼，一般建筑物置于大气之中，所以外阻尼又称为空气动力阻尼。由于阻尼随结构形式、材料、几何尺寸、构造、荷载等多种因素变化，因而阻尼取值非常离散。找到阻尼的影响因素和统计规律，建立工程适用的阻尼矩阵，一直是国内外动力学研究的难题。

近百年来的研究发展形成了多种阻尼理论，最常见的是黏滞阻尼假设。此外，还有复阻尼理论，又称滞变阻尼理论。复阻尼理论的基本概念是假定阻尼力与弹性恢复力成正比，而振动时应变的相位总是落后于应力相位一个角度，从而建立起带有虚数的动力反应方程。

黏滞阻尼理论的基本假设是当运动速度不大时，质点受到的黏滞阻力与质点速度成正比，而且方向相反。阻尼矩阵常采用瑞利阻尼，认为阻尼矩阵与质量矩阵和刚度矩阵成正比，如式(6.10)所示。

$$\bm{C}=\alpha\bm{M}+\beta\bm{K} \tag{6.10}$$

其中，α 和 β 分别指代式(6.11)和式(6.12)。

$$\alpha=4\pi(\zeta_1 T_1-\zeta_2 T_2)/(T_1^2-T_2^2) \tag{6.11}$$

$$\beta=\frac{T_1 T_2(\zeta_1 T_1-\zeta_2 T_2)}{(T_1^2-T_2^2)\pi} \tag{6.12}$$

式中：T_1，T_2 为结构第一阶和第二阶自振周期；ζ_1，ζ_2 为结构黏性阻尼比，取 $\zeta_1=\zeta_2=0.05$。

3）土体动力计算模型

土体本构关系十分复杂,目前主要有弹性本构关系和弹塑性本构关系。弹性本构关系主要有线弹性模型、线性黏弹性模型、非线性弹性模型;弹塑性本构关系主要有剑桥模型、莱特-邓肯模型等。岩土介质的动力学模型主要包括线性黏弹性模型、非线性弹性模型、弹塑性模型和等价非线性黏弹性模型。土体的屈服准则或破坏准则主要有 Teresa 准则与广义 Teresa 准则、von Mises 准则与广义 von Mises 准则、莱特-邓肯准则等。

根据弹塑性理论,土体变形可以分为弹性变形和塑性变形两部分,其中弹性变形可以应用广义胡克定律计算,塑性变形可以应用塑性增量理论计算。塑性增量理论包含三个基本要素:屈服准则、流动法则和硬化规律,分别规定了塑性应变增量的产生条件、方向和大小。目前,基于不同的基本要素已经提出了多种弹塑性本构模型,如多重屈服面模型(nested surfaces model)、边界面模型(bounding surface model)等。

目前尚未有成熟的土体本构模型能够模拟各种情况下土的动力非线性特性,但针对具体问题存在一些合理适用的模型,如何根据具体情况合理选择地铁地下结构地震反应分析模型还需要进行深入的研究和探讨。

4）边界条件

在地震过程中,覆土会对结构地震反应产生很大影响,合理确定静态和动态人工边界条件是关键。现有人工界限一般不适于地下结构-土层相互作用系统的静态分析,因此通常对静态和动态情况分别采用不同的人工边界条件进行分析。静态问题采用固定人工边界或其他静态边界,动态问题采用动力边界,用两个不同的模型分别计算,再把计算结果进行叠加组合分析,最终得到相应的计算结果。

动力分析中,地震波输入后,会向模型边界传递。实际情况下,当地震波到达模型边界时,会有部分地震波透射过边界向更远处传递,部分地震波被反射回来。而采用固定人工边界时,边界处的地震波会被完全反射,与实际情况不符。因此,在采用固定边界条件的情况下,会考虑模型的截断尺寸问题,以使到达的地震波对结构的影响尽可能小。

(1) 静止边界。

在岩土工程中,地下介质土是无限大的。比如地下洞室等结构,其周围土层边界是无限的,在地表及近地面的结构可以等效为处于半无限介质中。而建模分析计算时,模型大小有限,必须设定一个人工边界。静力分析中,通常在一定范围内截断土体,在边界处采用固定手段,即人工固定边界。在较合适的尺寸范围内,该边界条件可有效地模拟地下结构的静力分析。

(2) 动力边界。

在动力分析中,人工边界不仅是固定的静止边界,而且应同时满足地震波的反射和透射两个特性。由于地下介质的阻尼特性,地震波在地下传播的过程中会进行反射、能量耗散、透射等。在模型边界处,地震波的能量并不是完全反射到模型中,而是部分能量透射到边界外。固定人工边界是不能模拟出这样的实际效果的,因此,比较可行的办法是采用一种能同时模拟地震波反射和透射两种特性的动力边界。

5) 地震波输入

地震时基岩面首先产生运动加速度,基岩运动以地震波的形式(包括剪切波和压缩波)由基岩面垂直向上入射,使土层和结构产生加速运动,直至地表面。

由于输入地震波不同,地震反应会相差甚远,合理选择地震波进行动力分析是保证计算结果可靠性的重要前提。国内外学者研究表明,虽然建筑物场地的未来地震动难以准确地定量确定,但只要正确选择地震动主要参数,时程分析结果可以较真实地体现未来地震作用下的结构反应,满足工程所需精度。地震动三要素为地震动强度、地震动频谱特征、地震动持续时间。在选用地震波时,应全面考虑地震动三要素,并根据情况加以调整。以下分别说明地震动三要素选取与调整办法。

地震动强度(振幅)包括峰值加速度、速度峰值及位移峰值,一般结构常直接输入地震反应方程的加速度曲线。峰值加速度反映了地面记录中最强烈部分。当震源、震中距、场地土等因素均相同,峰值加速度高时,则建筑物遭受的破坏程度大。所以,在抗震分析中以地震过程中加速度最大值(峰值)作为强度标准。对选用的地震记录峰值加速度应按适当的比例放大或缩小,使峰值加速度相当于设防烈度相应的多遇地震与罕遇地震时的峰值加速度。

轨道交通工程抗震计算时,可参考《中国地震动参数区划图》(GB 18306—2015)及《城市轨道交通结构抗震设计规范》(GB 50909—2014)等选择对应场地的地震动峰值加速度。

除地震动峰值加速度对结构体系的反应有明显的影响之外,地震动频谱特征对结构的影响同样重要,选取的地震动频谱特征应与建设场地土的动力特性相一致。因此,在选取地震波时,应使所选的实际地震波的傅立叶谱或功率谱的卓越周期乃至谱形状尽量与场地土的谱特征一致。

地震动持续时间：持续时间不同，能量的损耗积累不同，从而影响地震反应。一般选择持续时间 T 的原则如下。

（1）保证选择的持续时间内包含地震记录最强部分。

（2）尽量选择足够长的持续时间，一般建议取 $T \geqslant 10T_1$（T_1 为结构的基本周期）。

轨道交通结构采用时程分析法计算时，通常选取不少于两条实测波和一条人工波模拟加速度时程曲线。一般的地震波是在地表或地下室测得的，记录到的加速度历程是地表或地下室位置的动力响应过程，这种动力响应从根本上说是由基岩运动引起的。对于考虑土与结构相互作用的地震分析，地震激励的来源不再是地表，而是一定深度的基岩。因此，对于分析地下结构的动力反应，需要将地震波记录反演到所需要的深度。

6）计算中的基本假定

（1）土介质为符合线性黏弹性模型的水平成层半空间，每一层土都是由一系列相互独立、水平方向无限延伸的薄层组成，即引进平面应变的假定；地下结构材料简化为均质各向同性黏弹性体。

（2）每一层土为均质、各向同性体，即每层土性质相同，但可随土层不同而改变，最下层土覆盖在刚性基岩面上；动力作用下，各层土之间、土地下结构之间不发生脱离和相对滑动，即界面满足位移协调的条件。

（3）土层与地下结构的地震激励来自基岩面（或假想基岩面），基岩面上各点的运动一致，即不考虑行波效应；假定地震波是由基岩面垂直向上传播的剪切波和压缩波，不考虑地震波斜入射的情况；系统的阻尼与振动频率无关，系统阻尼特性使用材料阻尼来描述。

7）土体本构模型

岩土力学计算的核心是本构模型。常用模型包括邓肯-张模型、摩尔-库仑模型、D-P 模型、HS（hardening soil）模型等。其中摩尔-库仑模型比较常用，原因是其参数简单、容易获取，其主要参数黏聚力 c 和内摩擦角 ϕ 在一般地质勘察报告中都会给出。但计算误差较大，特别是对于基坑开挖的模拟，会出现坑底发生不符合实际的"隆起"现象。

HS 模型为双硬化模型＋帽盖＋卸载。HS 模型是一个可以模拟包括软土和硬土在内的不同类型土体行为的模型。在主偏量加载下，土体的刚度下降，同时产生了不可逆的塑性应变。在排水三轴试验的特殊情况下,可观察到轴向应变与偏差应力之间的关系可以很好地由双曲线来逼近。康纳最初阐述了这种关系,后来这种关系被用在了著名的双曲线模型中。首先,它使用的是塑性理论,而不是弹性理论;其次,它考虑了土体的剪胀性;最后,它引入了屈服帽盖。

大量工程应用对比了 HS 模型和摩尔-库仑等常用简单模型的计算结果,发现 HS 模型计算结果优于摩尔-库仑等常用简单模型,具体表现如下。

HS 模型对土体卸载特性进行处理,因此 HS 模型比摩尔-库仑模型坑底隆起小。相较于摩尔-库仑模型只有一个单一刚度,HS 模型更加符合土体特性。

HS 模型比摩尔-库仑模型更能体现坑外沉降槽的变化。摩尔-库仑模型的土体卸载模量较小,开挖底部隆起带动墙向上移动,影响了坑外沉降槽的形成。

HS 模型计算的墙体位移比摩尔-库仑模型要小,计算的墙体内力比摩尔-库仑模型要大,经过与实测数据对比发现,HS 模型模拟结果更加符合实际情况(见图 6.15)。

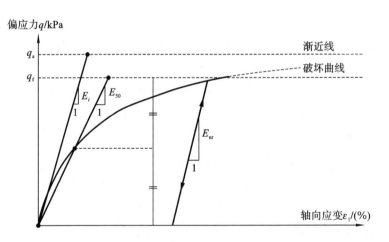

图 6.15 HS 模型本构关系

q—偏应力,$q=\sigma_1-\sigma_3$;σ_1—竖向应力;σ_3—三轴试验中的围压;ε_1—轴向应变;q_a—剪切强度的渐进值;q_f—剪切强度的破坏值;E_i—初始切线模量;E_{50}—50%强度下的切线模量;E_{ur}—卸载再加载(回弹)切线模量

HS 模型的特点如下。

(1) 动荷载作用,变形=弹性+塑性。

(2) 小应变幅情况,近似弹性体特征。

(3) 动应变幅增大(即大应变幅情况),引起土结构改变,产生残余变形+强

度损失。

其应用的两种情况：一是小应变幅，主要研究剪切模量和阻尼比的变化规律；二是大应变幅，主要研究土的强度和变形问题以及振动液化等。此本构模型的应力-应变关系有两大特点，即非线性和滞后性。

能够反映上述特征，目前应用较好的本构模型为 HSS(hardening soil with small strains stiffness)模型。

HSS 模型假设土体在卸载和重加载时是弹性的，定义屈服面内的刚度为卸载和再加载 E，是卸载再加载滞回环的割线模量，然后当卸载再加载的幅值减小，滞回环近乎消失，才能获得近乎真实的弹性刚度，即小应变刚度。

HSS 模型在 HS 模型的基础上引入小应变刚度发展而来。小应变情况下的应力-应变曲线可以用简单的双曲线来拟合，小应变情况下刚度与剪切应变的关系如式(6.13)所示。

$$\frac{G}{G_0} = \frac{1}{1 + 0.385 \left| \dfrac{\gamma}{\gamma_{0.7}} \right|} \tag{6.13}$$

式中：G/G_0 为剪切刚度；G 为剪切模量(刚性模量)；G_0 为初始剪切模量(刚性模量)；γ 为初始剪切应变；$\gamma_{0.7}$ 为剪切模量衰减到初始剪切模量 70% 时对应的剪切应变。

HSS 模型考虑了弹塑性，即循环效应(滞回圈)，比 HS 模型多了两个参数：G_0、$\gamma_{0.7}$。

第7章 城市轨道交通结构防水与防灾设计

7.1 城市轨道交通结构防水设计

7.1.1 地铁工程防水设计原则、等级、设防标准及要求

1. 地铁工程防水设计原则

地铁若修建在含水地层或透水地层中,则将受到地下水的侵害作用,并受到地面水的影响。如果没有可靠的防水措施,地下水就会浸入乃至危害地铁运营和影响结构物使用寿命。

因此,地铁结构物的防水措施主要是提高混凝土的密实性、抗裂性,加强变形缝、施工缝的防水性能等。同时,还可以采用外贴防水卷材、涂膜或抹防水砂浆等附加防水措施,以达到有效防水的目的。

根据《地铁设计规范》(GB 50157—2013)、《地下工程防水技术规范》(GB 50108—2008)和《地下防水工程质量验收规范》(GB 50208—2011)的相关规定,地铁工程防水设计应遵循"以防为主,刚柔结合,多道设防,因地制宜,综合治理"的原则,精心设计,精心施工。

地铁结构物的防水措施应根据工程所处场地的水文地质条件、地形条件、施工方法、结构形式、防水标准、使用要求和技术经济指标等综合考虑确定。

2. 地铁工程防水等级和设防标准

根据地铁结构物对防水的要求,其防水等级和设防标准划分如下。

车站出入口通道、机电设备集中地段,防水等级为一级。结构不允许渗水,结构内表面无湿渍。设防标准为多道设防,其中必有一道结构自防水,根据需要加设附加防水措施。

车站的风道、风井、区间隧道、辅助线隧道的连接通道等,按防水等级二级的要求进行设计,结构不允许漏水,结构表面允许有少量的湿渍,总湿渍面积不应大于总防水面积的2%,任意100 m² 防水面积上的湿渍不超过3处,单个湿渍的最大面积不超过0.2 m²。设防标准为一道或多道防水,其中必有一道是结构自防水,根据需要可采用其他附加防水措施。

变形缝、施工缝和穿墙管等特殊部位应采取加强措施。在侵蚀性介质中仅用防水混凝土时,其耐蚀系数不得小于0.8,小于0.8时,应有可靠的防腐蚀措施。

3. 地铁工程防水要求

城市地铁工程防水的一般要求如下。

(1) 地铁工程防水设计应满足技术先进、施工简便、经济合理、使用安全、确保质量的要求。

(2) 地铁工程的防水设计应综合考虑地下水、地表水的作用,全方位考虑工程防水。

(3) 地铁工程防水是一个系统工程,设计时应综合考虑结构形式、施工方法、水文地质条件等与防排水的关系,在保证结构安全可靠的基础上,结构应能满足防水的需要,为运营创造良好的环境。

(4) 地铁工程防水应当采取综合防水的措施,优先考虑结构自防水,根据需要采取附加防水层、注浆防水等附加防水措施。

(5) 地铁工程的施工缝、变形缝、后浇带、穿墙管、预留通道接头等都是防水的薄弱环节,对这些特殊部位,应当采取多项措施加强防水处理,以确保这些部位的防水可靠性。

(6) 地铁工程防水材料应当优先选用质量可靠、耐久性好、物理力学性能优越、符合环保要求、施工简便的材料。

(7) 地铁工程具有防水要求高、渗漏治理困难的特点,应当精心施工,严格控制防水材料质量和施工质量,层层把关,不留隐患。

结构自防水的措施之一是采用防水混凝土施工。防水混凝土是一种通过调整配合比或掺入少量防水剂、减水剂、加气剂、密实剂、早强剂、膨胀剂等外加剂的途径来改善混凝土本身多界面间密实性的混凝土,用于补偿混凝土的收缩,增加混凝土的抗裂性和抗渗性。防水混凝土按其组成的不同,主要分为普通防水混凝土、外加剂防水混凝土和膨胀水泥防水混凝土。防水混凝土特点和使用范围如表 7.1 所示。

表 7.1 防水混凝土特点及使用范围

种类		最高抗渗压力/MPa	特 点	使用范围
普通防水混凝土		3.0	施工简便，材料来源广泛	适用于一般工业、民用建筑及公共建筑的地下防水工程
外加剂防水混凝土	引气剂防水混凝土	2.2	抗冻性好	适用于北方高寒地区、抗冻性要求较高的防水工程及一般的防水工程，不适用于抗压强度大于 20 MPa 或耐磨损要求较高的防水工程
	减水剂防水混凝土	2.2	拌和物流动性好	适用于钢筋密集或捣固困难的薄壁型防水构筑物，也适用于对混凝土凝结时间（促凝或缓凝）和流动性有特殊要求的防水工程（如泵送混凝土工程）
	三元醇胺防水混凝土	3.8	早期强度、抗渗强度高	适用于工期紧迫、要求早期强度及抗渗性较高的防水工程及一般防水工程
	氯化铁防水混凝土	3.8	—	适用于水中结构的无筋、少筋的厚大防水混凝土工程及一般地下防水工程，砂浆修补抹面工程在接触直流电源或预应力混凝土及重要的薄壁结构上不宜使用
膨胀水泥防水混凝土		3.6	密实性好，抗裂性好	适用于地下工程和地上防水构筑物及山洞、非金属油罐和主要工程的后浇缝施工

注：①不适用于裂缝开展宽度大于现行《混凝土结构设计规范》(GB/T 50010—2010)要求的结构。

②不适用于遭受剧烈振动或冲击的结构。

③防水混凝土不能单独用于耐蚀系数(耐蚀系数＝在侵蚀性水中养护 6 个月的混凝土试块与在食用水中养护 6 个月的混凝土试块的抗折强度比值)小于 0.8 的受腐蚀防水工程，在耐蚀系数小于 0.8 和地下混有酸、碱等腐蚀性介质的条件下，应采取可靠的防腐蚀措施。

④用于受热部位时，若表面温度大于 100 ℃，则应采取相应隔热措施。

7.1.2 明挖法施工的结构防水

采用明挖法施工的结构防水,一般由结构自防水和附加防水层组成。附加防水层由卷材、涂料或防水砂浆等组成。防水层一般都设在主体结构外侧(即迎水面),且要求与结构的表面黏结良好。防水层应满足处于侵蚀性介质中时具有良好的耐侵蚀性,受振动作用时有足够的柔性。

1. 卷材防水

我国目前的防水卷材品种较多,大致可分为以下几类。

沥青防水卷材:根据不同的胎体,沥青防水卷材也有很多种,它们共同的优点是耐水性和耐腐蚀性良好,但它们存在热流冷脆性的缺点,故地铁等重要工程一般不采用。

改性沥青防水卷材:根据不同的改性剂,其可分为塑性体、弹性体、自黏结、聚乙烯沥青和橡胶粉改性等。

我国目前生产的防水卷材如图 7.1 所示。

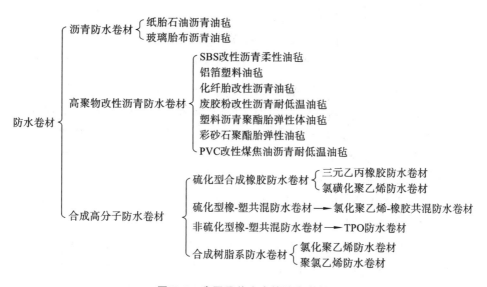

图 7.1 我国目前生产的防水卷材

注:SBS 即苯乙烯-丁二烯-苯乙烯;PVC 即聚氯乙烯;TPO 即热塑性聚烯烃。

2. 结构防水层设计

明挖法结构外贴式防水层的构造如图 7.2 所示。

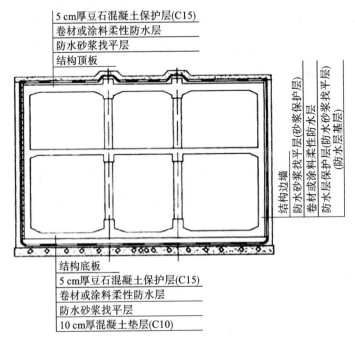

图 7.2　明挖法结构外贴式防水层的构造

注："( )"内表示先贴法层次。

在设计时应注意以下内容。

(1) 选材。目前地铁明挖法结构的外贴式防水层均选用改性沥青防水卷材或高分子防水卷材。卷材的配套材料(如黏结剂)应与所选的卷材相匹配。无论是卷材还是黏结剂都应能与结构表面黏结良好,且能在水中保持其黏结性,以免当防水层局部破损时,水在防水层与结构间串流,导致防水层全面失效。此外,在选材时还应考虑施工的季节性和经济性,如溶剂型黏结剂在冬天难以挥发作用,将影响质量和工期。

(2) 保护层。结构底板及放坡开挖或工字钢桩支护开挖的侧墙部分防水层,都应在其外上侧设置保护层,以免后续工序施工时破坏防水层。保护层一般由预制混凝土板或砖墙组成,设计中应规定保护层内表面保持平整、光滑,不允许有凸出的"水泥钉",以免在侧向压力作用下将防水层压穿。

主体结构,拆模后接长卷材时用后贴法将其粘贴于边墙和顶板的外侧,最后施工顶板保护层。防水层施工完毕后,应及时施工防水层的细石混凝土保护层。保护层厚度不小于 5 cm,保护层混凝土宜采用豆石(细卵石),防止石料划伤防水层。保护层达到一定强度后,方可进行底板施工。

(3) 卷材防水层的层数应根据场地的水文地质条件、工程重要性、卷材的质量和厚度等因素确定。

(4) 黏结卷材时,无论是外防外贴或外防内贴,均先在保护墙上用白灰砂浆或水泥砂浆找平,达到强度后再贴卷材。

3. 涂料防水

防水涂料主要用于构筑物内外墙防水、装饰工程的防渗和堵漏。防水涂料按涂料类型分为溶剂型、水乳型、反应型 3 类;按成膜物质的主要成分分为 5 类,如图 7.3 所示。

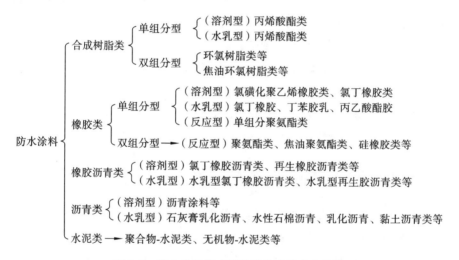

图 7.3　防水涂料按成膜物质的主要成分分类

在明挖法结构中也可采用大面积的涂料防水,但要注意保证涂料防水层厚度均匀一致。应选用防水、抗菌、无毒或低毒、刺激性小的涂料,目前比较适用的是焦油聚氨酯涂料。明挖法施工与地面建筑施工技术相近,相对于暗挖法施工具有技术成熟、施工较为方便、质量容易控制、便于防排水措施的实施等优点。明挖法施工的车站多采用整体式结构,这种现浇钢筋混凝土结构防水性和抗震性能好,能适应结构体系的变化,有利于结构的防排水,其防排水重点是结构底板、侧墙和顶板外部结构。结构内部的施工缝、变形缝、穿墙管、后浇带等细部结构是防水重点,需要精心施工。明挖装配式结构中预制构件的防水等级一般容易达到,装配件之间的连接结构是防水的薄弱环节,应采取加强防水措施。

明挖法施工的结构防排水要求如下。

(1) 基坑开挖时,做好基坑坡顶的截水工作,防止边坡顶的水流入基坑;基坑内如果有地下水,应采取基坑内降水或注浆堵水等措施。浇筑垫层混凝土之前基坑底部不得有水,保证垫层混凝土的浇筑质量,以满足其不小于P6的抗渗等级要求。

(2) 采用桩墙或地下连续墙支护的明挖法结构,桩墙和地下连续墙应具有一定的抗渗能力,其抗渗等级不得小于P6。地下连续墙槽段之间的接缝宜采用十字钢板接头或橡胶止水带接头,保证接头部位的防水效果。

(3) 垫层混凝土采用强度等级不小于C15的混凝土,厚度不小于150 mm,要求垫层混凝土坚固密实且基本平整。

(4) 结构采用全外包膨润土防水板或柔性防水层,防水材料采用膨润土防水板或2层各4 mm厚的聚酯胎体改性沥青防水卷材。防水板或防水层施工应做到材质优良、搭接牢固、完整无缺陷。

(5) 对施工缝、变形缝、穿墙管、后浇带、预留孔等防水薄弱部位和施工拐角部位,应采取附加防水措施的方法进行防水处理。

具体措施可参见《地铁设计规范》(GB 50157—2013)中明挖法施工的地下结构防水措施的相应规定。

7.1.3 盖挖法施工的结构防水

盖挖法施工按照基坑开挖与结构浇筑顺序的不同,可分为盖挖逆作法、盖挖半逆作法和盖挖顺作法。在结构上,盖挖顺作法与明挖顺作法并无不同,而盖挖半逆作法与盖挖逆作法相近。接下来简要介绍一下盖挖逆作法的构造特点。

(1) 施工过程中需要大量临时结构,结构的主要受力构件常兼有临时结构和永久结构的双重功能。这些结构在基坑开挖和形成结构的过程中,由于垂直荷载的增加和土体卸载的影响,将会引起边、中桩的沉降,不仅影响其受力性能,也影响结构的防水性能。

(2) 盖挖逆作法和盖挖半逆作法是在上部结构的混凝土达到设计强度后再浇筑下部结构的混凝土,由于混凝土的收缩和析水,不可避免地会导致施工缝开裂。这些裂缝对结构强度、刚度、防水性和耐久性均会产生不利影响,必须采用特殊施工方法和处理技术。

1. 盖挖法施工的防排水要求

盖挖法施工的防排水要求如下。

(1) 地下连续墙是防排水的第 1 道防线,其抗渗等级不得小于 P6。同时,地下连续墙槽段之间的接缝应采用防水接头形式(如十字钢板接头或橡胶止水带接头等),以保证地下连续墙防水的整体可靠性。

(2) 为保证防水施工的顺利实施及防水的可靠性,内衬结构与地下墙之间尽量不采取拉接筋的叠合墙或板墙连接的方案,这会给防水方案的制订及防水施工带来不利影响,也不易保证柔性防水层的连续性。采用膨润土防水毡防水可克服此种不利影响。当必须采用整体墙方案时,也可将侧墙的水泥基渗透结晶型刚性防水涂层涂刷在内衬墙的内表面。

(3) 穿过结构柱桩与结构的连接部位,上部先浇结构与下部后浇结构的连接部位,施工缝、变形缝等部位是防水的薄弱环节,应采取多种措施保证防水效果。

盖挖法修建的地铁结构的侧墙形式有 2 种:一种是地下连续墙或桩墙和内衬所组成的复合墙;另一种是只有地下连续墙的单层墙。无论是哪种形式,侧墙及侧墙和板接缝处的防水问题都是技术上的难题。除采用结构自防水外(其抗渗等级为 P8),还应增设附加防水层组成多道防线。

在结构的顶、底板迎水面设外防水层,防水层的卷材层数和厚度按水文地质状况与工程防水要求而定。改性沥青卷材厚度不小于 6 mm,橡胶、塑料类卷材厚度不小于 1.5 mm。

2. 连续墙附加防水层的结构形式

连续墙附加防水层的结构形式有如下 2 种。

1) 夹层式防水结构

即在复合墙的地下连续墙与内衬之间设置防水隔离层。实践证明,这种防水结构不仅防水效果好,而且可消除地下连续墙对现浇混凝土内衬收缩的约束作用,减少内衬的收缩裂缝。但夹层式防水结构削弱了复合墙的整体受力性能,内衬要求较厚。因此,在水位较低,防水要求不十分严格的情况下,复合墙中亦有不设防水隔离层的情况存在。

用作防水隔离层的材料品种较多,宜优先选用乙烯-醋酸乙烯共聚物(ethylene vinyl acetate,EVA)、乙烯共聚体与改性沥青(ethylene copolymer bitumen,ECB)混合物卷材,厚度不小于 1.5 mm。

2) 涂抹式防水结构

即在经处理过的单层墙内表面,涂抹一层防水砂浆或其他防水涂料的刚性防水层。防水砂浆可以用普通硅酸盐水泥为基料,也可以用膨胀水泥为基料配制而成。防水涂料种类很多,其中以高效渗透型水泥密封剂效果较好,因为这种涂料在一定时间内可渗入混凝土表面下 50 mm,并在混凝土的孔隙中产生一种不溶解的结晶,堵塞毛细水的渗漏通道,达到防水的目的。

7.1.4 矿山法施工的结构防水

矿山法施工的防水设计也应遵循"以防为主、刚柔结合、多道防线、因地制宜、综合治理"的原则。目前矿山法施工的结构防水措施如下。

1. 单层衬套防水系统

衬套防水系统不仅具有良好的防水效果,而且能有效地减少初期支护喷射混凝土对二次衬砌混凝土的约束应力,减少内衬混凝土干缩时的约束应力,同时在结构允许的变形范围内,不但能够保持良好的防水效果,还能减少结构混凝土因开裂或不密实而遭受地下水的侵害与破坏,提高结构主体混凝土的使用寿命。

2. 全封闭方案防水系统

当遇到地层透水系数大,或引排水对周边环境不利(如地表沉陷问题),或地下水对混凝土有侵蚀性的地段时,必须采用全封闭的方案,其优点是把水隔绝在全包防水层以外,有利于保证二次衬砌的质量。考虑到地铁运营的成本、城市持续发展的需求、结构防水的设计标准及地铁区间设备的养护和维修,全封闭方案是较理想的设计。由于防水板的寿命远比混凝土结构短,当防水板腐蚀、老化后,结构防水主要由混凝土结构自身承担。同时,由于防水板腐蚀、老化会在二次衬砌和初期支护之间留下空隙,这对二次衬砌结构的内力会有一定的影响。

3. 区间隧道复合衬砌防排水

区间隧道复合式衬砌防排水以二次衬砌混凝土自防水为结构防水根本,在二次衬砌混凝土迎水面布设柔性防水层、无纺布及排水盲管,强调混凝土结构

"三缝"处理。区间隧道复合式衬砌的总体防排水措施如下。

（1）初期支护采用喷、锚、网及钢架格栅联合支护,初期支护设计厚度35~40 cm,喷射混凝土等级为C20、抗渗等级为P6。

（2）二次衬砌混凝土采用补偿收缩性的自防水钢筋混凝土,设计厚度30~35 cm。二次衬砌混凝土等级为C30、抗渗等级为P8。

（3）全包防水层采用PVC外贴式防水。为起到缓冲和保护作用,可在PVC板内外侧各夹设一层无纺布。

（4）在防水层与初期支护之间布设环向、纵向排水盲管作为疏排构架,环向排水盲管规格70 mm×35 mm,纵向排水盲管规格140 mm×35 mm,环纵向盲管将防水层与初期支护结构之间的渗漏水疏排至洞内泵房或洞外排水沟。

4. 夹层防水

夹层防水是根据新奥法原理提出的,其具体做法是在已喷混凝土的初期支护上铺设塑料板或膜作为防水隔离层,然后再进行二次衬砌混凝土的浇筑。实践证明,夹层防水结构不仅防水效果好,还可以减少二次衬砌的收缩裂缝。

复合式衬砌的夹层防水结构根据初期支护表面凹凸情况,一般都在防水隔离层背后加设缓冲和导水的垫层,并采用无钉孔铺设,用于防止隔离层遭破坏和提高防水效果。

1）夹层防水用材料和标准

防水隔离层材料种类很多,大致可分为:①橡胶沥青类;②合成橡胶类,包括硫化型-聚氨酯橡胶、异丁烯橡胶、乙烯丙烯聚合橡胶、氯丁二烯橡胶（chloroprene rubber,CR）等,非硫化型-聚异丁烯（polyisobutylene,PIB）、聚甲基丙烯酸甲酯（polymethyl methacrylate,PMMA）等;③塑料类,包括EVA、ECB、PVC、聚乙烯（polyethylene,PE）等。

目前大量使用的塑料类防水隔离层材料的特性如下。

EVA:抗拉强度及抗裂强度大,比重小,操作方便,伸长和耐破损性良好,耐菌性也好。该种卷材在日本使用最多。

ECB:20世纪50年代在欧洲广泛应用于水沟、蓄水池、屋面防水等。在隧道内使用厚2.0 mm的板材,其伸长性和焊接性良好,表面有一层彩色薄膜,一旦破坏很易发现。

PVC:该材料耐水、耐碱、耐酸,焊接性好,欧洲于1965年开始在隧道中使用,厚度一般为1.5~3.0 mm,日本采用的厚度是1.0~1.5 mm。但施工焊接时有氯化氢气体逸出,对工作人员的健康有害。

PE:可分为低密度聚乙烯(low density polyethylene,LDPE)和高密度聚乙烯(high density polyethylene,HDPE)2 种。前者虽然强度较低,但操作方便、价格便宜,后者强度和硬度较高,但施工困难,需要采用专用焊枪。过去 PE 类材料的使用厚度一般为 0.65~0.8 mm,但实践证明其厚度应不小于 1.5 mm。

2) 缓冲层材料

目前可供选择的缓冲层材料有 2 种:①无纺布;②聚乙烯泡沫塑料卷材。无纺布又称土工布,是用合成纤维经热压针刺无纺布工艺制成的。合成纤维的主要原料有聚丙烯、聚酯、聚酰胺等。

由于 PE 泡沫塑料卷材具有良好的弹性及适当的物理力学性能,易于铺设且价格较无纺布低 30%~50%,故选它作为缓冲层的工程日益增加。

3) 夹层防水的通用设计

(1) 选材。

比较好的防水隔离层是 ECB、EVA 膜。价格较低,性能也满足要求的防水隔离层有 LDPE 或线性低密度聚乙烯(linear low-density polyethylene,LLDPE)膜。

(2) 基面。

基面要求平整,其凹凸度 $D/L<1/6$(其中 D 为喷射混凝土相邻两凸面间凹进去的深度,L 为喷射混凝土相邻两凸面间的水平距离),不得有钢筋等尖锐凸出物,基面变化或转弯处的阴角应抹成半径 $R>10$ cm 的圆弧,阳角抹成 $R>2$ cm 圆弧。

(3) 夹层防水构造。

夹层防水构造如图 7.4 所示,矿山法隧道标准断面防水设计如图 7.5 所示。

具体措施可参见《地铁设计规范》(GB 50157—2013)中矿山法修建地下结构时的防水措施的相关规定。

7.1.5 盾构法施工的结构防水

盾构法施工是在软土、软岩地区修建隧道与地下工程的主要方法。盾构法施工除具有与新奥法施工一样的工作面狭小、结构工作缝多、难以实现结构的全外包防水等特点外,还面临管段不均匀沉降、所处围岩水压普遍较高、工作井防

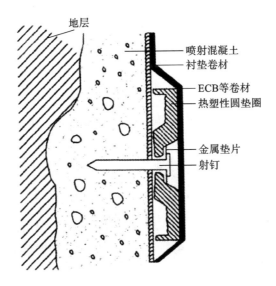

图 7.4 夹层防水构造

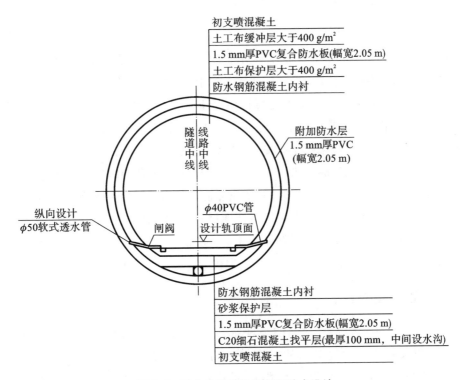

图 7.5 矿山法隧道标准断面防水设计

水等困难。盾构隧道的结构衬砌防水等级及工程措施应符合表7.2的要求。

表7.2 盾构隧道的结构衬砌防水等级及工程措施

防水等级	高精度管片	接缝防水				混凝土内衬或其他内衬	外防水涂料
		密封垫	嵌缝	注入密封剂	螺栓孔密封圈		
一级	必选	必选	应选	可选	应选	宜选	宜选
二级	必选	必选	宜选	可选	应选	局部宜选	部分区段宜选
三级	必选	必选	宜选	—	宜选	—	部分区段宜选
四级	可选	宜选	可选	—	—	—	—

目前，盾构法施工修建的隧道绝大部分仍然采用由单层钢筋混凝土管片拼装而成的衬砌结构，其防水工作包括管片自身防水、管片接缝防水、螺栓孔和压浆孔防水、接缝嵌缝防水、接缝注浆等。

1. 管片自身防水

管片自身防水包括管片本体防水和管片外防水。根据隧道所处的水文地质条件，应对管片本体的抗渗性能作出明确规定。管片应采用防水混凝土制作，一般要求其抗渗等级不小于P8，渗透系数不大于 5×10^{-12} m/s。当隧道处于侵蚀型介质的地层时，应采用相应的耐侵蚀混凝土或耐侵蚀涂层。对于钢筋混凝土管片来说，制作质量、工艺和外加剂的使用对提高管片自身的抗渗性效果明显。预制管片混凝土级配应采用密级配，严格控制水灰比（一般不大于0.4），可以通过掺入减水剂来降低混凝土水灰比。管片生产时，应采用合理的制作工艺，对混凝土振捣方式、养护条件、脱模时间、防止温度应力而引起的裂缝等提出明确、有效的工艺要求。管片制作应当采用高精度钢模，减少制作误差，避免造成接缝渗漏水。钢模宽度及弧弦长允许偏差为±0.4 mm。混凝土管片制作尺寸允许偏差：宽度为±1 mm，弧、弦长为±1 mm，厚度为−1～+3 mm。

2. 管片接缝防水

管片接缝防水包括管片间的弹性密封垫防水、隧道内侧相邻管片间的嵌缝防水以及必要时向接缝内注入聚氨酯药液等。其中弹性密封垫防水最可靠，管片制作精度对接缝防水的影响也不可忽视，一般要求接缝宽度不应大于1.5 cm。

1) 弹性密封垫防水的功能要求

一般情况下,弹性密封垫要能承受实际最大水压的 3 倍。衬砌环缝的密封垫还应在衬砌产生纵向变形时,能在规定水压力作用下不透漏水。同时,密封垫传给密封槽接触面的应力要大于设计水压力。接触面应力是拧紧连接螺栓、盾构千斤顶推力、密封垫膨胀等因素产生的。此外,当密封垫一侧受压力作用时,也会产生一定的接触面应力,即所谓"自封作用"。

2) 弹性密封垫材料的种类

从密封材料的发展历程来看,密封材料大致可以分为:单一密封材料,如未硫化的异丁烯类、硫化的橡胶类、海绵类、两液型的聚氨酯类等;复合密封材料,如海绵加异丁烯类加保护层、硫化橡胶加异丁烯类加保护层等;水膨胀密封材料,如水膨胀橡胶,它是在橡胶(天气橡胶或氯丁橡胶)中加入水膨胀剂(如吸水性树脂、水溶性聚氨酯等)制成的。可以说,水膨胀密封材料的出现,显著地改变了盾构隧道的防水性,因为它吸水后膨胀产生的膨胀压力可以用来抵抗水压力,防止渗水。

3) 国际上常用的弹性密封垫

德国主要采用氯丁橡胶的制品,经过实践和试验(包括不同构造形式的密封垫压缩量和压缩应力的关系、水压力和允许接缝张开量的关系、不同硬度的密封垫在低温和常温下压缩量与压缩应力的关系以及水压力和允许张开量的关系等)证明:中间开 4 孔形式的密封垫更为合理,硬度对密封垫的压缩量和压缩应力的影响很大,氯丁橡胶密封垫硬度 HRC[洛氏硬度(Rockwellhardness),由洛克威尔(S. P. Rockwell)在 1921 年提出来的,该值没有单位,只用代号"HR"表示。HRC 是采用 150 kg 荷载和钻石锥压入器求得的硬度]以 65 较为合理。4 孔形密封垫如图 7.6 所示。

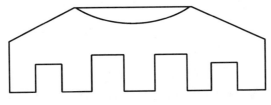

图 7.6　4 孔形密封垫

3. 接缝嵌缝防水

接缝防水的另一措施就是在隧道内侧用防水材料进行嵌缠。嵌缝材料应具有良好的水密性、耐侵蚀性、伸缩复原性,硬化时间短,收缩小,便于施工等特性。满足上述要求的材料主要有环氧类、聚硫橡胶类、尿素树脂类等。变形缝的嵌缝槽形状和填料必须满足在变形情况下也能止水的要求。

4. 接缝注浆

接缝注浆是近年来开发的一种新技术,在管片的四边端面上设置灌注槽,管片拼装成环后,由隧道内向管片的灌注槽内压注砂浆或药液。要求压注的材料流动性好,具有膨胀性,固结后无收缩,如聚氨酯类浆液。但应注意接缝注浆常易引起衬砌变形,反而降低防水效果,故应对管片的形状和压注方法进行仔细研究。

5. 螺栓孔和压浆孔防水

螺栓与螺栓孔或压浆孔之间的装配间隙容易发生渗水,可采用塑性(合成树脂类、石棉沥青或铅)和弹性(橡胶或聚氨酯水膨胀橡胶等)密封圈回垫在螺栓和螺栓孔口之间的防水措施,在拧紧螺栓时,密封圈受挤压变形充填在螺栓与孔壁之间,达到止水效果。

另一种防水措施是采用一种塑料螺栓孔套管,浇筑混凝土时预埋在管片内,与密封圈结合起来使用,防水效果更佳。

盾构隧道的施工特点决定了盾构隧道衬砌难以实现其外全包防水。因此,管片及其接缝在很大程度上决定了盾构隧道的防水性,而螺栓孔、压浆孔等施工残留的孔洞成为衬砌防水的隐患。除此之外,盾构机工作竖井的防水、盾构推进期间盾尾密封和渗漏处理也是防水重点。

因此采用盾构法施工的隧道与车站,其防排水的要求如下。

(1) 衬砌管片结构自防水是重点。管片本身的抗渗等级应当满足要求,管片混凝土施工时级配合理,严格控制水灰比,加强养护以减少管片微裂缝。管片制作应采用高精度钢模,减少制作误差。

(2) 管片接缝位置防水的主要手段有密封垫防水、嵌缝防水、螺栓孔防水、二次注浆防水等,施工时根据需要采取几种或全部防水措施,确保防水效果。

(3) 为了防止隧道周围土体变形,控制管段的不均匀沉降,防止地表沉降,在盾构施工过程中,应及时对盾尾和管片衬砌间的建筑空隙进行压浆处理。

我国对盾构法修建地下结构的防水措施已做出了明确规定,具体可参见《地铁设计规范》(GB 50157—2013)。

7.1.6 地铁工程构造防排水

城市地铁尤其是地铁车站构造复杂,各种机电设备多,地下管线多,结构防水要求高,因而要特别注意变形缝、施工缝、穿墙管等细节构造部位的防水。很多工程尽管隧道防水层、排水系统、结构混凝土施工能达到防水要求,但往往会因为一些细节构造部位的防水失效而导致地铁结构渗漏水,既影响建筑美观,也给机电设备带来安全隐患,甚至威胁整体结构的安全。因此,在这些细节构造部位,防排水要精心设计,精心施工。

1. 变形缝处理

变形缝包括沉降缝和伸缩缝,沉降缝用于上部建筑变化明显的部位及地基差异较大的部位,伸缩缝是为了解决混凝土因干缩变形和温度变化所引起的变形而设置的。二者的防水做法有很多相同点,一般不细加区分。变形缝设置的一般要求:变形缝应满足密封防水、适应变形、施工方便、检修容易等要求;用于伸缩的变形缝宜不设或少设,可根据不同的工程结构类别及工程地质情况采用诱导缝、加强带、后浇带等替代措施;变形缝处混凝土结构的厚度不应小于300 mm。

用于沉降的变形缝其最大允许沉降差值不应大于 30 mm。当计算沉降差值大于 30 mm 时,应在设计时采取相应措施。用于沉降的变形缝的宽度宜为 20~30 mm,用于伸缩的变形缝的宽度宜小于此值。变形缝的防水措施可根据工程开挖方法、防水等级按现行《地下工程防水技术规范》(GB 50108—2008)的规定选用。对环境温度高于 50 ℃处的变形缝,可采用 2 mm 厚的紫铜片或 3 mm 的不锈钢等金属止水带,变形缝的防水构造形式主要有中埋式止水带、外贴式止水带、中埋式止水带与外贴式止水带复合形式、中埋式止水带与可卸式止水带复合形式、中埋式止水带与遇水膨胀橡胶条及嵌缝材料复合形式、中埋式金属止水带等。此外,在止水带的相交、转角部位还应当使用专用的止水带配件。

2. 施工缝设置

浇筑混凝土应连续进行,当需要间歇时,间歇时间应在前层混凝土凝结之前,将次层混凝土浇筑完毕。混凝土从搅拌机卸出或从混凝土泵卸出到次层混凝土浇筑压槎的间歇时间:气温小于 25 ℃,不应超过 3 h;气温不小于 25 ℃,不应超过 2.5 h。如超过规定间歇时间,应设置施工缝。当混凝土中掺入外加剂时,应通过试验确定。由于施工中先后浇筑的混凝土之间黏结性较差,施工缝是构筑物上的一个薄弱环节。实际上,大部分的地下工程渗漏水都是通过施工缝发生的。因此,应尽量避免设置施工缝,只有当混凝土的浇筑能力或施工顺序不能保证混凝土连续浇筑时,才设置施工缝。

3. 后浇带处理

后浇带是一种刚性接缝,适用于不允许留柔性变形缝的工程。为了防止后浇带影响整体结构受力和防水,后浇带应设在受力较小的部位,间距宜为 30～60 m,宽度宜为 700～1000 mm。后浇带可做成平直缝,结构主筋不宜在缝中断开,如必须断开,则主筋搭接长度应大于 45 倍的主筋直径,并应按设计要求加设附加钢筋。

后浇带防水施工应按下列要求进行。

1) 混凝土浇筑要求

在两侧已浇的混凝土收缩或沉降基本稳定以后再进行浇筑;浇筑前将接槎处的混凝土表面凿毛,清除松动石子,用水冲洗洁净,并保持充分润湿。后浇带(缝)应优先选用补偿混凝土浇筑,其等级应与两侧混凝土相同。后浇带混凝土施工温度应低于两侧混凝土施工时的温度,且宜选择气温较低,但不能结冰的季节施工。后浇带混凝土的养护时间不得少于 28 d。

2) 防水措施实施

后浇带防水一般采用膨胀橡胶止水条进行防水。如需要超前止水,后浇带部位混凝土应局部加厚,并增设外贴式或中埋式止水带。后浇带超前止水构造如图 7.7 所示。

防水措施实施时,应注意下列事项:①选用的遇水膨胀止水条应具有缓胀性能,其 7 d 的膨胀率应不大于最终膨胀率的 60%;②遇水膨胀止水条应牢固地安装在缝表面或预留槽内;③采用中埋止水带时,应确保其位置准确、固定牢靠;④后浇带混凝土施工前,后浇带部位和外贴式止水带应予以保护,严防落入杂物和损伤外贴式止水带。

4. 穿墙管处理

城市地铁由于地下管线多,地下管线要穿过混凝土结构时,应预埋穿墙管或

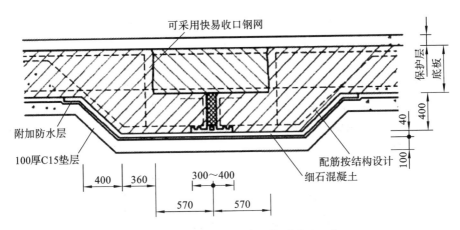

图 7.7 后浇带超前止水构造(单位:mm)

穿墙盒。为满足地下管线的工作性能,保证电力设施安全,应十分注意穿墙管的防水处理。

根据《地下工程防水技术规范》(GB 50108—2008)的规定,结构变形或管道伸缩量较小时,穿墙管采用主管直接埋入混凝土内的固定式防水法,槽内用嵌缝材料填密实。结构变形或管道伸缩量较大或有更换要求时,应采用套管式防水法,套管应加焊止水环。套管式穿墙管防水构造如图 7.8 所示。

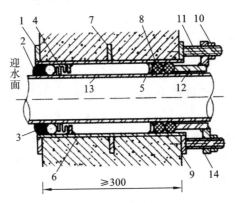

图 7.8 套管式穿墙管防水构造(单位:mm)

1—翼环;2—嵌缝材料;3—背衬材料;4—填缝材料;5—挡圈;6—套管;7—止水环;8—橡胶圈;9—翼盘;10—螺母;11—双头螺栓;12—短管;13—主管;14—法兰盘

穿墙管防水施工时应符合下列规定:金属止水环应与主管满焊密实,采用套管式穿墙管防水构造时,翼环与套管应满焊密实,并在施工前将套管内表面清理干净;管与管的间距应大于 300 mm。采用遇水膨胀止水条的穿墙管,管径宜小于 50 mm,止水条应用黏结剂满粘固定于管上,并应涂缓胀剂。当工程有防护要求时,穿墙管除应采取有效防水措施外,还应采取相应措施满足防护要求。穿墙管伸出外墙的部位,应采取有效措施防止回填时将管损坏。

穿墙管线较多时,宜相对集中,采用穿墙盒方法。穿墙盒的封口钢板应与墙上的预埋角钢焊严,并从钢板上的预留浇筑孔注入改性沥青柔性密封材料或细石混凝土。穿墙群管防水构造如图 7.9 所示。

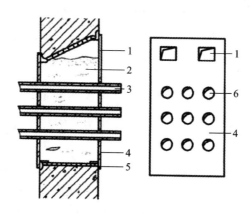

图 7.9 穿墙群管防水构造
1—浇筑孔;2—柔性密封材料或细石混凝土;3—穿墙管;4—封口钢板;5—固定角钢;6—预留浇筑孔

5. 预埋件与预留凹槽防水处理

预埋件与预留凹槽构造防水应满足以下基本要求。

(1) 围护结构上的埋设件宜预埋,并应预留凹槽,槽内用嵌缝材料嵌填密实。

(2) 埋设件的防水施工应符合下列规定。

埋设件端部或预留孔(槽)底部的混凝土厚度不得小于 250 mm;当厚度小于 250 mm 时,必须局部加厚或采取其他防水措施。预留地坑、孔洞、沟槽内的防水层,应与孔(槽)外的结构防水层保持连续。固定模板用的螺栓必须穿过混凝土结构时,螺栓及套管应满焊止水翼环。采用工具式螺栓或螺栓加堵头做法,拆模后应采取加强防水措施将留下的凹槽封堵密实。

(3) 密封材料的防水施工应符合下列规定。

检查黏结基面的表面情况、干燥程度以及接缝的尺寸,接缝内部的杂物、灰沙应清除干净,对接缝两边不符合要求的黏结基层应进行处理。

热灌法施工应自下而上进行,并尽量减少接头,接头应采用斜槎;密封材料熬制及浇筑温度应按不同材料要求严格控制。

冷嵌法施工应先分次将密封材料嵌填在缝内,用力压嵌密实并与缝壁黏结牢固,密封材料与缝壁不得留有空隙,防止进入空气,接头应采用斜槎。

接缝处的密封材料底部应嵌填背衬材料,外露密封材料上应设置保护层,其宽度不小于 100 mm。

7.2 地铁防灾设计

7.2.1 防灾设计的内容、原则、技术要求

1. 防灾设计的内容

地铁可能发生的灾害有火灾、水灾、地震、风灾、雷击、停电、设备损坏、行车事故及人为事故等。但发生次数最多、影响最大、造成人员伤亡和经济损失最严重的灾害还是火灾,所以地铁的防灾设计,应把防火灾措施放在首要地位。

2. 防灾设计的原则

防灾设计应贯彻国家"预防为主,防消结合"的工作方针。

防灾设计所采取的各种防灾措施,应确保运营期间的安全,一旦发生火灾或其他事故,应能尽早发现,迅速灭火,使灾害事故可能造成的人员伤亡及经济损失减小到最低限度。地铁防灾设备的设计能力,宜按同一时间内发生 1 次火灾考虑。当列车在区间发生火灾事故时,应尽量将列车牵引到车站使乘客安全疏散,车站人行通道的宽度、数量及出入口的通过能力,应保证远期高峰小时客流量在发生火灾及其他事故的情况下,能在 6 min 内将一列车乘客、候车人员和车站工作人员疏散到地面或安全地点。

3. 防灾设计的技术要求

1) 建筑结构

地铁的出入口、通风亭、地面车站、高架车站及高架区间结构,均按一级耐火等级设计。地面及高架车站的雨篷、楼梯及隔声屏障,宜按二级耐火等级设计。地铁的控制中心、控制室、变电所、通信信号机房等重要设备房间,应采用耐火极

限不低于3 h的隔墙和耐火极限不低于2 h的中板与其他部位隔开,隔墙上的门应采用甲级防火门。

地铁的管理用房及设备用房区域应划分防火分区,防火分区的面积不应超过1500 m²,地下商场、地下停车库及地下仓库的防火分区不宜超过1000 m²。

车站的站厅层、站台层、出入口楼梯、疏散通道、封闭楼梯间等乘客疏散部位,其墙、地面及顶面的装修应采用不燃材料,钢结构应进行防火处理。

2) 消防

地铁的下列场所应设消火栓给水系统:地下车站及地下区间隧道内,地下商场、地下停车场及地下易燃品库等地下工程,封闭式建筑物体积大于5000 m²的地面及高架车站。

下列场所应设置自动喷水灭火系统:与地铁同时修建的地下商场,与地铁同时修建的地下仓库和Ⅰ、Ⅱ、Ⅲ类地下停车库。地下变电所、通信信号机房、车站控制室等重要电气设备间,宜设气体灭火装置。

3) 事故通风及排烟

地铁车站及区间隧道必须具备事故机械通风排烟系统。事故机械通风排烟系统宜与正常通风系统合用。当发生火灾时应确保将正常通风系统转换为事故机械通风排烟系统。

防火分区中每个防烟分区的面积不宜超过750 m²,但防烟分区不得跨越防火分区,防烟分区可采用挡烟垂壁或从顶棚下凸出不小于500 mm的梁体来实现。

7.2.2 供电及照明

1. 地铁供电的功能、作用与要求

电能的供应和传输可靠是地下铁道安全运行的重要保证。除运送旅客外,电动车辆还要保证旅客在旅行中有舒适的环境和安全可靠的通风换气、空调设施、自动扶梯、自动售检票、排水泵、排污泵、通信信号、消防设施和足够照度的照明,这些就构成了地铁庞大的用电系统。在这个用电系统中,有不同电压等级的交、直流负荷,有固定的负荷,也有时刻在变动的负荷。每种用电设备都有自己的用电要求和技术标准,而且这种要求和标准又相差甚远。

地铁供电就是要满足不同用户对电能的不同需求,使地铁的各种设施发挥各自的功能和作用,保证地铁的电动车辆畅行无阻,安全而迅速地运送旅客。可以说供电系统是地铁的大动脉,是基础能源设施。

地铁供电的要求如下:①变电所应选用无油型设备,供电电缆应选用阻燃型电缆,必要时可采用耐火电缆或低烟低毒电缆。高压、低压及交直流电缆应分开敷设;②地下铁道的防灾设备均按一级负荷供电,双电源末端切换,并应设事故照明及疏散指示照明,采用蓄电池作为备用电源,其容量应满足 30 min 照明供电的需要,各类供电设备应设有可靠的超负荷、漏电、欠压及过压保护电路;③地铁的供电系统及高架桥线路结构距城市高低压电网输电线路及弱电线路的距离,应符合国家现行有关供电和防火规范的要求。

2. 地铁供电系统的构成

地铁供电系统由 2 个部分构成:一是外部电源,即城市电网;二是地铁内部供电系统。地铁作为城市电网的一个用户,一般都直接从城市电网取得电能,无须单独建设电厂;城市电网也把地铁看成一个重要用户。城市电网对地铁供电的电压等级有 110 kV、63 kV、35 kV 和 10 kV,采用哪一种电压等级由不同城市的电网构成和地铁的实际需要而定。

城市电网对地铁的供电方式有如下 3 种:①集中式供电;②分散式供电;③混合式供电。

内部供电系统包括如下 3 部分:①主变电所;②牵引供电系统;③变配电系统。

一般把内部供电系统称为地铁供电系统。牵引供电系统和变配电系统的电源电压一般是一致的,如北京地铁为 10 kV,广州地铁为 33 kV,巴黎地铁为 15 kV,莫斯科地铁为 10 kV,纽约地铁为 34.5 kV。牵引变电所和降压变电所合建在一起。当然,也存在牵引供电系统和变配电系统的电源电压不一样的情况,如上海地铁和香港地铁,牵引供电系统电源电压为 33 kV,变配电系统电源电压为 10 kV,它们的电源均来自 110 kV 主变电所。因此,牵引供电系统和变配电系统是地铁供电系统不可分割、相互联系的 2 个部分。地铁供电系统构成如图 7.10、图 7.11 所示。

3. 地铁电源要求及电压等级

地铁作为城市电网的重要用户,属一级负荷。地铁供电系统的主变电所、牵

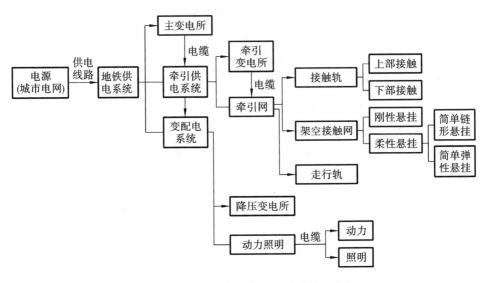

图 7.10　地铁供电系统构成(集中式供电)

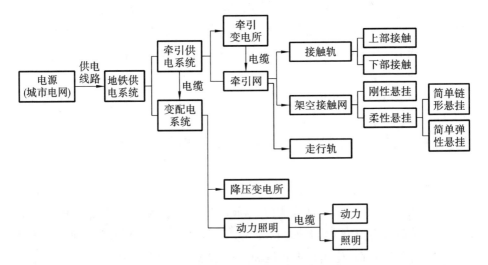

图 7.11　地铁供电系统构成(分散式供电)

引变电所、降压变电所都要求能获得双回路电源。双回路电源的要求如下。

(1) 双回路电源要求来自不同的变电所或同一变电所的不同母线。

(2) 双回路电源应分列运行,互为备用,即当一路电源发生故障时,由另一路电源承担全部负荷。

(3) 电源容量按地铁远期用电量设计。

为便于运营管理和减少损耗,要求集中式供电的主变电所的站位和分散式供电的电源点尽量靠近地铁线路,减少引入地铁的电缆通道距离。

地铁供电系统电压等级有以下几种。

AC110 kV、AC63 kV:主变电所电源电压,其中 AC63 kV 电压级为东北电网所特有。

AC35 kV:主变电所电源电压或牵引供电系统电源电压,如北京、青岛地铁的主变电所电源电压和上海、广州、香港的牵引供电系统电源电压皆为 AC35 kV。35 kV 这一电压级在各大城市电网中将逐渐消失,而由 AC110 kV 取代,但作为地铁内部专用,AC35 kV 电压级还将继续存在。

AC10 kV:牵引供电系统和变配电系统适用。

AC380/220 V:地铁动力照明等低压负荷用电的电源电压。

AC36 V:安全照明电源电压。

DC1500 V:架空接触网电源电压。

DC750 V:接触轨电源电压。

DC220 V:地铁事故照明电源电压。

4. 地铁供电系统

1) 电源

如前所述,地铁供电系统应包括变电所、牵引供电系统和变配电系统。变电所有 3 种,即主变电所、牵引变电所和降压变电所。地铁作为城市电网的特殊用户,一般用电范围为 10~30 km。采用何种供电方式,与城市电网沿地铁线路的结构和分布有密切的关系。供电系统的构成,在可行性研究阶段即需要与当地供电部门协商,得到确认。地铁的供电方式可分为以下几种。

(1) 集中式供电。

在沿地铁线路上,根据用电容量和地铁线路的长短,建设地铁专用的主变电所(主变电所一般为 110 kV),再由主变电所变压为地铁内部供电系统所需的电压级,如 35 kV 或 10 kV。由主变电所构成的供电方案称为集中式供电。主变电所应有 2 路独立的 110 kV 电源。上海、香港和广州地铁即为此种供电方式。

(2) 分散式供电。

根据地铁供电系统的需要,在地铁沿线直接由城市电网引入多路电源。这种供电方式多为 10 kV 电压级。因为我国各大城市的电网在逐渐取消或改造 35 kV 电压级,要想在 10~30 km 的范围内引入多路 35 kV 电源是不可能的。分散式供电要保证每座牵引变电所和降压变电所能获得双路电源。沈阳地铁和北京地铁5号线即为此种供电方式。

(3) 混合式供电。

即前2种供电方式的结合,以集中式供电为主,个别地段引入城市电网电源作为集中式供电的补充,使供电系统更加完善和可靠。北京地铁1号线和环线即为此种供电方式。

2) 主变电所

地铁供电系统的主变电所是城市电网的用户,对于供电系统而言又是电源,它担负着将城市电网高压电变成地铁牵引供电系统和变配电系统所需电压,并向地铁供电的任务。主变电所的电压等级为110 kV、63 kV和35 kV。主变电所的站位应选在地铁线路附近,尽量缩短主变电所到地铁车站之间的电缆通道的距离。每座主变电所从城市电网引入2路独立的110 kV电源。当一路电源发生故障时,另一路电源能承担变电所的全部负荷。主变电所高压侧应为内桥主接线,设桥路开关;低压侧单母线分段,设分段开关。桥路开关和分段开关正常处于断开状态,失压自投,故障闭锁。为减少占地面积,主变电所应设计成室内式,设2台主变压器和2台自用电变压器。主变压器应按地铁远期最大运量设计。因主变电所的负荷为直流牵引负荷和低压动力照明负荷,其功率因数补偿主要是补偿变压器的空载无功功率。变电所按三级控制设计,即就地、距离和远动。变电所应有人值班,布置应紧凑,便于设备运输、安装、运行和维护,并设有通往地铁的电缆通道。

3) 牵引供电系统

地铁牵引供电系统各部分功能如下。

牵引变电所:供给地铁一定区段内牵引电能的变电所。

接触网(架空接触网或接触轨):经过电动列车的受电器向电动列车供给电能的导电网。我国北京、天津地铁采用接触轨,上海地铁采用架空接触网。

回流线:供牵引电流返回牵引变电所的导线。

馈电线:从牵引变电所向接触网输送牵引电能的导线。

轨道电路:利用走行轨作为牵引电流回流的电路。

一般将接触网、馈电线、轨道电路、回流线总称为牵引网。牵引供电系统由牵引变电所和牵引网组成。

牵引变电所是牵引供电系统的核心,根据牵引供电计算结果沿地铁线路设置。地铁的牵引网可分为2种:一种是DC750 V接触轨授电;另一种是DC1500 V

架空接触网授电。

牵引变电所在线路上的位置和容量,需根据运行高峰小时的车流密度、车辆编组及车辆形式等通过牵引供电计算,经多方案的比选确定。从理论上讲,对于地下线路,如果地面有多余空间,牵引变电所设于地面比较合适,便于运营维护。而实际上,线路选线多选在人口稠密、商业繁华的地区,这些地区又往往是闹市区和建筑物聚集的地区,线路需从地下通过。实践证明,要在这种地区的地面上找到设置牵引变电所的位置,确实很困难。地下车站降压变电所一定要建在地下,因此,一般将牵引变电所和降压变电所合建于地下车站的站台端比较合适。

牵引变电所的站位和容量设置应遵循以下原则。

(1) 供电合理,运营方便,满足高峰运营时最大负荷的需要。

(2) 系统中任何相隔的两座牵引变电所发生故障时,靠其相邻牵引变电所的过负荷能力,仍应能保证列车的正常运行,不影响列车运送客流的能力。

(3) 地下车站设置牵引变电所时,一般位于车站站台端,地面车站设置牵引变电所时,宜与地面站务用房合建。

(4) 牵引变电所的设置应首先考虑有列车检修线的车站一端,检修线应由专用回路供电,列车夜间检修时,不影响线路的正常停电维修。

(5) 地下车站牵引变电所和车站主排水站应分别设于车站的两端。

牵引变电所主接线一般符合下列要求。

(1) 牵引变电所主接线应力求简单、可靠,且全线一致,便于运营管理。如与降压变电所合建,则需单母线分段,设分段开关,双路电源引入,分列运行;如只为牵引供电,也可为单母线,双路电源一用一备。

(2) 牵引变电所一般设 2 套牵引整流机组,其容量按远期运量设计。牵引变压器的容量大小还应便于地下运输和安装。

4) 接触网

接触网按其结构形式可分为接触轨式和架空式。

(1) 接触轨式。

接触轨是沿着走行轨一侧平行铺设的附加第 3 轨,故又称第 3 轨。轨道交通电动列车(车辆)侧面或底部伸出的受电器与第 3 轨接触取得电能,该种受电器称为受电靴(接触靴),接触轨可分为上磨式和下磨式 2 种,接触轨结构如图 7.12 所示。

地铁直流制 DC750 V 系统一般可采用第 3 轨。我国北京、天津地铁采用了第 3 轨,其优点是隧道净空高度低,结构简单,造价低;缺点是人身和防火方面安

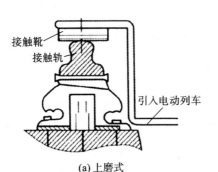
(a) 上磨式

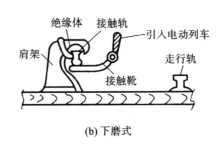
(b) 下磨式

图 7.12　接触轨结构

全性差,难以与采用架空式接触网的地面或高架铁道衔接。

(2) 架空式。

架空式接触网是架设在走行轨上部的接触网,由电动列车顶部伸出的受电弓与之接触取得电能,可分为地面架空式和隧道架空式。

①地面架空式。

地面架空式接触网如图 7.13 所示,接触悬挂结构包括承力索、吊弦、接触线。接触悬挂方式很多,图 7.13 为弹性链形悬挂。支持装置是用来支持接触悬挂,并将其负荷传给支柱或其他建筑物的结构,包括腕臂、拉杆和悬式绝缘子。定位装置的作用是保证接触线与受电弓的相对位置在规定范围内,包括定位器与定位管。支柱与基础的作用是支承接触悬挂和支持装置,并将接触悬挂固定在规定高度。

图 7.13　地面架空式接触网

1—接触线;2—吊弦;3—承力索;4—弹性吊弦;5—定位管;6—定位器;7—腕臂;8—棒式绝缘子;9—拉杆;10—悬式绝缘子;11—支柱;12—接地线;13—钢轨

②隧道架空式。

因为隧道内空间狭窄,所以隧道架空式接触网必须考虑隧道断面、净空高度、带电体对接地体的绝缘距离等因素的限制。此外隧道架空式接触网的支持装置可直接设置在洞顶或洞壁,而不需要专门立支柱。只有合理地选择和确定悬挂方式,才能充分地利用有效净空高度,改善接触网的工作性能。图 7.14 是隧道架空式接触网。在图 7.14 中,安装在绝缘子上的馈电线通过连接线与接触线连接,使接触线受电。接触线由调节臂固定,调节臂带棒式绝缘子,一端固定安装在隧道洞顶一侧的弹性支架上。调节臂可用来调整接触线与轨面之间的高度,弹性支架通过调节臂使接触线与受电弓之间保持足够的弹性,以保证它们之间良好接触受电。

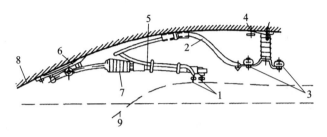

图 7.14　隧道架空式接触网

1—接触线;2—连接线;3—馈电线;4—接地线;5—调节臂;6—弹性支架;7—绝缘子;
8—隧道洞顶;9—受电弓

地面架空式与隧道架空式均属柔性接触悬挂,还有一种悬挂方式为刚性架空式接触悬挂,适用于低净空隧道,在日本的东京、大阪等城市的地铁中已有应用,但在弹性方面不如柔性接触悬挂。

5. 动力照明供电系统

地铁动力照明供电系统各部分功能如下。

降压变电所:将三相电源进线电压降压变为三相 380 V 交流电,降压变电所的主要用电设备是风机、水泵、照明装置、通信装置、信号装置、防灾报警装置等。

配电所(室):配电所(室)仅起到电能分配作用。降压变电所通过配电所(室)将三相 380 V 和单相 220 V 交流电分别供给动力、照明设备,各配电所(室)对本车站及其两侧区间动力和照明等设备配电。

配电线路:配电所(室)与用电设备之间的导线。

在动力供电系统中,降压变电所一般每个车站设置 1 个,有时也可几个车站合设 1 个;也可将降压(动力)变压器附设在某个牵引变电所之中,构成牵引与动力混合变电所。

地铁车站及区间照明电源采用 380 V/220 V 系统配电。正常时,工作照明、事故照明均为交流供电,当交流电源发生故障时,事故照明自动切换为蓄电池供电,以确保事故期间必要的紧急照明。

在地铁供电系统中,根据实际需要,也可以专设高压主变电所。发电厂或区域变电所对地铁主变电所供电,经主变电所降压后,分别以不同的电压等级对牵引和降压变电所供电。牵引变电所的设置和容量应根据运行的列车编组及行车密度进行牵引供电计算后确定,降压变电所的设置和容量可根据动力用电量确定,若有主变电所,其容量应由全部牵引和动力用电量来确定。

7.2.3 防火

1. 火灾的特点

在对城市轨道交通车站建筑消防系统进行设计前,需要掌握火灾的具体特点,从而保证消防系统设计的科学性、合理性。

火灾的特点具体包括以下几方面。

1) 蔓延快

一旦发生火灾,其蔓延速度比较快,会在极短时间内造成较大的危害。

2) 火灾发生时产生的烟气危害较大

由于轨道交通车站、各个区间本身处于地下封闭空间,在城市轨道交通运行过程中包含的电气、电缆设备较多,一旦发生火灾,如果不能及时排出烟气,会对人体造成较大危害,影响车站建筑内乘客的疏散、火灾扑救等工作。

3) 乘客疏散难度相对较大

由于我国城市轨道交通的载客量较大,一旦出现突发事故,疏散工作的难度相对较大,特别是在最短时间内完成乘客、工作人员撤离具有较大难度。除此之外,由于地下车站的埋深度较大,乘客、管理工作人员逃生到地面的垂直高度在 10 m 以上,轨道交通区间隧道疏散到车站的距离较长,再加上乘客逃生意识存在差异,多种因素的影响会导致城市轨道交通疏散难度增加。

4) 救援难度相对较大

城市轨道交通本身属于封闭空间,受烟气、特殊空间的影响,现场的能见度更低,地下潮湿,空气在高温情况下会出现蒸发情况,使救援人员不能在短时间内顺利到达起火点。再加上灭火设备、相应的消防手段与地面建筑相比要少,导致城市轨道交通出现火灾后救援难度变大。

2. 城市轨道交通车站建筑消防设计要点

1）防火设计

(1) 防火、防烟分隔设计。

交通联系廊、下穿隧道可以利用防火墙完成分隔作业,需要在预留的地下空间连接口设置特级防火卷帘、甲级防火门完成防火分隔。在地铁车站的公共区以及设备区、停车库等均需要利用防火墙进行分隔。在地铁站厅的公共区、设备区连通处需要设置甲级防火门。以上这些有效的防火/防烟分隔设计能够在火灾发生时,及时控制火灾的蔓延速度,为乘客疏散和火灾救援争取一定的时间。

(2) 排烟设置工作。

在地下站台层通向地铁站厅层的楼梯口处,需要设置挡烟垂壁。《地铁设计防火标准》(GB 51298—2018)、《地铁设计规范》(GB 50157—2013)、《建筑防烟排烟系统技术标准》(GB 51251—2017)等规范条文对挡烟垂壁高度和储烟仓厚度均有详细规定。综合考虑以上规范要求,公共区挡烟垂壁下边缘应至少低于大系统排烟口 500 mm。排烟口如采用侧排风,以侧排烟口中心点为起算点;如采用下排风,则以下排烟口底平面为起算点。通常情况下,挡烟垂壁的下缘到楼梯踏步的垂直距离应在 2.3 m 以上。此外,在楼梯口上沿应设置高度大于 1 m 的玻璃栏杆。为了能够提高火灾发生时地铁公共区域的蓄烟能力,在地铁站台、站厅设计时最好利用镂空吊顶,应按照面积在 2000 m^2 以下的方式对防烟分区进行有效划分。在对挡烟垂壁进行设计时,需要将其分隔到结构顶板的底部。

对站台、站台厅的公共区域排烟量进行设计时,必须保证单位排放量在 60 $m^3/(m^2 \cdot h)$。站台的轨行区的排烟系统的排烟量必须为 50 m^3/s,隧道通风系统的排烟量在 100 m^3/s 以上。地铁站厅公共区域通往站台公共区的排烟系统风速必须在 1.5 m^3/s 以上。

(3) 安全疏散的设置方式。

在地铁的公共区、交通联系廊区域进行疏散时,可以利用下沉广场完成乘客疏散。因此,应重视下沉广场的设计工作,保证下沉广场室外空间除作为疏散点外,不能使用其他商业或可能会增加火灾蔓延速度的用途。下沉广场的疏散净面积应符合我国相关标准,一般情况下,下沉广场需有一部以上直通地面的疏散楼梯,楼梯的宽度要适宜。

在对防风雨棚进行设计时,保证其具有一定的开放性,四周开口位置布置均匀,开口的面积应为净空间地面面积的 25% 左右,开口高度一般在 1 m 以上。

2) 消防水设计

在对城市轨道交通车站建筑进行消防系统设计的过程中,消防水的设计十分重要,其设计效果会直接影响地铁车站建筑的火灾救援速度。在对消防水进行设计时,要注意以下设计要点。

(1) 对消防水池、消防用水量进行合理设置。

在对消防水池和消防用水量进行设计时,应根据我国的相关规范对建筑物室外消火栓流量进行合理设置,并应根据地铁工程的具体情况对消火栓用水量进行充分考虑。一般情况下,消防用水量标准需要根据建筑体积的大小进行确定,根据地铁车站的一般体量,地铁车站的室外消防水量需要达到 30 L/s。

现阶段,我国地铁车站在对消防水池和消防用水量进行设计时,主要是在室外水泵接合器的附近设置室外消火栓,确保室内消防流量能够达到 20 L/s。地下车站的地面构筑物等室外消防设计主要由市政考虑。为了能够提高地铁车站建筑消防水设计水平,在对车站建筑消防水池和消防用水量进行设计时,需要保证地下车站可以从城市的环状管网市政干道上引出市政自来水管。车站室内的消防用水需要利用消防泵从市政管网进行直抽,应有稳压设备进行稳压。对消防水源进行设计时,可以从城市的枝状管网市政干管上引入市政自来水管。车站的室内消防用水需要设置在水泵房,应在消防泵房设置消防水池,直接利用消防水池对消防泵进行抽水加压,并利用稳压设备完成稳压作业。

(2) 对室外消火栓以及水泵结合器进行科学设计。

在设计过程中,必须在建筑的出入口附近设置室外消火栓,应保证消火栓与出入口的距离在 5～40 m 范围内。对水泵接合器进行设计时,需要在消火栓的 5～40 m 范围内进行布置。

3. 消防系统设计

当前,我国城市轨道交通的消防系统主要包括消防供水系统、灭火器以及气体灭火系统等。地下车站修建开发的地下商场或地下停车库,其面积或停车数量达到需要设置自动灭火系统的规定时,必须设置自动喷水灭火系统。在设有完善的消防供水系统和自动灭火系统的同时,辅以安全可靠的灭火器,对初期火灾进行扑灭和控制。

1) 消防供水系统设计

(1) 消防供水系统设计方案。

一般情况下,城市的交通轨道主要位于城市中人流量密度最大的街道附近,由于其具有较高的特殊性,所以在车站的附近,都会有完善的城市自来水管网。绝大多数情况下,可以将城市的自来水当作消防供水系统的水源。应设立独立的供水泵房,并且选择两路消防供水的措施,从而使管路在当前的泵房之中可以形成相应的环网,保障消防供水时的可靠性,确保供水卫生,不会出现隐患。

根据市政管网情况,消防供水系统可划分为如下几种方案。

①车站室外有条件从两路不同的市政给水干管上接入引水管时,每个地下消防供水分区分别从不同的市政供水管道引入2路直径不小于200 mm的进水管作为室内外消防水源;其中分别引2路直径150 mm的管道,从该分区内车站的风道或者出入口进入消防泵房,作为室内消防用水水源,并在消防水泵后设置倒流防止器,消防时可直接利用消防泵从该引入管上抽水加压(应得到当地供水部门认可)。

②室外仅有1路供水管道,管道可以满足室内消防用水量要求,并且临站管道具备市政2路不同供水的条件。室内消防采用临站备用的方式,2座车站及其连通区间作为一个防火分区;若室外无可利用的室外消火栓时,应在室外设置消防水池作为室外消防水源,储存全部一次室外消防用水量。

③室外仅有1路供水管道,管道可以满足室内消防用水量要求,但无法满足临站备用要求。室外管网无法满足室内外消防用水量要求,或无法与临站水源备用时,室内外应分别设置消防水池,分别储存全部一次室内、室外消防用水量。

(2) 消火栓系统。

当前,我国地铁车站内的消火栓系统主要使用独立的增压系统,而增压泵选择主要会考虑其流量以及扬程,便于在车站增压泵出现问题的时候,可以通过相邻车站的增压来进行供水。另外,每一个消火栓箱中,都会有相应的水泵启动以及报警按钮,并且会显示目前消火栓的实际工作情况。消防水管在进入车站之后,会形成相应的环状结构,对于地下车站在区间之中的情况,会设置相应的下行消防给水管,并且将其和相邻车站的消防给水管在区间的中部进行连通,在连通的位置应该设置相应的手动电动阀门。车站消火栓的布置应保证每一个防火分区同层有2支水枪的充实水柱同时到达任何部位。

2) 灭火器设计

为了有效对初始火灾进行扑救,减少火灾导致的损失,所有地铁车站均应设置灭火器。灭火器使用简便、可靠,是扑灭初期火灾的有效工具。灭火器按《建筑灭火器配置设计规范》(GB 50140—2005)的要求配置。地下车站、地下区间按严重危险级配置,灭火器的消防单元以电气房间和设备机房为主,可能出现的火灾种类以带电火灾为主,也可能发生 A 类、B 类、C 类火灾。因此,应选择具有扑救 A 类、B 类、C 类火灾和带电火灾能力的灭火器。

3) 气体灭火系统设计

(1) 城市轨道交通对于气体灭火的具体要求。

我国城市轨道交通主要扮演着缓解当前城市交通负荷,以及在战时承担人防的重要角色,其地下空间较为有限,而人员的流动量又比较大,因此,该区域不仅要建立完善的消防系统,还要有较高的防火要求,并且对一些没有办法使用消防系统的区域,如在变电所控制室或者高压室等重要的部门之中,需要设置相应的气体自动灭火系统。一旦发生火灾之后,该系统可以高效地进行灭火,并且可以自动进行探测和报警,选择的灭火剂除应没有毒害、没有刺鼻的味道、对人体的危害较小之外,还需要不会损害或者腐蚀电气、通信等较为重要的设备。

(2) 气体灭火系统的选择。

在选择气体灭火系统的时候,卤代烷类灭火系统是第一个被排除的,主要是因为其对于臭氧层有着较大的破坏作用,另外该类灭火系统会产生刺激人体呼吸中枢系统的气体,在地下并不适合安装。除此之外,由于卤代烷类灭火系统在进行汽化时,会降低温度,因此部件表面会出现凝霜的问题,造成设备损坏。

相较于卤代烷类灭火系统来说,IG541 气体灭火系统有着较大的优势。IG541 气体是由氮气、氩气和二氧化碳组成的混合气体(混合比为 52%、40% 和 8%),设计浓度为 37.5%~52%,属于惰性气体灭火剂,适用于扑灭 A 类、B 类、C 类火灾。该灭火系统以气态方式储存,通过降低空气中氧气的浓度使火熄灭,为物理方式灭火。由于其是由氩气、二氧化碳以及氮气等组成的,所以并不会出现毒害作用,对于臭氧层并不会有破坏效果,属于绿色环保产物。

IG541 气体灭火系统无论是在实际灭火效果还是在人员、设备、环境的保护上均存在一定优势。为了确保地铁工程的消防安全以及运营安全,适应地铁建筑的布局灵活性,降低维护管理难度,国内轨道交通地下车站的设备用房自动灭火保护系统多选用 IG541 气体灭火系统。

7.2.4　防洪、防地震、防雷击及防风灾

(1) 跨越河流的高架结构应按当地 100 年一遇的洪水频率标准进行设计,位于江河岸边附近的地铁出入口的台阶高度,应高出 100 年一遇的洪水位,或设计临时防洪挡板。

(2) 地下、地面、高架车站及区间结构的设计,应符合我国现行有关抗震设计规范的规定。

(3) 地铁与轻轨列车及地面和高架线路结构应采取防雷击及防风措施。

7.2.5 防灾报警系统

1. 防灾报警系统概述

1) 防灾报警系统的功能

负责全线的消防及报警系统的组织、协调、监督、管理;监视全线报警设备的工作状态,接收报警信号及司机、区间维修人员的无线电话报警;进行防灾信息的处理与传送,对行车调度、电力调度发送调控指令,负责与城市消防指挥中心的联系;组织指挥抢险及救援工作;接收地震预报信息;负责全线防灾设备的运行管理,记录、打印和存储档案资料。

2) 防灾报警系统的构成

防灾报警系统包括防灾报警、防灾控制、防灾通信功能模块。防灾报警系统构成如图 7.15、图 7.16 所示。

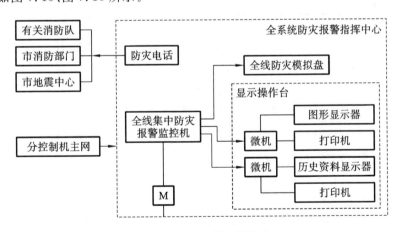

图 7.15 防灾报警系统构成 1

2. 防灾报警系统方案

受现行组织管理机构、运行管理人员专业技术素质、防灾基础设施的产品质量、基础建设投资等因素限制,防灾报警系统一般采取以下方案。

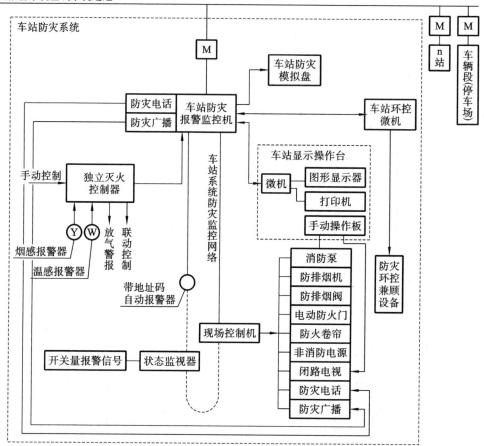

图 7.16 防灾报警系统构成 2

(1) 中心、车站两级管理；就地（配电柜）、距离（车站）、远程（中心）三级控制；中心和车站的主分控级微机联网，组成全线统一集中管理系统。

(2) 不设中心级的采用就地和距离两级控制；全线各车站及车辆段防灾微机联网；采用无主次网络、信息共享系统。

(3) 各车站、车辆段的防灾微机各自独立，互不联网，采用不通信息的分散管理系统。

3. 各系统的特点

1) 分散管理系统

全线防救灾工作不便统一管理，全线系统救灾指挥只能采取电话通信方式。

造价低,早期在世界许多国家的地铁中采用。

2) 全线分控级相互联网,无主次管理系统

任一分控级均可作为主管理系统,提供信息方便,救灾指挥灵活。系统传输信息量大,技术先进,要求使用管理和维修人员的技术水平较高,系统造价较高。

3) 集中管理系统

便于全系统管理指挥,技术水平和系统造价适中,使用方便。国内20世纪80年代以后设计建成的地铁,大多采用此系统。

由于地铁有关防灾规范还不完善,各城市对地铁防救灾设施要求和组织管理无统一的标准。为便于当地防灾主管部门实施规划管理,积极防治,防灾报警设计应与当地有关部门密切合作。

另外,在地铁范围内设有的商业开发区,应按面积大小设分控级报警系统、区域报警系统或独立报警回路,分别与地铁相应级别的系统联网,交流灾情信息。不应与地铁报警控制设备混同在一起随意接入。

7.2.6 报警及防灾

地铁应以防火灾为主,其次是防水灾,其他灾害不设专门预防设施。因地铁工程建于地下,进出人员繁多,一旦发生火灾,其疏散、抢救和保护均较困难,易造成严重后果。为此,对地铁火灾的防范应按一级保护设防,采用总体保护方式,实时收集火情信息,确保早期发现,以便及时采取有效措施,防患于未然。

1. 报警设计

基于目前国内外市场提供的火灾报警器使用环境条件、地铁发生火灾的种类和可能性,地铁各部位应按下列要求设置报警装置。

(1) 车站、站厅、站台及公共通道设火灾自动报警探测器和手动报警按钮。车站两端公共用房区域内的通道设置警铃。

(2) 各值班室、办公室、会议室、休息室、配电室、售票间、库房、空调机房、制冷机房、自动扶梯机房、通信信号(除机械室外)其他用房内均设火灾自动报警探测器。

(3) 变电站的变压器、高低压开关柜室、通信和信号机械室等设气体灭火装置的房间,应设置感烟、感温或其他双参数火灾探测器,室内设声光报警器,用以警告工作人员保护区内有灾情,室外门口上方装设放气灯,告知室外人员已放气,不得进入。

(4) 区间隧道、折返线及停车线：区间隧道消火栓处、不作为停车用的折返线、区间风道内的人行通道和配电柜处、上下行隧道联络通道的两侧均设置手动报警按钮。

(5) 车辆段（含停车场）：车辆段的月修、定修、架修等车辆存放的车库、易燃物品库、信号楼、贵重设备间、变配电间设置手动报警按钮和火灾自动报警探测器。

(6) 车站、区间隧道等很多部位敷设的强弱电电缆，可设感温电缆加以监视。但因涉及范围较广，用量很大，投资较大，是否全部设置报警装置，应根据具体情况确定。

在报警设计中，消火栓按钮和手动报警按钮必须分别设置，不得混用。

2. 防灾控制

在发生火灾时，报警系统收到火灾信号后，为了有效地限制火灾蔓延和扩散、减少火灾损失，必须及时对防灾设施进行相应控制，如切断非消防电源、关停非消防设施、开启消防救火设备等。地铁防灾一般为就地、距离和远程三级控制。

1) 就地控制

在防灾设施（消防泵、喷淋泵、防排烟风机、防火卷帘门等）电源配电柜处设手动启停按钮和运行信号灯，并设置就地操作的转换开关。当转换开关置于自动位时，受各种报警信号控制（如消火栓按钮、水流指示器、水力报警阀、压力开关、火灾自动报警探测器等）；置于手动位时，受就地手动启停按钮控制。

2) 距离控制

距离控制为车站等分控级防灾控制室对管辖区内防灾设施进行的监控，是三级控制中的主要控制。监控范围一般为车站所有部位及至区间风道的区间隧道部分，区间风道由相距较近的车站监控。在有商业开发区的车站中，开发区另设报警控制装置，但要与车站分控级微机联网交流灾情信息。开发区防灾设施由该区自行监控。为确保距离控制安全可靠，可按如下方式进行控制：①手动控制，在消防控制室监控台上进行；②自动控制，将总体保护方式设置的灾情监视探测信号，按防灾设施使用工况要求编写监控程序纳入分控级微机，实现报警自动控制。

以下设施应设置距离控制：水灭火的消防泵、喷淋泵；防排烟设备；地铁自动扶梯由消防控制室经过报警控制机手动停运控制；非消防电源的切除。

3) 远程控制

地铁属线形工程,区间隧道任何一处发生火灾或停车事故都涉及相邻车站和区间防救灾设施运行工况的调控。若全线采取中央集中管理系统,则中央管理中心的主控微机与车站分控微机联网工作,中心与车站有纵向信息传递关系,但站间无横向信息传递,车站不了解管辖区外的灾情状况,无法控制相邻车站或区间灾害事故涉及本站的设施。故应将这部分设施归由管理中心主控级微机进行远程集中统一调控。按工程总体设计对区间防灾划分的区域、通风、防排烟、消防给水设计工况要求,对各区域分别编写系统监控程序。该程序纳入中心主控微机。

3. 防灾通信

地铁中防灾、救灾组织指挥范围较广,涉及面较大,为安全、快速、敏捷地实施防灾、救灾,通信是必不可少的。一般应设全线防灾专用电话系统,分控级范围内对讲电话系统,列车无线电话,车站防灾广播,防灾闭路电视监视,主分控级防灾值班室电话等通信设备。

4. 防灾监控中心

地铁采取两级管理的防灾监控系统,应设防灾监控中心。

交通运输系统的营业特点是以行车线路为依据配设管理机构和设施,为便于救灾和日常管理工作,应与行车管理机构和设施协调一致,并考虑以下 3 点:①监控中心位置的设置;②几个行车线路设置一个监控中心;③中心与监控范围间具备良好的网络通道。

5. 车站防灾控制室

1) 位置设置

车站防灾控制室应设置在站厅层出入口附近,也可与通信、信号等合并建成综合控制室。

2) 防灾通道

(1) 中心主控级微机至车站、车辆段、商业开发区等分控级微机联网工作的主网通道,传送分控级的灾情信息、主控级的管理和救灾指令。现国内外市场提供的火灾自动报警系统产品有环形、星形等网络,均可采用通信电缆和光缆作为通道。在地铁工程中，防灾报警可不设专用通道，由通信系统提供通道较合理，但防灾报警系统应根据选用的设备提出传输信息通道的要求。

（2）分控级微机与报警探测器和现场控制机连接的局域网络要考虑地铁空间狭小，且存在较强随机干扰的特点，选用抗干扰性能较高的网络。

第8章　城市轨道交通工程常见质量问题及预防

8.1　车站工程常见质量问题及预防

8.1.1　地下车站结构

1. 地下连续墙渗漏水

1）存在问题及现象描述

地下连续墙墙体或接缝处渗水、漏水、漏沙。

2）原因分析

（1）墙体混凝土灌注过程中，由于槽壁坍塌或者杂土落入，导致地下连续墙墙体夹泥，在开挖过程中，夹泥位置的泥土受坑外水土压力作用脱落，形成通道，发生渗漏水。

（2）墙体混凝土灌注过程中，出现混凝土灌注中断，导致墙体出现冷缝，形成渗漏水通道，在开挖过程中发生渗漏水。

（3）墙体混凝土灌注过程中，发生导管堵塞、导管脱落、导管卡在钢筋笼中等问题，在处理导管的过程中，已初凝的混凝土或导管内混凝土直接落入槽段中，导致墙体出现冷缝或蜂窝，形成渗漏水通道，导致开挖过程中发生渗漏水。

（4）由于槽段接头清刷不彻底，造成先后施工的地下连续墙接缝中的泥皮、渣土等有残留，导致在混凝土灌注完成后，地下连续墙接缝夹泥，在开挖过程中，夹泥位置泥土受坑外水土压力作用脱落，形成通道，发生渗漏水。

（5）由于成槽垂直度偏差过大，先后施工的地下连续墙在下部发生错位，导致地下连续墙在接缝处分叉，分叉处出现漏水、漏沙现象。

（6）混凝土灌注时发生绕流，对绕流混凝土处理不彻底而造成侧壁清刷困难，或锁口管没有锁定而落入槽内，导致无法拔出，地下连续墙接缝处在基坑开挖后发生渗漏。

(7) 支撑不及时,造成地下连续墙变形过大,致使地下连续墙接缝拉裂而漏水。

3) 预防及控制措施

(1) 避免地下连续墙墙体夹泥。

①在地下连续墙的施工过程中,保持导墙四周地表清洁,确保无杂土掉落槽段中。

②做好清槽换浆,确保刷壁效果,避免出现接缝夹泥。

③确保混凝土灌注前和灌注过程中泥浆性能满足表8.1中的循环泥浆各项指标要求。在混凝土灌注过程中,每车混凝土测1次坍落度,每拆两节导管测1次泥浆密度。

表 8.1 地下连续墙成槽泥浆参数

泥浆性能	新配置		循环泥浆		废弃泥浆		检验方法
	黏性土	砂性土	黏性土	砂性土	黏性土	砂性土	
密度/(g/cm³)	1.04~1.06	1.06~1.08	<1.10	<1.15	>1.25	>1.35	密度计
黏度/s	20~24	25~30	<25	<35	>50	>60	漏斗计
含砂率/(%)	<3	<4	<4	<7	>8	>11	洗砂瓶
pH 值	8~9	8~9	>8	>8	>14	>14	试纸

④施工过程中,施工技术人员应严格执行24 h值班制度。混凝土灌注时,监理应旁站监督。

⑤钢筋笼的吊装、下放和连接应紧凑,避免停滞时间过长,以减小混凝土灌注前孔底沉渣厚度,避免破坏侧壁泥皮。

⑥钢筋笼入槽就位后,混凝土灌注前必须进行二次清底,沉渣厚度不得超过100 mm。

⑦槽段垂直度检测:用超声波测壁仪器在槽段左中右三个平面位置分别入槽扫描槽壁壁面,壁面最大凸出量或凹进量(以导墙面为扫描基准面)与槽段深度之比即为壁面垂直度,三个位置的垂直度平均值即为槽段壁面平均垂直度。槽段垂直度的表示方法为 X/L,其中 X 为壁面最大凹凸量,L 为槽段深度,允许偏差为1/300。

⑧对于灌注混凝土时的局部坍孔,可将沉积在混凝土上的泥土用吸泥机吸出后,再继续灌注。

（2）保证混凝土连续供应和连续灌注。

①施工前与商品混凝土搅拌站签订混凝土连续供应协议，并签约备用商品混凝土搅拌站，确保混凝土连续供应。

②制订施工现场混凝土连续灌注专项应急预案，确保在出现泥浆外运、设备故障、停水、停电以及其他可能导致混凝土不能连续灌注的突发状况时，能按事先制定的对策进行有效故障排除。

③坚持施工技术人员到混凝土搅拌站驻场制度，确保混凝土原材料质量符合配合比要求，还应满足水下混凝土的施工要求，具有良好的和易性和流动性。混凝土配合比中水灰比一般小于0.6，坍落度控制在18~22 cm，对不符合配合比要求的混凝土坚决退场，不得使用。

（3）保证导管不脱落、不堵管。

①严格验收钢筋笼，确保导管仓加强筋按要求制作。导管拼装过程中须有专人进行监督，导管拼接满足气密性要求。施工过程中，再次检查导管仓，割除影响导管通道的措施钢筋，保证导管上下容易，不被卡滞。

②控制首次混凝土灌注的用量，保证埋管深度不小于500 mm。

③现场实测槽孔混凝土灌注时的混凝土顶面深度，计算导管埋深，确保导管埋入混凝土中的深度保持在1.5~3.0 m，及时按导管埋入混凝土的要求深度进行拔、拆导管，以防导管埋入混凝土过深，造成堵管事件发生，并防止导管被拔出。

④两导管灌注混凝土面的高差不应大于0.5 m，避免出现墙体夹泥现象。

⑤每车混凝土测量坍落度，并观察混凝土中粗骨料的最大粒径，要求混凝土中粗骨料的最大粒径不超过25 mm。

（4）避免地下连续墙因未封闭发生渗漏。

①为控制混凝土绕流，钢筋笼加工时应在有型钢一侧设防绕流的铁皮。

②带型钢接头的施工缝，应采用接头箱封闭接头，并在外侧回填土袋，以防止绕流。

（5）基坑开挖时，及时安装支撑，以避免支撑不及时造成的连续墙变形过大。

2. 地下连续墙鼓包

1）存在问题及现象描述

地下连续墙墙面不平整、有鼓包，墙面平整度大于30 mm。

2）原因分析

（1）土层中存在地基土未压实、局部水囊、障碍物等缺陷，导致成槽过程中塌方。

（2）护壁泥浆质量存在缺陷，成槽过程中槽壁塌方。

（3）地质和泥浆原因导致的成槽过程中地下连续墙表面不平整。

3）预防及控制措施

（1）加强前期地基处理质量控制，确保地下障碍物全部处理完成，且用黏土分层回填压实，必要时可在回填土中拌入5%的水泥或石灰，以保证成槽过程中槽壁稳定。

（2）保证混凝土灌注前，槽壁不塌方。

①控制泥浆的各项指标，避免塌方。

②尽量缩短成槽完成至钢筋笼吊放、钢筋笼吊放完成至混凝土开始灌注的时间间隔。

③钢筋下放时，应沿设计位置缓缓下放，避免擦碰开挖面槽壁泥皮，破坏泥浆护壁的效果。

（3）针对工程地质和水文地质特点，合理选用成槽设备，并做好试成槽的施工参数设定。

（4）不良地质地段，在地下连续墙槽壁两侧宜采用三轴搅拌桩进行加固。

3. 混凝土结构露筋

1）存在问题及现象描述

混凝土结构主筋、分布筋或箍筋裸露在结构构件表面。

2）原因分析

（1）灌注混凝土时，钢筋保护层垫块移动、脱落或漏放致使钢筋紧贴模板。

（2）结构构件截面小，钢筋间距小，石子卡在钢筋之间，使水泥砂浆不能充满钢筋周围，造成露筋。

（3）混凝土配合比设计不当，未按照配合比进行拌制，或运输过程中操作不当，产生离析现象，导致钢筋外露。

（4）振捣时间短，造成成型混凝土存在蜂窝、孔洞，导致钢筋外露。

（5）由于振捣棒撞击钢筋及施工人员踩踏钢筋等情况，致使钢筋位移、露筋。

(6) 灌注混凝土前，木模板未浇水湿润或涂刷隔离剂，造成吸水黏结，或脱模过早，导致混凝土缺棱、掉角、钢筋外露。

3) 预防及控制措施

(1) 应按照现行国家标准《混凝土结构工程施工质量验收规范》(GB 50204—2015)及《混凝土结构工程施工规范》(GB 50666—2011)的规定进行施工。灌注混凝土时应保证钢筋位置和保护层厚度正确，并加强检查，保证垫块数量(一般按照 1 m×1 m 的形式呈梅花状布置)。

(2) 钢筋混凝土结构钢筋较密集时，要选配适当石子，以免石子过大卡在钢筋处；在普通混凝土难以灌注的部位，可采用相同配比的细石混凝土灌注。

(3) 严格执行施工单位和监理单位的商品混凝土驻场管理制度，严把材料加工源头关，不符合要求的混凝土不予出场放行；对进入现场的混凝土，执行每车必检的规定，不符合要求的混凝土，不允许使用。

(4) 混凝土灌注前做好交底工作，在混凝土灌注过程中，加强人员检查，杜绝漏振和过振现象的发生。

(5) 振捣时严禁振动钢筋，防止钢筋变形位移；在钢筋密集处，可采用小型振捣棒进行振捣；混凝土灌注前，应铺设走道板；严禁直接踩踏钢筋成品。

(6) 正确掌握脱模时间，防止提早拆模，碰坏棱角。

4. 混凝土结构蜂窝、麻面

1) 存在问题及现象描述

蜂窝主要表现为混凝土结构局部出现酥散、气泡；麻面主要表现为混凝土局部表面出现缺浆和麻点，形成粗糙面。

2) 原因分析

(1) 混凝土运输、灌注措施不当，造成石子与砂浆离析；模板缝隙不严密，造成水泥浆流失。

(2) 钢筋间距小，未振捣充分就继续灌注混凝土。

(3) 混凝土漏振或振捣时间不够，气泡未充分排出。

(4) 模板表面粗糙或黏附的水泥浆、渣等杂物未清理干净，拆模时产生麻面；模板湿润度不够，构件表面混凝土的水分被吸收，使混凝土表面早期失水过多出现麻面。

(5) 混凝土含气量过大，且引气剂质量欠佳。

(6) 混凝土配合比不当，混凝土过于黏稠，振捣时气泡很难排出。

3）预防及控制措施

（1）应按照现行国家标准《混凝土泵送施工技术规程》（JGJ/T 10—2011）中的规定进行施工，模板及支撑必须具有足够的刚度、强度和稳定性，模板表面清洁平整，均匀涂刷隔离剂，模板安装应横平竖直，做到接缝严密、不漏浆。

（2）在混凝土灌注前先清理模板内的杂物，并用水湿润模板，防止混凝土溅落在模板上；严禁向混凝土中加水；严格控制混凝土的坍落度。

（3）振动棒要快插慢拔，插点要均匀，避免直接振捣钢筋模板，随浇随振，严禁出现漏振现象，确保振捣密实，无气孔。可适当进行复振。

（4）灌注高度超过 2 m 时，应采用串筒、溜槽或振动溜管等进行送料。

（5）选择使用优质的引气剂。

（6）降低混凝土黏稠度。

5. 混凝土结构表面不平整

1）存在问题及现象描述

混凝土结构表面错台、凹凸不平。

2）原因分析

（1）模板外支撑不牢固，混凝土灌注过程中出现局部模板变形引起的外形走样。

（2）模板支撑基础没有承载上部荷载的承载力，混凝土灌注过程中模板整体移位或局部变形，造成现浇结构混凝土错台、表面不平整。

（3）混凝土灌注过程中振捣器靠模板太近，过振造成模板变形、移位。

（4）施工缝处模板连接不牢固，产生错台现象。

（5）混凝土梁板同时灌注，未采用平板振捣器振捣，标高控制未采取措施，未按规范进行二次收面，导致混凝土表面不平整。

（6）混凝土未达到一定强度就上人操作或运输材料，导致混凝土板表面出现凸凹不平的现象。

3）预防及控制措施

（1）应按照现行国家标准《混凝土结构工程施工质量验收规范》（GB 50204—2015）及《混凝土结构工程施工规范》（GB 50666—2011）的规定进行施工。

（2）模板安装时外支撑加固应牢靠，模板接缝处应采取企口或夹双面胶条的措施保证拼接严密。每次模板安装过程中现场技术员应跟班检查，模板安装完成后必须在技术负责人及监理验收合格后方可进行下步施工。

（3）混凝土板面应采用平板式振捣器在其表面进行振捣，大面积混凝土应分段振捣，相邻两段之间应搭接振捣 5 cm 左右；混凝土收面应严格执行二次收面。

（4）控制混凝土板灌注厚度，除在模板四周弹墨线外，还可用钢筋或木料做成与板厚相同的标记，振捣方向宜与浇筑方向垂直，使板面平整，厚度一致。

（5）混凝土终凝后，必须在混凝土强度达到 1.2 N/mm^2 以后方可在现浇结构上走动。

（6）混凝土模板应有足够的稳定性、刚度和强度，支承结构必须安装在坚实的地基上，并有足够的支承面积，以保证灌注混凝土时不发生下沉。

6. 混凝土裂缝处渗漏水

1) 存在问题及现象描述

地铁车站混凝土开裂，裂缝处渗漏水。

2) 原因分析

车站结构渗漏水主要发生在混凝土裂缝处，裂缝主要可分为以下几类。

温度裂缝：大体积混凝土水泥水化热或环境温度变化较大引起的裂缝，或两者共同作用引起的裂缝。

收缩裂缝：混凝土收缩主要有干燥收缩、塑性收缩和自身收缩三种，当这些收缩变形在混凝土内部引起的内应力超过混凝土的抗拉强度时，就会产生收缩裂缝。

干缩裂缝：由于混凝土养护不到位，水泥浆中的水分蒸发，导致混凝土结构产生裂缝，这种收缩是不可逆的。

化学反应裂缝：主要包含碱集料反应（alkali-aggregate reaction，AAR）引起的裂缝、钢筋锈蚀引起的裂缝等。

结构裂缝：主要包含超荷载作用、地基不均匀沉降、过度振动（如地震）引起的裂缝。

裂缝产生的主要原因如下。

（1）模板及其支撑不牢，产生变形或局部沉降。

(2) 混凝土和易性差,灌注后产生分层,出现裂缝。

(3) 养护措施不到位及拆模不当,引起开裂。

(4) 主筋严重位移,使结构受拉区开裂。

(5) 混凝土初凝后受扰动,产生裂缝。

(6) 构件受力过早或超载引起裂缝。

(7) 基础不均匀沉降引起开裂;设计不合理或使用不当引起开裂等。

3) 预防及控制措施

混凝土裂缝预防及控制的重点在于减少、控制或避免温度裂缝、干缩裂缝、收缩裂缝和结构裂缝的产生,尤其要预防及控制贯穿性裂缝的产生。可采取以下预防及控制措施。

(1) 地铁车站的防水混凝土大多采用商品混凝土,应加强在原材料、施工配合比、称量、搅拌、坍落度、运输等方面的质量控制。

(2) 对掺入混凝土中的粉煤灰、膨胀剂和减水剂等各种外加剂,应进行试验以确定其性能、掺量、对水泥的适应性、用水量和工艺等。

(3) 可在混凝土中掺入纤维(如聚丙烯纤维),防止混凝土塑性裂缝的产生。

(4) 混凝土施工时可采用二次振捣技术,并在混凝土终凝前对底(顶、中)板表面用木抹子搓压至少三遍,以释放混凝土表面的收缩应力和防止塑性裂缝的产生。大体积混凝土采用分层连续灌注,合理采用降温法和保温法控制混凝土内外温差,并适当延长拆模时间。

(5) 内衬墙拆模后,涂刷两道水泥基渗透结晶型防水涂料,并及时浇水养护。

(6) 严禁在混凝土灌注过程中用振捣棒振动钢筋,以防止顺筋裂纹的产生。

7. 变形缝及诱导缝渗漏水

1) 存在问题及现象描述

地下工程变形缝及诱导缝渗漏水。

2) 原因分析

(1) 设计未能满足密封防水、适应变形、施工方便、检查容易等基本要求;变形缝构造形式和材料未根据工程特点、地基或结构变形情况以及水压、水质和防水等级等条件确定。

(2) 原材料抽样复检重视程度不够。

(3) 橡胶或塑料止水带接头没有锉成斜坡并黏结或搭接长度不满足规范要求。

(4) 变形缝及诱导缝处的混凝土振捣不密实。

3) 预防及控制措施

(1) 地下工程的变形缝宜设置在结构截面的突变处、地面荷载的悬殊段和地质明显不同的地方,不得设置在结构的转角处。

(2) 地下工程宜尽量减少设置变形缝及诱导缝。当必须设置时,应根据该工程地下水压、水质、防水等级、地基和结构变形等情况,选择合适的构造形式和材料。

(3) 地下防水工程在施工过程中,应保持地下水位低于防水混凝土以下至少 500 mm,并应排除地表水。变形缝及诱导缝施工应注意以下几点。

①用木丝板和麻丝或聚氯乙烯泡沫塑料板作为填缝材料时,木丝板或麻丝应经沥青浸湿,填缝前先于缝内涂热沥青一道。

②橡胶或塑料止水带,应经严格检查,如有破损,应经修补合格后方可使用。金属止水带的焊缝应满焊严密,且搭接长度应符合规范的规定。

③埋入式橡胶或塑料止水带,施工时严禁在止水带的中心圆圆环处穿孔,应埋设在变形缝横截面的中部,木丝板应对准圆环中心。

④采用 BW 型遇水膨胀止水条(也叫注浆管型遇水膨胀止水条),止水条必须具有缓胀性能,规格一般为 20 mm×30 mm,亦可按缝宽在工厂预先制作。BW 型遇水膨胀止水条运输、贮存不得受潮、沾水,使用时应防止先期受水浸泡膨胀。

⑤底板埋入式橡胶(塑料)止水带,要把止水带下部的混凝土振捣密实,然后铺设的止水带由中部向两侧挤压按实,再灌注上部混凝土。

⑥墙体变形缝两侧混凝土应分层灌注,并用插入式振动器分层振捣,切勿漏振或过振,振动棒应避免碰撞止水带。

⑦表面附贴式橡胶止水带的两边使用防水油膏密封。金属止水带压铁上下应铺垫橡胶垫条或石棉水泥布,以防渗漏。

8. 混凝土施工缝渗漏水

1) 存在问题及现象描述

施工缝处混凝土骨料集中,混凝土疏松,接槎明显,沿缝隙处渗漏水。

2) 原因分析

(1) 施工缝混凝土面未凿毛,残渣清理不彻底,新旧混凝土结合不牢。

(2) 在支模和绑扎钢筋过程中,锯末、铁钉等杂物掉入缝内没有及时清除,灌注上层混凝土后在新旧混凝土之间形成夹层。

(3) 施工缝未做企口或没有安装止水钢板。

(4) 下料方法不当,骨料集中于施工缝处。

(5) 混凝土墙体单薄,钢筋过密,振捣困难,混凝土不密实。

3) 预防及控制措施

(1) 防水混凝土的钢筋布置和墙体厚度应方便施工,这样才易于保证施工质量。

(2) 防水混凝土应连续灌注,少留置施工缝。当必须留置施工缝时,水平施工缝不应留置在剪力与弯矩最大处或底板与侧墙交接处,应留置在高出底板表面不小于 30 cm 的墙体上。

(3) 认真清理施工缝,凿除表面浮浆和松散的骨料,用钢丝刷或錾子将旧混凝土面凿毛,并用高压水冲洗干净,且不得有积水。

(4) 混凝土应采用补偿收缩混凝土,即在混凝土中按水泥重量掺入 UEA 膨胀剂(也叫 U 型膨胀剂)或 WG-HEA 微膨胀剂,其掺入量一般为水泥重量的 10%。

(5) 灌注上层混凝土前,木模板润湿后,先在施工缝处灌注厚度不少于 10 cm 与混凝土同配比去石子的水泥砂浆,增强新旧混凝土黏结性能。

(6) 加强施工缝处振捣频次和振捣质量控制,保证混凝土密实度满足要求。

9. 混凝土结构竖向构件"烂根"

1) 存在问题及现象描述

钢筋混凝土结构的现浇柱、墙等竖向构件的底部出现灌注质量问题,如蜂窝、空隙、露筋、新旧混凝土接槎不密实等,在工地上常称作"烂根"。这个部位是竖向构件(柱、墙)与水平构件(梁、板)交接处,是传递竖向荷载(如结构自重、使用荷载)和水平力(如地震剪力)的关键部位,其混凝土灌注质量不容忽视。

2) 原因分析

(1) 钢筋布置过密不利于灌注和振捣。

(2) 板面不平整,模板底部与混凝土板面相接处缝隙不严密,易跑浆。

(3) 混凝土灌注高度过高,造成模板底部侧压力过大,在振捣过程中容易发生跑浆或胀模,产生"烂根"。

(4) 模板过高,振捣棒过长,不易控制振捣头。

(5) 新旧混凝土接槎处(模板底部)清理不干净,存在浮土、木屑、老混凝土浆皮残渣等。

(6) 因混凝土自由倾落高度过高,混凝土中的水泥砂浆受钢筋的阻力被黏结浮挂或离析,产生"烂根"。

3) 预防及控制措施

(1) 混凝土粗骨料粒径不应大于 25 mm。

(2) 当支立柱、墙模板前,应沿模板位置做水泥砂浆找平层,但找平层不应过宽伸入柱、墙断面之内,以免影响新老混凝土连接的整体性和减小构件断面。若仍存在较小缝隙,则应用水泥砂浆再勾堵一遍。

(3) 严格控制混凝土分层灌注高度,每层不大于 50 cm。

(4) 新旧混凝土接槎处(模板底部)应清理干净。常温施工时,应用水冲刷干净,冬季应用压缩空气吹干净。此外,在封模之前要做好最后一遍清理和检查工作。

(5) 在开始灌注混凝土时,应先铺设一层同配比去石子的水泥砂浆,厚度不小于 10 cm,一是作为新旧混凝土的结合层,二是防止下落的混凝土离析。

10. 混凝土结构钢筋间距不均

1) 存在问题及现象描述

受力钢筋、分布筋、箍筋安装时,钢筋间距不均匀。

2) 原因分析

(1) 钢筋测量定位不准确或没有对每根钢筋进行定位。

(2) 钢筋绑扎不牢固。

(3) 成品保护工作不当。

3) 预防及控制措施

(1) 钢筋安装前,沿纵横向按照设计间距尺寸,在定位钢筋上逐根画出钢筋安放位置。针对侧墙及柱钢筋,可采用定位"梯子筋"(按钢筋间距焊接的钢筋梯子,必要时可将该钢筋提高一个级别,或在两根结构受力钢筋中间设置 $\phi 12$ "梯子筋")控制钢筋间距。

(2) 钢筋的交叉点应用铁丝全部绑扎牢固。

(3) 受力钢筋间距允许偏差±10 mm,绑扎箍筋、横向钢筋间距允许偏差±20 mm。

(4) 加强成品保护管理,严禁在已绑扎完成或验收完成的竖向钢筋骨架上任意攀爬。已完成的板面钢筋上必须铺设走道板,水电安装作业不得随意调整钢筋间距及位置。

11. 现浇结构大体积混凝土裂缝

1) 存在问题与现象描述

现浇结构大体积混凝土表面出现裂缝。

2) 原因分析

(1) 混凝土灌注初期产生大量的水化热,混凝土表面散热条件好,内部散热条件差,内外形成温度的梯度,变形不同形成内约束。

(2) 混凝土灌注后数日,降温、水分蒸发、碳化等原因引起混凝土收缩,受到地基和结构边界条件的约束(外约束),形成温度裂缝。

(3) 混凝土浇捣不符合要求、养护不当、拆模过早、模板变形等因素,导致降温梯度大,形成裂缝。

(4) 在水泥活性大、混凝土温度较高,或在水灰比较低的条件下会加剧混凝土开裂现象,因为此时混凝土的泌水明显减少,表面蒸发的水分不能及时得到补充,混凝土尚处于塑性状态,稍微受到一点拉力,混凝土的表面就会出现分布不均匀的裂缝,出现裂缝以后,混凝土体内的水分蒸发进一步加大,于是裂缝进一步扩展。

3) 预防及控制措施

(1) 应优先选用水化热低和安定性好的水泥品种。施工大体积混凝土结构时宜采用42.5级矿渣硅酸盐水泥。

(2) 在混凝土拌制过程中,要严格控制原材料的量,同时严格控制混凝土出机坍落度。尽量降低混凝土拌和物出机温度,拌和物可采取以下两种降温措施:一是送冷风对拌和物进行冷却,二是加冰拌和。一般使新拌混凝土的温度控制在6 ℃左右。

(3) 利用混凝土后期强度,根据结构承受荷载情况,采用F45、F60或F90作为评定强度(F是冻融循环的标示方法,混凝土经冻融后内部容易产生裂缝。以一年一冻融为标准,F45对应的就是50年的建筑,F60对应的是70年建筑,F90对应的是100年建筑),可使混凝土每立方米水泥用量减少40~70 kg,混凝土的水化热升温相应减少4~7 ℃。在拌和混凝土时,还可掺入适量的微膨胀剂或膨胀水泥,使混凝土收缩得到补偿,减小混凝土的温度应力。

(4)改善配筋。为保证每个灌注层上下均有温度筋,建议设计人员将分布筋进行适当调整。温度筋宜分布细密,一般选用 $\phi 8$ 或 $\phi 6$ 钢筋,双向配置,间距150 mm,可以增强混凝土抵抗温度应力的能力。

(5)设置后浇带。当大体积混凝土平面尺寸过大时,应设置后浇带,以减小外约束力和温度应力;同时也有利于散热,降低混凝土的内部温度。

(6)规范施工工艺,加强施工过程监控,做好混凝土养护工作,以减少混凝土收缩,提高混凝土的极限拉伸值。相应措施如下。

①审核施工方案中的施工工艺,确定最佳的灌注路线,在施工时应严格按工艺要求分层布料、振捣,混凝土表面泌水应及时排除。

②严格控制好混凝土的入模温度和内外的温差,一般不宜超过20 ℃;目前,多数大体积混凝土采取蓄热养护法,在混凝土表面采取保温或加热措施,降低混凝土内外温差,从而减小温度应力。

③混凝土灌注应采用二次振捣工艺。对未初凝的混凝土进行二次振捣,排除因泌水在粗集料和水平钢筋下部生成水分和空隙,提高钢筋握裹力,防止因混凝土沉落而出现裂缝,减少混凝土内部微裂缝,增强混凝土的密实度,使混凝土的抗压强度提高15%左右,从而提高混凝土的抗裂性。

④混凝土整平抹面采用二次抹压工艺,在混凝土初凝后用铁抹子对混凝土表面实施二次抹压,消除混凝土浆体早期失水产生的微裂缝,混凝土表面龟裂二次抹压时间宜控制在混凝土表面上人仅留很轻微脚印或脚印不明显时进行;对于强度等级大于C50的混凝土,建议在混凝土强度小于4 MPa前,采取多道收面措施,确保没有裂缝产生。

⑤严格按照规范要求控制好拆模时间。

⑥采用纤维混凝土增加混凝土的韧性,有效控制因混凝土脆性引起的开裂问题。

(7)延缓混凝土降温速率。

①目前国内有项目对大体积混凝土的监测采用计算机温度监控系统,采用上位机管理监视与下位机智能巡检的二级监视控制。根据温度值及温度变化曲线等,从远端随时监控大体积混凝土内部温度变化情况,指导现场大体积混凝土

施工、养护工作。

②控制温度梯度小于 12.5 ℃/m 时,可适当放宽内外温差至 30～33 ℃。

(8) 若是在高温季节施工,则要在初期采用通冷水的方式来降低混凝土最高温度峰值,但注意通水时间不能过长,否则会造成降温幅度过大而引起较大的温度应力。为了削减内外温差,还应在夏末秋初进行中期通水冷却,通水历时 2 个月左右。

12. 暗挖车站初期支护混凝土结构裂缝

1) 问题及现象描述

喷射混凝土出现裂纹、剥离、剪切破坏。

2) 原因分析

(1) 喷射混凝土在硬化的过程中,由于干缩引起的体积变形在受到约束时会产生裂缝,主要反映为钢拱架边缘开裂。当喷射混凝土完成后,整个喷射混凝土产生硬化干缩,包裹钢拱架的混凝土在硬化过程中受到钢拱架限制而产生裂缝,这种裂缝的宽度有时会很大,甚至会贯穿整个构件。

(2) 喷射混凝土在施工过程中是分段进行的,在新旧混凝土之间存在一个界面(即施工缝),当新喷射混凝土喷完后,由于其干缩变形与原混凝土不一致而容易产生环向裂缝。

(3) 在施工过程中,由于掺入速凝剂的不均匀,造成喷射混凝土在硬化过程中速度不一致,导致喷射混凝土出现崩壳现象。

(4) 在围岩变形产生的应力作用下,钢拱架与喷射混凝土由于弹性模量不同,从而产生不同的变形,造成裂缝的产生。

3) 预防及控制措施

(1) 喷射混凝土作业前应将受喷面的粉尘、杂物用高压风或水彻底清除干净,防止混凝土与受喷面结合不良。

(2) 严格控制喷射混凝土各种材料的质量,相关要求如下。

①水泥优先选用普通硅酸盐水泥,且强度等级不得低于 42.5 级,因其凝结时间较快,且与速凝剂有良好的兼容性,对于软弱围岩应选用早强水泥或在拌和时掺加早强剂。

②拌和用水必须符合工程用水标准,不得含有影响水泥正常凝结与硬化的

有害成分。采用的速凝剂必须是合格产品,其掺量根据水泥品种、水灰比不同通过试验确定,使配置的混凝土初凝时间不超过 5 min,终凝时间不超过 10 min。

③喷射混凝土施工应紧随开挖进行,为避免爆破作业影响初期支护的质量,施工中要严格控制开挖爆破至喷射混凝土作业完成的时间,时间间隔不小于 4 h。

(4)喷射混凝土前在受喷面上埋设厚度标志,按频率要求认真检查喷射混凝土的厚度:区间或小于区间断面的结构每 20 m 检查一个断面,车站每 10 m 检查一个断面。每个断面从拱顶中线起,每 2 m 凿孔检查一个点。断面检查点 60% 以上的喷射厚度不小于设计厚度,最小值不小于设计厚度 1/3,厚度总平均值不小于设计厚度时方为合格。

(5)喷射作业应遵守下列规定。

①喷射作业应分段分片依次进行,喷射顺序应自下而上进行。

②素喷混凝土一次喷射厚度应按照表 8.2 选用。

表 8.2 素喷混凝土一次喷射厚度

喷射方法	部 位	掺速凝剂/mm	不掺速凝剂/mm
干法	边墙	70～100	50～70
干法	拱部	50～60	30～40
湿法	边墙	80～150	—
湿法	拱部	60～100	—

③分层喷射时,后一层喷射应在前一层混凝土终凝后进行,若终凝 1 h 后再进行喷射,应先用风、水清洗喷层表面。

④喷射作业紧跟开挖工作面时,混凝土终凝到下一循环放炮时间不应小于 3 h。

(6)对于已经形成的混凝土裂缝,采取下列措施加强控制。

①在裂缝两端各设置一个水泥钉,挂上棉线以测量两点之间的距离,观察裂缝变形情况。

②为直接观察裂缝的发展,在局部裂缝处涂抹水泥砂浆、黏土或制作石膏饼,观察砂浆、黏土或石膏饼是否开裂,以确定裂缝是否发展。

③在裂缝处设置收敛观察点以监控裂缝周边围岩变形情况。

④对非围岩变形引起的裂缝,采用喷射混凝土补喷的方式处理。

⑤对因围岩变形引起的裂缝,采用中空注浆锚杆加固或小导管帷幕注浆加固的方式处理。

⑥加强喷射混凝土回弹量和厚度的控制,保证隧道结构的稳定。

13. 暗挖车站开挖面流沙、漏浆

1) 问题及现象描述

采用 WSS(无收缩双液注浆)或袖阀管方式进行深孔注浆时控制不到位,出现流沙、坍塌或地面隆起、跑浆现象。

2) 原因分析

注浆孔位、方向偏差大,注浆扩散不均匀;注浆过程计量不准确,注浆量、注浆压力控制不均衡。

3) 预防及控制措施

(1) 配备好施工机具和计量工具以满足施工要求;根据施工程序,现场值班技术人员要严把钻孔深度、配料注浆压力、注浆量关,每一道工序均安排专人负责,并记录好每一道工序的原始数据。

(2) 加强现场施工材料管理,严格执行材料进场检验制度,保证施工材料满足设计和规范要求,不合格材料不得进场使用,确保工程质量。注浆材料应符合下列规定。

①具有良好的可注性。

②固结后收缩小,具有良好的黏结力和一定的强度、抗渗性、耐久性和稳定性,当地下水有侵蚀作用时,应采用耐侵蚀性的材料。

③无毒并对环境污染小。

④注浆工艺宜简单,操作方便、安全。

(3) 钻孔施工开钻前,严格按照施工布置图,布好孔位。钻机定位要准确,开钻前的钻头点位与布孔点之距相差不得大于 2 cm,钻杆角度的偏差不得大于 1°,如施工偏差较大,必须增加钻孔。钻孔过程中应做好钻探详细记录,包括钻进进尺、起止深度、土层性质、地下水情况等。

(4) 注浆前应检查止浆墙(垫)密封情况。注浆开始前应检查高压管路连接是否牢固。注浆过程采取跟踪监测,按照设计要求进行注浆,严格将注浆压力控制在 0.3~2.0 MPa,实行专人操作。

当压力突然上升或孔壁溢浆时,督促工人立即停止注浆,并采取相应的补救

措施。注浆过程采用注浆压力、注浆量双重控制。

注浆施工还应满足下列规定。

①应设立必要的防护,保持场地清洁,注浆检查孔应封填密实。

②应经常观察泵压和流量的变化,出现工作面漏浆、跑浆及串浆等异常现象应及时处理。

③地下水流动的地层,注浆顺序应从上游到下游。

④内圈注浆顺序应从外向内。

⑤双液浆注浆结束时应先停水玻璃泵,后停水泥浆泵,及时清洗管路。

⑥隧道开挖后,应对注浆效果进行观测与分析,对于薄弱带应进行动态补充注浆。

⑦注浆过程中出现管路堵塞、跑(串)浆等问题时,应分析原因并及时处理。

(5)注浆施工严格按照《建筑工程水泥-水玻璃双液注浆技术规程》(JGJ/T 211—2010)的要求进行,施工过程中做好浆液配合比检测,使用波美计、密度计检测浆液密度是否满足设计参数要求。

(6)注浆完成后,必须对注浆效果进行检查,确保已达到注浆要求,否则必须进行补孔注浆。注浆效果检查方法如下。

①深孔注浆效果检查宜采用过程控制、检查孔检验的方法评价,评价指标有抗压强度、渗透系数等。

②检查孔观察法:通过查看检查孔成孔是否完整、涌水、涌沙、涌泥、坍孔等定性评定注浆效果。

③检查孔取芯法:对检查孔进行取芯,通过检查孔取芯率、岩芯的完整性、岩芯强度试验等进行综合分析,判定注浆效果。

14. 暗挖车站钢管柱偏位

1)存在的问题及现象描述

钢管柱定位偏差超标。

2)原因分析

(1)定位器的安装不牢固,定位器安装没有做到安装前精确放线定位、安装后重新复验。

(2)定位器的制作质量达不到要求,其强度、刚度及精确度不达标。灌注混凝土时,混凝土对定位器产生冲击或混凝土灌注前定位器已移位。

(3) 深井作业投点的精确度不够。

(4) 钢管柱吊装过程中造成钢管柱变形。

3) 预防及控制措施

(1) 对钢管柱生产厂家的资质和质量管理及质量保证体系提出明确要求。生产厂家推行全过程质量控制是确保钢管柱质量稳定并不断改进的最基本的条件。

(2) 编制施工技术方案,使钢管柱生产有序。合理安排施工,采取各种预控措施,保证施工质量。

(3) 钢管柱原材料(钢管或钢板、连接件)的质量必须符合设计要求。监理及施工单位对材料出厂合格证和检验报告全数检查。

(4) 钢管制作宜在有资质的工厂进行;钢管端平面应与管轴线相垂直;当钢管对接时,竖向焊缝要错位,钢管柱所有焊接必须经过超声波检查,焊缝质量应达到二级标准,并应达到与母材强度相等的要求。监理及施工单位对材料出厂合格证和焊接质量进行全数检查。

(5) 钢管柱进场后现场质检员及监理必须进行逐一检验,合格后方可进行安装。钢管柱加工制作允许偏差应符合表 8.3 规定。

表 8.3 钢管柱加工制作允许偏差

序号	检查项目	允许值/mm	说　明
1	钢管纵向弯曲矢高	$f \leqslant L/1000$,且 $f \leqslant 10$	L 为钢管长度;f 为矢高
2	管径椭圆度	$\leqslant 3D/1000$	D 为钢管柱设计直径
3	管端不平度	$\leqslant D/1500$,且 $\leqslant 0.3$	D 为钢管柱设计直径
4	钢管长度	$\Delta L \leqslant \pm 3$	ΔL 为钢管设计长度与实际长度之差

(6) 定位器的制作质量必须严格控制,保证其具有足够的强度、刚度及精确度,其中心误差小于 3 mm,固定边与水平面的直角误差小于 1‰,锥底宽度比钢管内径小 6 mm;安装时应注意通过调节螺栓来调节定位器标高,推移定位器调节其中心,调整好中心位置后,用钢筋把定位器铆钉与桩基主筋焊接在一起,并精确校核其平面位置、标高、垂直度后,紧固定位器调节螺栓,防止定位器在灌注混凝土过程中因受到冲击而移位。

(7) 钢管柱定位采用底部定位器与顶部花篮螺栓,为保证钢管柱安装精度,定位器安装前要精确放线定位,严格测量和控制定位器标高和中心,安装后要重新检验。底部法兰预埋螺栓要采用定位钢圈(双法兰)精确固定,以利于钢管柱与预埋法兰连接,避免出现割除螺栓的现象,从而影响钢管柱安装质量。

钢管柱定位器安装允许偏差应符合以下规定。

①定位器中心线偏差不大于 2 mm。

②定位器标高与管底设计标高偏差:+4 mm,-2 mm。

③检验数量:施工单位、监理单位全数检查。

④检验方法:尺量。

(8) 深井作业应注意投点的精确度,为避免投点仪、投点视镜的铅垂误差,每次投点时变化三个方向,三个方向点 A、B、C 组成一个三角形,此三角形中心点 O 即为桩心。

(9) 钢管柱安装完成后要在挖孔桩内用型钢进行初步固定,然后回填沙并间隔填 C20 混凝土,保证回填的密度,防止钢管柱灌注混凝土和后续的顶纵梁与扣拱施工中桩顶发生位移。钢管柱安装允许偏差应符合表 8.4 的规定。

表 8.4　钢管柱安装允许偏差

序　号	检 查 项 目	最大允许偏差/mm
1	钢管柱不垂直度	柱长的 1/1000,且不大于 15
2	钢管柱中心线	5
3	钢管柱顶面标高	+10,0
4	钢管柱顶面不平度	5
5	钢管柱间距	设计柱距的 1/1000

(10) 钢管柱吊装过程应采用多点吊装,避免吊装过程中钢管柱变形。

(11) 在初期支护和二次扣拱施工过程中,要注意左右对称施工,防止偏压过大造成钢管柱和顶纵梁移位。

(12) 施工过程中,定位器安装精确定位后,先进行定位器混凝土灌注以固定定位器,确定混凝土强度能保证安装作业要求后,再进行钢管柱安装。

15. 暗挖车站扣拱变形

1) 存在的问题及现象描述

暗挖车站扣拱变形,初期支护沉降。

2) 原因分析

没有严格按照设计步骤组织施工,工序质量控制不严,信息化施工管理不到位。

3）预防及控制措施

（1）减少对地层的扰动是扣拱施工的关键。分部开挖时应缩短每次循环作业时间，尽快将开挖后的支护结构闭合成环，施工中严格遵循"管超前、严注浆、短开挖、强支护、快封闭、勤测量"的十八字方针。

（2）扣拱施工中钢筋格栅和钢筋网采用的钢筋种类、型号、规格应符合设计要求，焊接应符合设计及钢筋焊接标准的规定。钢筋格栅、钢筋网加工允许偏差应符合表8.5的规定。

表8.5 钢筋格栅、钢筋网加工允许偏差

序 号	检 查 项 目		允许偏差/mm
1	拱架	拱架矢高及弧长	+20,0
		墙架长度	±20
		拱、墙架横断面尺寸（高、宽）	+10,0
2	钢筋格栅	高度	±30
		宽度	±20
		扭曲度	±20
3	钢筋网	钢筋间距	±10
		钢筋搭接长度	±15

（3）钢筋格栅安装应符合下列规定。

①基面应坚实并清理干净，必要时应进行预加固。

②钢筋格栅应垂直线路中线布置，允许偏差：横向±30 mm，纵向±50 mm，高程±30 mm，垂直度5‰。

③钢筋格栅与壁面应楔紧，每片钢筋格栅节点及相邻钢筋格栅必须连接牢固。

（4）钢筋网铺设应符合下列规定。

①铺设应平整，并与钢筋格栅或锚杆连接牢固。

②钢筋格栅采用双层钢筋网时，应在第一层铺设好后再铺第二层。

③每层钢筋网之间应搭接牢固，且搭接长度不应小于200 mm。

（5）边导洞与中导洞之间的扣拱施工应对称同时进行，防止两边不同步对顶梁产生推力而使其发生剪切破坏。

（6）扣拱土方开挖时，应尽量降低开挖面高度，避免出现拱顶坍塌。

（7）在施工接近管线位置时，打超前水平探孔，以探明前方的水文地质情况，如存在残留水，应通过探孔排出。

（8）扣拱格栅安装完成后，在喷射混凝土前，必须将导洞连接处的渣土、松散混凝土及时清理干净；检查开挖尺寸；埋设控制喷射混凝土厚度的标志；对机具设备进行试运转；喷射混凝土作业应紧跟开挖工作面，并符合下列规定。

① 混凝土喷射应分片依次自下而上进行，并先喷钢筋格栅与壁面间的混凝土，然后再喷两钢筋格栅之间的混凝土。

② 每次喷射厚度：边墙 70～100 mm；拱顶 50～60 mm。

③ 分层喷射时，应在前一层混凝土终凝后进行，如终凝 1 h 后再喷射，应清洗喷层表面。

④ 喷层混凝土回弹量，边墙不宜大于 15%，拱部不宜大于 25%。

⑤ 喷射混凝土 2 h 后应养护，养护时间不应少于 14 d，当气温低于 5 ℃时，不得喷水养护；喷射混凝土的强度低于设计强度的 40% 时不得受冻。

⑥ 喷射混凝土应密实、平整，无裂缝、脱落、漏喷、漏筋、空鼓、渗漏水等现象。平整度允许偏差为 30 mm，且矢弦比不应大于 1/6。

（9）扣拱施工中应加强监控测量，重点监测洞室拱顶沉降和管线本身沉降，防止分部连接处出现反弯点而对主拱受力产生影响。如果变形量和变形速率超过允许值，应立即采取应急措施，包括加强超前支护、初期支护，增设临时支撑，改变开挖步骤，修改施工方案等。

8.1.2　高架车站主体结构

1. 钢结构现场焊缝外观缺陷

1) 存在问题及现象描述

（1）焊缝尺寸不符合要求：焊缝的尺寸与设计上规定的尺寸不符，或者焊缝成形不良，出现高低、宽窄不一、焊波粗劣等现象。

（2）产生气孔：焊接时，熔池中的气泡在凝固时未能逸出而残留下来形成的空穴称为气孔。处于焊缝表面的气孔称为表面气孔，处于焊缝内部的气孔称为内部气孔。

（3）产生咬边：沿焊趾的母材部位产生的沟槽或凹陷。

2) 原因分析

（1）焊缝尺寸不符合要求的原因：接头边缘加工不整齐、坡口角度或装配间隙不均匀;焊接工艺参数不正确,如火焰能率过大或过小、焊丝和焊嘴的倾角配合不当、气焊焊接速度不均匀等;操作技术不当,如焊嘴横向摆动不一致等。

(2) 产生气孔的原因:焊丝、焊件表面的油、污、锈、垢及氧化膜没有清除干净;乙炔或氧气的纯度太低;火焰性质选择不当;熔剂受潮或质量不好;焊炬摆幅快而大;焊丝填充不均匀;焊接现场周围风力较大;焊接速度过快,火焰过早离开熔池;焊丝和母材的化学成分不匹配。

(3) 产生咬边的原因:焊接工艺参数选择不当或操作技术不正确。

3) 预防及控制措施

(1) 防止焊缝尺寸不符合要求的措施:正确调整火焰能率;将焊件接头边缘调整齐;气焊过程中,焊嘴的横向摆动要一致;焊接速度要均匀且不要向熔池内填充过多的焊丝。

(2) 防止产生气孔的措施:在焊前应将坡口及两侧 20～30 mm 范围内的油、污、锈、垢及氧化膜清除干净;选用合格的乙炔和氧气,以保证纯度要求;选用中性焰、微碳化焰;填加焊丝要均匀,焊嘴的摆动不能过快和过大,注意加强火焰对熔池的保护。如有必要,可在焊接场地设置防风装置。根据实际情况,焊接前对工件预热,焊接时选用合适的焊接速度,在焊接终了和焊接中途停顿时,应慢慢撤离焊接火焰,使熔池缓慢冷却,从而使气体充分从熔池中逸出,减少气孔产生。注意要使焊接横担和母材合理匹配。

(3) 防止产生咬边的措施:修改焊接工艺参数,提高操作工人技术水平等。

2. 站台层屋面积水、漏水

1) 存在问题及现象描述

站台层屋面存在积水、漏水现象。

2) 原因分析

(1) 压型板与主次梁交接处贴合不紧密,底板与底板之间搭接不够紧密,铆钉直线度较差,底板长度误差较大。

(2) 压型底板在加工排板时未充分考虑主次梁宽度对底板宽度的影响。压型底板铆钉固定时,未牢固压紧。

(3) 压型底板加工下料时对曲率半径计算不够准确,相邻板端部误差较大。

(4) 屋面铝镁锰板在压型时,压型设备导轮出现偏心,导致凹痕出现。标准段与收口段过渡区域处的异形板加工精度较低。

(5) 屋面金属板设计过薄,经过一段时间的使用,外板腐蚀或者受温度、板上积雪的压力等因素的影响而发生变形,造成板之间缝隙增大。

(6) 施工使用不合格的材料,未严格按照施工规范要求操作。

(7) 施工过程中对已安装完毕的金属板不注意保护,随意踩踏屋面,破坏了屋面的平整性。

(8) 天沟横向没有坡度,安装时应留一定坡度,坡度至少为0.5%。天沟搭接处的焊接存在缝隙、漏焊、夹渣或不进行防腐的现象。为降低造价,天沟防腐只是刷防锈漆或者沥青漆,使用一段时间后,天沟腐蚀严重。

(9) 钢结构厂房屋面板因跨度过大,屋面板搭接处的安装往往很难达到设计标准的要求,导致漏雨。

(10) 关键节点部位施工不到位。伸出屋面的管道、通风口根部堵洞不严,防水层泛水高度不够。保温层施工遇雨,排气槽堵塞,排气孔设置不合理,造成保温层长期浸水。

3) 预防及控制措施

(1) 设计人员应严格按照规范设计,不得为了降低造价而随意降低设计指标,应结合实际情况进行设计。设计屋面的檩条时,不要盲目为了节省钢材而降低檩条的高度和壁厚。

(2) 施工及监理人员应对所用材料及配件进行严格检验,检查产品质量保证书、材质检验合格证明等,杜绝规格、质量不合格材料进场。

(3) 屋面板应采用防水性能较好的板型。屋面防水材料应选用质量信得过的厂家,选用适合金属板屋面的防水材料,如采用具有较高黏结强度、较好追随性以及耐候性极佳的丁基橡胶防水密封黏结带,作为金属板屋面的配套防水材料。

(4) 施工前,施工技术人员要对工人进行技术交底,并严格按照设计图纸和施工规范要求进行操作,加强节点的细部处理。增强工人素质,提高工人责任心。注意成品保护,同时加强过程控制,加强现场质量抽查。

(5) 根据现场实际测量尺寸绘制详细的屋面排板图。

(6) 进行底板铆钉施工时,应设置与主体结构通长的水平拉线,确保铆钉的直线度和牢靠性。

(7) 下料时应充分考虑檩条、T形角码高度对屋面曲率半径的影响,长度误差控制在±9 mm以内,宽度误差控制在±6 mm以内,相邻压型金属板端部错位应控制在±6 mm以内。

(8) 大面积加工前应先进行 20～50 m² 的试加工段加工，并及时调整压型设备。

(9) 对于异形板的加工，应根据现场实际尺寸制作硬纸板模型。根据模型尺寸在工厂内进行异形板加工，现场安装要正确，避免出现有空缺现象。

8.2 区间工程常见质量问题及预防

隧道区间工程的施工主要有明挖法、矿山法、盾构法。其中明挖法是从地表开挖基坑，修筑衬砌后再进行回填的浅埋隧道的施工方法，只要地形、地质条件适宜和地面建筑物条件许可，均可采用明挖法施工。明挖法施工的优点是施工速度快，质量安全易控制；缺点是施工作业面较大，拆迁地面建筑物较多，对地面交通影响较大，以及需要对跨越基坑的地下管线进行迁移、加固、悬吊、支托等，当需要保持边坡土体稳定时，还应采取边坡支护措施。当工程结构物处于地下水位以下，还应采取相应降排水措施。明挖法隧道施工与明挖法地下车站结构施工基本相同，其常见质量问题及预防参见 8.1.1 节。矿山法是指现代矿山法，由新奥法、浅埋暗挖法等施工方法组成。盾构法是在地面下暗挖隧道的另一种施工方法，借助独特的盾构机械掘进形成区间。高架区间由上部结构（包括桥跨承重结构、桥面结构）、下部结构（包括基础、墩台、盖梁）、支座及附属设施等组成。下面主要阐述矿山法区间、盾构法区间、高架区间的常见质量问题及预防。

8.2.1 矿山法区间

1. 隧道超欠挖

1) 存在问题及现象描述

开挖面或初期支护轮廓线与设计不符，断面不能满足初期支护需要，存在超挖或欠挖现象。

超挖造成混凝土回填，加大施工成本；欠挖造成二次衬砌混凝土厚度不足，处理欠挖造成坍塌，加大沉降；防水层容易破裂。

2) 原因分析

(1) 测量放样不精确。

(2) 岩石隧道爆破施工未到位或围岩坍落。

(3) 挖掘机开挖时直接开挖到设计预留的开挖轮廓边缘。

(4) 地质情况较差,土体垂直节理发育、稳定性差、局部出现坍塌。

(5) 掌子面开挖后拱架架设前不进行初喷,导致土体失水松散掉块。

3) 预防及控制措施

(1) 执行标准:《铁路隧道工程施工质量验收标准》(TB 10417—2018)。

(2) 测量放样时要精确标出开挖轮廓线,在开挖过程中控制好开挖断面,做到测量精确。

(3) 岩石隧道爆破开挖时要严格按照爆破施工技术交底进行提前准备,精确控制好炮眼间距,并严格按照技术参数执行。

(4) 在开挖过程中还应根据实际情况确定预留变形量,考虑施工中可能发生的围岩变化情况(掉块或坍落)。

(5) 在施工超前小导管时要控制好外插角,防止因外插角过大造成超挖。

(6) 预留开挖轮廓边缘线,在开挖过程中采用人机配合,避免机械开挖造成超挖、欠挖。

(7) 地质情况较差、局部出现坍塌时,根据实际情况尽快施工初期支护进行封闭处理。

(8) 开挖到设计轮廓线位置后立即进行初喷封闭开挖面,再架设钢架。

2. 大跨度隧道多步开挖钢架安装错位

1) 存在问题及现象描述

大跨度隧道多步开挖容易造成钢架安装错位,钢架不能闭合成环。

2) 原因分析

(1) 测量、定点不准确。

(2) 施工工序复杂,隧道多步开挖,钢架拼装时容易出现误差。

(3) 未及时打设锁脚锚管(杆)固定,导致钢架上下左右错位,接头无法拼装。

3) 预防及控制措施

(1) 钢架安装基面坚实、干净;钢架应垂直于线路中线,允许偏差:横向±30 mm,纵向±50 mm,高程±30 mm,垂直度5%;钢架与壁面楔紧,钢架节点与相邻钢架纵向连接牢固。

(2) 钢架制作完成后,现场试拼,经检验合格后方可批量生产。

(3) 每榀钢架拼装安装前应复核里程和安装位置,确保钢架安装位置准确。

(4) 钢架吊装时,应校正位置、及时固定,并采用纵向连接筋将相邻钢架连接牢靠。

(5) 按设计要求设置锁脚锚管(杆),施工临时仰拱,尽早密闭成环。

3. 衬砌渗漏水

1) 存在问题及现象描述

隧道的墙、拱出现渗水、滴水、漏水及仰拱的冒水现象。

2) 原因分析

(1) 拱顶衬砌不密实。当围岩压力过大时,导致拱腰部位衬砌出现纵向拉裂,拱顶衬砌压碎掉块,导致渗漏。

(2) 支护技术不过关。工程上常采用先拱后墙法施工,循环进尺短、衬砌紧跟、以衬砌代替支护,致使衬砌接缝过多,且接缝处理不能达到相应防水标准,导致接缝渗水。

(3) 振捣不到位。在混凝土衬砌的施工中,有时存在振捣不到位的现象,形成透水的开放性毛细管路,尤其是混凝土拌和物在密实泌水过程中,析出的水分部分被挤向上面,部分聚集在集料颗粒的下面,导致衬砌混凝土存在泌水管路。

(4) 混凝土中存在空隙。由于施工顺序不当、沉降处理不当、衬砌混凝土中存在杂物等原因,导致衬砌混凝土中存在空隙。

(5) 水的腐蚀。天然水对衬砌混凝土有腐蚀性,可能造成漏水孔隙,甚至导致衬砌混凝土剥落开裂。

3) 预防及控制措施

(1) 执行标准。

《地下铁道工程施工质量验收标准》(GB/T 50299—2018)。

(2) 设计预防措施。

①根据岩体类别、透水性、地质构造、地下水类型、流量、补给条件及洞顶地面形状等进行防水设计,以保证衬砌的使用寿命。

②确定合理的混凝土抗渗等级。

③选择质量保证、施工方便、无污染的外包防水材料。

④采取有效措施处理变形缝及施工缝。

(3) 施工预防措施。

①防水材料、防水混凝土性能符合设计要求。

②防水材料施工符合相关规范要求。

③施工缝、变形缝设置符合设计要求。

(4) 渗漏水整治措施。

①衬砌背后注浆。根据渗漏水的情况,衬砌背后注浆可采用水泥砂浆、水泥浆及水泥-水玻璃双液浆。

②衬砌内部注浆。对于隧道渗漏水量较小,水流分散,不利于引排的拱部施工缝、衬砌裂缝及个别出水点的情况,可对衬砌内部采用丙凝化学浆液注浆,以封闭水流通道及衬砌裂隙,或使水流相对集中,便于引排。

③喷抹砂浆防水层。拱部大面积出现面状、网状裂缝渗漏水时,对主要出水点进行凿槽引排、嵌缝堵漏后,喷抹砂浆防水层,防水层厚度为20～25 mm。

④嵌缝堵漏。隧道环向施工缝堵漏采用嵌入复合式膨胀止水条,结合凿槽埋管,将水引入侧沟;隧道纵向缝堵漏,采用嵌入式自粘型止水条进行封堵。

4. 衬砌背后空洞

1) 存在问题及现象描述

二次衬砌背后空洞、脱空。

2) 原因分析

(1) 拱顶混凝土灌注不密实。

(2) 灌注混凝土时模板变形、支架下沉。

(3) 初期支护喷射混凝土表面凸凹不平,防水板绷紧。

(4) 振捣不密实,二次衬砌混凝土内部气泡未排除。

3) 预防及控制措施

(1) 拱顶混凝土灌注过程中应加强振捣,保证挤压排出拱顶的空气;将泵送管深入模板外接近拱顶的部位,使拱部混凝土由上向下灌注。混凝土泵送管选在台车标高较高的一端入模。混凝土灌注到拱部时设置观察孔,安排技术员或质检员值班观察灌注情况,确保拱部混凝土填筑饱满。

(2) 衬砌台车支垫稳固,并定期检修,同时应加强二次衬砌台车附近的文明施工管理,现场管理人员要定期检查方木受压能力,防止因支垫方木长期被水浸泡,导致混凝土灌注后方木被压碎而引起台车下沉。衬砌台车在使用过程中应定期检查、维护,防止台车自身屈服变形,造成二次衬砌脱空。

(3) 防水板挂设前应对初期支护喷射混凝土表面进行修整,凿除混凝土平面凸起物,对于显著不平顺处应分层喷平,外露的锚杆、钢筋头应从根部切除,并用水泥砂浆抹平,使初期支护表面平顺。

(4) 防水板由顶部逐步向墙脚铺设,增加固定锚固的点位,并预留10∶8的松散系数,避免混凝土由墙脚自下而上灌注时受防水材料限制而使拱顶形成空洞。

(5) 预留注浆孔,对隧道衬砌背后空洞采取背后注浆。

5. 衬砌裂缝

1)存在问题及现象描述

隧道拱、墙混凝土表面出现环向、水平向、斜向和网状的裂缝。

2)原因分析

(1) 导致干缩裂缝出现的因素有水泥品种、用量,混凝土拌和物水灰比,骨料级配和原材料等。

(2) 环境温度对二次衬砌混凝土效果的影响。

(3) 荷载变形裂缝主要是由仰拱基底承载力不足或基础虚渣未清理干净,混凝土灌注后,基底产生不均匀沉降造成的。

(4) 岩体内应力较大,二次衬砌设计参数不足。

3)预防及控制措施

(1) 隧道内环境相对湿度在45%～75%时,最大裂缝不超过0.3 mm,不允许有通缝。

(2) 加强地质勘探工作,为隧道衬砌结构设计提供准确的工程地质与水文地质资料。地质变化与设计不符时,及时通知设计单位现场核实、进行衬砌参数调整。

(3) 严格控制混凝土的配合比及拌和料质量,混凝土等级及抗渗要求应满足如下设计规定。

①优化二次衬砌混凝土配合比设计,尽量减少单位水泥用量,推广掺入粉煤灰和膨胀剂的双掺技术来等量替代水泥,以减少水泥用量。

②根据泵送管路的内径,尽可能选用较大粒径的碎石,并严格控制其含泥量不大于1%,针、片状物含量不大于15%,粒径以5～31.5 mm为宜,最大不超过40 mm。

③采用级配良好的中砂,细度模数应为3.0~2.3,粒径小于0.315 mm的颗粒含量宜为15%~20%,严格控制含泥量在3%以内;为方便混凝土的运输、泵送和灌注,含砂率宜控制在35%~45%范围内。

(4)混凝土在运输和泵送过程中严禁加水,适当放慢灌注速度,两侧边墙应保证对称分层灌注,到墙、拱交界处时应停歇1~1.5 h,待边墙混凝土下沉稳定后,再灌注拱部混凝土,混凝土灌注过程中必须振捣,振捣一般采用附着式振捣器和插入式振捣器组合振捣,以提高混凝土的密实度和均质性,减少内部微裂缝和气孔,进而提高混凝土表面抗裂性。

(5)衬砌施工前应彻底清除基底部位虚渣。

6. 衬砌混凝土表面外观质量差

1)存在问题及现象描述

混凝土表面蜂窝、麻面、不平整,错台严重,施工缝漏浆、胀模。

2)原因分析

(1)混凝土施工配合比控制不严格,原材料质量不合格。

(2)混凝土振捣不密实。

(3)混凝土未及时养护。

(4)模板清洁度差、隔离剂质量差、模板接缝不严密。

(5)模板的刚度不足,对拉螺栓未拧紧,支架不牢固导致错台、胀模等。

3)预防及控制措施

(1)混凝土结构表面应密实平整、颜色均匀,不得有露筋、蜂窝、麻面和缺棱少角等缺陷;表面平整度允许偏差15 mm,高程允许偏差0~+30 mm。

(2)加强原材料进场质量控制,合理设计混凝土配合比,尤其应控制外掺剂的用量。

(3)严格遵守技术交底和规范要求,确保振捣工艺程序化、标准化,保证混凝土振捣均匀密实。

(4)混凝土强度达到2.5 MPa时方可拆模,拆模时注意不得强烈扰动混凝土构件。

(5)采用平整度好,强度、刚度符合要求的模板,加强混凝土灌注前模板、支架等的检查验收工作。

7. 小间距后行隧道应力破坏

1）存在问题及现象描述

小间距后行隧道引起先行隧道围岩变形、坍塌,初期支护变形、开裂。

2）原因分析

(1) 后行隧道开挖引起应力重新分配,对前行隧道造成偏压,导致围岩变形、初期支护开裂。

(2) 隧道间围岩加固效果不好。

(3) 施工后沉降不均匀,后行隧道开挖引起前行隧道二次沉降。

3）控制措施

(1) 加强施工监测,及时掌握后行隧道开挖过程中对前行隧道的变形影响,制订相应方案,有针对性地进行处理。

(2) 超前注浆加固隧道间土体,保证土体的稳定性。

(3) 修正爆破参数,减少振速,减少后行施工隧道对前行隧道结构的破坏。

(4) 适当拉长两隧道间的掌子面距离,保持前后掌子面错开距离不小于30 m,减小相互间因开挖而造成的影响。

8.2.2　盾构法区间

1. 洞门钢环安装偏位

1）存在问题及现象描述

洞门钢环安装偏位或变形过大。

2）原因分析

(1) 设计图纸对洞门平面位置标注有错误,施工单位在计算坐标时产生误解、错误。

(2) 计算和放样洞门中心坐标均采用线路中线坐标,未考虑平曲线偏移或竖曲线修正坐标,未进行复核。

(3) 钢环刚度、强度不足,钢环内外支撑体系不满足强度需求。

(4) 钢环制作和安装误差过大,进场后施工前未对洞门钢环整圆度进行试拼测量,最终安装后出现洞门钢环竖向变形现象。

(5) 洞门渗漏水严重,造成洞门钢环锈蚀,在灌注钢环混凝土时钢环受力不均匀产生变形。

(6) 洞门钢环在混凝土灌注过程中未进行监控,导致上浮。

3) 预防及控制措施

(1) 应按照国家标准《盾构法隧道施工及验收规范》(GB 50446—2017)的有关规定施工。

(2) 预埋钢环固定件应牢固、位置正确。

(3) 在洞门钢环进场后安排专业测量人员对钢环进行测量,确保尺寸正确;安装前首先由测量人员在端头墙上测放洞门位置,然后根据控制线在端头墙上焊接定位牛腿(梁托),安装完成后复测并检查定位焊接质量。

(4) 混凝土灌注时在钢环内部增设支撑防止变形,在后期施工中刷涂保护漆防锈。

(5) 洞门混凝土灌注前,车站与区间的参建单位应对洞门的三维坐标进行复核。

(6) 钢环制作和安装误差控制在允许范围内。

(7) 生产厂商提供足够刚度、强度的钢环。

(8) 生产厂商提供具备足够强度的内支撑体系。

2. 混凝土管片钢筋骨架尺寸不准确

1) 存在问题及现象描述

钢筋笼骨架尺寸不准确,钢筋保护层厚度超限。

2) 原因分析

(1) 钢筋弯弧过程控制不严格,半成品钢筋弧度超出允许范围,导致混凝土保护层厚度超出允许偏差。

(2) 钢筋下料过程中,尺寸控制不严格,导致钢筋半成品下料尺寸过长,钢筋笼骨架长、宽、高超出允许偏差。

(3) 钢筋笼焊接过程中主筋定位不准确,钢筋间距超出允许偏差,个别骨架缺少钢筋。

3) 预防及控制措施

(1) 应按照国家标准《盾构法隧道施工及验收规范》(GB 50446—2017)和《钢筋焊接及验收规程》(JGJ 18—2018)的有关要求进行施工。

(2) 按照下料图纸进行小批量下料,标注好刻度样板,样板经验收合格后方可进行大批量下料。

(3) 钢筋下料过程中加强检查工作,发现问题及时进行纠正。

(4) 按照图纸要求制作主筋和箍筋的"钢筋笼靠模架"。

(5) 焊接过程中应加强检查,发现漏焊等情况时应及时进行纠正,避免钢筋笼因焊接质量过差而引起变形。

(6) 钢筋笼均应采用二氧化碳(CO_2)焊接工艺,所有焊接节点的焊缝强度均应符合相关规范的要求,焊点不得有损伤主筋的"咬肉"现象。除节点外,任何钢筋的长度方向不得采用焊接。

(7) 在钢筋骨架安装前,钢筋、钢筋网以及所有金属支承件的表面都应清除锈斑、松散的垢、灰尘、油脂以及其他有害物质,尤其是鳞片状锈斑。

(8) 钢筋骨架成品应分类呈拱形堆放在指定区域,挂牌标识的堆放高度以不超过4层为宜。钢筋骨架吊装时,宜采用横担式专用吊装工具,防止吊装变形。

3. 混凝土管片尺寸偏差大

1) 存在问题及现象描述

由于管片模具安装、清理、保养等措施操作不当,导致管片结构尺寸偏差大。

2) 原因分析

(1) 钢模两侧板下部定位销清理不彻底,留有混凝土残渣。

(2) 端板下部接触面留有残留物。

(3) 钢模连接螺杆紧固不牢固,衔接处有缝隙。

(4) 钢筋笼安放过程中钢筋骨架与钢模边缘碰撞影响管片外弧面边缘美观。

(5) 模具未按时、按要求进行保养。

3) 预防及控制措施

(1) 应按照国家标准《盾构隧道管片质量检测技术标准》(CJJ/T 164—2011)和《预制混凝土衬砌管片》(GB/T 22082—2017)的有关要求进行施工。

(2) 严格控制工序,应在不损伤模具的前提下进行彻底清理,清洁后的模具内表面和接缝处的任何部位不得有任何混凝土残积物,以保证钢模的合龙精度。

(3) 喷涂隔离剂前应先检查模具内表面是否留有混凝土残积物。隔离剂应用拖布均匀涂抹,务必使模具内表面均布隔离剂,若两端底部有淌流的隔离剂积聚,应用棉纱清理干净。

(4) 将侧模板向内轻轻推进就位,初步拧紧后用专用工具均匀用力拧到牢固,务必使吻合标线完全对正。侧模板与底模板应由中间位置向两端顺序拧紧,以免导致模具变形。

(5) 加强连接螺杆保养。定期用黄油进行润滑保养,损坏的螺杆应及时进行维修,使其与该钢模型号匹配。

(6) 定期对管片模具进行维护保养,使各机械性能满足尺寸要求。

(7) 钢筋骨架、钢模组合好后,应对模具宽度和预埋件位置进行检查。

(8) 严格按照规范对生产的管片进行三环试拼装,以此检验模具精度。

4. 混凝土管片外弧出现裂纹

1) 存在问题及现象描述

混凝土外弧面有干缩裂纹出现。

2) 原因分析

(1) 混凝土配合比选定不合理。

(2) 水泥水化热及混凝土凝结收缩造成表面干缩裂纹。

(3) 蒸汽养护阶段温度控制不当。

(4) 脱模后受外界环境影响大。

3) 控制措施

(1) 应按照国家标准《混凝土质量控制标准》(GB 50164—2011)和《预制混凝土衬砌管片》(GB/T 22082—2017)有关要求进行施工。

(2) 在管片正式生产前,应完成混凝土配合比验证试验,并确定混凝土施工配合比,保证混凝土基本性能满足要求。

(3) 混凝土用灰量不能过少,一般控制在 400 kg 左右,在保证混凝土强度的情况下可掺适量的粉煤灰改善混凝土的和易性。

(4) 混凝土中的集料大小应适中,宜使用 5~25 mm 连续级配碎石,以及细度模数为 2.4~2.7 的中砂。

(5) 为保证成型后管片的外观质量,振捣之后应进行两道收面。管片外弧收面工序应由熟练的抹面工进行操作。

收面程序如下。

①粗光面:用刮杠刮平去掉多余混凝土或填补凹陷处,并进行粗抹。
②中光面:在混凝土终凝前,使用沙板进行提浆收平整。
③精光面:使用钢抹进行抹平,力求表面平整、无抹子印。

(6) 管片混凝土振捣结束后静养 2～3 h,再实施蒸汽养护。采取相应措施控制管片核心部位与外侧的温度差,蒸汽养护分为升温、恒温、降温三个阶段,混凝土构件升、降温速度不宜过快,过快容易产生裂纹。

(7) 管片蒸汽养护的最高温度宜控制在 55～60 ℃范围内,最高温度不得超过 60 ℃。
①升温阶段,升温速率宜控制在 25 ℃/h 以内,时间维持 1.5～3 h。
②恒温阶段,时间维持 2～3 h。
③降温阶段,降温速率宜控制在 15 ℃/h,最大温降速率不得超过 20 ℃/h,时间维持 1.5～3 h。

(8) 脱模后应及时养护。在养护池内进行水养,管片入池时的温度与水的温度相差应小于 20 ℃,在养护池内养护不少于 7 d,喷淋养护要控制在 14 d 以上。试块 28 d 强度达到设计要求后,管片方可以使用。

5. 混凝土管片麻面、破损

1) 存在问题及现象描述

管片外观存在麻面、破损、缺棱掉角、裂缝,管片吊装预埋件脱落等。

2) 原因分析

(1) 管片模具磨损、尺寸偏差大。
(2) 管片采用的配比不合理,实际配比与理论配比不符。
(3) 水泥、黄沙、石子、水、外加剂等管片原材料规格、性能不满足规范及设计要求。
(4) 模具不定期检测,清理不干净,隔离剂不匹配或涂抹不均。
(5) 混凝土坍落度控制不严,灌注过程中振捣不密实。
(6) 管片成型后,养护时间、养护条件、养护方法不当。
(7) 成品保护、外观缺陷修补措施不当。

3) 控制措施

(1) 应按照国家标准《盾构法隧道施工及验收规范》(GB 50446—2017)的如下规定执行。

①应按要求进行结构性能检验,检验结果应符合设计要求。
②管片强度和抗渗等级应符合设计要求。
③吊装预埋件首次使用前应进行抗拉拔试验,试验结构应符合设计要求。
④管片不应存在漏筋、孔洞、疏松、夹杂、有害裂缝、缺棱掉角、飞边等缺陷,麻面面积不得大于管片面积的5%。

(2) 应按照国家标准《地下铁道工程施工质量验收标准》(GB/T 50299—2018)的有关要求进行施工。

钢筋混凝土管片混凝土施工,除满足该规范的第8.2节和《混凝土结构工程施工质量验收规范》(GB 50204—2015)有关要求外,尚应符合下列规定。

①石子粒径宜在15~25 mm的范围内进行选择,当采用普通防水混凝土时,其坍落度不宜大于70 mm。
②混凝土抗渗试件应在混凝土的灌注地点随机抽取,同一配合比每30环留置抗渗试件一组。
③钢筋混凝土管片每生产50环应抽检1块管片进行检漏测试,当连续3次都能满足检测标准要求时,则改为每生产100环抽检1块管片,若再连续3次能满足检测标准,最终检测频率为每生产200环抽检1块管片。如果出现一次检测不达标,则恢复每生产50环抽检1块管片的最初检测频率,再按上述要求进行抽检。每套模具每生产200环管片做一组水平拼装检验。

(3) 定期对模具尺寸进行检测调试,注意成品的保护。

(4) 加强对管片原材料检验、检测、检查,确保其各种规格及各项性能满足规范及技术要求,严格按照配合比下料。

(5) 加强混凝土灌注过程中的振捣,确保振捣密实。混凝土要分层灌注,并注意使混凝土在模具内均匀分布。灌注顺序:应先灌注模具的两端,再灌注模具的中段,第一层混凝土浇捣完成后,混凝土面距止水带凹槽位以约3 cm为宜,避免气泡聚集在止水带凹槽处排不出来。

(6) 严格按照规范要求的时间和方法养护。

(7) 加强管片翻转、搬运过程中的成品保护,及时对存在质量缺陷的管片进行处理。

6. 成型隧道管片错台

1) 存在问题及现象描述

成型隧道管片出现不符合规范要求的环、纵向错台。

2) 原因分析

(1) 管片选型不合理。

(2) 盾构掘进姿态不理想,单次纠偏量过大、纠偏过急。

(3) 管片与盾尾间隙过不均匀,管片拼装过程中管片与盾尾相碰,为了将管片拼装在盾尾内,将管片径向内移,造成过大的环向错台。

(4) 隧道处于复杂地层、超欠挖,容易产生不均匀沉降,未及时进行注浆充填或注浆量、注浆压力控制不合理。

(5) 管片螺栓与螺栓孔间隙过大。

(6) 管片拼装作业不规范,未及时对管片螺栓进行紧固、复紧。

(7) 注浆孔位置选择不合理,注浆不对称、不平衡,导致管片单侧受浮力较大,或引起管片上浮,造成错台出现。

3) 预防及控制措施

(1) 掘进时,严格控制盾构机的姿态,尽可能地减少每次纠偏的幅度,最大纠偏量满足规范要求。

(2) 在施工过程中,依据实际施工情况,根据不同类型的管片设计参数,选择合理类型的管片,保证管片轴心与盾构机轴心一致。施工时主要以千斤顶行程差和盾尾间隙等为依据。

(3) 及时调整盾尾间隙,避免盾尾挤压管片造成错台。

(4) 检查成型管片螺栓孔、螺栓尺寸是否超限,若超限需要进行更换处理。

(5) 同步注浆浆液性能满足盾构法施工要求,并严格控制同步注浆的时间、注浆压力及注浆量,并及时进行二次注浆处理。此外,应考虑管片出盾尾后的上浮及隧道沉降的预留量。

(6) 规范管片拼装作业:拼装前清理干净盾尾杂物,拼装过程中必须严格控制管片的垂直度、整圆度以及纠偏过程中转弯管片的拼装位置,拼装完成后及时复紧管片螺栓。

7. 成型隧道管片碎裂、缺角、裂缝

1) 原因分析

(1) 因混凝土配合比、原材料、养护等因素影响,管片混凝土强度未达到设计要求。

(2) 管片拼装时,在盾尾中的偏心量太大;管片与盾尾发生磕碰现象;盾构推进时盾壳卡坏管片。

(3) 定位凹、凸榫的管片,在拼装时位置不准,凹、凸榫未对齐,在千斤顶靠拢时由于凸榫对凹榫的径向分力而顶坏管片。

(4) 管片拼装时相互位置错动,管片与管片之间没有形成面接触,盾构推进时在接触点处应力集中而使管片的角碎裂。

(5) 前一环管片的环面不平,使后一环管片单边接触,在千斤顶的作用下如同跷跷板,管片受到额外的弯矩而断裂。封顶块与邻接块接缝处的环面不平,也会导致邻接块两角碎裂。

(6) 拼装好的邻接块开口量不够,在插入封顶块时间隙偏小,若强行插入,则会导致封顶块管片或邻接块管片的边角崩落。

(7) 管片传力衬垫粘贴厚度不均或粘贴不牢脱落。

(8) 拼装机在操作时转速过大,拼装时管片发生碰撞,边角崩落。

2) 预防及控制措施

(1) 应按要求进行结构性能检验,检验结果应符合设计要求。

(2) 管片强度和抗渗等级应符合设计要求。

(3) 吊装预埋件首次使用前必须进行抗拉拔试验,试验结果应符合设计要求。

(4) 管片不应存在漏筋、孔洞、疏松、有害裂缝、缺棱掉角、飞边等缺陷,麻面面积不得大于管片面积5%。

(5) 盾构纠偏必须逐环、小量纠偏,防止过量纠偏损坏已拼装的管片和盾尾密封。合理调整隧道管片排序,优先使用曲线环管片来调整盾构姿态。

(6) 管片拼装应严格按拼装设计要求进行,管片不得有内外贯穿裂缝和宽度大于0.2 mm的裂缝及混凝土剥落现象。

(7) 管片防水密封质量应符合设计要求,不得有缺损,黏结应牢固、平整,防水垫圈不得遗漏。严格控制管片传力衬垫及止水条的粘贴质量,对出现的鼓包、脱落等问题应及时整改,保证粘贴厚度均匀。做好管片成品在运输、吊装过程中的保护,避免人为因素造成的管片传力衬垫及止水条的脱落、污染。

(8) 加强对拼装管片的检查验收,对表面有裂纹或边角破损的管片,满足修补要求的及时进行修补,修补材料的抗拉强度不应低于1.2 MPa,抗压强度不应低于管片强度;不满足修补要求的退回、弃用。

(9) 规范管片拼装作业,注重管片拼装过程的保护,尽量减少错台的出现。

(10) 管片拼装前检查上一环环面平整度,当发现环面不平整时,及时加贴衬垫予以纠正。在前一环环面平整的情况下,整环粘贴传力衬垫,保证环面平整、受力均匀。

8. 成型隧道渗漏水

1）存在问题及现象描述

成型隧道管片表面、环纵缝、螺栓孔渗漏水。

2）原因分析

（1）管片在制作时出现砂眼、气孔、龟裂缩纹等缺陷,且未得到有效修复处理。

（2）管片在堆放、运输、拼装中受到挤压、碰撞等造成管片缺边掉角、裂纹等破损;管片成品吊装、运输过程中遇水膨胀,止水条脱落。

（3）管片密封槽、螺栓孔、结构本身存在裂纹,容易形成渗漏水通道。

（4）管片传力衬垫遇水膨胀,止水条粘贴不好,管片错台后部分止水条偏出管片止水槽,导致止水条衔接不密实或失效,从而产生渗漏。

（5）同步注浆及二次注浆量不足,或堵漏效果不理想。

3）预防及控制措施

（1）加强管片生产制作过程中的质量把控,进而减小出现砂眼、气孔、龟裂缩纹等缺陷的可能;加大质量验收的检验力度,确保拼装管片均为合格产品。

（2）加强管片在堆放、运输、拼装中的管控,减少因挤压、碰撞等造成缺边掉角、裂纹等情况的发生。

（3）加强对管片密封槽、螺栓孔、结构本身关键部位的检查验收。

（4）加强盾构掘进、管片拼装质量控制,使用合格管片密封材料,确保管片密封质量,减小管片错台。

（5）盾构掘进过程中勤测勤纠,每次的纠偏量应尽量小。

（6）根据渗漏水情况及时进行同步注浆、二次注浆、堵漏处理。

8.2.3 高架区间

1. 支座安装问题

1）存在问题及现象描述

（1）支座位置不准确,包括横桥向位置偏差、顺桥向位置偏差、矩形支座长短边方向放错等。

（2）支座没有完全受力，包括脱空、半脱空、不密贴（敲击能移动）等。

（3）支座垫石标高控制不严而引起的质量问题，如支座垫石因两次浇筑而出现脱空现象，支座下垫多层钢板，支座下垫较厚砂浆，支座下垫钢板尺寸偏小，在支座顶垫砂浆、钢板等。

（4）支座剪切变形。

（5）支座型号用错，圆形与矩形支座混淆使用等。

2）原因分析

（1）施工管理人员未认真核对图纸、施工放样不仔细、标高控制不严格、施工误差较大等。

（2）操作工人责任心差，未领悟施工方法、程序、操作要领，分工不明确等。

（3）所垫钢板质量不合格，部分为废旧市场回收钢板，锈蚀严重、平整度差、平面尺寸比支座小、未进行防锈处理等。

3）预防及控制措施

（1）认真核对图纸，将每墩支座型号、规格罗列清楚，确保每墩支座规格、型号正确。

（2）安装前认真复核支座垫石标高，对标高超出误差范围的，应在安装前对支座垫石进行处理，处理完成且强度符合要求后再组织安装施工。

（3）按照设计图纸要求，放出每墩支座的中心线及沿盖梁方向的两外边线，确保支座位置准确。

（4）在每次安装前对所有参与作业人员进行详细的技术交底，让所有作业人员都熟悉作业程序、技术要求等。

（5）统一指挥梁体的平衡着地。只有梁体平衡着地，4个支座位才能均衡受力，若一端先着地或单边先着地，先受力的一端（或一侧）支座因受力不均匀或局部受力过大，很容易引起局部剪切变形。

（6）加强过程质量控制。每片梁、每墩安装完成后，现场质检人员及时跟踪检查，发现安装质量问题应及时整改，避免二次处理。

（7）加强事后检查。在桥面系施工前，施工单位应做好全桥支座安装质量检查，自检合格后报监理工程师验收。监理工程师应及时组织全桥支座安装质量验收，经过复查，支座安装质量全部合格后方可进行上部桥面系的施工。

2. 挂篮法施工合龙段混凝土开裂

1）存在问题及现象描述

合龙段混凝土灌注后，结构表面出现裂纹。

2）原因分析

（1）合龙段长度过大。

（2）日照及昼夜温差过大导致混凝土开裂。

（3）混凝土早期收缩、水化热高及已灌注混凝土的收缩与徐变引起的混凝土开裂。

（4）结构体系转换及施工临时荷载等因素引起的混凝土开裂。

3）预防及控制措施

（1）合龙段长度选择。合龙段长度在满足施工操作要求的前提下，应尽量缩短，一般采用2.0 m。

（2）合龙温度控制。合龙时间宜适当滞后于当日最低温度时间，使混凝土在凝结和养护过程中始终处于升温受压状态，防止收缩裂缝的出现；在已灌注悬臂梁上部采取覆盖草袋、浇水等措施，使梁上、下的温度差趋于最小，以减少悬臂端的挠度。

（3）合龙段合龙前后纵向预应力束张拉时间控制。合龙前，宜初张拉部分纵向预应力束；合龙后，宜在合龙段混凝土的强度和弹性模量达到设计要求时对剩余纵向预应力束进行终张拉。

（4）合理安排结构体系转换，控制施工临时荷载。

3. 桥面排水不畅

1）存在问题及现象描述

桥墩排水管堵塞；排水管出水口的路面形成滴水坑，桥梁顶面端部挡水块高度不够，桥面防水层、保护层施工完成后，挡水块与桥面等高，没有起到挡水的作用，甚至造成车站漏水。

2）原因分析

（1）内置于桥墩内的排水管为聚氯乙烯（polyvinyl chloride，PVC）管，在浇筑混凝土时遭到挤压，造成排水管破损并堵塞。

(2) 排水管从桥墩内以 90°角垂直伸出,造成转角处堵塞。

(3) 排水管出水口不进行任何处理,水直接流到道路上。

(4) 挡水块设计时没有综合考虑桥面防水层、保护层的厚度。

3) 预防及控制措施

(1) 内置于桥墩内的排水管采用铸铁管。

(2) 外露的排水管应在桥墩上进行一些造型处理,预留出排水管的位置。

(3) 排水管从桥墩出来时,水平方向与竖直方向应有一个适宜的角度。

(4) 排水管出水口宜接入市政管网,不具备接入条件时,应设置散水设施。

(5) 挡水块的设计高度要比桥面施工完成后高出 5~10 cm,对于已经形成的挡水块与桥面等高的情况,应加高挡水块。

第 9 章　城市轨道交通新材料与创新技术

9.1　城市轨道交通新材料

在我国强化轨道交通装备的政策指引和运营里程大幅增加的背景下,为实现轨道交通的轻量化、绿色化、智能化以及系列化,轨道交通新材料的发展及推进至关重要。未来,轨道交通对新材料需求量将不断增加,对材料的安全性与功能特殊性等也将提出更高的要求。

9.1.1　我国轨道交通新材料的应用现状

1. 减振降噪材料

轨道交通轮轨系统振动和噪声对车体自身及周边环境均有不良影响,也极大地影响了乘客的乘坐体验。通过缓冲隔离和吸收,可实现对振动的缓和以及对噪声的控制。目前轨道交通减振方法包括线路减振、钢轨减振、道床减振以及扣件减振等,常见的轨道交通减振产品有弹性垫板片、轨道减振器、浮置板式轨道结构、浮式道床、橡胶套靴、转向架橡胶减振器等。其中,橡胶是应用最多的材料品种,天然橡胶、丁苯橡胶、顺丁橡胶、丁腈橡胶、氯丁橡胶、丁基橡胶、乙丙橡胶、氟橡胶、硅橡胶等在实际工程中均有使用。

1) 橡胶类材料

在橡胶减振领域中,用量最大的是天然橡胶(naturl rubber,NR),实际使用过程中常常与其他橡胶进行复配以实现其他性能互补。例如,采用 NR 和氯丁橡胶(chloroprene rubber,CR)共混制成减振橡胶,硫化促进剂选择性地促进其中的 NR 硫化,使得 CR 组分发挥减振橡胶的减振特性,并可提升整体耐寒性;采用 NR 和丁基橡胶(butyl rubber,BR)为基础胶料,共混炭黑、二氧化硅、石油树脂制备得到组合物,其具备高阻尼性能而不会影响材料的耐低温性能和机械性能,可用于防震减振功能;将 NR 和含有不饱和键的顺丁橡胶以及碳原子数大于 4 的含有羟基基团有机酸的金属盐与添加剂混合制成减振材料,其具备宽温度范围内的耐久性和优良的阻尼性能,可用于车辆的减振降噪功能。总体来说,天然橡胶由于具有突出的弹性、耐寒性及加工性能,滞后损失又小,在减振降噪领域被广泛使用。

三元乙丙橡胶(ethylene-propylene-diene monomer,EPDM)也是轨道交通用合成材料中用量较大的一类。以三元乙丙橡胶为基料制备的轨道车辆用挤出型阻燃环保减振垫能够在提高分子量的同时保持窄的分子量分布,从而保持好的抗变形塌陷性,产品硫化形状保持良好。复合阻燃剂中不含欧盟的 ROHS 和 REACH 指令中规定的任何限用危险物质和 38 种高度关注物质(substances of very high concern,SVHC);不仅阻燃环保,而且生产工艺简单,生产效率高,减振效果好,安装方便。

热塑性弹性体的应用也在不断扩大。热塑性弹性体是一类特种合成橡胶,其产品既具备传统交联硫化橡胶的高弹性、耐老化、耐油性等各项优异性能,同时又具备普通塑料加工方便、加工方式广的特点。用作轨道材料的热塑性弹性体有热塑性聚酯弹性体、热塑性聚氨酯弹性体等。与传统橡胶材料相比,其可用标准的热塑性手段加工,边角料可以多次回收利用,节省资源,保护环境。

2) 聚氨酯弹性体

与通用橡胶相比,聚氨酯具有更加优异的耐磨性和韧性。由于聚氨酯分子具有可定制性,通过控制聚氨酯的组成和结构,可使其向功能化和高性能化方向发展。目前,MDI(二苯基甲烷二异氰酸酯)聚氨酯微孔弹性体减振垫板和聚氨酯弹性体伸缩缝已经成功应用于我国轨道交通建设工程中。

聚氨酯复合材料轨枕兼具木制轨枕和混凝土轨枕的优点,同时弥补了二者缺点,不仅具有优异的力学性能、弯曲强度与剪切强度,而且可通过弹性形变消减振动、降低噪声、提高行车舒适性和安全性、保护道床等。同时,聚氨酯轨枕还具有绝缘性好、绝缘电阻高、无须设置绝缘垫板的优点。目前,我国已实现了玻璃纤维增强聚氨酯复合材料轨枕在广州地铁和上海地铁的使用,解决了噪声大、维护难的行业传统难题。

NDI(1,5-萘二异氰酸酯)基聚氨酯由于含有萘环结构,分子链刚性较苯环强,宏观表现为具有更高的可压缩性、更高的可变形能力和更加优秀的动态耐疲劳性能,同时具有质量更轻等优势。目前,该产品已成功应用于跨坐式单轨车导向轮和弹性圈等产品生产上。

3) 发泡材料

用于轨道交通减振降噪的新材料还有发泡材料,主要包括聚氨酯、聚苯乙烯、聚乙烯和聚丙烯等软质与硬质泡沫塑料。例如,聚氨酯微孔弹性垫片最早应用于日本新干线,随后在德国、韩国高铁上也得到了性能验证,其能显著降低噪声,对周边环境影响也能得到有效控制。我国已将热塑性聚氨酯弹性体(thermoplastic polyurethanes,TPU)、热塑性聚酯(thermoplastic polyester elastomer,TPEE)及动态交联聚烯烃(polypropylene/ethylene propylene diene monomer,PP/EPDM)三种微发泡弹性体用于铁路垫板的生产,相应产品具有良好的承力性能和回弹性能,拥有理想的减振降噪效果。

2. 路基建设用材料

铁路路基建设是轨道交通发展的重点,也是投资较为集中的部分,其建设投资占整个高铁生产建设总投资的约28%。防水材料、土工复合材料、路基线缆材料等是路基建设过程中应用合成材料最广泛的部分。

路基防水材料在路基建设过程中用量较大,例如,京津城际路基建设使用聚脲防水涂料超过2000 t,京沪高铁路基建设使用聚氨酯防水涂料量达2万t。无砟轨道路基的防排水主要分为隔水、渗水滤水、排水三方面。其中,隔水方面用到的新材料主要为改性沥青、聚脲防水卷材;渗水滤水的目的是阻挡固体异物进入下层,保护隔水层材料,主要采用以涤纶树脂(polyethylene terephthalate,PET)、PP为主要成分的高强度丝状钢筋混凝土管(reinforced concrete pipe,RCP)渗排水网垫;排水方面主要为排水管及相应工程,目前排水管主要使用PVC管材,但对于高寒地带或地质活动较活跃的地区,多采用耐温范围更广、强度更高的氯化聚乙烯管材。此外,路基本体上方应铺设聚丙烯土工布,电缆槽中的电缆管未来可被氯化聚氯乙烯管材替代。

路基建设及隧道建设过程中的表面岩层结构开裂等地质情况时常出现,聚氨酯注浆材料、硅酮嵌缝密封胶等材料在该方面能起到弥补和加固的作用,使土建工程整体抗性增强,从而提高工程质量。此外,高铁轨道水泥枕、铁轨和地基间的链接处均以聚氨酯注浆材料填隙、密封,使其连接稳固,不因受气候变化而发生位移。

3. 轨道用材料

轨道使用新材料的目的是减振,减少轮轨系统因摩擦导致材料损耗,并增强其使用寿命,减少维修频率。典型轨道扣件结构及新材料应用示意如图 9.1 所示。其中,无砟轨道中的轨道扣件部分是采用新材料最多的元件。

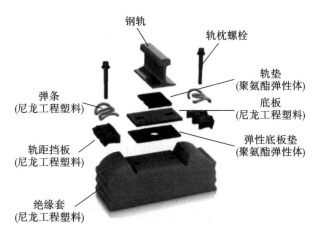

图 9.1　典型轨道扣件结构及新材料应用示意

尼龙作为高铁扣件基础材料已得到广泛应用。为保障高铁在高寒地区安全运行,扣件应满足更高要求,特别是低温耐疲劳性能方面的要求。因此,对尼龙的低温韧性、加工流动性及对玻纤等填充物的浸润性和包覆性提出了更高要求。耐低温共聚尼龙具有高韧性和高流动性,在轨道交通上应用较广泛。

目前高性能尼龙制备的铁路扣件已成功应用于沪昆、成渝、汉孝、渝万等高铁线路和中南铁路大通道、张唐线等重载线路以及长沙地铁线路上。

4. 机电设施用材料

芳纶为芳香族聚酰胺纤维的简称,由杜邦发明,具有耐热、阻燃、轻质高强和耐磨性好等优点。间位芳纶产品在高端电气绝缘和轻量化蜂窝结构方面有着广泛的用途,目前已成为电机电器和电力传输等领域的重要基础材料。高品质芳纶是轨道交通中大功率电机、变压器、电气设备中的关键绝缘材料,在绕包绝缘、槽绝缘、匝间绝缘等区域均有应用。特别是在高速动车组的电机与变压器中,绝缘体系用量巨大。目前国内已完成了芳纶产品的开发,实现了层压板材、绝缘纸、芳纶蜂窝纸等多种产品在轨道交通等领域的应用。

9.1.2　新材料在轨道交通领域未来的发展重点

新材料在轨道交通领域中的应用已具备一定规模,未来新材料的应用将继续集中在高分子材料、专用化学品两个方面。

新材料在轨道交通领域未来的发展重点将主要针对在以下三方面：一是验证更多种类的新材料在轨道交通装备上应用的可能性，并将其推广，进一步提升轨道装备新材料的应用比例；二是将发展重点放在复合材料的生产上，提升材料改性的技术水平，从装备对材料功能的需求出发，开发更多种类的复合材料，使复合材料的生产直接面向终端；三是注重材料的服役性能，新材料在轨道交通装备上的使用一方面要体现其先进的功能，另一方面要保证在长周期使用过程中其服役性能的稳定。

其中，扩大新材料在轨道交通领域的应用比例是近期的重点发展方向，新材料在轨道交通路基建设方面有较大的应用潜力和拓展空间，新材料在路基应用领域的重点发展方向如图 9.2 所示。而在有砟轨道中，用作枕木的新材料有硬质聚氨酯弹性体，用作道砟胶的新材料有聚氨酯胶、环氧树脂胶等。

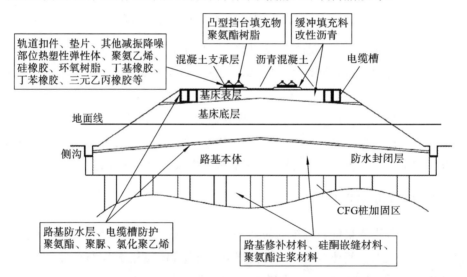

图 9.2　新材料在路基应用领域的重点发展方向

注：CFG 桩即水泥粉煤灰碎石桩。

9.1.3　我国轨道交通用新材料的发展建议

由于轨道交通用新材料的生产技术国产化率还较低、起步较晚、发展速度较慢，有必要建立高速轨道交通用关键新材料重点产品目录和技术目录，从国家层面设立专项或基金，分批次、分年度对材料生产企业进行鼓励扶持，突破和掌握一批新材料的生产核心技术。生产企业、研发单位所在地应在项目审批、土地使用、进出口等环节给予便利,在生产环节的财税、保险、金融等方面给予优惠。

目前我国新材料生产企业仍处于生产常规牌号产品的阶段,高端化产品生产少,新一代轨道交通等战略性新兴产业发展所需材料自给率很低。为此,应支持创新平台建设,进一步优化我国轨道交通用新材料的创新驱动模式,以材料在轨道交通装备上的服役性能为出发点,推动材料的研发,新材料相关企业应注重面向终端用户的材料生产和研发,提高和改进材料性能。将轨道交通装备制造企业与新材料生产企业相互关联,甚至成立合资企业,形成研发-生产体系,使生产的新材料和复合材料能够直接用于轨道交通装备的制造,真正实现新材料高端化和专用化。随后,在材料各项性能达标的前提下,轨道交通行业应鼓励使用国产材料,并支持国家相关认证机构对材料进行认证、分级,从而推动轨道交通用新材料技术的自主化。

此外,缩小新材料及复合材料与钢结构等金属材料的成本差距是新材料代替传统金属材料的重要影响因素,也是轨道交通车辆轻量化进程的重要影响因素。新材料及复合材料的生产原料产量逐步提升,生产成本有一定的下降空间,综合其使用寿命及维护成本,未来有望规避其成本劣势,使新材料在轨道交通领域的应用和推广更为顺畅。

在我国轨道交通行业,此前更多关注的是金属材料的设计,对复合材料,特别是碳纤维等高分子复合材料的设计是极其缺乏的。由于对复合材料缺乏了解,缺少信任感,很大程度上阻碍了新材料、新技术的推广。因此有必要加强对复合材料设计人员的培养,同时加强复合材料在轨道交通领域的应用研究,提高复合材料产品的可靠性,增强轨道交通行业推广使用复合材料的信心。

9.2 城市轨道交通创新技术

9.2.1 钢纤维混凝土管片技术

21世纪以来,随着城市化进程的不断推进,城镇人口爆发式增长,中国大中型城市的客流量呈现出激增的态势,为了缓解地上公共交通压力,提升城市交通效率,地铁隧道密集建设、迅速发展。与传统公共交通相比,地铁有效地缓解了城市客流压力,还具有环保节能、节省土地等优点,是城市交通系统不可或缺的一部分。

为将地铁施工对地面交通的影响最小化,在城市地铁工程建设中通常使用盾构法施工,而盾构管片是使用盾构法建设中的主要装配构件,需要承担隧道在施工和运营期间所受到的水土压力和特殊荷载,是地铁工程的永久性装配构件。管片的性能决定着地铁工程的质量和安全,管片的拼装施工工艺、隧道围岩的性质等都会影响盾构管片的承载能力,其中,管片的生产工艺以及管片自身的选材直接决定了管片质量。目前最常用的盾构管片类型有钢筋混凝土管片、钢与混凝土复合管片以及钢纤维混凝土管片。

管片所处的地下空间环境复杂,除了需要承担地层荷载,还要满足抗渗性、抗腐蚀性、耐火性等方面的要求,因而管片的选材就显得非常重要。

1. 普通钢筋混凝土管片存在的缺陷

基于钢筋混凝土自身经济性好和抗压强度高等特点,其常被用作盾构管片的主要材料。完整的衬砌环由三块标准块、两块邻接块和一块封顶块组成,纵向宽度通常为 1.2 m 或 1.5 m,管片的重量可达 4 t。在工程实践中,随着技术要求的提高,传统钢筋混凝土管片暴露出了越来越多的缺陷。管片在搬运、堆放以及拼装等操作时易发生破碎,箱形管片在盾构推进作用下容易被顶裂,普通钢筋混凝土管片在内外两侧都普遍存在掉角现象,其中外侧破损是管片与盾构外壳相互摩擦碰撞所致,内侧破损主要是安装时管片之间的相互碰撞所致。存在缺陷的管片破坏了衬砌结构的完整性,使衬砌发生渗漏和腐蚀的可能性增加,严重降低衬砌安全性和耐久性,这是盾构法施工中较棘手但无法避免的问题。

2. 钢纤维混凝土管片应用在地铁中的优势

钢纤维混凝土是 20 世纪 70 年代发展起来的一种新型复合材料,纤维的直径或等效直径为 0.3~0.7 mm,长度为 15~60 mm,长径比为 40~100。钢纤维随机分散在混凝土基体内部,从而阻滞基体微裂缝的扩展与宏观裂缝的发生与发展,使混凝土基体的机械性能得到不同程度的增强。

钢纤维混凝土的优良性能已被许多专家、学者所证实:孟龙经过试验得出钢纤维的掺入使混凝土的抗剪强度、抗弯强度、抗压强度都得到明显的提升;周佳媚通过分析荷载-挠度变化规律曲线发现掺入钢纤维的混凝土荷载二次峰值初裂荷载提升 41.5%;李义发对钢纤维混凝土的性能与应用作出了总结。

对于钢纤维在衬砌结构中的适宜参量与钢筋共同使用问题,蒙国往通过研究纵向配筋量和钢纤维掺量对盾构管片性能的影响,得出钢筋与钢纤维的组合使用是加固管片的最好选择;Caratelli 初步证明了采用钢纤维混凝土且不添加传统钢筋进行加固的可能性;Abbas 研究发现传统钢筋笼与钢纤维共同加固的综合体系可以获得更好的结构性能。

总体来说,在混凝土基体中掺入适量钢纤维形成的水泥基复合材料,可以解决混凝土抗拉强度低和高脆性的问题。有外力作用时,基体内部微裂缝受到均匀分散的钢纤维限制,减缓了其持续扩张形成宏观裂缝,赋予混凝土良好的韧性,同时提高了混凝土抗拉、抗弯及动力学性能,使其具有较好的延性。对于地铁成型管片而言,相比于普通钢筋混凝土,钢纤维与骨料的亲和性高,在提高管片各项力学性能的同时,成型管片更加轻质、高强且耐久性佳。

3. 钢纤维的增强机理

钢纤维均匀、随机分布在混凝土基体内部,在基体开裂后进行应力的重新分配,阻滞裂缝的开展,减小裂缝宽度,显著提升了管片抗拉强度。掺入钢纤维也能有效减少盾构管片因温度收缩、干燥收缩等引起的微裂缝,提高管片裂后的刚度与延性。相同试验条件下的不同混凝土裂缝比较如图 9.3 所示。

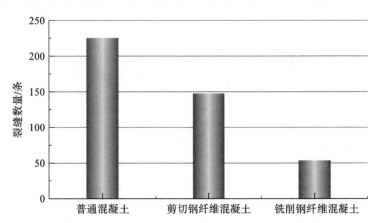

图 9.3 相同试验条件下的不同混凝土裂缝比较

除此之外,钢纤维的掺入可以一定程度上减少盾构管片配筋量,缩小管片体积,省去部分钢筋与胶凝材料,并且还可以避免无筋区的存在,减少管片边缘剥落损坏现象。

研究表明,材料的强度随着钢纤维长径比的增加而显著提升,纤维间距理论和复合力学理论可以解释这一现象。纤维间距理论表明材料的抗裂强度受到纤维间距的影响,钢纤维在裂纹端部可以产生黏结力阻滞微裂缝发展。复合力学理论指出,钢纤维与混凝土复合而成的材料中,最有效增强混凝土抗拉强度的方法是使钢纤维分布方向与混凝土受拉方向一致。

4. 钢纤维混凝土管片的优良性能

1) 强度性能

钢纤维混凝土盾构管片在强度性能方面的优势已有许多学者进行了证实。崔强通过对比少筋钢纤维混凝土管片与普通钢筋混凝土管片裂缝的发展情况以及裂缝宽度,发现少筋钢纤维混凝土管片的抗裂性能满足正常使用极限状态下的设计要求;申晋通过总结国外相关试验,得出掺量为 30 kg/m³、50 kg/m³ 的钢纤维混凝土管片出现第一条裂缝时的荷载分别比素混凝土管片高 32%、46%,极限荷载分别高 37% 和 52%;尤志国对不同掺量下 50 mm 钢纤维的比例极限进行实验,发现钢纤维自密实混凝土的抗弯性能随着纤维掺量的增大而提升。

特别要注意的是,虽然钢纤维混凝土在温度较低时呈现更好的抗压性能,但温度高于 500 ℃后,其强度损失却高于普通混凝土,混凝土的残余抗压强度与温度的关系如图 9.4 所示。

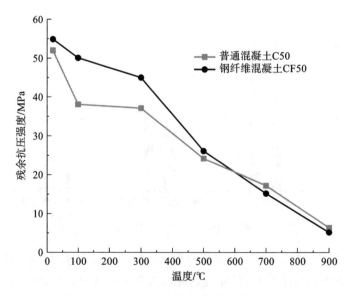

图 9.4 混凝土的残余抗压强度与温度的关系

2) 韧性

钢纤维可以承受部分拉应力,因而可提高基体的抗拉能力,并且其可以吸收部分开裂处的能量,因此具有更好的韧性。实验表明,钢纤维混凝土管片的抗压韧性与弯曲冲击韧性比传统混凝土管片大几倍,抗弯韧性与冲击韧性可以增加到传统混凝土的几十倍。

丁聪对比不同系列的钢纤维混凝土的荷载-裂隙口张开距离(crack mouth opening displacement)曲线,发现钢纤维在发生脱粘、拔出和拔断的过程中会吸收更多的能量来抑制裂缝的扩展;郭艳华经过研究发现钢纤维喷射混凝土具有较好的韧性,在开裂后不会发生脆性破坏,可应用于隧道初期支护施工中;崔光耀对软弱围岩隧道钢纤维混凝土衬砌承载特性进行试验,发现掺入钢纤维的衬砌韧性得到增强,相较素混凝土与钢筋混凝土可承受更大的变形;明维进行混凝土四点抗弯性能试验,发现混凝土的韧性和等效弯曲强度在掺入钢纤维后可提高 300%~500%。

3) 耐久性

钢纤维混凝土管片具有更优的耐久性和安全性。孙斌通过裂缝宽度的验算结果得出:在增加钢纤维减少钢筋用量的设计中,混凝土的裂缝宽度减少了 18%~26%,耐久性显著提高。张捷基于 JC 法(即当量正态化法)对钢纤维混凝土管片的可靠度进行求解,发现钢纤维的可靠度一直维持在较高水平,安全度优于普通混凝土。

钢纤维可阻止环境温度下的混凝土开裂,提高混凝土抗拉强度和延性,同时利于控制混凝土暴露于高温环境时裂缝的扩展,从而提升钢纤维混凝土管片的总体性能。张龙经过试验研究得出混凝土的最大冻融次数随钢纤维掺量的增加先增加再减少,最大冻融次数在钢纤维掺量为 60 kg/m³ 时达到最大值,为 600 次。

钢纤维混凝土管片具有优良的抗腐蚀性能。Kakooei 等通过四电极法研究钢纤维混凝土抗渗性发现,随着钢纤维掺量的增加,混凝土抗渗效果得到进一步的提升。王志杰等对钢纤维喷射混凝土进行快速碳化试验,结果表明,一定量的钢纤维可以提高混凝土的密实度和抗碳化性能,降低混凝土碳化的速度,减小碳化深度。

4) 管片接头性能

管片节点在衬砌结构中属薄弱部位,强度、刚度都较低且容易发生渗漏,钢纤维混凝土管片节点经常有更高的极限承载力和抗裂能力,可以代替传统管片在盾构隧道中的使用。龚琛杰采用足尺试验方法对钢纤维混凝土管片承载能力进行研究发现,相比钢筋混凝土管片接头的开裂荷载,钢纤维混凝土管片接头的开裂荷载提高12.9%,具有优良抗裂能力,荷载-接头挠度曲线如图9.5所示,除此之外,接头达到极限承载状态时,钢纤维混凝土管片接头的极限挠度也相应减小了64.2%;周龙通过研究发现SFRC高刚性接头达到正常使用极限状态时的荷载抗力为RC高刚性接头的1.2倍,承载力提高约15%。其他相关钢纤维混凝土管片隧道的抗震分析表明,钢纤维混凝土管片节点的抗弯强度和延性均有所提高。

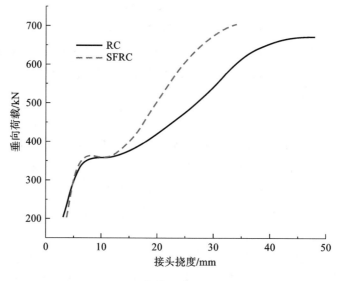

图9.5 荷载-接头挠度曲线

5. 钢纤维混凝土管片的经济优势

虽然钢纤维混凝土管片的造价比钢筋混凝土管片高,但是采用钢纤维混凝土管片可以省去钢筋笼的制作成本,除此之外,钢纤维混凝土管片发生破损、渗漏的情况较少,可以大量减少后期维护费用。因此,在进一步计算钢纤维合理掺入量的基础上,钢纤维混凝土管片的使用具有经济优势。

Buratti研究了钢纤维混凝土盾构衬砌在加入钢筋与不加钢筋情况下的性能,提出了衬砌厚度设计的优化准则;荣建林对北京地铁某标段的盾构管片进行分析发现,在管片厚度不变而适当减少配筋量、提高钢纤维掺量的情况下,钢纤维掺量分别为 30 kg/m³、40 kg/m³ 的方案中的施工成本相比传统方案只需要追加 7.2% 和 9.2%；孙斌将钢纤维混凝土管片与传统钢筋混凝土管片进行比较发现，中埋段的成本优势可以达到 9.85%。

6. 钢纤维混凝土管片的应用实例

1) 国外应用实例

美国混凝土协会（American Concrete Institute，ACI）544 委员会（即纤维混凝土专业委员会）在 20 世纪 80 年代末制定了《钢纤维混凝土试验方法》，为钢纤维混凝土的应用提供了理论基础，钢纤维的制备技术也在同步提升以支持钢纤维混凝土管片的进一步推广。表 9.1 列举出了国外钢纤维混凝土管片工程应用实例。

表 9.1　国外钢纤维混凝土管片工程应用实例

国　　家	长度/m	内径/m	厚度/cm
英国	1400	4.5	15
意大利	2550	3.5	25
德国	2×2400	7.27	40
法国	2×1700	6.4	35
法国	4500	7.5	40
南非	140	4.6	25

2) 国内应用实例

我国现有的与管片相关的工程规范和标准有《预制混凝土衬砌管片》（GB/T 22082—2017）、《盾构法隧道施工及验收规范》（GB 50446—2017）等。但国内的应用实例仍然较少，目前已有一些成功应用实例以及理论分析证实了应用钢纤维混凝土管片的可能性。

三峡临时船闸坝段叠梁门槽主轨二期工程、三峡 EL120 m 栈桥工程分别采用了 CF60、CF50 钢纤维混凝土。上海地铁建设公司与同济大学混凝土材料研究国家重点实验室在上海 M6 地铁线建设钢纤维混凝土管片试验段，试验段长 50 m，后期使用状况良好。望京高铁隧道大直径盾构研究项目对比传统管片和钢纤维混凝土管片的使用性能，发现钢纤维可以减少混凝土 26% 的裂缝。深圳市轨道交通 7 号线工程应用采用无筋混凝土管片方案，钢纤维的掺量为 45 kg/m³，靠近西丽湖站盾构区间隧道段建立的现场试验段（包含 15 节管片，共长 22.5 m）验证了现场测试方案合理性。钢纤维混凝土被应用于南昆铁路西段宜良县境内乐善村二号隧道处,衬砌厚度减薄900 mm,隧道开挖量进而减少21%,衬砌污工量减少62%,取得了明显的经济效益。2013年,钢纤维混凝土管片在家竹箐隧道的应用有效地控制了隧道变形。常州轨道交通1号线一期工程南段科教城南站科、教城北站盾构区间,上海城市轨道交通6号线浦电路区间也都使用了钢纤维混凝土管片。

7. 钢纤维混凝土管片进一步研究方向

(1) 钢纤维混凝土需要更长的振捣时间才能使钢纤维在混凝土中均匀分布,同时要选择最适宜的钢纤维的长径比,在搅拌、运输、浇筑和振捣的过程中避免纤维相互缠绕成团。除此之外,在不同施工条件及目的下,钢纤维的最佳掺量、最佳长径比还有待进一步研究。

(2) 虽然钢纤维混凝土管片具有许多优良性能,但在严重火灾情况下,钢纤维混凝土管片性能劣于传统钢筋混凝土管片,极限承载力较低且具有更高的开裂风险。钢纤维混凝土衬砌在集中大应力下的抗弯强度、抗拉强度以及爆破能力不如传统钢筋混凝土衬砌。

(3) 对钢纤维混凝土管片的厚度研究能进一步优化成本,可进行更多的相关试验探究,制定和完善各种纤维含量的设计和规定,同时针对钢纤维与钢筋之间合理配比进行研究,实现管片在安全性和经济性的统一。

(4) 未来可以结合大数据分析以及BIM技术对钢纤维混凝土管片应用可行性进行模拟,在实际工程中进行更多的相关性能试验来验证钢纤维混凝土管片的优良性能。

9.2.2 型钢组合支撑体系技术

1. 深基坑支撑体系概述

在深基坑支护结构中,一般都会采用围护墙配上内支撑结构的体系。尤其是在部分软土地区,基坑面积大、开挖深度深的情况下,内支撑不需要占用基坑外侧空间资源,同时能够有效控制基坑变形,因而得到大量采用。

支撑体系在空间上由水平支撑与竖向支撑两部分组合而成。其中水平支撑主要用于平衡土压力与围护墙外侧水平作用力;竖向支撑则用于保证水平支撑在平面内外的稳定,同时需要承受由水平支撑传来的竖向荷载。水平支撑与竖向支撑都需要有良好的自身刚度以及相对较小的位移,以保证基坑围护墙的稳定。除此之外,支撑体系中的围檩可以协调支撑与围护墙之间的受力与变形,将支撑与围护墙整体相连,加强了基坑支护结构的整体性。

2. 内支撑体系介绍

对于城市中的深基坑工程而言,近些年采用最多的便是排桩结合水平内支撑的支护体系。其中排桩属于支护结构中的围护结构,一般包括钻孔灌注桩、人工挖孔桩、沉管灌注桩等;而内支撑主要采用混凝土支撑与钢管支撑。

混凝土支撑一直是基坑支撑体系中最常用的支撑形式。使用钢筋混凝土容易塑造各种支撑形状,在工况复杂、形状不规则的区域优先采用的便是钢筋混凝土支撑。钢筋混凝土支撑截面刚度大,现浇而成,整体性更高,变形相对较小。但是,基坑支撑作为临时建筑结构,在基坑完成后需要全部拆除,会造成钢筋混凝土的浪费,留下建筑垃圾,同时在拆除时会产生大量噪声与粉尘。除此之外,钢筋混凝土支撑在浇筑完成之后需要一定的养护时间,相对而言,工期会变得更长。

钢管支撑一般用于宽度比较窄的基坑工程,如地铁工程等。它的优点是能够做到钢材的循环利用。但是钢管支撑在挖土时,施工较为困难,工期相对较长;同时,钢管支撑工艺精度较低且安全性不高,如杭州地铁1号线湘湖站基坑坍塌事故,其中有一部分原因便是钢管支撑的稳定性不高而引起的。

3. 型钢组合支撑

型钢组合支撑作为一种型钢支撑体系,几乎适用于所有的基坑。由于型钢支撑安装时采用高强螺栓连接,且采用多根型钢组合形成一道支撑,因此,强度与稳定性大大提高。同时,型钢支撑施工快,拆除后型钢材料又可回收利用,相对而言造价更低,已逐渐成为使用较广泛的支撑体系。

1) 型钢组合支撑结构

型钢组合支撑一般由数根型钢组合而成,型钢截面(单位:mm)一般为 $H350 \times 350 \times 12 \times 19$ 或 $H400 \times 400 \times 13 \times 21$。而支撑采用型钢的数量以及每根型钢之间的距离则由整体支撑所受的土压力以及支撑长度决定,往往在基坑角落支撑较短处采用2根型钢,如此既能方便施工,又能满足强度要求。型钢之间会设置槽钢盖板以增强支撑的整体性,并且在每根H型钢的翼缘上都会预打上一定数量的圆孔,以方便整个支撑盖板采用螺栓进行连接。在某些工程中,为了满足变形要求,除采用与支撑垂直的横向槽钢盖板外,还会采用与支撑斜交的缀条进行拼接(见图9.6)。

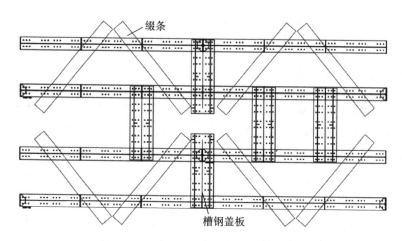

图 9.6　型钢组合支撑的槽钢盖板与缀条

图 9.7　型钢支撑立柱

整道支撑会设置多道横梁,每道横梁之间距离约为 10 m,横梁与支撑型钢之间采用高强螺栓连接。同时,横梁与立柱之间也采用螺栓连接。立柱一般采用型钢,当地基土质较好时可直接插入,土质较差时可设置钻孔灌注桩作为立柱桩(见图 9.7)。虽然型钢组合支撑的自重只有混凝土支撑的 1/10 左右,对立柱承载力要求不高,但是立柱的刚度对支撑的稳定性却有着很大的影响。

型钢组合支撑在两端安装用于施加预应力的保力盒件,同时对于某些非常规的支撑,端部还会安装受力件,一般以三角受力件为主。支撑与压顶梁或者支撑与支护桩之间通过双拼 H 型钢围檩连接,围檩一边通过预埋螺栓与压顶梁连接,另一边与型钢支撑连接;除此之外,支撑与支护结构之间也可采用钢筋混凝土三角件直接连接。

型钢组合支撑安装完成之后,会施加预应力以保证基坑位移达到要求。一般在型钢拼装完成之后,会先施加预应力总量的 50%,后期再根据基坑开挖变形监测的情况逐步施加预应力。

2) 型钢支撑体系的发展

型钢支撑最初采用的是单杆式支撑,主要用于规模小且狭长的基坑,主要目的是支挡土压力。随着基坑规模变大,单杆式支撑逐渐满足不了阻挡基坑变形要求,因此,网格式型钢支撑体系应运而生。网格式型钢支撑体系能够将多根型钢相互组合起来,从而形成整体效应(见图9.8)。支撑杆件长度增加后,除考虑承载力外,同时还需要考虑压杆稳定性的要求。

目前,型钢支撑体系中采用最多的是复合式型钢组合支撑,由角撑、对撑等组合

图9.8 网格式型钢支撑体系

而成。在具体项目的实施过程中,一般根据基坑的实际情况采取不同型钢支撑类型。在基坑形状较为规整的情况下,一般会在基坑角落布置角撑,中间布置对撑;当基坑形状不规则时,特别是在型钢支撑难以安装的情况下,部分区域依旧会采用混凝土支撑。

3) 型钢组合支撑刚度研究

由于目前基坑设计要求主要为位移控制,因此基坑支撑刚度对确保基坑稳定十分重要。国家基坑规范规定了刚度计算方法,并且将支撑的计算长度设置为其实际长度或者是立柱中心间距;而在其他地方规范中,对于刚度计算长度的选取则略有不同,例如上海规范要求将钢支撑计算长度取为其全长或者立柱中心间距的1.2倍。但是当支撑结构形式产生变化时,以上刚度计算方法并不准确。

李瑛等通过基坑监测发现,型钢组合支撑在使用中的实际刚度要小于理论刚度,其位移曲线并不是"大肚子"曲线,而是类似于悬臂开挖的抛物线。究其原因,可能是由于端板采用高强螺栓连接,随着支撑轴力增大,原本的摩擦型连接逐渐变化为承压型连接,端板错动导致支撑刚度发生变化。而如果需要提高支撑刚度,则可以采用增加端板面积等方法。

刘发前研究了预应力式型钢鱼腹梁的刚度计算方法,认为当基坑宽度较大时,支撑刚度会减小,达不到理论计算值;同时为了能够将型钢刚度与强度相平衡,充分考虑预应力对型钢支撑刚度的影响,提出了"表现刚度"的计算方法。

4) 型钢组合支撑稳定性研究

在支撑受力计算中,支撑一般按照偏心受压构件进行计算。参考文献[7]提出了型钢支撑梁稳定性计算公式以及型钢支撑梁单肢型钢稳定性计算公式,其中支撑梁计算长度取托梁之间的距离,单肢型钢的计算长度则取相邻盖板的中

心间距。同时,围檩等构件的稳定性计算也需要符合《钢结构设计规范》(GB 50017—2017)的要求。

刘兴旺等分析了型钢组合支撑中横梁对支撑梁在竖向平面和水平面内稳定性的影响,认为横梁只有达到一定刚度后,支撑梁在竖向平面内的稳定性计算长度才可以采用横梁间距;立柱对支撑梁在水平面内稳定性的影响很小,支撑梁稳定性长度应该取支撑全部长度。因此,在横梁刚度满足要求的情况下,规范中的计算方法可被应用于实际基坑工程中。

刘发前等研究了多道立柱桩支承的装配式型钢支撑的稳定性,发现缀条的抗剪效果比缀板要好,规范中只考虑缀板或将缀板考虑为横缀条,如此计算的结果将出现误差。

5) 型钢组合支撑施工控制要点

型钢组合支撑整体上采用高强螺栓连接,施工中安装与拆除的速度较快,并且在施工完成后大部分型钢可回收利用。但型钢组合支撑对施工技术的要求较高。相较于钢筋混凝土支撑,型钢组合支撑的刚度较低,因此严禁施工机械碰撞和碾压支撑系统。

换撑与拆撑必须在地下室底板以及素混凝土传力带达到设计强度的100%后进行,并且在拆撑期间,监测单位应加强对围护体和周围环境的监测。施工单位应预先编制详细的拆撑方案,经业主、设计、监理等单位确认后,方可实施拆撑工作。混凝土支撑宜人工凿除,并采取相应措施确保施工人员安全。

一般型钢组合支撑的施工步骤:施工工程桩和支撑立柱桩→施工三轴水泥土搅拌桩并插入型钢→分块开挖土体至压顶梁底标高→设桩顶坡面及地表混凝土面层,并设好地表排水明沟及集水井→施工压顶梁→分块开挖土体至预应力型钢组合支撑施工面标高,安装预应力型钢组合支撑→待预应力型钢组合支撑施加预应力后,分层分块挖土至地下室底板底标高→人工边修土边设底板垫层,并设好坑底集水井→挖地槽至承台及地梁底标高,并设好垫层及砖胎模→设好二次围护措施,坑土体挖至设计标高,并设好垫层→基础和底板传力带施工→待底板传力带强度达到设计强度后,施工地下室顶板和顶板传力带→待顶板传力带强度达到设计强度后,拆除预应力型钢组合支撑→回填土方至设计标高→回收型钢并注浆→向上作业。

由于型钢支撑本身属于临时结构,因此在施工的同时需要对其进行必要的监测,而且监测工作应该贯穿于整个支撑安装、使用和拆除的全过程中。监测的内容主要包括支撑梁的轴力、围檩应力以及立柱位移等,测点的布置应当选择在轴力、位移较大之处。

6) 型钢组合支撑研究展望

型钢组合支撑作为一种新型支撑体系,虽已用于基坑支撑中,但是对其的研究并不多。其中规范中的稳定性计算是基于钢结构规范而定的,但是在基坑支撑中,目前还没有将型钢组合支撑作为一个整体的稳定性计算方法。

对以往实际工程监测数据的研究发现,相较于钢筋混凝土支撑,型钢组合支撑的刚度小于理论设计值,意味着型钢支撑的变形相对于混凝土支撑而言会变大,而且与理论计算值相比也会变大。而基坑工程的变形控制是一项重要内容,且目前对于型钢支撑变形位移控制的研究很少,更没有对型钢支撑现场试验的稳定性展开研究。

不管是混凝土材料还是钢材,随着支撑长度的提高,环境温度变化产生的温度应力影响也相应变大,且对于型钢组合支撑而言,这种附加应力的影响尤为显著。但是对型钢组合支撑中的对撑、角撑、八字撑以及支撑长度存在变化情况的相关研究还不够充分。

除此之外,面对不同的基坑形状与深度,应该采用何种型钢支撑布置方式也研究得不够充分。型钢组合支撑作为一种近似于装配式的建筑结构,能否与BIM等先进的理念相结合等研究问题也亟待学者们去探索。

9.2.3 装配式地铁技术

目前我国地铁车站施工主要采用现场施工的传统生产方式,这种生产方式的工业化程度不高、设计建造较粗放、产品质量不稳定、建设效率低、劳动力需求量大、材料损耗和建筑垃圾量大、资源和能源消耗较大,不能满足节能、环保的可持续发展建设要求。

装配式建筑具有建造速度快、受气候条件制约小、节约劳动力等优点,近年来逐渐被广泛应用于各类公共建筑和民用建筑。近年来,装配式施工也逐渐应用于地铁车站施工,预制构件统一由工厂制作,通过拼装的方式来完成整座车站的施工,这样可以大幅减少现场的施工时间、施工人数与模板量,并可在预制场中集中管控材料和能耗,从而减少建筑垃圾。装配式车站能满足地铁绿色建设、节能环保的需求,提高地铁工程的科学技术含量,技术成熟后更能有效保证工程质量、节约资源和降低成本。在未来的地铁建设中,装配式技术具有十分重要的地位。

1. 装配式地铁技术应用的现状、问题和展望

1) 装配式地铁技术应用现状

(1) 装配式车站整体结构。

俄罗斯、日本、荷兰、乌克兰等国都先后将装配式技术应用于地铁明挖法回填隧道中。俄罗斯在装配式车站结构的研究和应用方面有较大成就,在圣彼得堡采用暗挖法修建了地铁装配式层间中板单拱结构换乘枢纽及单拱装配式车站。白俄罗斯在明斯克采用明挖法修建了大型预制混凝土构件的单拱装配式车站。在国外还有一些采用矩形框架结构形式的装配式车站。

我国的车站装配式技术研究起步较晚,但也取得了一定进展。长春地铁 2 号线双丰站(原名袁家店站)为单拱双层结构,装配段长 188 m,采用大型预制混凝土构件分块,榫槽连接。结构断面采用拱形断面,每环由 7 块预制闭腔式空心构件组成,其中底板 3 块、边墙 2 块、顶板 2 块,单块最大重量 55 t,需要研发制造专门的吊装设备。站厅层无柱,站台层设计一排中柱与中板,采用现浇结构。口部采用预制洞口环梁的结构形式。两端盾构始发及接收井采用现浇结构。长春地铁 2 号线还有 4 个车站也采用了装配式技术施工,分别为西湖站、兴隆堡站、西环城路站、建设广场站。北京金安桥站装配式车站试验段,为双层三跨矩形断面,长约 27 m,采用底板现浇＋侧墙预制＋钢管柱＋叠合梁＋叠合板的分块模式,节点采用灌浆套筒连接和现浇混凝土连接。内衬侧墙采用整块预制,通过灌浆套筒竖向连接,但是钢筋套筒数量多、对准难,需要专门的侧墙安装设备。此外在上海、广州、济南等地,也有一些地铁车站将装配式拼装技术应用于围护桩与顶板等位置。

(2) 预制和叠合构件。

在装配式结构中,建筑结构的基本构件可分为水平布置的构件与竖向布置的构件,水平布置的构件包括梁、板等,竖向布置的构件包括柱、剪力墙、支撑、筒体等。由不同的基本构件可以形成各类建筑结构体系,如框架结构、剪力墙结构、框架-剪力墙结构等。

石建光等人调研了全国各地的装配式结构体系,如深圳市实施的预制装配式混凝土结构体系主要由竖向现浇构件、预制叠合梁板、预制外挂墙板构成;上海市首先对住宅采用了装配整体式混凝土结构体系,包括装配整体式混凝土框架结构、预制叠合混凝土剪力墙结构两种;北京市采用的是装配式剪力墙结构体系,结构体系包括装配式钢筋混凝土剪力墙结构、圆孔板剪力墙结构、装配式型

钢剪力墙结构三种。对预制和叠合构件而言,拼缝的连接设计方案应重点关注,庞瑞等人研究了预制板构件的板缝节点在拉剪复合作用下的受力性能,对板缝节点的承载能力、裂缝模式、破坏形态、位移延性和应变规律等进行了较为系统的研究。此外,预制构件的吊装也需要重点研究,陈伟光等人采用一种设置于桁架筋的 8 点吊装方式,运用等代梁模型理论,分析得到吊点的最优布设方案,为大尺寸预制板的推广应用提供了理论依据和参考价值。

(3) 装配式结构节点。

装配式结构节点大多采用现浇节点,近年来也有一些装配式结构采用榫槽、螺栓或者灌浆套筒等节点方案。长春地铁 2 号线双丰站,为单拱双层结构,节点连接方式为榫槽和螺栓连接。北京金安桥站装配式车站试验段,为双层三跨矩形断面,节点采用灌浆套筒连接和现浇混凝土连接 2 种方式。整体而言,装配式车站节点研究起步较晚,尚有欠缺。

(4) 装配式结构抗震性能。

国内外鲜有关于装配式地铁车站在地震作用下的反应分析研究,大部分的抗震分析研究都是针对地上结构的。有学者对采用灌浆套筒连接的装配式结构抗震性能进行了研究,获取灌浆套筒连接节点的抗震破坏模式。张喻捷以北京金安桥站为背景,研究套筒连接的装配式地铁车站的三维抗震性能,认为地下结构的水平向抗震能力主要由侧墙承担,竖直向抗震能力主要由柱和中板承担。金安桥站装配式结构与现浇结构相比,抗震性能有一定程度降低。在水平方向,装配式结构较现浇结构加速度峰值时刻的层间位移角增加约为 10%~15%;在竖直方向,在加速度峰值时刻装配式结构较现浇结构破坏比大,上层增大约为 5%~10%,下层增大约为 20%~30%。

(5) 预制内部结构构件。

近年来,一些地铁车站在内部结构施工时采用了预制构件。无锡地铁 2 号线友谊路站在车站轨顶风道左右两侧下挂梁与车站中板一体浇筑,采用 10 t 叉车进行轨顶风道预制底板安装。成都地铁 2 号线盾构过站车站采用了钢筋混凝土全预制轨顶风道,轨顶风道挂梁与中板接触部位通过将两边的预埋件焊接在一起的方式固定。此外,无锡地铁对预制站台板、楼梯开展了工程试验。

2) 存在问题与展望

(1) 目前已实现的装配式车站存在构件重量大、吊装需要专门的机械设备等问题,车站基坑围护结构采用锚索体系,但城市地下空间开发会限制锚索使用。因此,需要探索更多装配式车站结构形式,其中整体结构划分、节点构造、拼装施工工艺、抗震与防水是研究的重点。

(2) 地铁车站由于结构尺寸较大,钢筋数量也较多,相对于地面装配式建筑,构件制作、运输与安装困难较大,应对构件划分与重量进行优化研究。同时,应研究专门吊装设备及辅助定位设备,实现自动化施工。

(3) 常用预制构件的连接方式中,套筒灌浆密实度不易检测、质量难保证,且地铁结构钢筋数量较多,钢筋与套筒对准困难。因此应研究新型的节点连接方式,如考虑混凝土与钢的组合节点,力求传力明确、少浇筑或免浇筑。

(4) 装配式车站结构抗震计算时,由于连接节点与现浇节点力学性能并不完全一致,部分节点存在刚度与强度的削弱。因此应根据试验实测结果,修正结构承载与抗震计算模型。

(5) 预制内部结构(轨顶风道、站台板和楼扶梯)尺寸和重量相对较小,可免除现场脚手架模板的支设,施工较方便,可推广应用于非装配式车站。如果一个城市多个车站按标准化设计内部结构,可进一步分摊工厂制作成本,实现造价的降低。

目前装配式地铁车站仍处于发展阶段,应充分借鉴已有的装配式建筑研究成果,并结合地下结构的特点,开展系统的研究与试验,为实现轨道交通的装配化、标准化和产业化提供技术支持。

2. 装配式地下结构体系的确定

结构体系的确定是装配式地下结构设计的重要环节。结构体系及结构形式应结合轨道交通工程功能需求,并根据工程地质和环境条件、受力环境及特征、结构埋深、施工工艺等因素综合确定。

1) 连接接头

预制构件连接接头是装配式结构体系中最为关键的要素,接头形式关系到结构的承载性能、抗震性能、防水性能及施工工艺和效率。从接头的力学性能角度,装配式结构的连接接头可分为刚性接头和柔性接头,其中柔性接头可分为变刚度接头和铰接接头;从接头施工工艺角度,装配式结构的连接接头可分为干式连接接头和湿式连接接头;从接头构造形式角度,装配式结构的连接接头可分为现浇钢筋混凝土连接接头、平板接头、多棱形接头、榫槽式接头、球形及各种曲面接头等多种形式。下面主要按照接头的力学性能对各种连接接头进行说明。

(1) 刚性接头。

刚性接头是指不能承受轴向线变位和相对角变位的连接接头,反映接头材料的抗弹性变形的能力,接头刚度与连接构件的刚度相匹配,即基本等刚度,连接后的结构在各种设计状况下,可采用与现浇混凝土结构相同的方法进行整体作用分析,即等同现浇。

刚性接头有湿式钢筋混凝土连接接头和干式钢结构接头2类。湿式钢筋混凝土连接接头主要是构件纵向钢筋通过机械、套筒灌浆、浆锚搭接、焊接、绑扎搭接等方式连接,并在连接部位二次现浇混凝土。干式钢结构接头是在接头接缝处通过预埋的钢结构进行有效连接,在满足结构刚性连接性能要求的同时,实现现场的快速拼装。套筒灌浆连接接头示意如图9.9所示。

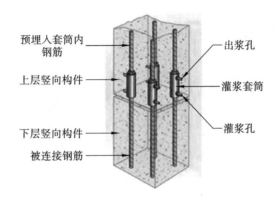

图 9.9　套筒灌浆连接接头示意

目前,地面装配式结构基本上采用湿式钢筋混凝土连接接头,而干式钢结构接头较少应用。

刚性接头的设计要点如下。

①刚性接头的承载力和整体刚度不应低于相连接的预制构件。

②刚性接头宜设置在结构弯矩和剪力较小的部位。

③节点钢筋和预埋件不宜过多,连接后应能尽快承受荷载作用。

(2) 柔性接头。

柔性接头包括变刚度接头和铰接接头。

铰接接头视为零刚度接头,容许接头自由转动,不具有抗弯能力,这种接头结构受力简单、明确,如搭接接头、球形点接头等。

变刚度接头是指在接头接触面有轴力压紧的情况下,接头的刚度随接头的内力环境(轴力和弯矩)变化而变化。变刚度接头一般为干式连接形式,可选择的类型较多,主要有平板接头、搭接接头、榫槽接头、球形接头及各种曲面接头等。盾构隧道管片接头就是最常见的变刚度接头,长春地铁2号线装配式车站结构采用的注浆式榫槽接头也属于变刚度接头。

变刚度接头的刚度受内力及接头构造的影响,力学行为相对复杂。变刚度接头的设计要点如下。

①应根据地下结构整体稳定性、结构受力、构件制作及运输、拼装工艺等要求,合理确定接头的位置。

②变刚度接头的刚度和承载能力应根据其承载特性、构造特点和不同阶段的实际受力状态进行计算,接头受力和变形应保持在其合理的承载区间之内。设计接头的验算内容包括抗弯承载能力、抗剪承载能力、接触面承压性能、相对转角变形等。

③进行各计算工况结构整体作用效应分析时,应计入接头变刚度性能及接头弯矩释放对结构内力的影响,通过内力→初始刚度→调整内力→接头刚度调整等步骤的反复迭代计算,使接头的刚度和受力趋于稳定。

④明挖法装配式地下结构施工期间的结构体系和受力是不断变化的,因此,对于变刚度接头,应按其在施工全过程和使用期间的各种作用效应,在不利组合下的承载能力极限状态和正常使用极限状态进行设计和验算,确保满足受力和变形的要求。

(3) 连接接头的选择。

无论何种接头形式,均应根据所采用的结构类型、接头的部位及其受力特点、防水性能要求、拼装工艺、拼装作业环境等因素进行选择。

城市轨道交通工程的衬砌结构需要承受周围巨大的水土压力作用,是典型的偏心压弯结构,一般构件体量较大、含钢量较多。明挖基坑有限的作业空间内,湿式接头刚性连接的可操作性差、效率低;同时,大量的密集现浇施工缝的存在,使得结构防水性能难以控制。因此,不宜采用湿式刚性接头,建议采用干式柔性接头。

2) 结构形式

(1) 装配式箱形框架或隧道结构。

城市轨道交通工程明挖箱形框架结构或隧道结构,当采用预制装配技术建造时,其结构形式可为矩形或拱形,可以是单层或多层、单跨或多跨结构。考虑到拼装时的结构稳定性,明挖装配式结构不宜采用圆形结构。

装配式箱形框架结构或隧道结构是将结构纵向拆分成若干个标准的结构

环,在环向再根据需要将每个结构环拆分成若干个标准构件;当结构断面较小时,也可采用整环不分块的管节式结构,环内无须设置接头。所有构件均在工厂制作并运至现场,采用机械化方式将构件拼装,形成装配式地下结构。装配体系的确定方法要点如下。

①对于单线区间隧道或风道、人行通道等小型地下结构,在满足预制构件制作、运输和吊装条件的情况下,宜优先采用整环管节形式;对于双线区间隧道等地下结构,也可采用各单孔结构独立管节、贴壁相邻拼装的形式。

②对于形式复杂、规模较大的地铁车站、双线和折返线区间、大型风道及人行通道等地下结构,宜采用环内分块拼装形式,类似于盾构隧道的管片衬砌隧道结构。

③当预制装配式衬砌结构的顶板或底板采用拱形结构时,应选择合理的矢跨比。根据顶板和底板的约束条件、受力要求,矢跨比宜控制在 $1/10\sim1/5$。

④整环管节式及分块拼装式结构环的宽度尺寸应根据预制构件的制作和运输条件确定,原则上环宽宜大不宜小,一般环宽不宜小于 $1.5\ m$。

(2) 拼装环结构拆分及构件设计。

拼装环结构拆分需要考虑的因素较多,除要满足预制构件制作、运输、堆放、吊装、拼接及质量控制等要求外,还要考虑接头连接形式、结构受力的合理性,确保结构体系在拼装全过程及使用期间能满足稳定性、承载能力和变形要求。拼装环结构拆分及构件设计方法如下。

①结构拆分应首先满足结构体系受力稳定性要求,此时应考虑地层与结构之间的相互约束和相互作用对结构稳定性的贡献,并验算不利的荷载变异因素(如偏载、外部工程活动卸载等)对结构稳定性的影响。

②结构拆分时应统筹协调衬砌结构和内部结构的分块和布置方式,构件可采用直线形、弧形、折线形、T 形等多种形式,构件形式和尺度应满足制作工艺、运输条件及吊装稳定性的要求。

③宜采用大构件、少分块的原则,并做到模数化、标准化、少规格;衬砌结构的纵向接缝可采用通缝或错缝 2 种拼装形式。

④构件截面根据装配式结构受力、接头构造、建筑装饰及轻量化设计要求确定。对于衬砌结构,宜采用矩形、槽形及闭腔薄壁等形式,不宜采用 T 形、I 形和倒 L 形。

(3) 装配式内部结构设计。

装配式内部结构板、梁、柱的布置宜模块化,总体要求柱网尺寸统一,柱列纵横向贯通;承重墙、立柱等竖向承重构件上下对齐且连续;楼板孔洞的平面对齐、成列布置,其平面位置和尺寸在满足建筑功能要求的前提下,应满足结构受力及预制构件的设计要求。

装配式内部结构设计方法如下。

①当采用楼板-墙体体系时,宜与衬砌结构统筹考虑其环向和纵向的分块及拼装连接方式,内外结构的纵向环宽尺度应统一。

②当采用楼板-梁-柱体系时,可自成体系,根据柱网布置特点,采用横向或纵横向相结合的承载体系。

③内部结构与衬砌结构之间以及内部预制构件之间应有可靠连接,连接节点的传力路径应明确,接头接缝可不考虑防水措施。

④楼板和梁等水平构件,根据楼板开洞和受力需要,可采用全预制装配结构、叠合结构或局部现浇混凝土结构。

9.2.4　隧道多模式掘进设备技术

随着我国地铁隧道建设的不断发展,穿越复杂地质环境的隧道工程日益增多,鉴于此,兼具土压、泥水平衡盾构及硬岩掘进机等多种模式的掘进设备应运而生。现阶段我国各大城市正尝试采用多模式设备进行复杂地质隧道的掘进:广州地铁 9 号线采用泥水/土压双模盾构法施工;青岛地铁采用土压/敞开式全断面硬岩隧道掘进机(tunnel boring machine,TBM)双模盾构进行硬岩地层的掘进;珠三角城际广佛环线采用国内首台土压/TBM 双模大盾构进行施工;2020年,凌波等研发了国内外首台三模式盾构机,并应用于广州地铁 7 号线二期工程。国外方面,马来西亚吉隆坡地铁采用可变密度盾构在"极喀斯特化"的地层中进行掘进;澳大利亚珀斯福勒斯特场(Forrestfield)机场线工程也使用可变密度盾构进行硬岩及沉积砂层复合地层中的隧道施工;西班牙、捷克等国家也相继将土压/TBM 双模盾构运用于地铁隧道建设。

1. 多模式盾构/TBM 掘进设备概述

现阶段的隧道掘进设备主要分为软土盾构型和全断面硬岩隧道掘进机型两类,其中软土盾构型包括土压和泥水平衡模式;全断面硬岩隧道掘进机型主要分为敞开式、单护盾和双护盾三种模式。多模式掘进设备结合了不同类型掘进设备的功能部件,如出渣系统、掌子面平衡系统及支护体系等,在掘进过程中依据前方地层特性进行模式转换,从而降低施工风险,提高掘进设备在复杂地质情况下的适应性。

当前我国自主研发的多模式掘进设备类型如图9.10所示,主要分为双模式掘进设备和三模式掘进设备两类,其中,双模式掘进设备主要为软土盾构型(土压/泥水双模式)、软土盾构/TBM型(土压/TBM双模式、泥水/TBM双模式)两类;三模式掘进设备兼具软土盾构型和TBM型,即土压、泥水和TBM相结合的模式。各类多模式掘进设备结构剖面如图9.11所示。多模式掘进设备可用于解决复合地层中的设备选型难题,合理的多模式掘进设备选取对于保证隧道工程施工安全和掘进效率至关重要。

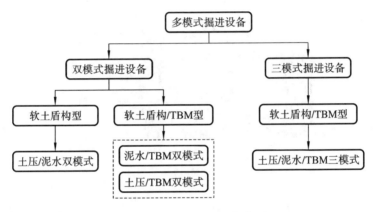

图9.10　多模式掘进设备类型

2. 盾构/TBM多模式设备选型方法

多模式掘进设备具体选型流程如图9.12所示。

首先,依据区间隧道工程水文地质参数将隧道地层进行区段划分;基于城市地铁隧道多模式掘进设备选型经验,地层参数差异程度和其他工程环境因素为是否选取多模式掘进设备的关键;若确定选取多模式掘进设备,可依据地质情况(如硬岩段岩石强度等)确定是否采用TBM型多模式设备。若采用,则针对软土盾构型区段和TBM型区段进行模式比选;若不采用,则采用软土盾构型双模式,各区段只需要针对土压、泥水两种模式进行比选即可。

其次,对软土盾构型区段进行土压和泥水模式的适应性比选,对TBM型区段进行敞开式单护盾和双护盾模式的适应性比选,建立各模式的适应性模糊评价模型,计算不同模式的综合适应度,选取各区段适应度最优的掘进模式。

最后,基于施工工期、工程造价对区段模式进行修正,确定各区段满足模式转换下限长度判别条件,保证模式转换在掘进效率和施工成本方面的边际效益,

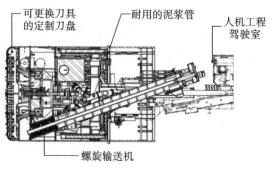

(a) 土压/泥水双模式盾构机

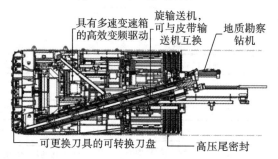

(b) 土压/TBM双模式盾构机

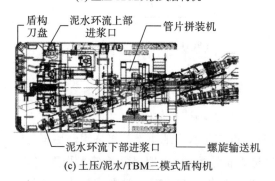

(c) 土压/泥水/TBM三模式盾构机

图 9.11 各类多模式掘进设备结构剖面

最终确定多模式设备类型及各区段采用的具体掘进模式。

图 9.13 为地铁区间多模式掘进设备选型流程。从图 9.13 中可知，设备选型过程如下：第一步，根据工程水文及地质条件将区间隧道划分为 5 个区段，各区段内部地质情况相似，可近似为均质地层；第二步，对地层参数差异程度和工程环境因素进行分析，判别区间隧道是否选取多模式掘进设备并初步确定各区段类型（区段①、区段③采用软土盾构型，区段②、区段④和区段⑤采用 TBM 型）；第三步，基于软土盾构型和 TBM 型各模式适应度模糊综合评价模型，确定

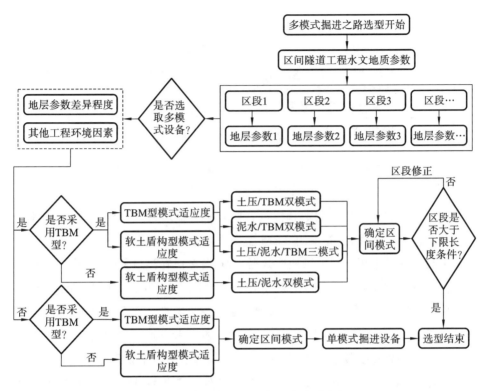

图 9.12 多模式掘进设备具体选型流程

各区段采用的掘进模式(区段①采用土压模式,区段③采用泥水模式,区段②、区段④及区段⑤均采用敞开式 TBM 模式);最后,依据工期、造价对各区段模式进行修正,发现区段②的长度 b 低于区段转换下限长度,即在区段②位置进行土压与敞开式 TBM 模式转换不适宜提高效率和降低成本,故此修正区段②为土压模式。综上,隧道区段①、区段②采用土压模式,区段③采用泥水模式,区段④、区段⑤采用敞开式 TBM 模式,全线建议采用土压/泥水/敞开式 TBM 模式掘进设备进行施工。

3. 单模/多模掘进设备选型参考原则

1) 根据地质条件差异程度的参考原则

调研过往各工程掘进设备选型依据可知,在软土软岩地段往往优先采用土压模式,相比于泥水盾构,其在降低施工成本的同时可以提高施工效率。南宁五-新区间隧道、哈兰萨斯隧道及米德湖 3 号引水隧道等皆穿越江河区域底部的富水软弱地层或裂隙水发育岩层,出于施工安全考虑均采用泥水模式;针对穿越

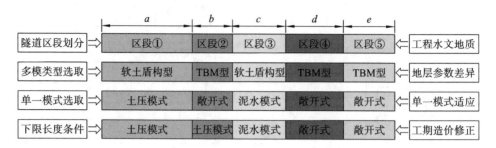

图 9.13 地铁区间多模式掘进设备选型过程演示案例

注：$a \sim e$ 为区段①～⑤的长度。

微风化凝灰岩、砂岩、玄武岩等构成的长距离硬岩地层，鉴于岩层单轴抗压强度较大且岩体自稳性强，优先采用 TBM 型掘进以提高掘进效率。

通过对比各工程不同区段地质数据，发现各区段在渗透系数、弹性模量和单轴抗压强度三方面的地质参数表现出显著差异性，在实际施工中普遍体现在地层沉降控制难、地下水渗透严重和高硬度岩层掘进困难等方面。故此，依据地质参数差异程度，提出选取多模式掘进设备的基本参考原则：复合地层各区段之间的渗透系数差异程度数量级达到 10^3、弹性模量差异程度数量级达到 10^3 或单轴抗压强度差异达到 60 MPa 以上，上述三个条件满足其一，往往就存在施工安全风险高及掘进效率低下等问题，采用单模式设备掘进存在较大局限性，宜选用多模式设备施工方案，在各区段选取最适宜的掘进模式以保证施工安全和提高掘进效率。

2）依据其他施工环境因素的参考原则

多模式掘进设备的选型还应结合不良地质情况、工程环境影响因素等进行综合判定。例如，泥水模式应在地表建设泥浆处理厂，而城市地铁项目往往在施工场地方面条件受限；选取土压或 TBM 多模式设备，应考虑下穿建筑物对地层沉降的敏感程度，鉴于二者易造成地层水流失从而引起较大沉降，必要时应进行地层预加固或堵水处理。当局部地层参数差异较大时，可灵活结合辅助工法。此外，掘进设备选型还涉及当地政府和居民对生态环境保护和污染控制等方面的要求，所以其他施工环境因素对于多模式掘进设备的选型亦存在重要影响。

综上，基于地层参数差异程度和其他施工环境因素的参考原则，可确定是否采用多模式掘进设备，并将各区段初步划分为软土盾构型和 TBM 型。

9.2.5 钢套筒始发接收技术

在地铁施工中,地质情况的复杂多变,给地铁施工带来了巨大的难度和不确定性。盾构隧道因其安全性较高、对环境影响小等优点,在城市地铁建设中广泛使用。然而,地铁盾构隧道施工中,盾构的始发和接收一直以来都是盾构法施工风险较大的环节。

传统施工方法中,一般在盾构机进出洞前对端头土体进行加固。加固的目的主要有两个方面:一方面是提高洞门挡墙后土体的强度和稳定性,防止盾构破墙后土体失稳,造成地层变形引发地面沉降甚至塌陷;另一方面是加固后的土体在洞口一定范围内可以形成有效的止水帷幕,以免洞门打开后地下水从洞口渗入工作井内,尤其是在地下水位高、渗透性较大的砂性土层中,如果土层中地下水损失较多也会造成地面沉降。

目前,盾构始发端头加固的形式主要包括注浆加固、旋喷加固、搅拌桩加固以及冷冻法加固等。但是实际工程中,地层结构往往比较复杂,目前各种加固工艺和加固体检测手段具有一定的局限性,端头加固的效果不能完全保证,盾构始发风险尚不能完全控制。鉴于此,钢套筒始发方法应运而生,并以其安全经济、适用性强等优势在国内得到广泛应用。

1. 盾构钢套筒介绍

盾构钢套筒体系主要由钢制筒体、后盖板、顶推托轮组、托架及反力架等构成。筒体分上下两部分,一般由 30 mm 厚钢板分段卷制而成,并加焊纵向和环向加筋肋,整套装置通过法兰和橡胶密封圈紧密连接。图 9.14 为实际工程中采用的辅助始发和接收的钢套筒。

2. 盾构钢套筒工作原理

盾构在始发和接收时,最主要的风险就是盾构机与开挖面之间密闭性不足,造成开挖面欠压或者渗漏,从而引发土体变形及地面沉降。钢套筒辅助盾构始发和接收正是基于避免此类风险而设计的。钢套筒始发和接收示意分别如图 9.15、图 9.16 所示。

盾构采用钢套筒始发时,钢套筒一端与洞门地下连续墙紧密连接,另一端通过千斤顶与反力架相连,并在钢套筒内部拼装负环管片。组装测试完成后,通过预留的注浆孔,向钢套筒与盾构之间的空隙注入砂浆等填充物,此时,盾构机在

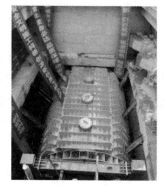

(a) 始发钢套筒　　　　(b) 接收钢套筒

图 9.14　辅助始发和接收的钢套筒

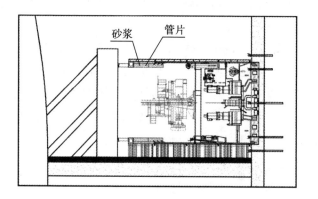

图 9.15　钢套筒始发示意

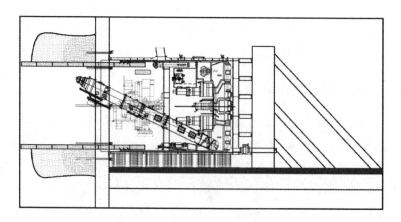

图 9.16　钢套筒接收示意

进洞前就已经在钢套筒内形成稳定的掌子面压力,而且可以根据实际情况调整该压力的大小,以保证最佳掘进效果。如此,盾构机破墙后,即使墙后土体没有加固,也不会发生渗漏和较大变形。

同理,采用钢套筒接收盾构时,钢套筒一端与洞门地下连续墙紧密连接,另一端安装后盖板后通过千斤顶与反力架相连。组装测试完成后通过预留进料口向钢套筒内灌入填充料和水,使筒内压力与墙后水土压力相同。如此,盾构机破墙后仍然处于平衡的压力环境中,接收施工风险显著降低。

3. 盾构钢套筒施工工艺

1) 钢套筒始发工艺

(1) 施工前,先在端头连续墙上植筋锚固洞门过渡钢环,保证过渡钢环安装端面的平整度和轴线精度,过渡钢环与连续墙之间缝隙采用砂浆塞填,保证接缝密封无泄漏;同时可按设计位置同步安装尾部反力架。

(2) 分块安装钢套筒下半部分,钢套筒与过渡钢环、分块之间安装橡胶垫密封,底座与底板之间用垫块垫实,保证安装精度和稳固;下半部分钢套筒安装完成后,在钢套筒内下部 60°弧形范围内铺设砂浆垫层,保证其弧面施工精度,并作为后期 TBM 推进时的保护层。

(3) 在钢套筒内按 TBM 设计分块和拼装顺序,分步骤完成 TBM 主机的组装,并校准 TBM 位置和坐标;在 TBM 主机组装完成后,及时完成与后配套的连接。

(4) 分块完成钢套筒上半部分安装,采用液压千斤顶对钢套筒施加预推力,并最终紧固所有螺栓;在液压千斤顶顶紧的状态下,在钢套筒尾部和反力架之间安装钢柱,用斜楔将钢柱顶紧,并对钢套筒进行加固,防止在施工过程中发生移位。

(5) 进行负环管片拼装,拼装 2 环并将 TBM 推进至洞门外,对钢套筒进行保压试验,检查钢套筒有无渗漏,如有渗漏及时查找泄漏原因并进行修复。保压满足要求后,进行钢套筒内灌浆和管片背后壁后注浆,钢套筒与盾壳之间应灌注非凝固泥砂材料,做好 TBM 掘进准备。

(6) 始发掘进,待盾构主机进洞后,通过特殊管片对盾尾后 5 环管片补充注浆,确保隔断隧道端头与钢套筒的水力联系;通过观察孔观察注浆情况,确保注浆可靠,直至观察口内无水流出,否则继续注浆加固。

(7) 继续掘进,推进 100 m 后,待管片背后浆液达到强度,洞口管片稳固后,管片与土体摩擦力足以提供盾构掘进推力,可选择合适时间拆除钢套筒、负环管片和反力架等结构。

2) 钢套筒接收工艺

（1）TBM 到达前，与始发长套筒一样，先在端头连续墙上植筋锚固洞门过渡钢环，并同样保证安装精度，同时可进行其他准备工作。

（2）分块安装钢套筒下半部分和上半部分，钢套筒与过渡钢环、各分块之间安装橡胶垫密封，底座与底板之间用垫块垫实，保证安装精度和稳固；全部钢套筒安装完成后，安装钢套筒尾部盖板及反力架。

（3）采用液压千斤顶对钢套筒施加预推力，并最终紧固所有螺栓；在液压千斤顶顶紧的状态下，在钢套筒尾部和反力架之间安装钢柱，用斜楔将钢柱顶紧，并对钢套筒进行加固，防止在施工过程中发生移位。

（4）在钢套筒内下部 60°范围内铺设砂浆垫层，保证其弧面精度，并作为后期 TBM 推进时的保护层。封闭所有开口，充填压缩空气，对钢套筒进行保压试验，检查钢套筒有无泄漏，否则，查找泄漏原因进行修复。

（5）通过进料口向接收钢套筒内填入盾构开挖出的渣土，并进行注水浸湿，使钢套筒内压力等于相同深度的水土压力。

（6）盾构即将到达前，应严格控制掘进姿态，对隧道轴线进行多次复核，确保轴线准确，保证 TBM 安全进入洞门圈。慢速推进 TBM 完全进入钢套筒，最后通过特殊管片进行补充注浆，隔断端头与钢套筒内的水力联系，通过观察孔验证注浆情况，保证洞口密封效果。

（7）洞口注浆加固完毕后，通过排浆阀将钢套筒内多余的泥浆排除。筒体内泥浆排除后，即可依次拆除支撑钢柱、钢套筒上部、反力架、TBM 设备及其他结构，最终完成 TBM 接收。

4. 盾构钢套筒施工控制

盾构钢套筒始发和接收施工工艺对各施工环节的控制要求很高，主要体现在以下几个方面。

1）安装精度控制

钢套筒各构件在运输和吊装过程中严禁摔、碰，以免发生变形影响安装质量。洞口预埋板环安装定位时环板中心（圆心）位置偏差不大于 10 mm，环板的 4 个分块组装误差不大于 2 mm，预埋螺栓及环板上螺栓孔的位置误差不大于 2 mm。

2）密闭性控制

在盾构始发和接收前,应对钢套筒密闭区的密封性进行检测,保证使用过程中不发生渗漏。

3）盾构推进控制

严格控制盾构推进姿态,始发进洞时盾构切口高于轴线 2~3 cm,呈略抬头姿态。盾构接收即将出洞时,应增加测量频率,确保盾构顺利进入钢套筒内。

4）套筒压力控制

在套筒内安装压力计,实时监测筒内压力并与盾构土压力设定保持一致,当压力有偏差时,及时通过外部加压措施进行调整。

5）同步注浆控制

根据隧道洞身穿越地层的特点,严格控制同步注浆的注浆压力和注浆量,尽早充填盾尾建筑空隙,及时支撑管片周围岩体,防止地层产生过大变形并保证盾尾密封效果。

此外,在做好上述施工控制的同时,要制定专门的风险应对方案,保证出现意外情况时能够及时正确地处理。

5. 钢套筒优缺点

1）优点

(1) 适用性广。

适用于各种复杂地层,尤其是在洞门端头地质条件差,而且加固施工比较困难时,采用盾构钢套筒进行始发、接收施工具有明显的优势。

(2) 免除端头加固。

因为有钢套筒内的填充物对端头提供反压力,在正常操作的情况下,端头涌水、涌沙或者塌陷等各种常见风险能够得到有效控制。

(3) 循环利用。

盾构钢套筒由多块钢结构组成,可多次组装、拆卸,在同一盾构隧道中可以多次循环使用。虽然制造费用较高,但多次循环使用将分摊成本,节省大量地基加固费用,尤其是在盾构过站较多的线路上更具经济效益。

(4) 安全环保。

采用钢套筒辅助盾构始发与接收能较好地控制施工过程中的各种风险,对周围建筑物和地下管线影响小,同时基本不会对周边水土环境造成影响。

2) 缺点

(1) 工期较长。

钢套筒的安装和检测工作都是在狭小的基坑里进行的,拼装接口多而且要保证组装精度,整个安装过程大概需要 20 d。与常规端头加固后盾构出洞相比,钢套筒接收盾构时,因为需要严格控制盾构推进姿态,掘进速度也很缓慢,盾构出洞时间更长。

(2) 储运困难。

钢套筒直径大于盾构,每块组件尺寸及重量都较大,在运输和储存上有一定的困难,而且钢套筒各组件在运输和存储过程中要尽量避免摔碰,严格控制变形,以保证安装精度。

(3) 出洞难度增加。

由于钢套筒的存在,要保证盾构机出洞时正好进入钢套筒内,给盾构出洞掘进提出更高的要求。不光要严格控制掘进姿态,增加测量频率,缓慢推进,还要控制好掌子面的压力,确保掌子面压力与钢套筒内水土压力平衡。

9.2.6 机械法联络通道技术

随着城市化进程的进一步推进,土地资源日益稀缺,地下空间开发成为实现城市可持续发展的重要途径。联络通道可以联系地下空间,有着极其重要和独特的作用。此外,由于主隧道完成后才可进行联络通道的施工,因此其势必会对原有空间造成一定程度的影响。按照目前国内外对联络通道施工的研究及应用,其施工方法主要分为非机械法和机械法。技术相对成熟、应用较多的是非机械法。对于机械法,国内外团队也在进行不同地质条件下联络通道施工的研究。国内方面,科研人员通过设计技术研究、联络通道装备研发及施工综合技术研究,建立了机械法联络通道技术体系。本节将对目前联络通道的主要施工方法进行综合对比,并对机械法联络通道的技术体系研究进行介绍,为联络通道施工提供理论支持。

1. 联络通道非机械法及机械法施工概述

联络通道非机械法施工常见的加固方式有水泥土搅拌法、冻结法等。水泥土搅拌法最早由美国研发。该法适用于软黏土地区,鉴于日本的地质条件情况,该法逐步成为日本软土地基加固最主要的方法之一。冻结法早期主要应用于采矿工程,现已被推广至隧道、联络通道等地下工程,并逐渐成为联络通道的主要施工方法。管棚超前支护法是近年发展起来的一种在软弱围岩中进行隧道掘进的新技术,最早作为隧道施工的一种辅助方法,在软岩隧道施工中穿越破碎带、松散带、软弱地层,涌水、涌沙层发挥了重要作用。

当前国内地铁联络通道施工应用最广泛的方法就是冻结法加固、矿山法开挖。需要注意的是冻结法存在工艺较复杂、所需费用较高等弊端。冻结法在施工过程中易受多种因素的影响从而难以控制,主要有以下几种情况。

(1) 在地下水压力较大的含水砂层施工时易发生因孔口管松动或脱落、冻结管接头断裂、钻头逆止阀失效和孔口止水装置损坏等造成的钻孔漏水喷沙现象。

(2) 冻结管的断裂,即不能正常工作,需要停止冻结,从而造成冻结壁融化、冻土强度降低,而且随着冻结管的断裂,管内盐水漏失在黏土层内会对环境造成污染。

(3) 开挖期间突然出现的停电或严重的机电事故造成的长时间停冻,会使冻结壁温度迅速升高,承载力迅速降低,变形速度加快等。

(4) 大量的冻结孔钻孔会破坏管片结构和内部钢筋,对管片强度有明显的削弱作用,且会造成渗漏水,影响管片的耐久性。同时结合矿山法开挖,开挖面空间狭小,作业环境差,存在较大的安全隐患。

基于非机械法施工存在的诸多不足,国内外近年来进行了机械法施工技术的探索与实践。机械化程度较高的工艺以顶管法、盾构法及 TBM 等为代表,在安全性、工效、质量及造价等方面的优势使机械法逐渐取代各类矿山法,成为隧道施工的主流工艺。但机械法的主要难点如下:操作空间较为狭小,导致施工的作业空间受限;一系列配套系统设计使用较为复杂、紧密性强,新设备进场后较难快速掌握操作技巧等。

2. 综合对比分析

1) 水泥土搅拌加固暗挖法

适用于软黏土地区,工艺成熟。当土体加固质量好时,施工安全快速,较易保证结构的防水性,风险较小。而且该方法成本较低,主要费用为土体加固费用,占总费用的 50% 左右;施工进度约为 2.5 个月。加固体强度较低,但加固体均匀,自稳性好。在对环境的影响方面,土体搅拌加固时需要占用场地,会妨碍正常交通的运行,还会有地面沉降、噪声、泥浆污染。

2) 冻结加固暗挖法

适用于含水率较高的冲积软土地层,冻结时不占用地面,土体加固强度高、止水性能好。但工艺较为复杂,工期长、造价高,对地面沉降有一定影响。该方法主要费用为冻土费用,占总费用的70%左右,冻结价格为4000~6000元/m³,联络通道的综合造价为350万~400万每座;施工进度约为3个月。冻土强度高、均匀、自稳性好、止水性好,但受冻结质量影响较大。在对环境的影响方面,地面上方虽无水土、噪声污染,但冻结液为高浓度盐水,会对环境造成污染,且该方法对冻融控制要求较高,易造成地面沉降。

3) 管棚法

适用于软弱地层和特殊困难地段,如破碎岩体、塌方体、强流失性地层、浅埋大偏压等围岩,或对地层变形有严格要求的工程。该方法技术要求低,成本较低,受超前支护结构质量影响,管棚越长,施工误差越大,质量越难控制。该方法可以较好地控制地面沉降变形,对地面环境影响小。

4) 顶管法

适用于含水率小的软黏土地区。工艺新、设备少、工序简单、机械化程度高,设计及施工技术要求高。该方法主要费用为机械费和材料费,机械费用为150万~200万,但顶进设备可重复使用,联络通道的综合造价为450万~500万每座;施工进度约为45 d。该方法无须明挖土方,地面地下无污染,不影响交通,不破坏原有管线,对环境影响小。

3. 机械法联络通道技术体系研究

在国内外研究基础上,科研人员通过设计技术研究、联络通道装备研发及施工综合技术研究,建立了以"全封闭、微加固、强支护、集约化"为主要特点的机械法联络通道技术体系,并在宁波试验成功。其特点如下。

1) 全封闭

采用机械化掘进设备进行通道的施工,装备外壳作为"盾体"可对掘进中的土体进行有效支护,为构筑提供全封闭的安全作业空间。此外,在始发与接收阶段,采用套筒始发接收的工艺和可切削材料进行洞门设计,配合刀盘的设计可实现整个施工过程中的全封闭,全面提升了施工安全性。

2）微加固

采用全封闭的施工工艺进行联络通道的施工,装备外壳及套筒能够实现土体支护功能,因此取消了大体量的土体改良加固。在进出洞套筒间隙和设备盾尾间隙处采用注浆止水微加固。

3）强支护

通道掘进过程中,主隧道开洞门产生的受力变化及掘进机推力产生的附加荷载,会对原有隧道管片产生不利的变形和结构影响,为确保原有隧道结构的安全,在始发及接收影响范围内设置隧道支撑智能台车。台车配备智能支撑体系,通过强大的支护来平衡管片开洞和推进产生的附加弯矩,确保施工过程中的结构安全。

4）集约化

隧道空间狭小是该技术的一个重要特点。装备采用高质量密度的集成设计、集约化的管片结构设计及极小空间机械化施工工艺研发,体现了技术的集约化。

通过对各个结构相似、施工工期极短的联络通道的施工过程进行经验总结,可形成特有的快速施工管理模式,便于推广。联络通道盾构法施工整体效果如图9.17所示。总体设计方案:对主隧道联络通道处管片进行钢混凝土特殊设计,并预留可切削部位,使其具备机械法施工条件;采用

图 9.17 联络通道盾构法施工整体效果

套筒法进出洞,确保施工过程中洞门密封;直接通过掘进机切削管片混凝土完成出洞;通道衬砌为预制拼装式结构,按照工法可分为管节、管片两种形式;通道衬砌的首尾处设计为钢结构,便于洞门接口施工;洞门接口为现浇结构;待撤离掘进机后,施工洞门接口,安装防火门。

联络通道处隧道管片考虑采用钢混结合特制管片,联络通道掘进机掘进位置采用混凝土管片,其他部位采用钢管片,钢管片预留注浆孔,通过注浆的方式对进出洞门处的地层进行加固。机械法联络通道隧道施工影响范围内的主隧道需要为联络通道隧道的顶进预留施工条件,故在顶进范围采用连续3环宽特殊管片,待切削区域内的2块管片采用钢-混凝土复合衬砌,其余4块管片仍采用钢筋混凝土管片。顶管法联络通道衬砌为钢筋混凝土衬砌,环间螺栓连接,进出

洞处为钢环。管节接缝粘贴遇水膨胀橡胶密封垫及泡沫条。

联络通道有多种施工方式,然而随着行业机械化程度加深,机械法联络通道已成为发展趋势及国内外的研究重点,其优势不容小觑。总的来说,机械法联络通道具有设备少、工序简单、机械化程度高等优势,尤其对于易产生冻融沉降的软土地区具有较好的适用性。然而机械法联络通道的施工不仅仅是机械的使用,更有相应的可切削管片、后续配套设施等整体性方案的设计。机械法在宁波的成功试验为今后在不同地质条件下运用机械法提供了实践支撑。但非机械法施工也并非一无是处,在不适宜采用机械法进行施工的项目中,仍有其发挥空间。

9.2.7 鱼腹梁支撑体系技术

为充分节省地上空间,越来越多的基坑工程采用深基坑形式,这使得基坑的支护难度也随之提高。基坑支护既要确保基坑的顺利、安全开挖和后续地下工程的安全施工,又要尽可能减小对周边环境的影响。基坑设计经过多年的发展,已经从最初简单的强度控制,发展到在符合强度要求情况下的考虑更加复杂的变形控制。即基坑支护设计方案在考虑工程工期、造价、施工便利性的同时,在施工中应严格控制变形量,尽可能降低对周边道路、保留建筑和地下管线可能的影响,确保顺利实施整个工程。

基坑的支护系统一般由两个部分构成:竖向围护结构、水平向的内部支撑体系和锚拉系统。竖向围护结构主要起到挡土、止水的作用。水平向的传统锚拉系统,具有降低工程造价,施工方便,工期较短的优势,但其易受到建筑红线和土质等因素制约,并且容易破坏相邻建筑物和地下管道。与之相比,内部支撑体系的造价相对较高,但其可为围护结构提供支撑点,平衡围护结构两端的侧压,从而把围护结构的变形和内力控制在合理范围内。基坑工程现如今拥有许多竖向围护和内支撑结构形式,可根据工程的实际情况,综合比选确定合适的竖向围护结构和支撑系统,形成最终完整的支护体系。

1. 传统内支撑形式

1) 钢筋混凝土支撑

在现有的基坑支护体系中,最常见的是钢筋混凝土支撑。钢筋混凝土支撑具有刚度大、整体性好的优点,并能通过刚度的加强,减小顶部位移,从而有利于对周边环境的保护,不受周边场地约束。此外,钢筋混凝土支撑还可以灵活布置,分块施工。但混凝土支撑体系同时也存在一些问题,如自重大;浇筑和拆除过程复杂,耗时较长,导致施工工期较长且产生的噪声较大;拆除的废旧混凝土构件也不易于回收。

2) 钢支撑

钢支撑体系具有自重轻;安装和拆除迅速,施工方便;无须养护,有效节约施工周期等优势。拆除的钢支撑可循环利用,极大地节约了资源,实现绿色环保,符合我国的可持续发展之路。但是钢支撑的刚度与钢筋混凝土支撑相比偏小,容易失稳,需要设置竖向水平支撑。因此,钢支撑体系往往布置密集,使得后续的基坑开挖困难,降低了施工速度,也极大地增加了施工成本。

3) 组合支撑

组合支撑是指基坑中同时采用钢支撑和混凝土支撑的支撑形式,这种组合支撑结构可以充分发挥两种支撑形式的优点。采用混凝土支撑部分替代钢支撑,可有效提升支撑刚度,降低基坑的水平变形。而采用钢支撑部分替代混凝土支撑可有效缩短施工工期,降低建造过程中的碳排放。然而,与混凝土支撑相比,钢支撑的刚度较小,在不规则的基坑中配合使用这两种支撑方式时,很有可能出现由支撑刚度的差异引起基坑的不均匀变形。因此如何解决组合支撑形式的受力、变形协调及刚度匹配问题是当前急需解决的问题。根据国内现有相关基坑设计及施工的经验来看,绝大多数的深基坑可采用混凝土支撑作为第一道支撑。这是因为在基坑开挖过程中第一道支撑往往会出现拉力,而钢支撑只能承受压力而不能承受拉力。若将钢支撑作为第一道支撑容易出现支撑掉落的情况,从而引发事故。

2. 装配式预应力鱼腹梁内支撑系统的发展

基于此,我国引进了一项用于地下空间开发的绿色深基坑支护技术——装配式预应力鱼腹梁内支撑系统(innovative prestressed support earth retention system,IPS),并将其应用到了基坑工程中。装配式预应力鱼腹梁内支撑系统通过对鱼腹梁上钢绞线施加预应力,预应力通过钢绞线传递到支撑上,极大地提高了支撑的抗弯刚度,降低支撑数量。最终通过角撑、对撑等连接形成跨度大、空间大的预应力支撑体系。与传统的预应力钢支撑体系相比,IPS的预应力是通过钢绞线施加的,其预应力大小可通过钢绞线的张拉实时调整,进而主动控制基坑变形,能较好地控制因温度引起的支撑伸缩变形和位移变化。由于预应力鱼腹梁刚度较大,支撑数量较少,支撑之间的空间较大,方便基坑的开挖和出土,极大降低了施工速度。采用装配式预应力鱼腹梁内支撑系统的基坑宽度可超过 100 m。装配式鱼腹梁的安装和拆除较为容易,并且可以循环利用,降低了施工成本,节能环保。

因此,装配式预应力鱼腹梁内支撑系统在城市大基坑工程中具有广泛的应用前景。目前,装配式预应力鱼腹梁内支撑系统已在南京南站综合枢纽快速环线工程、春勤农贸市场及睦邻中心、无锡金领水产市场、嘉兴八佰伴深基坑支护工程、昆山花桥商务中心深基坑支护工程、江阴幸福里深基坑支护工程、镇江人民医院深基坑支护工程、深圳美景工业苑项目、上海徐泾镇西虹桥徐南路07~04地块等几十项大型工程中得到应用。

3. 装配式预应力鱼腹梁内支撑系统的组成

装配式预应力鱼腹梁内支撑系统由对撑、角撑、预应力鱼腹梁、腰梁和连接件等水平支撑和立柱、托梁、托架等竖向支撑组合构成,且全面采用预应力的平面支撑体系。装配式预应力鱼腹梁内支撑体系示意如图9.18所示。

其中鱼腹梁由上弦梁(腰梁)、腹杆、连杆和下弦钢绞线组成,按鱼腹梁不同适用跨度主要有FS型、FA型和SS型。鱼腹梁结构简图如图9.19所示。腰梁和鱼腹梁端部钢绞线的夹角取值:FS型、FA型一般取23°,SS型宜为30°~38°。夹角越大,鱼腹梁刚度及承载力越大,端部偏心弯矩越大,摩擦损失越大。

4. 装配式预应力鱼腹梁内支撑系统的关键技术

1) 可靠的预应力施加技术

装配式预应力鱼腹梁内支撑系统可设置专业的加压端,并配备专业的加压系统。对撑、角撑采用油压千斤顶进行加压,鱼腹梁的钢绞线采用穿心式千斤顶进行张拉。加压端一般设置在对撑、角撑的端部,由两根横梁(高度×宽度×腹板厚度×翼缘厚度为 350 mm×350 mm×22 mm×28 mm 的加强型焊接型钢)和保力盒组成。横梁的宽度可根据一组对撑(或角撑)的宽度灵活选用。横梁和保力盒皆为在钢厂内提前加工好的构件,准确度高、强度有保障。通过千斤顶将横梁顶出空隙,然后在锁定盒位置填塞钢板,实现对钢支撑的预

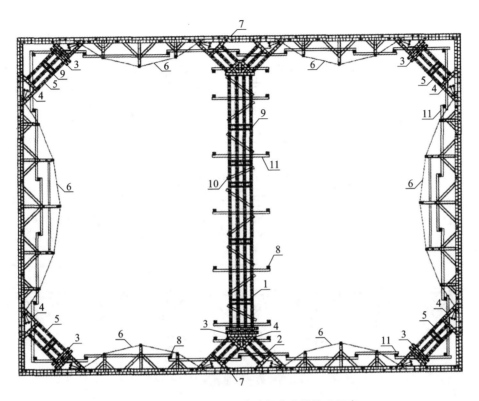

图9.18 装配式预应力鱼腹梁内支撑体系示意

1—对撑杆件；2—八字撑杆件；3—预应力装置；4—连接件；5—角撑杆件；6—鱼腹梁；7—腰梁；8—立柱；9—盖板；10—系杆；11—托梁

应力施加。

2) 可靠的传力节点

(1) 地脚螺栓——冠梁与钢围檩组合梁的抗剪构件。

地脚螺栓组成如图9.20所示，其施工步骤：在冠梁钢筋绑扎好之后，钢围檩贴紧冠梁内边线放置，并穿好地脚螺栓，最后浇筑冠梁混凝土。

(2) T形传力件——围护桩与钢围檩的水平传力。

T形传力件一般采用H350或H300型钢剖切而成，与围护桩或围护桩的钢筋焊接，另一侧与钢围檩焊接，用于传递垂直于围护墙的土压力和平行于围护墙的水平剪力的作用。

(3) U形卡——约束支撑隆、沉变形的构件。

U形卡在预应力施加阶段约束侧向位移，其平面布置如图9.21所示。

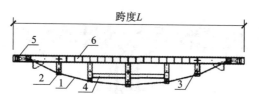
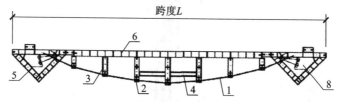
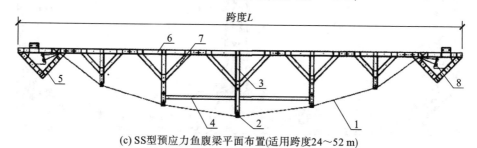

图 9.19 鱼腹梁结构简图

1—下弦钢绞线；2—桥架；3—直腹杆；4—连杆；5—连接件；6—上弦梁；7—斜腹杆；8—锚具

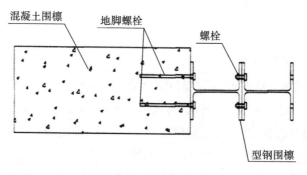

图 9.20 地脚螺栓组成

3）多冗余度的水平支撑体系

装配式预应力鱼腹梁内支撑技术在应用的过程中通过添加附件来提高整个系统的稳定性,借助附件的帮助能够形成一个稳定的超静定结构,这样不仅能够

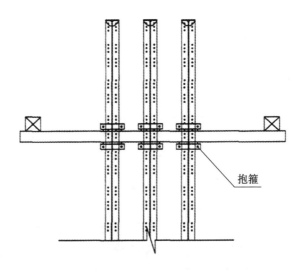

图 9.21　U 形卡平面布置

提高系统的整体性,又能减少荷载对支撑系统的冲击,和传统的支撑系统技术相比,装配式预应力鱼腹梁内支撑技术能够有效保证基坑支护结构的安全性。

5. 装配式预应力鱼腹梁内支撑系统的工作机理

基坑在安装预应力鱼腹梁内支撑体系的初始装置后,对鱼腹梁的钢绞线施加预应力进行张拉锚固,支撑材料得到压缩,从而激发出土体的被动土压力,使围护结构发生向基坑外的位移。当对基坑内土体进行开挖后,土体的开挖卸荷与扰动会导致围护结构受到主动土压力,从而产生向基坑内的位移。内外位移的相互叠加使得位移抵消,实现变形的有效控制。

由此可见,由预应力激发的被动土压力是装配式预应力鱼腹梁内支撑系统实现变形控制的关键。

装配式预应力鱼腹梁内支撑系统的工作机理总结如下。

(1) 预应力鱼腹梁通过先施加预应力,支撑材料得到压缩,激发了坑外土体的被动土压力 E_p。支撑轴力在增加较少的情况下,基坑位移及变形得到有效控制。

(2) 相同外荷载土压力情况下,支撑的表观刚度越大,围护产生的位移及变形越小。而鱼腹梁内支撑表观刚度大,可以有效控制基坑水平位移。

9.2.8 装配式地下连续墙技术

1. 地下连续墙发展现状

我国是世界上较早引入并研究地下连续墙施工技术的国家之一。特别是进入 21 世纪以后,国内各地兴起了各种深大基坑和地铁基坑工程的建设,其中地下连续墙技术具有较高的经济性与安全性,故而得以推广并大量应用,进而促进了该项技术的发展与进步。其优点如下:施工噪声低,造成的振动小;墙体采用钢筋混凝土整浇,整体刚度大,开挖变形小,可在已有建(构)筑物附近施工,安全性更高;墙体抗渗能力强、强度高、耐久性好,并可较好适应各类土层;当采用"二墙合一"设计时,地下连续墙可兼作地下室外墙,减少材料消耗与工程造价;墙体现场浇筑成型,造型灵活,适应性强。

尽管现浇式地下连续墙拥有上述优点,但在地下水位高、土层复杂、周围环境要求高的软土地区,一些主要施工工艺仍不完善,也曾导致过严重工程事故,造成了巨大财产损失以及社会负面影响。主要体现在以下几个方面。

1) 塌槽

泥浆护壁对均匀性较好的黏土或粉质黏土作用较好,当土层中含有未腐烂的树根草木或其他杂物时,塌槽便不可避免;废弃市政管线和砂层也是塌槽易发区段。塌槽对地下连续墙质量、接头止水、地下管线和周围环境影响均较大,目前主要采用调整泥浆比重和黏稠度的方式来解决此问题,但特殊情况时取得的效果不明显。

2) 接头夹泥漏水

由于需要在泥浆中采用机械刷壁设备清理两幅地连墙接头处附着的泥土,但当槽壁不直时很难通过刷壁设备清理接头夹泥。同时,浇筑时间过久也会导致泥浆中的泥沙沉淀,在混凝土浇筑过程中积聚在接头处。基坑开挖过程中在承压水作用下,接头处的夹泥被冲开造成基坑漏水险情,此类透水事故在地下连续墙基坑支护中占 80% 以上。

3) 泥浆处理影响环境

地下连续墙成槽主要靠泥浆护壁,泥浆主要成分为膨润土,同时添加了平衡酸碱度和调节泥浆凝固的化学品剂,对环境影响较大。目前地下连续墙废弃泥浆均采用运至郊外倾倒的方法处理,随着地铁建设的增加,大量废弃泥浆对环境的影响越来越大。

4）钢筋笼吊装风险大

地铁车站一般为地下2～3层，基坑深度在16～30 m，地下连续墙深度在30～60 m，钢筋笼均采用现场绑扎吊装，单幅连续墙钢筋笼长度一般在30～40 m，重量在20～40 t之间，体积和重量均较大，吊装风险很高，实际案例中多次出现地下连续墙钢筋笼吊装失败砸毁地面设施和威胁人员安全的情况。

随着工程技术的发展进步、环境保护意识及施工标准的提高，国内越来越多的民用建筑、工业建筑、桥梁工程等均采用了预制装配式结构。目前在发达国家，地上结构的预制装配式技术得到了广泛的应用，国内也初步建立了关于地上结构的预制装配式施工技术和管理体系。其中，预制装配式地下连续墙作为一种工厂化预制结构，具有常规地连墙所没有的很多优势，可在很大程度上提高施工效率，减小环境污染，并契合绿色可持续发展的战略目标，具有重大的研究意义及良好的发展前景。

2. 预制装配式地下连续墙的结构形式

预制装配式地下连续墙结构形式的确定原则包括以下四点。

1）施工机械

按现阶段施工机械水平，土体预搅拌成槽的施工方法可分为传统地下连续墙成槽机抓土成槽、铣削深层搅拌技术（CSM）工法双轮切铣成槽以及渠式切割水泥土连续墙（TRD）工法链条切割成槽等。这些工法的成槽形状均为矩形，要保证预制装配式地下连续墙在矩形预搅地层中稳定嵌固并与原状土紧密接触，采用与成槽形状一致、尺寸匹配的矩形墙幅最为方便合理，此种结构形式与传统现浇混凝土地下连续墙一致（均为矩形板墙结构）。

2）地铁基坑施工经验

一般两层车站的基坑采用800 mm厚C35现浇混凝土地下连续墙即可以满足受力要求，极少部分埋深较大、地质较差的两层车站基坑采用1000 mm厚C35现浇混凝土地下连续墙才能满足受力要求。而工厂化预制的装配式地下连续墙，混凝土等级可由C35提高至C50，钢筋保护层厚度亦可由现浇混凝土墙的70 mm减薄至35 mm，同时预制墙的质量更容易保证。

3) 道路运输与基坑深度

综合考虑城市道路、桥梁的运输限制，先对预制构件的尺寸与重量进行规范，在此基础上再结合城市中常见基坑的深度，确定预制构件的长度与宽度，最终便可确定预制墙的分幅分段尺寸。

4) 实心截面形式

国内预制桥梁、预制楼盖板、预制建筑隔墙等构件大部分采用中空截面形式。结构计算及使用经验表明采用中空截面形式时，构件受力性能削弱有限，能够满足大部分使用要求，且采用中空式截面后能有效减少结构自重，减少混凝土用量，降低运输载重，增大经济效益。但考虑到预制装配式地下连续墙结构主要用于地下，地下连续墙间接头处存在地下水腐蚀的可能，且调研国内已采用中空式截面的预制装配式地下连续墙结构后发现，地下连续墙插入地下后，均对中空截面内进行了灌注混凝土处理，因此，预制装配式地下连续墙大多采用实心截面形式。

3. 预制装配式地下连续墙的拼装组合方式

预制装配式地下连续墙的拼装应满足以下几点原则。

（1）从地下连续墙整体受力角度考虑，单幅地下连续墙分节越多，接缝越多，则整体性能越差，因此单幅墙节段宜少，满足道路运输及吊装需求即可。

（2）参考盾构管片拼装经验，错缝拼装的受力性能比通缝拼装更合理，整体性更好，预制装配式地下连续墙也宜采用错缝拼装，为实现错缝拼装，预制构件长度应采用变长度设计。

（3）预埋件的位置与支撑布置必须匹配，同时预埋件应避开接头区域，以使地下连续墙受力更安全可靠。围护结构计算经验表明，地下连续墙受力最大的区域集中在靠近基坑底部区域，在此范围内应尽量少设接头。

4. 预制装配式地下连续墙的连接形式

连接结构是将装配式结构预制件连接为整体的结构，其应满足结构受力安全，连接可靠，施工方便等要求。现阶段限制装配式构件发展的结构因素主要是连接形式的可靠性。目前常见的连接形式主要有：普通混凝土榫卯连接、混凝土现浇连接、型钢配合高强螺栓连接、预制混凝土榫卯结构配合高强螺栓连接等。这些连接形式均能满足相应构件的使用要求。

预制装配式地下连续墙结构存在沿预制墙长边方向的接缝结构及沿短边方

向的接头结构,这些接缝及接头结构的存在将影响围护结构的整体受力及防水性能。为使接头及接缝结构能满足受力、防水及施工便易性等方面的要求,必须采用可靠的连接结构。

接缝:在预制墙一侧预埋 L 型钢,形成 T 型钢卡扣,并在卡扣间预留矩形断面的注浆钢管;墙体另一侧预埋 L 型钢和钢板,共同组成 C 型钢卡槽。施工时,C 型钢卡槽作为定位器,将 T 型钢卡扣插入其中引导后行预制墙幅拼装,最后通过预埋管道注浆达到止水效果。

接头:在预制墙短边一侧预埋钢管或钢棒,并设置定位器,施工时,先向钢管内灌入环氧类结构胶,之后配合定位器将上部墙体的预埋钢棒插入,最后采用高强构造螺栓将接头连接固定。

5. 预制装配式地下连续墙的制作流程

(1) 根据图纸制作并准备相关零部件。
(2) 根据图纸制作模具并绑扎钢筋。
(3) 进行构造螺栓的拉拔试验,确保其工作强度。
(4) 预制墙体的试吊。

6. 预制装配式地下连续墙的施工流程

预制装配式地下连续墙的施工流程与传统现浇地下连续墙基本相同,如图 9.22 所示。

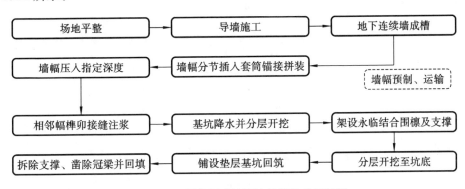

图 9.22 预制装配式地下连续墙的施工流程

预制装配式地下连续墙技术在传统现浇地下连续墙施工技术基础上进行了创新,墙体采用工厂化预制,分段、分幅自由,制作与养护均不占用工期,施工时更可直接运输到现场进行连续吊装施工,避免了大型钢筋笼的现场吊装及现场混凝土浇筑。护壁泥浆中也不需要添加任何外加剂,提高了施工效率与质量,同时减小了工程风险与环境污染。预制装配式地下连续墙与传统现浇地下连续墙施工工艺对比如表 9.2 所示。

表 9.2 预制装配式地下连续墙与传统现浇地下连续墙施工工艺对比

项 目	传统现浇地下连续墙	预制装配式地下连续墙
成槽	普通抓斗式地下连续墙成槽机进行成槽	普通抓斗式地下连续墙成槽机进行成槽
墙幅连接	锁口管或型钢接头	横向、纵向接缝
墙幅尺寸	800 mm 厚 C35 混凝土,标准幅 6 m	750 mm 厚 C50 混凝土,标准幅 1.2 m
成墙质量	受成槽、钢筋笼吊装、浇筑等相关因素控制	主要受成槽质量控制,墙幅通过横缝及纵缝连接,整体性相对更易控制
支撑体系	钢支撑直接架设在地、墙上	钢支撑处需要增设腰梁
工期	主要受场地、钢筋笼绑扎等时间控制	主要受成槽时间控制

参 考 文 献

[1] 曹萌芽.城市轨道交通大型地下空间结构抗震性能设计[J].工程建设与设计,2021(19):91-93+120.

[2] 陈凡,何川,黄钟晖,等.地铁区间隧道多模式掘进设备选型适应性研究[J].现代隧道技术,2022,59(03):53-62.

[3] 段熙宾,王冰峰,杜小智,等.轨道交通 BIM 协同设计平台的设计与实现[J].铁道标准设计,2020,64(03):60-64.

[4] 高峰.城市地铁与轻轨工程[M].北京:人民交通出版社,2019.

[5] 顾保南,叶霞飞.城市轨道交通工程[M].武汉:华中科技大学出版社,2015.

[6] 韩宝明,习喆,孙亚洁,等.2022年世界城市轨道交通运营统计与分析综述[J].都市快轨交通,2023,36(01):1-8.

[7] 何冠鸿,翟利华,卢晓智,等.装配式地铁车站技术研究与应用现状分析[J].中国标准化,2019(08):12-14.

[8] 胡琦,施坚,方华建,等.型钢组合支撑研究综述[J].建筑施工,2019,41(12):2111-2113.

[9] 胡爽子.浅析盾构始发与接收钢套筒施工工艺[J].四川建材,2016,42(06):128-129+132.

[10] 黄共.城市轨道交通概论[M].成都:电子科技大学出版社,2019.

[11] 黄圣翔.城市轨道交通高架车站外围护体系装配式设计策略研究[D].重庆:重庆大学,2021.

[12] 吉泽森.基于装配式预应力鱼腹梁结构体系的深基坑支护案例分析[D].扬州:扬州大学,2022.

[13] 江苏省建设工程质量监督总站,南京市轨道交通建设工程质量案例监督站.城市轨道交通工程质量监督实务[M].南京:东南大学出版社,2017.

[14] 李佳.城市轨道交通桥梁及列车的地震安全性分析[D].北京:中国地震局工程力学研究所,2020.

[15] 梁志国,段李浩,代科,等.城市轨道交通土建工程施工技术[M].武汉:华中科技大学出版社,2022.

[16] 廖鑫,刘楠.城市高架桥抗震设计中的关键问题[J].住宅与房地产,2017(03):259.

[17] 刘辉.浅埋暗挖法和盾构法在地铁修建中的适应性问题研究[D].成都:西南交通大学,2004.

[18] 刘如山,朱治.地下结构震害预测研究综述[J].地震工程学报,2020,42(06):1349-1360.

[19] 毛远文,任科,刘志军.轨道交通"桥建合一"高架车站大悬臂独柱墩结构设计研究[J].城市道桥与防洪,2021(01):104-106+136+13.

[20] 日本防止铁路车辆地震时脱轨措施[J].现代城市轨道交通,2021(03):114-117.

[21] 石长城.地铁装配式地连墙原位试验及受力变形机理研究[D].天津:天津大学,2021.

[22] 孙萍.轨道交通低碳建设方案研究[J].铁道建筑技术,2023(03):61-65.

[23] 陶艺冰,郝彩梦.机械法地铁联络通道技术体系研究[J].电工技术,2022(20):179-180+183.

[24] 铁道第三勘察设计院集团有限责任公司.铁路桥涵设计规范:TB 10002—2017[S].北京:中国铁道出版社,2018.

[25] 王成全.高速列车碰撞动力学响应与脱轨机理研究[D].成都:西南交通大学,2022.

[26] 王嘉伟.无筋钢纤维混凝土管片承载力极限状态设计计算方法研究[D].成都:西南交通大学,2022.

[27] 王君杰,黄勇,董正方,等.城市轨道交通结构抗震设计[M].北京:中国建筑工业出版社,2019.

[28] 王开云,王少林,杨久川,等.地震环境下铁路轮轨动态安全性能及脱轨研究进展[J].地震工程与工程振动,2012,32(06):82-94.

[29] 王胜.城市轨道交通简支高架桥梁横向抗震能力研究[D].石家庄:石家庄铁道大学,2018.

[30] 王子璇.基于成本效益分析的地下城际铁路枢纽综合开发设计[D].北京:北京交通大学,2022.

[31] 卫林斌.地铁车站结构的抗震分析与减震技术研究[D].西安:西安科技大学,2017.

[32] 卫小伟,卢剑鸿,钱伟强.城市轨道交通概论[M].武汉:华中科技大学出

版社,2021.

[33] 吴昊.城市轨道交通桥梁震害预测方法研究[D].北京:北京交通大学,2010.

[34] 向畅颖.基于城市防灾体系的地铁站防灾设计研究[D].哈尔滨:哈尔滨工业大学,2014.

[35] 肖木洋.轨道交通地震监测及预警系统现状分析[J].地震工程学报,2017,39(S1):189-194.

[36] 肖新标.复杂环境状态下高速列车脱轨机理研究[D].成都:西南交通大学,2014.

[37] 闫泽,张丽.化工新材料在先进轨道交通中的应用现状和发展趋势[J].化学工业,2018,36(05):1-9.

[38] 颜永逸,翁顺,李鹏辉,等.轨道交通地下结构安全监测与管养系统的实现[J].土木工程与管理学报,2018,35(04):152-157.

[39] 杨林,董瀚潞.超长高架车站结构设计与分析[J].现代城市轨道交通,2019(06):113-116.

[40] 杨秀仁.我国预制装配式地铁车站建造技术发展现状与展望[J].隧道建设(中英文),2021,41(11):1849-1870.

[41] 姚任行.钢桁架结构在城市轨道交通工程中的运用[J].工程建设与设计,2017(17):107-109.

[42] 袁珏.轨道交通高架车站设计要点[J].工程建设与设计,2023(02):74-76.

[43] 袁勇,陈之毅.城市地下空间抗震与安全[M].上海:同济大学出版社,2014.

[44] 张九高.轨道车辆车体结构用材现状及发展[J].哈尔滨铁道科技,2016(02):4-5+19.

[45] 张旭园.城市轨道交通施工新技术研究[J].工程建设与设计,2015(10):101-103.

[46] 中国建筑科学研究院.混凝土结构设计规范(2015年版):GB 50010—2010[S].北京:中国建筑工业出版社,2015.

[47] 中国冶金建设协会.岩土锚杆与喷射混凝土支护工程技术规范:GB 5008—2015[S].北京:中国计划出版社,2015.

[48] 中华人民共和国水利部.工程岩体分级标准:GB/T 50218—2014[S].北

京:中国计划出版社,2015.

[49] 中华人民共和国住房和城乡建设部,中华人民共和国国家质量监督检验检疫总局.建筑抗震设计规范(2016年版):GB 50011—2010[S].北京:中国建筑工业出版社,2010.

[50] 中华人民共和国住房和城乡建设部.城市轨道交通结构抗震设计规范:GB 50909—2014[S].北京:中国标准出版社,2014.

[51] 中华人民共和国住房和城乡建设部.建筑结构荷载规范:GB 50009—2012[S].北京:中国建筑工业出版社,2012.

[52] 中交公路规划设计院有限公司.公路桥涵设计通用规范:JTG D60—2015[S].北京:人民交通出版社,2015.

[53] 中华人民共和国铁道部.铁路工程抗震设计规范(2009年版):GB 50111—2006[S].北京:中国计划出版社,2009.

[54] 中铁工院工程集团有限责任公司.铁路隧道设计规范:TB 10003—2016[S].北京:中国铁道出版社,2017.

[55] 周顺华.城市轨道交通结构工程[M].上海:同济大学出版社,2004.

[56] 周顺华.城市轨道交通结构设计与施工[M].2版.北京:人民交通出版社股份有限公司,2017.

[57] 周晓军,周佳媚.城市地下铁道与轻轨交通[M].成都:西南交通大学出版社,2016.

[58] 周晓勤.中国城市轨道交通发展战略与"十四五"发展思路[J].城市轨道交通,2020(11):16-21.

[59] 住房城乡建设部工程质量安全监管司.城市轨道交通工程常见质量问题控制指南[M].北京:中国建筑工业出版社,2015.

[60] 朱晶晶.城市轨道交通经济效益估算与评价[D].兰州:兰州交通大学,2016.

[61] 朱麒璇,刘晨曦,梁丽青,等.钢纤维混凝土在盾构隧道管片中的应用综述[J].四川建筑,2020,40(06):105-108.

后　　记

随着大都市圈和新型城镇化建设的不断深入,我国城市轨道交通建设也提速发展,目前我国已成为世界最大的地铁建设中心、最大的轨道交通技术和装备市场。为贯彻落实国家"十四五"规划和《交通强国建设纲要》工作部署,指导"十四五"期间城市轨道交通行业高效率运行、高品质服务和高效能治理,实现高质量发展,中国城市轨道交通协会特提出《城市轨道交通发展战略与"十四五"发展思路》。

城市轨道交通建设要实现由高速度向高质量的转型发展,应继续贯彻国家现行有关文件精神,在建设规模方面,要量力而行,有序推进;在建设标准方面,要因地制宜,经济适用;在规划方面,要一体融合,集约高效;在风险防范方面,要严控风险,持续发展。

未来城市轨道交通发展要遵循《交通强国建设纲要》的要求,对标发达国家综合交通运输发展水平,与航空枢纽、干线铁路、城际铁路和市域(郊)铁路等各种交通方式有机结合,建成快捷舒适、人民满意的立体交通网;同时强化自身网络结构功能,满足引导区域发展、服务城市能级提升、改善乘客出行体验的新要求。

城市轨道交通行业应加强装备体系产业基础建设并借创新迭代之势,赋能技术动力,以数字化技术为引擎,推动技术与产业的自主创新与转化应用进程,实现技术装备产业自主与智慧化的有机融合。

在绿色可持续发展方面,国家在"十四五"伊始就提出了碳达峰、碳中和的发展战略。作为环保型出行方式,城市轨道交通系统在降低人均出行碳排放方面作用显著,但仍存在诸多难点制约着低碳绿色潜能的进一步发挥。例如,在规划方面,既有环评(环境影响评估)导向市(郊)区线路采用地下敷设方式为主,从规划源头造成城市轨道交通系统碳排放增加,同时也有城市轨道交通设计标准与绿建标准体系制约下的理念融合、需求融合、功能融合等方面的诸多挑战;在建设方面,地下车站预制建造与复杂环境暗挖技术、废弃工程材料循环利用技术尚有巨大挖掘空间;在运维方面,关键设施设备延寿评估体系与标准尚未建立,新能源应用、绿色节能工艺改进与技术升级等方面仍应重点加强;从低碳角度看,

城市轨道交通系统的碳足迹捕捉、碳排放计量、碳交易模式等领域都属于亟待重点攻关的新兴领域。因此，需要坚持以精准降碳为引导，以满足人民群众健康出行为导向，以技术创新为手段，加快形成城市轨道交通全生命周期的绿色低碳发展体系，全方位、全过程推动城市轨道交通绿色升级，助力经济社会发展全面绿色转型。